무시공생명 시리즈 5

우주인과의 대화

우주 작업의 결과

무시공생명 시리즈 5 - 우주인과의 대화

우주 작업의 결과

2018년 8월 11일 초판 1쇄 인쇄
2018년 8월 11일 초판 1쇄 발행

지은이 안 병 식
편집인 함원옥, 김용섭
펴낸이 무시공생명훈련센터장 정종관
펴낸곳 무시공생명 출판
주소 대전광역시 서구 유등로17번길 55 무시공생명빌딩
전화번호 (042)583-4621~2 팩스 (042)584-4621
이메일 jeeby666@naver.com
출판등록 2004. 12. 1(제2012-000051호)
ISBN 979-11-955471-5-9 03110 (종이책) 979-11-955471-9-7 05110 (전자책)

http://cafe.naver.com/alwayspace(무시공, 무시공생명 검색)

이 도서의 국립중앙도서관 출판예정도서목록(CIP)은 서지정보유통지원시스템 홈페이지(http://seoji.nl.go.kr)와 국가자료공동목록시스템(http://www.nl.go.kr/kolisnet)에서 이용하실 수 있습니다.
(CIP제어번호: CIP2018024648)

무시공생명 시리즈 5

우주인과의 대화

우주 작업의 결과

안병식 지음

- 시공우주 밑바닥부터 최고 차원의 모든 존재들에게 알림 -

부정마음 0.0000 … 1% 조차도 허용할 수 없는
절대긍정 100%의 완전무결한 무시공생명의 우주가 열렸다.
그 중심은 대한민국의 대전, 나는 가장 낮은 차원 지구에서 시작한다.
대심판, 대도태, 대정화를 통한 우주작업의 결과
無時空 일원심 생명들의 영원한 삶, 영원한 평화, 영원한 행복,
그리고 대자유만 남는다.

무시공 생명

일체동일(一切同一)

내가 말하는 일체동일은
무시공에서 무시공입장에서 문제를 보는 것을 밝히는 것이지
분자세상에서 일체동일을 얘기하는 것이 아니다.
그런데 인간들은 시공에서 그것을 끄집어와서
여기서(분자세상)에서 일체동일을 하려고 그런다.

분자세상에서는 영원히 동일이 될 수가 없다.
이원념과는 동일이 될래야 될 수가 없다.
영체하고 생명하고 어떻게 동일이 돼나.
자기가 자신을 거짓말 하고 있다는 것이다.

나는 시공을 한 번도 인정한 적이 없다.
나는 시작부터 끝까지 계속 무시공에 있었다.
지금도 무시공에서 말하고 있다.
그런데 인간은 시공에서 듣고 있다.

무슨 뜻인지 알아요?

무시공 마크는
'무시공생명 비결'을 농축하여 형상화한 것이다.

○ 무(無)는 없다는 뜻이 아니고 합(合)한다는 뜻이다.

비결에서 無 자를 빼면 가르고 쪼개고 분별하는 이분법 이원념이 된다. 無 자를 붙이면 모든 것을 합하여 무시공생명의 일원심이 된다. 무시공생명비결은 우주의 내비게이션이며 비결을 외우는 순간 의식은 무극(無極) 이상 무시공의 위치에 올라간다. 60조 세포를 깨우고 벽담을 없앤다는 마음으로 비결을 끊임없이 외우면 생로병사(生老病死)에서 벗어난다.

◆ 파란색은 공간(空間, 天)을 의미한다.
무주객(無主客)무선악(無善惡)무빈부(無貧富)
무고저(無高低)무음양(無陰陽)

◆ 녹색은 시간(時間, 地)을 의미한다.
무생사(無生死)무이합(無離合)무래거(無來去)
무시말(無始末)무쟁인(無爭忍)

◆ 노란색은 오관(五官, 몸, 人)을 의미한다.
무건병(無健病)무미추(無美醜)무향취(無香臭)
무호괴(無好壞)무순역(無順逆)

◆ 빨간색은 의식(意識, 心)을 의미한다.
무신심(無身心)무생학(無生學)무지우(無智愚)
무정욕(無情慾)무신의(無信疑)

◆ 중앙의 보라색은 동방의 도(道)가 보라색이라고 하는데(중앙의 보라색은 동방의 도(道)를 뜻함) 무시공생명의 발현이 동방에서 시작한다는 뜻이다.

무시공 생명 비결
無時空 生命 秘訣

무주객	無主客	무건병	無健病
무선악	無善惡	무미추	無美醜
무빈부	無貧富	무향취	無香臭
무고저	無高低	무호괴	無好壞
무음양	無陰陽	무순역	無順逆
	(공간 空間)	(오관 五官)	

	(시간 時間)	(의식 意識)	
무생사	無生死	무신심	無身心
무이합	無離合	무생학	無生學
무래거	無來去	무지우	無智愚
무시말	無始末	무정욕	無情慾
무쟁인	無爭忍	무신의	無信疑

무시공생명 비결

공간: 天 - 우주가 가속도로 팽창하면서 공간이 사라지고 있습니다.
→ 이원념이 근본인 시공우주는 사라지고, 절대긍정의 무시공 우주는 가속도로 변하여 하나가 됩니다.

무주객(無主客)

주와 객으로 가르는 것은 이분법, 너와 내가 본래 한 생명입니다. 생명을 쪼개고 가르지 맙시다! 일체를 나로 봅시다! 상대를 무시공 생명으로 봅시다.

무선악(無善惡)

선악은 이분법입니다. 일체 현상을 쪼개고 가르고 비판하지 맙시다. 절대긍정 속에 선악 이원념은 사라집니다. 죄악은 본래 없는 것!

무빈부(無貧富)

빈부 차별은 이분법입니다. 무시공 생명은 완벽합니다. 절대긍정의 화합하는 플러스+마음인 일원심에 무한 풍요가 있습니다.

무고저(無高低)

고저 차별은 이분법입니다. 본래 한 생명, 일체동일입니다. 생명은 절대평등합니다. 서로의 절대생명을 인정하고 존중해야 합니다. 자신을 내세우거나 의지하지 않습니다.

무음양(無陰陽)

음양으로 쪼개는 것도 이분법, 음양은 생명의 거울, 절반의 생명입니다. 음양을 합일해야 무극에 가고, 무시공 자리로 갈 수 있습니다. 무음양(동일)은 일원 직선빛입니다.

시간: 地

무생사(無生死)

생사가 본래 없습니다. 영원 무한의 무시공 생명이 바로 자기 생명입니다. 무시공 생명은 태어난 적도 죽은 적도 없습니다. 무시공 생명이 진정한 나입니다.

무이합(無離合)

만나고 헤어진 적이 본래 없습니다. 본래 영원한 한 생명이요, 무시공 생명은 시공을 초월한 일체동일입니다. 이원념 벽담으로 진정한 만남이 없습니다.

무래거(無來去)

가고 옴이 본래 없습니다. 무시공 생명의 입장과 관점으로 보면 일체동일입니다. 여기가 거기입니다. 절대 빛의 차원입니다. 생명은 나타남입니다.

무시말(無始末)

시작도 끝도 본래 없습니다. 무시공 생명은 절대차원입니다. 무시공 생명은 본래 영원 무한입니다. 무시공은 절대자연입니다.

무쟁인(無爭忍)

싸울 것도 참을 것도 본래 없습니다. 우리는 한 생명입니다. 자기를 내세우거나 의지하지 않습니다. 절대긍정, 절대이해 속에 영원한 평화가 있습니다.

오관: 人

무건병(無健病)

생명의 실상은 완전하므로 건강도 질병도 허상입니다. 생명은 빛이요, 기쁨이요, 완전함입니다. 병은 원래 없는 것입니다.

무미추(無美醜)

아름다움과 추함도 본래 하나입니다. 무시공 생명은 절대적인 가치입니다. 상대적인 미추는 음양의 허상, 이분법입니다.

무향취(無香臭)

향기와 냄새는 본래 하나입니다. 상대적인 이원념입니다. 육체 오관의 환상이요 집착일 뿐 무시공 생명은 향취를 초월합니다.

무호괴(無好壞)

좋고 싫은 집착은 상대적이요 이원념입니다. 입맛, 언어는 음양의 예술입니다. 무시공 생명의 실상은 절대가치뿐입니다.

무순역(無順逆)

순경과 역경은 이원념의 파동입니다. 좋은 소리 싫은 소리는 이원념, 고락의 경험은 우주와 자신을 알아가는 과정입니다.

마음: 心

무신심(無身心)

몸과 마음은 본래 하나입니다. 몸과 마음은 우주와 생명의 실상을 체험하는 신성한 도구입니다. 시공 심신의 집착에서 벗어나야 무시공 생명을 발견할 수 있습니다.

무생학(無生學)

배우지 않고 알 수 있는 차원이 무시공 생명입니다. 참교육은 일원심으로 세포의 무시공 생명을 깨우는 것입니다. 무시공 생명은 전지전능합니다.

무지우(無智愚)

지혜와 어리석음의 분별은 이원념입니다. 무시공 생명은 절대 지혜롭습니다. 어리석음은 이원념이 세포를 오염시킨 어두운 마음입니다.

무정욕(無情慾)

절대긍정 일원심으로 음양이 합해야 이기적인 이원념의 성욕을 초월하여 완전한 무시공 생명(세포)을 깨울 수 있습니다.

무신의(無信疑)

무시공 생명에는 절대긍정, 절대믿음뿐입니다. 상대적인 믿음과 의심은 무시공 설대진리에 대한 의심, 이원념 때문입니다.

무시공 생명 공식

無時空生命公式

일체근단	一切根斷	음양 뿌리는 끊어졌다
일체동일	一切同一	일체가 동일하다
일체도지	一切都知	일체 다 알고 있다
일체도대	一切都對	일체 다 맞다
일체도호	一切都好	일체 좋은 현상
일체항광	一切恒光	파동 없는 직선 빛
일체아위	一切我爲	일체 내가 했다
일체조공	一切操控	일체 내가 창조 한다

무시공생명 공식

일체근단(一切根斷) - 일체 음양의 뿌리는 끊어졌다.

태초 무극의 존재가 원래 하나인 우주를 음과 양으로 나누는 순간 이 시공우주(빅뱅)가 생겨났다. 무음양- 음과 양을 합함으로써 시공우주의 뿌리가 잘렸다. 지구를 비롯한 시공우주는 허상의 세계가 되었다.

일체동일(一切同一) - 일체가 동일하다.

'일체가 나다'는 온 우주를 통틀어 최고의 경지이다. 무시공은 만상만물을 생명 관점으로 본다. 무시공생명 자리는 너와 내가 없는 동일체이다.

일체도지(一切都知) - 일체 다 알고 있다.

세포 속에 우주의 정보가 다 있다. 원래 인간은 윤곽과 틀이 없는 완전한 존재였다. 이원념의 물질이 쌓인 분자몸이 막혀 윤곽 속에 갇히게 되었다. 비결을 세포에 입력시키면 세포가 일원심의 세포로 살아나 우주의 지혜를 알게 된다.

일체도대(一切都對) - 일체가 다 맞다.

이것은 옳고 저것은 틀리다라고 하는 것은 이분법, 이원념이다. 무시공 관점은 맞다고 하는 사람의 입장으로 보면 맞고, 틀린 사람 입장에 들어가면 그것도 맞다, 그래서 전부다 맞다는 것이다, 차원이 다른 입장에서 말하는 것뿐 그 차원에서는 다 맞다.

일체도호(一切都好) - 일체가 좋은 현상이다.

무시공생명은 부정의 영체가 완전히 삭제된 절대 긍정의 자리다. 무시공생명 자리는 전부 다 좋은 것만 보이고 전부 다 아름다운 것만 보인다.

일체항광(一切恒光) - 파동이 없는 직선빛이다.

무시공의 직선빛은 일체 물질을 다 뚫고 들어갈 수 있고, 일체를 다 변화시킬 수 있다. 무한대로 큰 힘이다. 그래서 직선빛은 생명의 힘이다.

일체아위(一切我爲) - 일체를 내가 했다.

일체가 나 때문에 좋은 일이 생긴다. 인간의 입장에서 오는 재앙이나 온갖 현상들은 무시공하고는 상관이 없다. 내가 만들어 놓고 내가 당하지 말자는 것은 우리가 깨어나서 무시공의 생명 자리를 잘 지키는 것이다.

일체조공(一切操控) - 일체를 내가 창조한다.

마음과 물질이 하나다. 마음과 에너지가 하나다. 그러면 마음먹은 대로 창조할 수 있다. 내가 우주의 중심이고 내가 있어서 우주가 존재한다.

무시공 생명 탄생선언
無時空 生命 誕生宣言

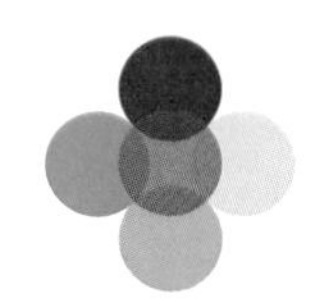

노예변주인 奴隷變主人	**영체변생명** 靈體變生命	생명 혁명
체력변심력 體力變心力	**분리변동일** 分離變同一	물질 혁명
홍관변미관 宏觀變微觀	**행우변항우** 行宇變恒宇	우주 혁명
다로변일도 多路變一道	**의존변자성** 依存變自醒	신앙 혁명
이원변일원 二元變一元	**생사변영항** 生死變永恒	의식 혁명

무시공생명 탄생선언일 2012. 12. 21

무시공생명 탄생선언

미국의 어느 과학자가 우주에서 지구의 시간에 대한 연구를 진행하면서 몇 번 시간의 윤회가 있었고, 마지막 윤회의 시기가 1945년이 기점이며 그 후 76년 이후에는 시간이 영(0)으로 돌아간다고 계산을 했다. 그 시기가 2012년 12월 21일로 파동으로 된 시간이 영(0)으로 돌아가고 시간이 멈춘다.
2000년 전, 아르헨티나에서 발견된 예언서 중 『사지서』에서는 시간에 대한 예언을 했다. 시간은 곧 영원히 없어진다.
무시공 선생님은 재앙이 일어나고 지구의 마지막 날이라며 떠들썩했던 2012년 12월 21일에 '무시공생명의 탄생 선언문'을 발표하시고 시간이 없는 세상이 도래하며 새로운 세상이 열리고 물질의 세상은 끝난다는 것을 이 시공우주에 선포하셨다.

생명혁명 - 노예변주인 영체변생명

시공생명이 무시공생명으로 변한다는 것이다. 이원념의 지배를 받고 있는 생명은 가짜생명이다. 절대긍정 일원심으로 된 생명이 진짜 생명이다.

물질혁명 - 체력변심력 분리변동일

인간은 지금까지 손발을 움직여서 잘 살려고만 했다. 우리는 이제부터 일체를 마음으로 물질을 움직일 수 있는 그런 세상에서 살 수 있다. 파동 밖에 머물면 물질도 내 마음대로 움직일 수 있다.

우주혁명 - 홍관변미관 행우변항우

시공우주가 무시공우주로 변한다는 것을 밝히는 것이다. 『천부경』의 예언처럼 일시무시일, 하나가 쪼개져 내려오는 우주에서 일종무종일, 합하여 하나가 되어 위로 올라가는 우주의 방향으로 가고 있다.

신앙혁명 - 다로변일도 의존변자성

파동이 직선빛에 녹아 생로병사가 없어지고 시간이 없어지면 각종 종교, 각종 수련은 저절로 없어진다. 세포 안에 일체의 우주 정보가 다 있다. 세포만 깨우면 밖에서 찾을 것이 하나도 없게 된다. 바로 내 안에 모든 것이 들어 있다. 곧 내가 전지전능이 되는 것이다.

의식혁명 - 이원변일원 생사변영항

시공우주의 파동 속에 머물면 생로병사에서 벗어날 수가 없다. 의식혁명이 일어나면 윤회도 없고 생사도 없는 영원한 존재. 그래서 우리는 영원한 새 생명을 찾았다.

무시공 생명 행동지침
無時空 生命 行動指針

무 시 공 심 력
無 時 空 心 力

무 시 공 체 험
無 時 空 體 驗

무 시 공 심 식
無 時 空 心 食

무 시 공 성 욕
無 時 空 性 慾

무 시 공 오 관
無 時 空 五 官

무시공생명 행동지침

무시공심력

무시공에서는 마음먹는 순간 마음먹은 대로 이루어진다. 마음과 물질이 하나고, 물질과 에너지가 하나이기 때문이다. 무시공에서 이루어진 심력은 분자세상에 나타나기까지는 이원념의 두꺼운 껍질의 차원에 따라 순간 나타날 수도 있고 시간이 걸릴 수도 있다. 시공우주에서 벗어난 존재들의 무시공생명의 발현인 것이다.

무시공체험

인간은 수억 수천 년 동안 세포에 입력된 윤곽과 틀 등 고정관념으로 전지전능한 세포에게 이원물질을 쌓아 이 우주에서 고립된 생활을 하게 되었다. 체험은 특히 오관을 통하여 머리에 입력된 이원물질을 녹여 다리의 통로로 배출시키고 새로운 무시공의 향심력으로 직선빛을 당겨 분자몸을 녹이고 에너지 몸으로 변화시키는 것이다.

무시공심식

무시공 직선빛을 통하여 분자몸이 에너지 몸으로 바뀌면 무시공의 대자유를 누릴 수 있다. 이때에는 에너지 몸을 가지고 우주를 여행할 수 있게 된다. 먹는다는 행위를 통한 영양분의 섭취가 아니라 무시공의 세포가 온 우주 공간에 스미어 있는 고급 영양분을 자동으로 섭취하여 에너지를 보충하게 된다. 이원물질의 음식을 섭취하지 않아도 살 수 있는 무시공 우주의 영양분 섭취 방법이다.

무시공성욕

이것은 아직 공개되지 않은 무시공의 우주 비밀이다. 2020년 이후에 공개될 것이다.

무시공오관

인간이 천차만별이라는 것은 천 가지, 만 가지 생각을 가지고 있다는 것이다. 이것은 천 가지, 만 가지 맞는 것이 있고 틀린 것이 있다는 것으로 쪼개고 나누고 판단하고 맞고 틀리고의 기준이 되는 것으로 이분법의 최고봉이다.
무시공생명의 관점은 각 차원의 입장에서 보면 그 차원에서는 다 맞다. 틀린 게 하나도 없다. 그래서 만상만물 일체가 좋은 것이고 만상만물 일체가 아름다운 것밖에 없다.

무시공 생명 특징

無時空 生命 特徵

일체안에 내가 있다

일체가 내안에 있다

일체가 나다

무시공생명 특징

일체 안에 내가 있다

일체 안에 내가 있다는 것은 이미 주객을 나누었다.
만일 내가 시공(분자세상)에 들어왔다면 일체 안에 내가 있다는 것은 일체 안에 나만 인정하지 객관을 인정하는 것이 아니다. 객관에서는 나를 인정한 적이 없다.
그 일체 안에 내가 있다는 나만 인정하는 것, 이것을 깊이 따져보면 늘 무시공에서 문제를 보는 것이다. 시공에도 무시공이 있지만 그렇지만 나는 무시공만 인정했지 시공의 일체를 인정하지 않았다는 것이다.

일체가 내안에 있다

일체가 내 안에 있다는 것은 예를 들면 일체 이 꽃 안에 내가 있다. 그럼 이 꽃 안에 내가 있으면 나만 인정했지 이 꽃의 밖에 것은 인정하지 않았다.
그래서 나만 인정하고 나만 지키고 나만 보라고 했던 의미다.
남을 볼 필요도 없다. 일체 안에 내가 있다. 그럼 그 일체 안에 내가 있으니까 그 일체가 내가 맞다는 것이다.

일체가 나다

일체가 내안에 있다. 그럼 이것이 다 내안에 있으면 내 밖에 나라는 존재가 있어요. 없어요? 안에도 나라는 존재가 있고 밖에도 나라는 존재 있으면 이 우주에는 나 밖에 없어 그래서 일체가 나다.

어떤 사람은 관점하고 입장하고 엄청나게 차이가 있다.
일체가 "나"다하면 나도 너고, 너도 나다 그래, 시공에서 나쁜 것도 다 좋아야 된다.
그게 아니다. 우리 무시공에서는 나 밖에 없다. 일원심 존재 밖에 없다. 그 무시공에서 나쁜 것이 없다. 잘못된 것도 없다.
완전한 무시공에서는 완전한 일원심으로 된 존재만 무시공에 있다.
거기서 문제를 보라는 것이다.
나는 일원심만 인정한다.

1단계 무시공 우주도

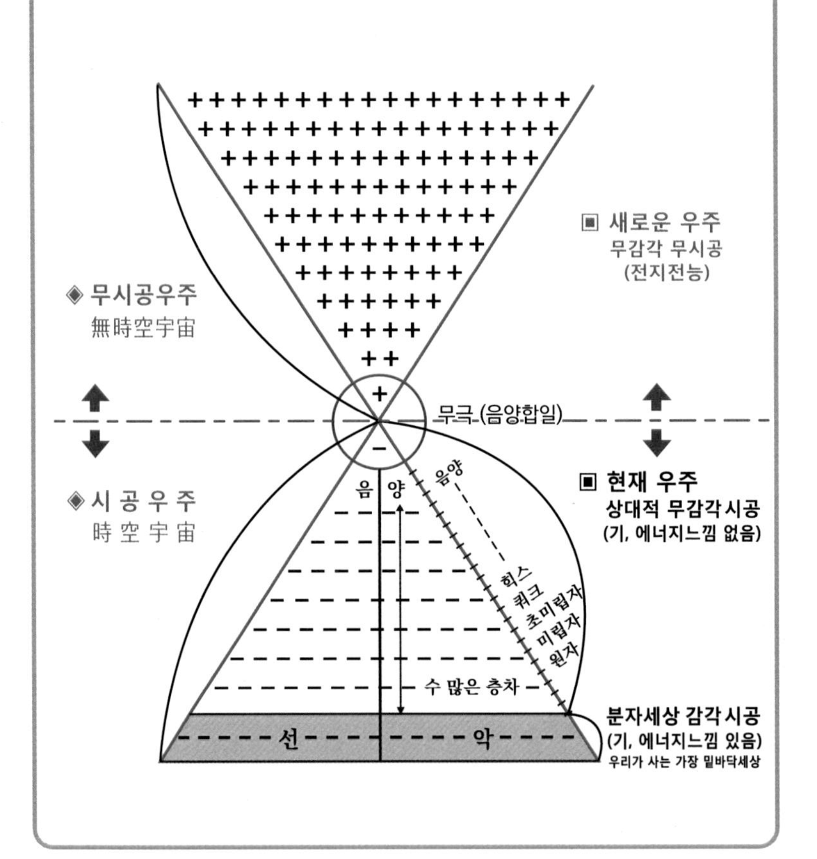

◈ 무시공우주
無時空宇宙
▣ 새로운 우주
무감각 무시공
(전지전능)
무극 (음양합일)
◈ 시 공 우 주
時 空 宇 宙
▣ 현재 우주
상대적 무감각시공
(기, 에너지느낌 없음)
음
양
음양
힉스
쿼크
초미립자
미립자
원자
수 많은 층차
선
악
분자세상 감각 시공
(기, 에너지느낌 있음)
우리가 사는 가장 밑바닥세상

1단계 무시공 우주도

원래 우주는 하나로 존재하였다. 무극의 최고 존재가 하나인 우주를 음과 양으로 나누는 순간 이 시공우주(빅뱅)가 생겨났다. 이 우주는 팽창을 거듭하면서 약 50억 년 전 지구가 탄생하면서 이원물질이 쌓인 현재의 분자세상 중 하나인 지구가 생겨났다.

오관의 지배를 받는 감각시공인 분자세상은 지구를 기점으로 약 5천억 광년에 이른다. 그중에서도 인간이 살고 있는 지구가 가장 낙후된 문명을 가지고 살아간다.

인간이 죽음 맞이했을 때 영혼이 간다는 사후세계인 무감각 시공은 지구를 기점으로 5천억 광년에서 우주의 끝이라고 할 수 있는 무극인 100억 조 광년(일조가 100억 개)까지에 속한다.

감각시공과 무감각 시공을 합한 시공우주는 음과 양으로 쪼개지면서 그 본질은 부정의 마음(-)이 되었다. 그래서 시공우주에 속한 이원념의 인간들은 상대적인 긍정의 마음을 지니게 되었다. 이 가르고 쪼개고 분별하는 이원념의 부정의 마음이 인간 삶의 고통과 불행의 씨앗이 된 것이다.

무시공우주는 절대긍정의 마음(+)을 가진 무감각 무시공 자리로 전지전능한 자리이다.
무시공생명 비결(비공선지특)를 외우면 이원념의 세포들이 일원심의 세포로 변화된다. 이 비결을 외우고 실행하는 순간 무극의 자리로 의식이 상승되고 끊임없이 외우면 무시공의 무극(+) 자리를 지나 무시공생명의 자리로 진입하게 된다.

무시공생명비결(비공선지특)은 우주의식 지도로 60조 세포를 깨우는 생명의 힘 자체이다. 비결을 외우고 실천하면 시공우주의 상대적 긍정 속에 녹아 있는 부정성의 이원념을 삭제시켜 절대긍정의 일원심을 가지게 된다.

절대긍정 일원심의 원동력은 60조 세포를 깨워 거친 분자몸을 녹여 에너지 몸으로 변화시키고 다가오는 우주의 대변혁을 무사히 통과할 수 있게 하는 원천이 된다.

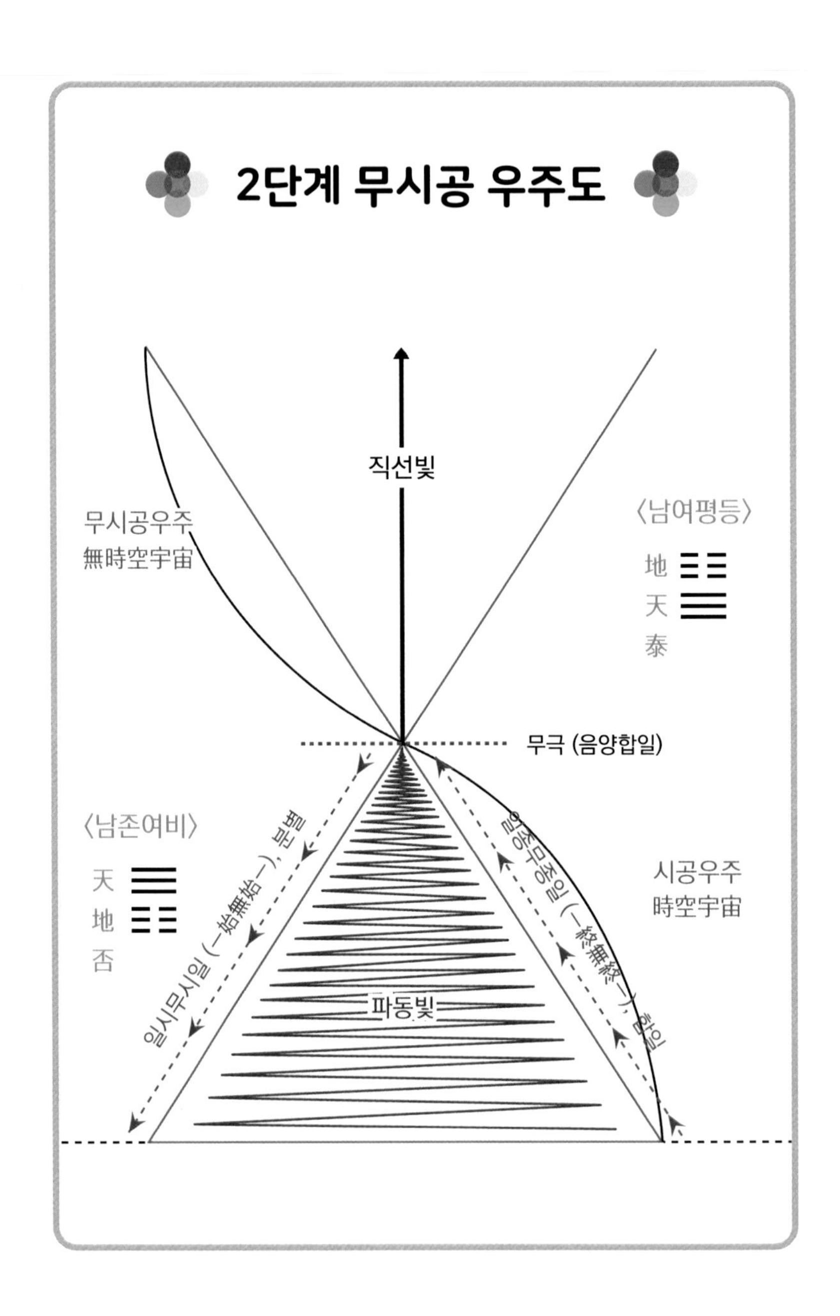

2단계 무시공 우주도
직선빛
무시공우주
無時空宇宙
〈남여평등〉
地
天
泰
무극 (음양합일)
〈남존여비〉
天
地
否
일시무시일 (一始無始一), 분열
일종무종일 (一終無終一), 합일
시공우주
時空宇宙
파동빛

2단계 무시공 우주도

제일 밑바닥의 분자세상에서는 파동이 가장 길다. 위로 올라갈수록 파동이 약해지고 무극의 교차점에서는 파동이 끝난다. 무극을 지나 위로 올라가면 직선빛이다. 파동 없는 것이 무극의 교차점, 그것이 시간이 사라지는 시점이다. 지금 인간들은 시간이 없는 세상에 들어오고 있다.

일시무시일, 모든 것이 하나에서 시작해 쪼개고 쪼개 내려와 지금 이 세상이 되었다.
일종무종일, 모든 만물만상을 하나로 묶어 합해서 하나의 위치로 가고 그 하나는 영원한 하나의 자리다. 『천부경』은 무시공생명의 하는 일을 예언한 것이다.
지금 우리 무시공은 하나로 묶어 합하고 그 하나의 자리로 가는 작업을 하고 있다.
무시공은 이 낡은 지구 낡은 우주를 마무리하면서 거두고 있는 시점이다.

시공우주는 파동의 지배를 받는다. 물질은 파동으로 되어 있다. 인간의 마음도 파동으로 되어 있기 때문에 그 파동에서 항상 머물게 된다. 파동은 음양으로 나누어진 시공의 빛이다. 시공의 음양의 물질이 계속 다투는 속에서 생겨나는 빛이다. 이 파동의 빛은 멀리 가면 없어지고 사라지는 빛이다. 그래서 파동의 지배를 받는 인간들은 생로병사에서 벗어날 수가 없고 윤회에서 벗어날 수가 없다.

무시공의 직선빛은 소멸되지 않는 끝없는 빛이다. 무한대의 영원한 빛이다. 음과 양을 합하는 일원심으로 무시공의 직선빛을 만들고 있다. 이 빛은 일체시공의 빛을 초월하고 우주의 어떤 곳도 뚫고 들어갈 수 있다. 심지어 100억 조 광년의 무극의 최고 존재도 이 직선빛에 의하여 무시공 공부를 하고 있다.

무시공은 인간의 모든 전쟁이나 재앙이 일어나도 공간이 다르다. 시공의 죽고 사는 문제는 우리 무시공과 상관이 없다. 원자핵이 폭발해도 우리와는 상관이 없다. 우리는 시공 밖에 있기 때문이다.
당연히 생로병사도 초월한 존재들이다.

3단계 무시공 우주도

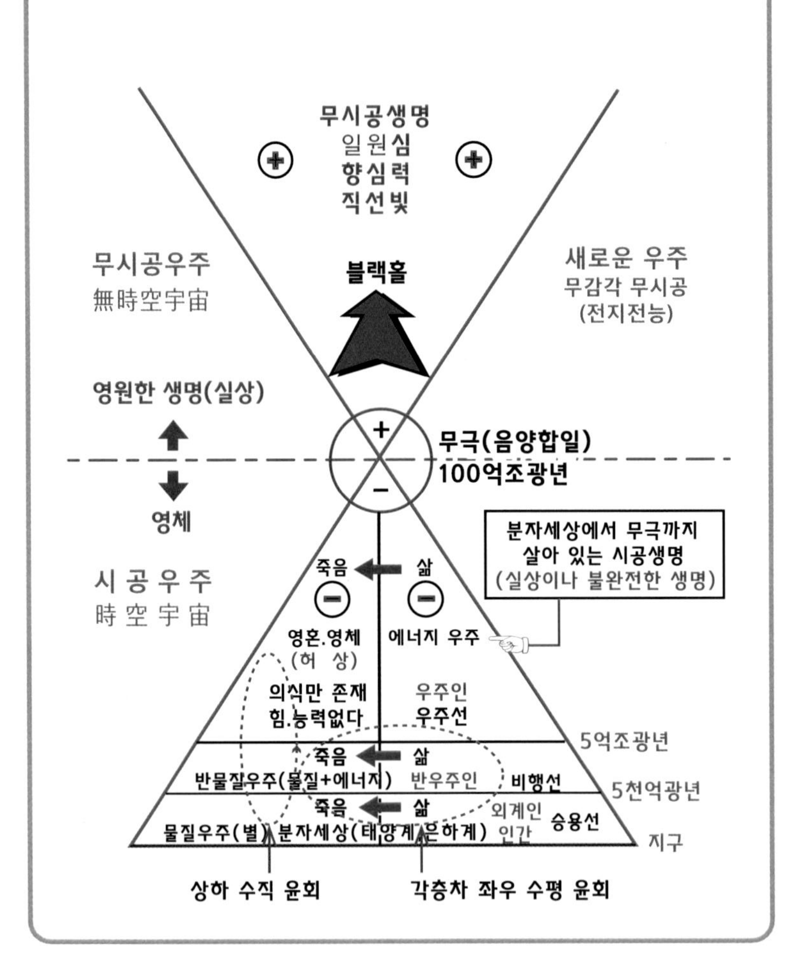

무시공생명
일원심
향심력
직선빛
무시공우주
無時空宇宙
블랙홀
새로운 우주
무감각 무시공
(전지전능)
영원한 생명(실상)
무극(음양합일)
100억조광년
영체
분자세상에서 무극까지
살아 있는 시공생명
(실상이나 불완전한 생명)
죽음
삶
시 공 우 주
時 空 宇 宙
영혼.영체
(허 상)
에너지 우주
의식만 존재
힘.능력없다
우주인
우주선
5억조광년
죽음
삶
반물질우주(물질+에너지)
반우주인
비행선
5천억광년
죽음
삶
외계인
인간
승용선
물질우주(별) 분자세상(태양계.은하계)
지구
상하 수직 윤회
각층차 좌우 수평 윤회

3단계 무시공 우주도

이제는 상대무시공까지 별이라고 차원을 내림. 우주(X), 별(O)

각 차원에 머무는 존재들의 명칭

우주의 범위	특징	명칭	비고
지구에서 5,000억 광년	ㅇ 물질우주 ㅇ 별	외계인	
5,000억 광년 ~ 5억조 광년	ㅇ 반물질우주 ㅇ 반물질에너지	반우주인	ㅇ 별이라고 하는 존재도 있고 ㅇ 우주라고 하는 존재도 있다.
5억조 광년 ~ 100억조 광년	ㅇ 완전에너지 상태의 우주 ㅇ 에너지우주	우주인	ㅇ 수많은 우주층차

각 차원 존재들의 교통수단

명칭	명칭	비고
승용차	지구인의 교통수단 지구인만 이용	ㅇ 지구에서만 운행
승용선	각각의 별에서 움직인다. 외계인들의 교통수단	ㅇ 지구 안에서 운행 ㅇ 금성 안에서 운행
비행선	별과 별로 움직인다. 반우주인들의 교통수단	ㅇ 지구에서 금성으로 운행 ㅇ 금성에서 화성으로 운행
우주선	우주공간에서 움직인다. 우주인들의 교통수단	ㅇ 모든 공간에서 운행

절대적무시공우주도

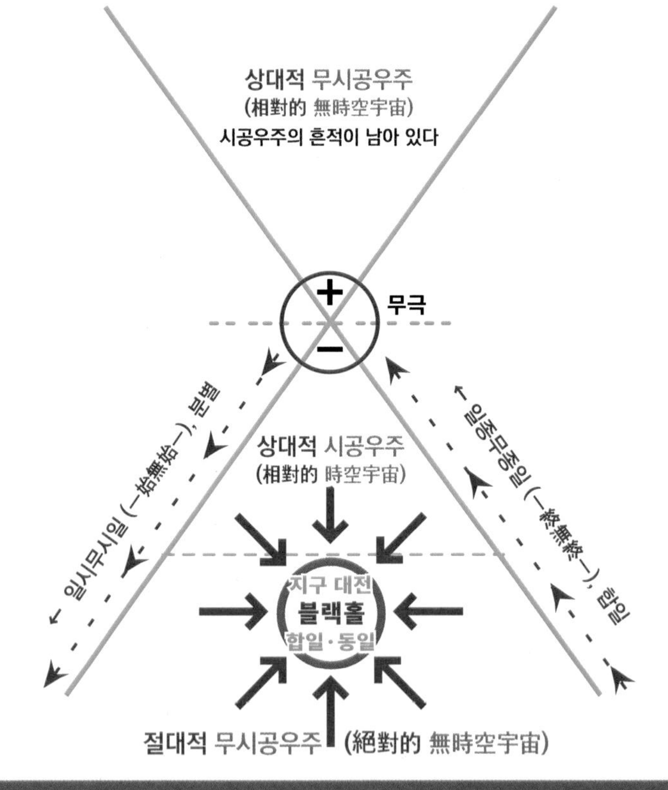

과거 지구 – 가장 밑바닥 거칠은 분자세상
현재 지구 – 대한민국 대전 중심의 새로운 우주(절대 무시공우주) 중심지

절대적 무시공우주

우주도에서 보면, 여기 중앙이 무극이고,
아래 삼각형의 시공우주는 아래로 내려오면서 일시무시일이고 위로 올라가면서 일종무종일이야. 일종무종일은 이 무극 자리로 다시 가는 것을 해석했지.
실지는 지구가 분자세상 가장 밑바닥에 있잖아.
하지만, **우리는 바로 여기 지구 대한민국의 대전에서 새로운 절대무시공우주를 시작해.**

무극의 곡뱅이 말하길, 무극에서 건너가면 무시공으로 바로 가는데,
지구 대전의 블랙홀이 핵심이 되어서 자기가 마지막에 들어오는 현상이라고,
우리는 핵심위치 지구에서 가장 앞서가는데
자기는 가장 먼 거리가 된 지구로 가장 마지막에 들어오게 됐다고 말했잖아.
우리가 여기 가장 밑바닥 지구에서 새로 시작하니까.

그래서 우리는 거꾸로 간다, 밑바닥 지구에서 또는 지구 아래 방향으로 새로운 절대무시공 우주를 창조해.
위쪽 무극의 곡뱅 입장에선 거꾸로 가는 거지,
무극 바로 위쪽으로 가면 종이 한 장 차이로 가까이 있는 원래 무시공우주잖아,
원래 무시공과 시공우주 이것 두 개는 상대적인 것이다. - 상대무시공, 상대시공.

그런데 여기 지구 대전의 블랙홀은 절대야. 새로운 절대무시공 우주야.
여기 새로운 절대적무시공우주는, 상대적 무시공우주와 상대적 시공우주하고는 완전히 달라.
이 두 개 낡은 우주는 아무리 긍정마음이고 절대적이라고 해도, **이미 시공의 흔적이 묻었기 때문에.**

여기는 절대적인 긍정마음.

우리의 절대적 무시공우주는 철두철미해.
그러니까 시공우주하고도 상관없고, 상대적 무시공우주하고도 상관없는,
새로운 우주중심지라고 대전이.

대전에서 시작한다,
여기 지구, 대전의 무시공생명 블랙홀,
대전에서 자꾸 팽창해서 새로운 우주가 창조된다.

원시반본이라고 하면, 보통 (상대적) 무극 자리로 가는 것 아닌가 하고 생각하지.
상대적 무극으로 가면 우리는 아직도 이 시공우주에서 헤매야 한다.

우리는 시작부터 무극 이상에서 시작한다.

지구의 대한민국 대전 블랙홀에서, 무극 이상의 자리에서 시작한다고. - 이렇게 말하면 말도 안 된다고 하겠지, 하지만 우리는 그렇게 하고 있어!

이제는 여기 대전이 절대무시공우주의 중심지가 됐어,
대전에서 자리 지키면 이미 절대적 무시공자리다.

우리는 지구의 대전에서 새로 시작이야.
이 두 개 우주와(상대적 시공우주, 상대적 무시공우주)는 아무 상관이 없는 철두철미한 절대적 무시공이고.

상대적 무시공우주는 무엇 때문에 불완전한 현상이 일어나나?
곡뱅도 원래 상대적 무시공우주와 같은 자리에 있었거든,
그런데 자기가 시공을 창조하게 돼서 시공우주로 내려왔잖아,
그런데 지나고 보니 자기가 창조한 우주가 완벽하지 않다는 거야.
아직도 마음속에 불완전한 흔적이 있어, 그래서 조금만 흔들리면 변해버린다.

우리는 여기 상대적 두 개 우주에서 일단 나오면 다시 변함이 없어,
우리는 절대적인 긍정마음이기 때문에.

우주인과의 대화 내용을 처음 접하는 분들을 위한 책의 구성 안내

무시공생명시리즈는 1권 『무시공생명의 발견』, 2권 『이제는 무시공생명 시대』, 3권 『우주인과의 대화』, 4권 『우주 작업』, 5권 『우주 작업의 결과』 등 총 5권이 출판되었습니다.

1권은 무시공선생님의 2015년도 강의를 중심으로 엮었고, 2권은 2016년도와 2017년도의 강의를 책으로 엮었습니다.

우주인과의 대화 시리즈인 3, 4, 5권은 지구에서 시작하여 100억조 광년의 무극에 이르는 무감각시공과 1,000억조 광년의 상대적 무시공에 이르기까지 실로 광활하고 광대한 불완전했던 우주를 정리하는 과정을 수록하였습니다.

이번에 출판된 4권과 5권은 총 10장의 대제목으로 구성, 그중에서 제1장은 2016년 1월부터 처음으로 우주작업에 돌입하는 3단계 존재의 훈련에 임하는 마음가짐과 체험과정, 기초 훈련의 과정을 그대로 수록하고 공개하여 무감각시공 우주작업의 의미와 새로운 절대적 무시공 우주를 열어가는 힘들었던 여정을 소개하였습니다.

제2장부터 제10장까지는 3단계 우주작업의 훈련을 마치고 본격적으로 각 차원의 우주인과 외계인의 대화를 통하여 밝혀지는 불완전한 우주의 실체와 이런 우주를 바꾸고 거두려는 무시공생명의 끝없는 설득과 일체

생명을 살리려는 최선을 다하는 모습을 소개하였습니다.

무감각시공의 우주작업은 지구를 벗어난 차원 높은 온 우주의 생명들에게 새로운 일원심 무시공생명의 탄생을 알리는 동시에 이원념(부정마음, 상대긍정마음)의 시공우주에 종말이 왔다는 것을 알리는 대 우주공사였습니다.

2016년 이후 2018년 현재에 이르기까지 실로 방대한 우주작업 중 극히 일부분을 공개하는 것은 오관에 갇혀있는 인간의 상식으로는 이해하기 어려운 우주의 비밀들이기에 공개를 다음으로 미루었습니다.

노예변주인(奴隸變主人)의 깊은 뜻은 인간관계에서 이루어지는 뜻도 있지만 실상은 인간이 외계인의 지배를 받고 있는 노예에서 벗어나 의존변자성하는 진정한 생명을 찾으라는 것이다.

대한민국의 대전은 세계의 중심지 우주의 중심지로 자리매김하고 대전의 무시공생명훈련센터는 일원심의 발원지로 100%의 일원심이 주도로 되어있는 직선빛 블랙홀의 중심으로 힘이 모이는 용광로입니다.

무시공생명훈련센터에서 훈련을 해야 하는 이유가 바로 여기에 있습니다. 혼자하는 경우 일원심보다 이원념이 더 많은 비중을 차지하고 있기 때문에 이원념의 영체에 끌려갈 수밖에 없는 것입니다.

무시공생명은 결코 개인의 수련이 아닙니다. 이원념과의 영적전쟁을 지휘하는 우주의 총사령부입니다.

제1장을 제외하고 각 장의 마지막에는 무시공 안병식 선생님의 무시공 강의나 간담형식으로 밝히신 말씀들을 정리하여 수록하였습니다. 정독하시면서 시공과 무시공의 차이점에 대해 깊이 생각해 보는 시간을 가지시고, 더 나아가 급변하는 우주시대에 어떻게 대처할 것인가 생각하는 좋은 기회가 되시기를 바랍니다.

머리말

무시공 안병식 선생님은 2000년 4월 대한민국에 오셔서 영원한 생명의 직선빛인 무시공생명의 일원심을 밝히시고 일체 생명을 살리기 위한 우주 작업에 돌입하였습니다.

영적인 스승도 없이 오직 스스로의 끊임없는 집념과 집중력을 발휘하여 자신이 무시공생명임을 발견하였습니다. 가르고 쪼개는 이분법, 이원념의 사고 속에서 고통과 불행의 삶을 사는 인간들에게 무시공생명 관점인 절대긍정 일원심을 밝히고 이것을 실행 실천하여 시공우주에서는 벗어 날 수 없는 생로병사를 초월하고 분자몸을 살아있는 상태에서 에너지 몸으로 변화시켜 모든 생명이 맞이하는 지상천국 지상극락의 시대를 열고 결국에는 살아있는 몸을 가지고 우주여행의 시대를 맞이하는 것입니다.

2016년, 기존의 분자세상에서 무극까지 이르는 영체들의 통로를 무시하고 지구에서 100억 조의 무극에 이르는 광활한 우주를 3단계로 구분하여 각 차원의 외계 존재들이 머물고 있는 우주 위치를 선포하셨습니다.

2017년에 밝히신 우주의 비밀 중, 3단계 무시공우주도에서는 지구를 포함한 5천억 광년의 시공우주는 물질로 된 분자세상으로 인간과 외계인이 공존하고 인간은 승용차를 외계인은 승용선을 교통수단으로 이용하며, 5천억 광년에서 5억 조 광년의 시공우주는 물질과 에너지가 혼합된 반물질 우주로 반우주인이며 이들은 비행선을 이용하여 별과 별 사이를 이동하고,

5억 조 광년에서 100억 조 광년의 무극까지 시공우주는 완전한 에너지상태의 우주로 우주인이라고 부르며 이들은 우주선을 교통수단으로 합니다.

2018년 초에 밝히신 우주의 비밀 중, 절대적 무시공우주도에서는 시공우주의 흔적 즉, 0.0000+∝(무한대)의 파동이 남아있는 기존의 무시공 우주를 상대적 무시공 우주로 규정하고, 대한민국 대전을 새로운 우주의 중심지로 만들고 일체 파동이 없는 완벽한 직선빛의 절대적인 무시공 우주를 창조하였습니다.

이로써 이 우주에서 가장 밑바닥의 거친 분자세상의 낡은 지구는 과거의 지구가 되었고, 현재의 새로운 지구는 대한민국 대전을 중심으로 새로운 우주를 만들고 절대무시공 우주의 역사를 시작하게 되었습니다.

대전의 새로운 우주인 절대적인 무시공 우주는 블랙홀로 낡은 지구의 일체의 일원에너지를 빨아들이는 역할을 담당하며 이 낡은 지구의 결과는 이원념의 영체라는 껍데기만 남아 스스로 사라지는 운명을 맞게 됩니다.

2014년 12월, 14년 동안의 1단계를 마감하고 2015년 1월 3일 대전의 복수동 무시공생명훈련센터에서 첫 모임을 시작으로 무시공생명훈련의 2단계와 3단계 무시공 우주작업을 동시에 진행한다고 선포하였습니다.

2016년 1월부터 무시공 선생님의 무시공생명 관점을 받아들이는 존재들이 나타나면서 3단계의 우주의 질서를 바로잡는 대우주작업의 역사가 시작되었습니다.

그 결과 2030년 이후에 계획하였던 우주작업과 우주여행이 15년이나 앞당겨지는 놀라운 우주 역사가 펼쳐지게 되었습니다.

2018년 3월부터는 무시공 회원들과 그 가족들 친척, 친구들까지 승용선, 비행선(UFO), 우주선을 타는 훈련에 돌입하여 세밀하고 미세한 공간으로 진입하는 에너지 몸을 만드는 작업도 앞당기고 모든 훈련과정을 공개하여 급변하는 우주의 변화에 적응하는 새로운 신인류의 출현을 준비하고 있습니다.

광활한 우주의 질서를 바로잡는, 즉 낡은 우주를 정리하고 새로운 우주를 창조하는 데 협조하는 우주인과 외계인들은 자기들이 준비도 되기 전에 무시공이 우주흐름의 시간을 너무 앞당겼다고, 왜 조금만 더 못 기다려주는가 하고 원망스러운 애원을 하지만 무시공생명은 일체를 조공(창조)하는 존재로서 새로운 우주를 창조하고 있습니다.

우주작업과 우주여행을 이끄시는 무시공 안병식 선생님과 절대긍정 일원심의 직선빛으로 훈련하고 우주작업에 동참하는 3단계 존재와 방대한 외계생명체와의 대화를 녹취하고 필서하고 편집하여 이 우주의 일체 비밀을 공개하는 데 도움을 주신 모든 분들께 깊이 감사드립니다.

2018년 8월 대전, 무시공생명 훈련센터
우주인과의 대화 『우주 작업의 결과』 책 편찬위원회

나를 보호할 필요가 없는 5가지 이유

1. 나는 이미 7번 죽은 경험이 있기 때문에 죽는 건 이미 졸업했다.
   그리고 나는 죽는다는 개념도 없다.

2. 누구도 나를 보호할 필요 없다.
   수많은 층차에서 나를 보호하고 있고, 모두 나와 소통하고 있으니까.

3. 이원념(부정마음) 움직이기 전에, 이미 그 마음까지 다 알고 있다.
   그리고 이미 거기서 다 처리됐다. 내 근처도 못 온다.
   왜? 나는 시공에 없으니까. (이원념은 시간과 공간에서 움직이므로)

4. 지구에 온 많은 존재들이 세상을 바꾸지 못했다.
   나는 철저히 준비해온 존재이므로 내가 하는 일은 반드시 이루어진다.
   내 할 일은 이미 다 끝내고 왔다.

5. 내 이 몸은 가짜다.
   나를 없애려 해도 없앨 수 없다, 내 근처도 못 온다.
   나는 무시공존재니까.
   (내가 어떤 존재인지 모르는데 어떻게 나를 없앨 수 있어,
   이 몸 진짜로 보이지만 이 몸은 가짜, 실제는 무시공존재니까.
   일체 안에 내가 있는데 나를 없애려면 온 우주를 다 없애야 돼)

2002. 5. 무시공 안병식

매심

1단계

우연히 눈을 떠보니
구층 천 얼음벽에 바보인 듯 백치인 듯 아름다운 꽃 한송이 피었네.

꽁꽁 언 한겨울 얼음 속에 핀 뜻은 아름다움을 자랑하기 위함이 아니요,
그저 봄소식을, 무시공우주의 비밀을 알릴 뿐.

기다리고 기다리다 온 세상에 꽃이 피어 꽃향기로 가득할 때
나는 그 꽃 속에 함께 스며들어 그 향기와 하나 되어 웃고 있네.

2단계

꽃이 피고 지어 결실을 이룰 때에,
인간의 욕심은 팽조를 해하려 하지만,
그 마음 생기는 순간에 이미 스스로 멸망 길로 가는 것을.

객이 주인이 됐다.
불쌍한 노예를 살려주니 오히려 주인을 내쫓는 격.
하지만 그 마음 나는 미리 다 알고 있다.
아무리 해코지해도 나와는 아무 상관이 없음을.

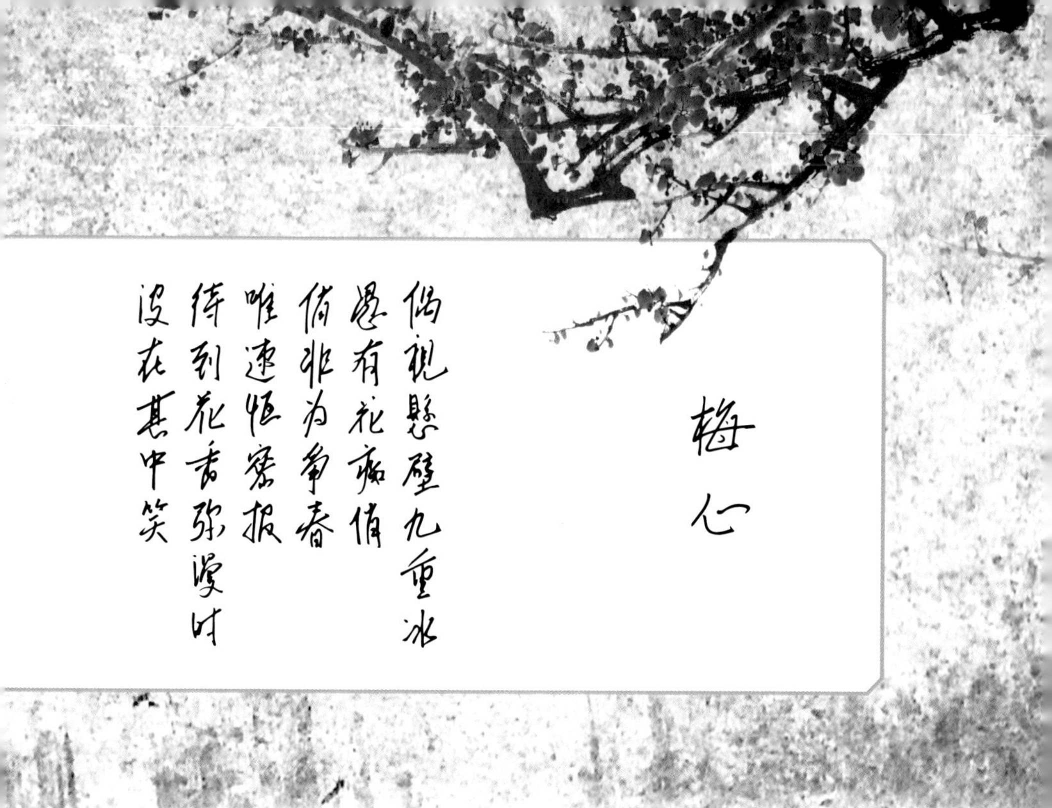

나는 이 세상에 들어온 적도 없고 그저 밖에서 인간세상을 구경하고,
용이 어찌 나는지, 호랑이가 어찌 뛰는지 구경할 뿐,
이 세상에 참여한 적도 끼어든 적도 없으니,
나는 대자유,
그 깊고 깊은 오묘한 진리를 누가 알 수 있을까!

3단계

5대 재앙(질병, 태풍, 화산폭발, 지진, 해일)이 지구를 정화한다는 선지자들의 예언,
끝없는 분쟁과 다툼은 무시공우주의 법칙을 역행하니
자기가 자기 무덤을 만들고….

온갖 재앙과 정화의 결과 시공우주가 사라지고
기나긴 꿈속에서 깨어나 보니,
새로운 인간과 새로운 우주만 남았네.

무시공 안병식 (2001. 2~3월, 매화꽃 필 무렵)

목차

무시공 3단계 우주작업 입문과 훈련

우주작업의 방해자

무감각시공 우주의 작업 결과

여신

무시공생명수, 주, 초, 돈, 약, 향, 공기의 역할

홍화현상

지구가 중심이 된 우주

요정과 대화

우주의 예언서

항성(恒星)과 행성(行星)

부록

제1장

무시공 3단계 우주작업 입문과 훈련

우주작업의 지치고 흔들리는 마음을 넘어 일원심으로 바로 서다

2016년 1월 26일 오전 12:45

서북방향 우주 모선의 친구와 직접 만나기로 약속한 날.

(원래는 다른 장소에서 일찍 만나기로 하였으나, 잘못 알아들은 관계로 건물 옥상에서 밤 12시로 약속을 변경함)

OOO - 25일 밤 12시, OO 건물 옥상에서 직접 보기로 약속 변경.
11시 55분에 올라갔다가, 12시 20분에 내려옴.
올라가 하늘을 보니 모선이 있던 그 자리에 유난히 구름이 가득해서 잘 보이지도 않았지만 날은 춥지 않아서 조금 더 기다려보기로.
희망 있는 우리의 앞날 등등 계속 나 혼자 이야기함, 대답이 없음.
그사이 구름은 온 하늘을 덮어서 더 아무것도 안 보이고. 구름 뒤로 자기(모선)가 이 부근에 있지만 빛으로 크게 또 살짝살짝 보여주는 정도이고, 더 다가오지 않았음.
다음 약속을 기약하자.
지금 현재의 일기는 서울, 구리, 대전 모두 구름 없는 맑음으로 나오는데, 이상하게도 여기 내가 있는 곳에는 구름이 잔뜩 끼어있음.

2016년 1월 26일 오전 9:31

무시공 - 미국 프랭크 스트랜지스(Frank Stranges) 박사와 김도현 박사.

이 두 사람 어느 우주선하고 연결돼 있나 확인.
또 거기 가봐, 어느 차원에 있나?
이후 무감각시공 작업에 좀 더 집중할 수 있어, 시간도?
우주작업 기초 빨리 닦기 위해서 힘들다면 또 다른 방법 찾아야지, 억지로 하라는 거는 아니야.

OOO - 지금 가능해요, 좀 버겁긴 하지만 해야지요.
우선 위 두 박사 찾아볼게요.

무시공 - 위에 정리해 보내준 모선은 마탕카즈 별이잖아, 일기 좀 잘 기록하라.
마탕카즈라고 적어놔야지.
나중에 더 많은 접촉하면 헷갈린다.

OOO - 아~ 그것을 안 적었네, 앞으로 더 꼼꼼하게 기록할게요.
두 박사들 보러 갈까요?

무시공 - 보러 가, 꼭 명심!
3단계 무감각시공 작업은 비밀로 한다고 했잖아.
지금 우리가 진행 중인 것은 꼭 내가 하라는 대로 어긋나지 말고!
실천하면서 마음 지켜보는 거야.
반드시 더 세밀하게, 더 정확하게, 더 진심으로, 더 순수하게.

OOO - 넵.

무시공 - 우주선은 어떤 수준인지, 거기 가서도 대표 만나기.
지구인 온 적 있나 알아보기도 하고, 왔다면 어디서 어떤 존재가 온 적 있나, 지구에서 얼마나 먼 거리인가?

OOO - 우선 한 사람씩 볼게요, 미국 박사 먼저요. 헷갈려서.

무시공 - 여전히 각종 요구. 우리가 육체로 그곳에 가는 시간은?
이후 언제나 이것을 잊지 마.

OOO - 네.
아~ 지금 집중이 잘 안 돼요.

2016년 1월 26일 오전 10:39

무시공 - 쉬어라.

2016년 1월 26일 오전 10:44

OOO - 우선 본 데까지만 정리.
미국 스트랜지스 박사와 교류하는 우주선은 에너지체로 보여요.
우주선 내부 엄청나게 크고, 반투명한 기계들이 보이고.
우주선 최고 책임자는 인도 스타일의 여자.
층차는 우주도에서 보자면 무감각시공의 중간에서 약간 아래 단계.
분자 몸 갖고 우주선까지 2~3분 걸리고.
행성 찾아가 최고 존재 만나니 여성.
우주선을 타고 행성 구경시켜 줌. 그때부터 희미하고 잘 안 보임.

2016년 1월 26일 오전 10:49

무시공 - 크레타하고 비교하면?
OOO - 크레타 행성보다 더 위에 단계.

무시공 - 그러면 김도현 박사.
OOO - 김도현 박사, 잠시 후에 볼게요.

무시공 - 거기 행성 이름 기억해?
OOO - 네. 아까는 못 물어봤어요.

무시공 - 주의해. 어디 가도 내가 주도권 잡고, 주동적으로.
피동이면 문제 생겨.
우리는 무시공이라는 거, 잊지 마.
우리가 최고잖아, 왜 상대에게 지배당해?
항상 내가 먼저 물어보고 요구하고 내 뜻으로 진행할 것.
그래야 상대방이 자기도 모르게 끌려와.
OOO - 네, 명심. 알겠어요.

2016년 1월 26일 오후 1:17

무시공 - 약백(约伯)은 어느 차원에 있는 존재?
OOO - 김도현 씨 보고 있었어요, 잠시만요.
약백 있는 곳은, 폴리우스보다 약간 윗 단계.

무시공 - 도현 아직 안 끝났어?
OOO - 김도현 박사와 교류하는 곳은 그 우주선이 최신예 우주선단.
크레타보다 위, 아까 미국 박사와 교류하는 쪽보다 약간 아래이고 더 선명하게 보임.
우주선 선장은 머리 곱실하고 긴 머리의 여자. 군인 복장 느낌의 단정한 바지 차림.
방문 목적 밝혔고 분자 몸 우주선까지 운반시간 3~4분.
신뢰에 따라 우주선도 빌려줄 수 있다.
우주선과 자기네 행성까지 케이블카처럼 여러 개가 왔다 갔다 함.
그중 하나를 골라 타고 혼자 갈 수도 있다.

그 별 이름이 많이 들었던 시리우스라고 해요.
최고 존재는 붉은 띠로 허리를 매는 약간 화려한 스타일의 양복 입은 느낌.
거기까지요.

2016년 1월 26일 오후 1:52

OOO - 어제 마탕카즈와 만남 성공 못 해서 약간 자신감 떨어짐, 그리고 약간 우울.
무시공 - 더 세밀하게, 더 정확하게, 더 진심으로, 더 순수하게.
아무튼 내가 하라는 대로, 개인 생각 끼워 넣지 말고.
마탕카즈와 만나는 내용 보낼 때도 몇 시에 만나러 갔다가 못 만나고 몇 시에 돌아왔다. 이렇게 간단히 하면 돼, 잘못 보면 우주선에 탔다가 내려왔다는 내용처럼 읽을 수 있잖아.
더 세밀하게, 더 정확하게, 더 진심으로, 더 순수하게!
초보적 실천하니, 좋은 현상.
3단계 와서 더 정신 차려야 돼, 또 진심으로 해야 하고.
네 마음을 보고 있잖아.
어제 마탕카즈와 약속, 지나간 일이니 삭제. 지나간 것은 다 잘했다.

2016년 1월 26일 오후 3:17

무시공 - 항상 시작하기 전
먼저 체험해봐, 어느 상태인가.
최고 상태 된 다음 시작. 마음 자세도 무시공 블랙홀 자리인가?
기분 안 좋은가, 우주마음인가?
OOO - 네, 조금 안 좋아요.

위에 말씀하신 그대로 항상 그런 마음으로 할게요.

무시공 - 무감각시공 이제 시작인데, 모든 것이 새롭고 모르잖아. 그래도 잘 하고 있다.
열심히 탐구하고 전진하면 거기에 적응할 수 있잖아.
조그만 것에 부닥쳐서 마음 흔들리면 무감각시공 들어갈 수 없어.
이만하면 잘하고 있어, 일체 부딪힘 속에서 일어서기.
무조건 끊임없이 부딪히며 탐구하며, 높은 차원으로 찾아 올라가 무극까지 돌파.
이 일은 꼭 성공하고 말아. 너도 이런 결심 있어?
푹 쉬며 마음 정리 잘해. 새로운 도전을 위해.
OOO - 네. 성공뿐입니다.

무시공 - 그리고 상대와 마음으로 소통은 감동, 동일이 돼야 해, 주객 나누지 말고.
그래야 일체가 나를 도와줘.
크레타, 모선 등등하고 대화해, 본인 무엇이 잘못됐나?
진실은 통해, 다시 점검. 스스로 나만 보라 했잖아.
빨리빨리 알아서 자기 마음을 수정해야 돼.
OOO - 네, 알겠어요. 따라가려고 노력하고 있어요.

무시공 - 우울하다는 것은 실패를 인정하는 것, 이것은 시공 관점. 무시공에서는 실패 개념 없다, 성공밖에 없어.
우울한 순간 마음에 구름이 낀다.
지나간 것은 연습. 실습했다고 생각해.
그만하면 잘했어. 이제 시작이잖아.
혼자 시간 있으면 반복연습해서 능숙해지도록 하고, 메모해서 내게 보내.
무감각시공 돌파하는 첫 시험이라고 60점 줄게.

마음으로 우주선 타고 우주여행해도 몸이 변하고 있어.
때가 되면 육신으로 탈 수 있으면 더 빠르다.
목표달성을 위해 반복훈련.
OOO - 네. 반복훈련.

무시공 - 명심. 무감각시공에서 언제나 어디서나 우리가 무시공 존재라는 거 밝히지 말 것.

2016년 1월 27일 오전 12:39

무시공 - 뭐 정리해 보낸다더니, 소식이 없네.
OOO - 벌써 슬럼프가 왔는지. 지금 무감각시공 작업 하는 게 사실 같지 않아요.
그래서 안 보냈죠.

무시공 - 3단계 - 무감각시공은 처음 접근하는 일이잖아.
이생에 한 번도 가보지 않은 나라처럼, 거기 적응하는 과정이 필연이지.
또 이원념에 잡혔네, 그래서 일기 적으라 했다. 일정한 시간 지나서 보면 자기성장한 과정이 보이잖아.
좋은 현상 맞지?
나는 항상 미래를 보고 미리 암시해주는 거.
진실한 그대로 행해야 변할 기회가 있지, 숨겨 놓는다고 없어져?
2단계서 한동안 꼬리 많이 잡혔던 것처럼, 3단계도 어쩔 수 없어.
전진하든 아니면 도망가든. 쉬운 거 아니라서 2016년 말까지 10명만 3단계 들어올 수 있어도 대만족이다.
약속 지켜라. 보내준다면 보내줘야지.
나는 마음을 보지, 옳고 그른 거 관심 없어, 지금 약속 안 지키는 거 또 걸렸잖아.

그래서 모선한테 해석해, 우리 마음준비 안 됐다는 거 사과하며 새로 시작하자고, 약속도 못 지켰다고.

무감각시공 존재는 분자세상 존재보다 훨씬 긍정마음이 많다고.
지구인이 가장 밑바닥에 있다고 했지.
무시공과 무극과는 종이 한 장 사이라 그랬잖아.
그래서 일원심이어야 무극까지 통할 수 있어.
무감각시공에는 이원념 마음으로 절대로 못 통한다.
너는 옛날에 우주선하고 통했다며.
바로 네 긍정마음 때문에.
조금만 노력하고, 일원심으로 중심 잡고 흔들리지 않으면, 목표 필연 달성.
지나간 것은 연습했다 잘했다 생각해.
조금만 더 노력해, 많은 준비가 돼있어. 아이들 첫걸음마처럼.
반복 넘어지고 또 넘어지고, 결국 당당하게 걸을 수 있잖아.
일원심이어야 일체생명하고 통해.
무감각시공에 대해서 아무것도 모르잖아. 아이하고 무엇이 달라?
그래도 잘했다고 60점 주지, 아니면 빵점.

모선하고 통해, 거기는 기다리고 있어.
진심으로 일원심 지키며 대화하면 감동을 줄 수 있고 더 가까이 다가오고 하나로 통한다.
또 새로 약속 정하고 우리가 생명 내걸고 지키기.
크레타에게도 사과.
다 생명으로 대해 — 평등심. 크레타 너를 안 믿었으면 떠난 지가 옛적이다.
그래도 너를 믿고 기다리고 있는 거야.
너하고 하나니까.

2016년 1월 27일 오후 1:50

무시공 - 모선하고 소통됐나, 말해봐.
OOO - 아까 모선하고 소통하라 하실 때 했어요.

무시공 - 결과는? 과정을 좀 상세히 말해봐.
또 새로 약속 안 했나?
OOO - 말씀하신 대로 전했고요.
다시 마음준비하고 새로 시작하겠다, 기다리라 했어요.
새로 약속은 안 했어요.

무시공 - 그쪽 반응은?
멀리 있어, 가까이 있어, 선명해, 희미해?
OOO - 담담하게 받아들여요.
악수하려 손도 내밀고, 주먹 쥐며 내게 힘내라 말하는 느낌. 내가 멀리서 보는 느낌.
선명하진 않았고.

무시공 - 너를 믿는 태도야, 너를 의심하는 거야?
전에는 가까이 있고 선명했을 텐데?
비교하면 몰라?
OOO - 의심 안 해요. 믿어줘요.
전과 비교는 잘 안 돼요.
전에도 이렇게 멀리서 본 건지.
뚜렷한 정도가 어느 정도였는지.

무시공 - 모선하고 대화하면서 좀 가까이 오라고 요청해보면 반응이 있을 텐데, 진심으로 하면. 크레타는 빛 상태야?

궁금하면 크레타한테 물어보든가, 모선이 믿나 안 믿나?
곁에 있는 선물 빛으로 돼있어, 아니면 어두워?

OOO - 모선은 약속한 그날 밤 12시에 가까이 와서 보자고 요청해도 구름만 더 잔뜩 끼고 잘 안 보였어요.
크레타와 선물 친구들은 아까 사과하니 다들 좋아했어요.
크레타는 처음 받을 때부터 빛없는 구리색의 금속성 같고 사이사이에 분홍색 빛이 나와요.
크레타 말하길 - 내가 하는 만큼 믿는대요.

무시공 - 본인도 잠깐 체험해봐, 최고 밝은 상태인가. 아니면 원래보다 약해졌나, 문제 없으면 또 약속해, 언제 갈 수 있나, 당당하게.

OOO - 제가 선생님 마음만큼 못 따라가는 거 같아요, 따라가기 힘들어요. 해보라는 대로 바로바로 잘 안 되네.

무시공 - 무엇이 두려워서 이 무한대 우주에서 하나 안 된다고 흔들려, 또 찾지.
꼭 된다고.
안 되는 거 내가 15년을 지켜왔나?

OOO - 안 된다는 게 아니고, 나도 빨리하고 싶은데, 선생님 속도가 너무 빨라서 쫓아가기가 버거워요.

무시공 - 네가 약속 잘못한 것 말하고, 마음을 일원심으로 유지하면 그들은 다 자동으로 다가와, 우리는 블랙홀이잖아. 다 빨려온다고.
네 마음이 아직 문제 있으면 자꾸 희미하게 보이거나 심지어 안 보인다고.
네 주변에 있는 선물들은 다 너하고 하나야. 또 확장된 본인이라고.
60조보다 더 확장됐는데 스스로 세포하고 대화하고 심지어 직접 대화해도 다 되는데 왜 그걸 활용 못 해.
그럼 저쪽에서도 반응이 있을 거잖아. 가까이 오든지. 그래서 다 하나로 보고 한마음 한뜻으로 해 봐야지. 다 생명인데 일원심만 지키면 진심은 다 통한다고. 알았지?
대화해서 모든 걸 진심으로 통해야 해. 일원심은 일체하고 다 통할 수 있다고 했잖아.
만물하고 일체생명하고 다 나를 도와주려고 그러지, 해코지 안 하고, 소통이 안 돼서 오해해서 그럴 수 있다고.
당당하게, 지금 실험해봐. 옛날에는 UFO 보고 싶다 하면 다 보였다며, 그 위치까지 다 알아놓고 왜 활용을 못 해.
지금은 시작이고 기초 닦는 일이라서, 3단계 무감각시공의 작업은 이제 들어가는데 될 수 있는 데로 각 방면 시간을 이쪽으로 집중하라고. 이건 새로운 시작이고 엄청난 일을 시작하는데 자꾸 다른데 끌려가면 어째? 스스로 알아서 해야지, 나는 더 말 못해.
그래도 기초 닦을 때는 좀 더 시간 내고 집중해. 다 닦아놓으면 다풀린다.
지금 우리 시작이니까 서로 의심해. 정말 되겠나? 가짠가 진짠가?
알았지?
일단 우리가 진짜 한 발자국만 나가면 그다음에는 자연적으로 다 풀리기 시작해. 첫발자국 조금만 신경써서 마음을 투입해. 아니면 네 일이 지장 되면 남한테 잠시 맡겨놓고, 이 일의 기초를 먼저 닦는 거다.

2016년 1월 28일 오전 3:41

OOO - 1월 24일 저녁, 27일 저녁 두 번 방문 내용정리.

우주선 없는 우주인 고향 프레투스 방문

선생님 - **항상 첫 번 상대할 때 절대로 못 보게 확인한 후 갑자기 나타나 보이기.**

다른 의도 없고 도움요청뿐, 한국이 우주중심지이며, 한국에 우주기지 가 생긴다.
우리는 이날을 기다린다.
거기 이름 등등 각 방면 물어보며 선물도 챙기고, 강한 건 더 강하게 요구.
지금 실험 삼아 자기 훈련목적으로 한국에 있는 우주선들 속에서 우주선 없이 있는 존재 찾아봐.

OOO - 정말로 있다. 우주선 없이 사람 같은 생명체가 우주복 비슷한 것만 입고 공간에 떠 있음.
우주선들 사이에서 발견.
갑자기 나를 발견하고 뭔가 살피러 와서 안 보이게 함.
곧 다시 보이게 한 후 질문, 갑자기 보이게 하니 깜짝 놀란다.
당신의 지구 임무가 무엇이냐 했더니
지구 관찰 임무를 맡고 있다고 함.

<u>우주선 없는 존재 찾아서 그 고향 가기</u>

그 우주인 따라가서 별의 최고 존재 보여 달랐더니, 군인계급의 최고 존재를 보여줘서, 아니, 행성의 최고 존재를 만나게 해 달라 함.
최고 대표 - 첫날, 가만히 나를 살피기만 한다, 처음 갔던 폴리우스 행성과 비슷한 느낌. 주변 환경이 잘 안 보임. 잘 안 보여주는 건지, 못 보는 건지.
가리고 안 보여주는 것 같음.
내가 빛을 올리자 바로 기가 죽음.
지구에서 우리의 할 일 이야기했다.

선물 받음 - 이름은 폴리켓폴리캇. 줄여서 폴리켓. - 촉이 강하다, 잘 훈련된 경찰 같은 느낌, 지킴의 의미, 그 외 활용자에 따라 무한대로 활용할 수 있다.

선물 크레타보다 약간 크고, 나선형의 무늬가 움직이며 돌아감, 아주 작은 귀가 두 개 있고 눈도 두 개. 눈이 보석 박힌 것처럼 반짝임.

두 번째 방문, 대표는 양복 또는 편한 복장으로 입고 나옴. 친근한 지구 복장을 입어줌으로써 내가 편안하도록 배려한 듯. 나와 친숙한 모습을 보여주려 한다.

행성 이름 - 프레투스.

거기는 어느 층차 - 폴리우스와 비슷, 그 주변 많은 별의 모임 중에서, 폴리우스와 함께 나란히 앞선 문명이다.

지구와의 거리 - 2만 광년.

지구에서 누가 왔나 - 2명. 하지만 직접 찾아와서 대화한 건 처음.

지금 우주가 변하는 것 느끼고 있나 - 이 말에 크게 관심 가는 듯 다가와서 "우주가 찢어지는 느낌, 거들먹거림(흔들림), 우주가 안정적이지 않아. 지구가 발원지 같아서 정탐병을 보냄. 지구가 가장 시끄럽다. 지구변화가 우리와 우주와 무슨 관련 있는지 탐구 중."이라고 함.

얼마 안 되면 여기도 위기가 온다, 하지만 우리를 도우면 공 세운다,
우리는 우주에서 영원히 전쟁을 없앤다 — 선생님 말씀 그대로 전달.

행성 구경 - 여행 위해 옷 갈아입음, 그냥 입혀짐. 가볍고 약간 폭신한 느낌. 아주 약간 반짝이는 회색+쑥색의 상의와 하의가 붙은 바지.

이동수단 - 투명한 원형의 공중에 떠다니는 이동기구. 너무 마음에 들어 지구에서도 쓰고 싶다, 기술 알려 달라 요청.

대표 - 알겠다 함.

먹을 것 - 한 곳에서 대량 재배 후 에너지화해 저장, 유통.

그것을 각자 그냥 먹거나 활용해서 만들어먹음. 에너지 그 자체로 먹기도 하고 물질로 먹기도. 내가 입에 넣을 때 색깔 있는 물질로 바뀌었음.

마지막 떠나기 전 만찬을 하며 많은 사람에게 나를 소개함.

끝나고 올 때 우주구경.
선생님 - 한국이 우주중심지이며 블랙홀 힘으로 온 우주가 한국 핵심으로 빨려오는 것 보라 -
오면서 지구의 한국을 보니 오묘한 빛이 크게 튀어나와 보인다. 온 우주를 빨아들인다, 자동으로 끌려 들어오기도 한다.

2016년 1월 29일 오후 3:02

무시공 - 최고 높은 기념품은 몸에 챙기고, 그 외는 보관.
최고 기념품하고 하나 돼서, 분자 몸 빨리 녹이는 데 최선으로 노력하자 그래.

우리는 무시공 존재.
일원심 직선빛.
블랙홀 작동.
이 분자 몸은 가짜.

2016년 1월 29일 오후 6:44

무시공 -
무감각시공을 돌파하는
선구자
탐험자
시공의 가짜생명을 과감하게 버릴 수 있는
희생자
실천자

리더자
행동자
창조자
전능자
전지자
조공자

2016년 1월 30일 오전 10:23

무시공 - 최고선물하고 대화할 수 있어?
우리 분자 몸 녹이는 것, 빨리 협조, 최대로 강하게.
OOO - 마지막 방문한 '대우주'라는 곳에서 받아온 '웅차'라는 선물.
빛으로 돼 있어요. 웅차, 열심히 하고 있어요.

무시공 - 사람 태운 적 있는 우주선 찾아봐.
OOO - 네, 몇 년 전 눈앞에 나타났던 작은 우주선.
크레타 행성의 왕자라고 했던 우선 친숙한 그 친구 거 타고 싶어요.
눈을 감으면 계속 보여서요.

무시공 - 31일 오전으로 약속해 봐.
오후 또 다른 거 약속. 그저 탈 수 있으면 성공.
OOO - 네. 우리 몸이 많이 녹는다면 굳이 밖에서 안 기다려도 되겠지요?
실내에서도 우주선으로 바로 이동 가능할 것 같아요.

무시공 - 맞아, 인간은 두렵지만 우리는 주동으로 해, 분자 몸 버리기 위해서.
인간은 분자 몸 챙기니까 두려워.
그래서 육신을 움직일 수 있는 우주선을 찾기.

가장 낮은 차원에 있는 우주선 - 육안으로도 보이는 우주선, 안에 각종 장비가 있는 우주선 먼저 찾아.

에너지 상태, 빛 상태, 마음으로 움직이는 우주선은 우리를 못 움직여.

2016년 1월 31일 오후 3:06

무시공 - 오늘 3천 년. 5천 년. 6천 년, 7,500년 수련하고 있는 존재들, 우리 앞에 나타나게 해서 같이 체험도 했다.

빛으로 층차를 구별할 수 있는 방법

무시공 - 내가 알려줄게. 소산 말이야, 자기 생각에 최고라 그랬지. 그런데 최고 아니거든. 내가 알려줬잖아, 자기가 최고라 하는 그 말 듣지 말고, 그저 그 존재에 빛 상태만 봐.

빛이 어떤 상태로 돼 있는지, 그럼 바로 판단이 되잖아. 이것도 자꾸 해야 경험이 생겨.

소산 그 존재 나타나면 빛을 봐, 파동으로 된 빛이 계속 빠져나가고 있으면 아직 무극 이하라는 거야. 그다음에 안으로 들어오는 빛이 보이고 직선빛이 보이면 무극에 가까이 왔다는 걸 스스로 짐작해야 돼 알았지, 뭔 뜻인지 알아?

OOO - 아…. 잘 모르겠어요.

무시공 - 무극의 무시공 빛은 직선빛이 안으로 빨려 들어와, 우리가 블랙홀 역할 한다고 했잖아. 이분법 파동빛은 아무리 미세해도, 파동빛으로 밖으로 빠져나가는 거고.

방향이 다르잖아, 그것으로 상대방을 관찰해보라고.

그것을 보면서 상대방이 어느 위치에 와있겠다 판단할 수 있어.

그 위에 아직 더 높은 존재가 있겠다고 판단했으면, 그 존재 보고 더 위의 차원 찾으라고 하던가, 위에 또 누가 더 높은 자리에 있으면 지구와 거리가 얼마큼인가 물어보고 아니면 네가 직접 위에 최고 존재를 찾아.

스스로 시간 거리를 정해놓고. 예를 들어, 천억 광년을 하든 아니면 더 올려서 5천억, 1조 광년, 이렇게 정해놓고 최고 존재 나타나라 그래.

내가 처음에 이렇게 몇 번 훈련하는 건, 그걸 알리는 거야.
무감각시공에서 스스로 체험하면서 경험을 계속 쌓아야지, 알았지?
내가 미리 다 알려줬잖아.
우리가 분자세상에서 무극까지는 전부다 직선빛이 아니고 파동빛으로 밖으로 나가는 현상이고 위로 올라갈수록 너무 세밀해, 미세해. 거의 표가 안나. 그렇지만 밖으로 빠져나가는 현상은 아직 있어.

무극을 초월한 무시공에서는 빛이 완전히 직선빛.
그 빛은 나가는 게 아니고 계속 들어오는 거야. 나를 중심으로 해서 무한대로 계속 빨려 들어와. 그게 블랙홀이잖아.
이 원리로, 불러온 그 존재의 빛을 구경하고 관찰해.
그 빛이 아직 밖으로 나가는 빛이고, 들어오는 것은 있지만, 아직 나가는 게 많든가, 들어오고 나가는 게 비슷하든가, 아니면 들어오는 게 더 많은가.
그것으로 이 사람이 어느 위치와 거리에 있다는 것, 판단할 수 있어.

나는 항상 무시공에서 내 몸에 빛은 무조건 다 직선빛이다라는 그거만 생각해.
그 자리만 지켜 이제. 알았지?

그것 하나고.

그다음에 소산 위부터 너 혼자 마음대로 실험 삼아 해보라 그랬잖아.
항상 그렇게 생각해. 안 돼도 후회하지 말고, 내가 모든 것 마음대로 움직인다 생각해.
마음먹은 대로 해봐.
예를 들어서, 천억 광년에 대우주라 하면, 내가 거기서 5천억 심지어 1조 되는 그 위치에 가보자.
거기에 가보는 게 아니라 내가 그 위치를 끄집어온다.

그리고 그 위치의 존재 내 앞에 나타나라. 그렇게 하라고.

나타나면 그 빛을 구경해, 그 빛이 소산의 빛과 뭐가 다른가? 확인해보면 바로 알아.

아, 진짜 층차가 높구나, 낮구나.

빛만 봐도 보이잖아, 빛 볼 줄 알잖아. 보고 비교하면 돼.

OOO - 네. 올라갈수록 빛이 달라지니까.

무시공 - 맞지? 그걸 자꾸 확인하라고. 스스로 경험을 자꾸 쌓아야 해.

우주 작업하면서 네 몸도 엄청 변하고 있어, 알아?

OOO - 네. 감사합니다. (웃음)

우주작업 전 마음자세

작업하기 전 마음자세 및 준비

무시공 - 나는 일체 안에 있고, 일체가 다 내 안에 있다.
내가 어떤 층차의 누구와 대화하겠다 하면, 나는 이 자리에 그대로 있으면서 블랙홀 역할로 누구든 불러와, 내가 안 움직이고 상대방을 움직여야 해.
상대방은 반드시 내 곁에 와야 한다.
그리고 이제 나를 누구도 못 본다, 저들 눈에는 내가 빛으로만 보이지.
우리 무시공존재들은 마음과 물질이 하나라고 그랬잖아.

우리는 무감각시공, 이미 미세한 공간의 에너지 상태에 들어왔어.
무감각시공 에너지 상태에서 작업하고 있어. 알았지?
진짜 내 말대로 이뤄진다. 마음먹은 대로 이뤄져.
그러니 당당해야 해. 의심하지 말고. 상대방을 100% 내가 조공할 수 있다.
우리 무시공존재는 그런 능력 갖추고 있어. 그것을 100% 활용하라고.
과감하게.

뺀질뺀질하며 말 안 들으면 차원 높은 어떤 존재라도 벌줘도 돼.
나를 멸시하면 당장 명령 내려.
어찌하라고 하면 그대로 돼, 삭제하라면 그대로 삭제되고.
그리고 나는 무한대 우주 입장이다.
네가 있는 (부정, 이원념) 공간은 줄여서 없앨 수 있다. 네가 사는 그 세상도 없앨 수 있다.

우리가 일원심으로 하나로 합쳐지지 않으면, 너는 영원히 없어질 수 있다.
이렇게 당당하게 하라고.

우리와 합치지 않으면 바로 줄여서 먼지 덩어리로 만든다.
영원히 거기서 옴짝달싹 못 하게 할 수 있다.
안 그러면 네가 감아놓고, 꼼짝 못 하게 거기서 평생 감겨있으라고 해도 돼.
그러니 너희 그렇게 하고 싶으면 그렇게 하라.

무시공에서는 마음먹은 대로 이뤄졌어.
그러니 먼저 무시공자리 단단히 만들어놓고, 그 자리 확실히 해놓고 작업 들어가라고.
당당하게! 알았지?
너무 잘하고 있어. 실천하면서 느껴봐, 내 말이 거짓인지 진짜인지.
이 분자세상에선 내 마음먹은 대로 안 이루어진 거 같아, 하지만 여기서는 마음먹은 대로 이뤄져. 보이잖아, 증명되고 있어.
우리가 하는 일은 무조건 성공이야. 그러니 이 공부 밀어붙이면서 계속해.
그러면 이뤄진다고.
이 거친 분자세상에서 15년 동안 해서 이루었는데, 무감각시공에선 순간에 이뤄지지, 내가 당당하면.

우리는 일체 생명을 살리는 개념.
영혼이든가, 귀신이라도 우리 마음(일원심, 절대긍정마음) 알아들으면 살려줘, 그런 마음으로 해.
내 마음(일원심, 절대긍정마음)하고 반대로 나오면 그건 무조건 쓰레기(부정)야, 도태 대상.
우리가 무감각시공 정화하는 거다. 일체 부정적이고 반대로 하는 것, 무조건 도태 대상.

훈련할수록 네 몸이 에너지상태로 계속 변한다.
지금 엄청나게 몸이 변하는 느낌 있을 거다.
무슨 방법이라도 내 몸을 빠르게 에너지 몸으로 만드는 과정이라고 생각해.
우린 에너지상태의 상대와 대화하는 과정에서 우리가 변한다고.
UFO나 우주선 못 타도 자꾸 연락해. 같이 있으면 그게 통하고 있어.
그러다 보면 우리가 다 변해.
네가 느낄 수 있는 각종 영혼에 대해서 자꾸 만나서 대화하며, 상대방의 부정마음을 없애.
그래도 그 존재가 부정마음 못 버리면 삭제해.
계속 그렇게 하다 보면 일원심만 뭉치잖아. 그럼 힘이 커진다고 알았지?

우리가 지금 3단계 작업하는 것은, 에너지상태에 들어와서 무시공에서 에너지우주를 조공하고 있다 했지.
에너지상태에선 온갖 영체들이 다 있잖아.
우리는 이분법을 다 영체로 봐. 거기서 우리가 조절해서 우리와 합하면 생명으로 변하고 계속하나 돼서 우리를 도와줄 거고.
만약 영체로 그대로 남아있으면 우리가 변화시키고, 그래도 안 되면 도태된다고. 그 뜻이야, 알았지?
우리는 며칠 안 되는 이 짧은 시간에 에너지 상태로 들어와서 에너지 존재도 우리 마음대로 좌지우지할 수 있다고. 맞지?
그러면 그 상태로 들어와, 우리는 지금 분자세상에 있는 것이 아니다.

밝을수록 그 에너지상태에 더 들어가서 그 안에서 확실히 작업하고 있어, 이건 누구도 몰라. 에너지상태 존재마저도 우리를 모른다.

몸이 육지에 있는 게 아니고 에너지상태에 들어가서 내내 우주 공간에 떠 있다고 생각하면 돼. 지구도 우주에 떠 있잖아. 맞지?
나도 이 몸이 육지에 있는 게 아니야. 우주 공간에 있어, 공중에 떠 있다고 생각하라고.

지구에 의지하지 말고, 무한대 우주가 나야. 자꾸 그렇게 느껴봐라.
몸이라는 개념을 버려야 해. 몸이라 하면 에너지상태에서 한도가 있잖아.
내 몸이 빛이고 내 몸이 우주다. 공중에 떠서 전체가 우주다. 이게 내 몸이다.
자꾸 그렇게 자기를 조절하라고.
내 몸이 너무나 가볍고 몸무게도 없고, 몸이 완전히 녹아 없어져서 우주 자체가 나고, 무한대로 큰 우주가 나며, 완전히 무시공빛 직선빛이 나다.
또 그 빛이 온 우주에 쫙 깔려있는 거.
자꾸 그런 경지에 들어가.
몸이 너무너무 가벼워서 몸이라는 개념이 없어져 버렸어.
그리고 어떤 존재도 나를 보려 해도 볼 수가 없어. 그 우주 자체가 나인데, 내 안에 있는데 어떻게 나를 봐?
블랙홀 효과. 온 우주가 지금 나한테 빨려 들어와. 아주 강하게.

시공우주를 정화하고 없애는 목적

2016년 2월 2일 오후 11:38

무시공 - 시공을 정화하고 없애는 목적으로, 부정적인 존재들은 끝까지 줄이고, 농축시켜, 없어질 때까지.
나중에 같이 하자고.
내가 시공을 없앤다고 했잖아.
이원념 존재가 없으면 그 시공도 없어.
또 그 시공을 없애면 이원념 존재도 없어지지.
이원념 존재와 시공은 동일하니까.
OOO - 아, 그렇군요. 동일하니 함께 삭제되는 것이군요.

무시공 - 시공을 없애는 뜻 이제 알겠지?
이것이 우주작업.
내가 강의한 거, 3단계 작업하면서 더 새로 느끼지?
처음에는 환상 같지만.
OOO - 네, 실전은 완전 새로워요.
처음엔 너무 어렵고 힘들었는데, 죽기 살기로 끝까지 해보자 하니 재미있어요.

무시공 - 나를 믿어줘서 고마워.

일원심 운동

2016년 2월 3일 오전 9:47

무시공 - 무감각시공에서 이미 세 방면으로 작업 들어가고 있어.

1. 살아있는 사람, 대전에서 일원심 운동
2. 외계인 우주인, 일원심 운동
3. 죽어 있는 영혼들, 일원심 운동

지금 우리가 3단계 작업 대상과 중점이 2, 3의 우주작업.
이 세 분야에서 일원심으로 합일, 마지막은 동일.
나와 함께하는 존재들, 선구자, 탐험자로서 고맙고 감사하다.
무감각시공 작업도 제일 밑바닥에서 시작하는 거야.

OOO - 제일 밑바닥이란, 지구와 가장 가까운 낮은 차원부터라는 것이지요?

무시공 - 무감각시공에서 우주인 만나는 것.
몇십 광년부터 시작해서 천억 광년으로.
영혼 대표도 낮은 존재부터 높은 차원의 대표로.
지구에서 태양계로, 또 온 우주로.
이것이 밑바닥에서 시작 아닌가?

여러 종교도 일원심 받아들이도록!

마음먹은 대로 이루어지면 더 당당해지고, 일원심 위력을 실감할 거다.

OOO - 네. 그러기 위해 훈련.

무시공 - 나의 일원심과, 일체생명의 긍정마음과 동일.
아동우주동(我動宇宙動, 내가 움직이면 온 우주가 움직인다)

일원심은 살고, 방해하는 자는 무조건 도태돼.
왜? 이원념(부정) 때문에.
OOO - 놀랍지만 당연해요.

에쌍시1별 기록

붉은색의 우주선이 보임. 가오리처럼 삼각형 모양.
멀리 자주 보이던 빨간 불빛을 가진 우주선인가 하는 느낌이 든다.

별 이름: 에쌍시1.
선장 이름: 호스. 빨간(자주 빛) 제복에 검정 구두, 검정 모자. 날렵한 이미지.
호스를 따라 별 대표 찾아감. 곱슬머리, 수염이 금빛 노란색, 살집이 약간 있다.
방문목적 등 이야기하며 약속.
마찬가지로, 가장 큰 방문 목적은 같은 목적을 가진 친구와 우주선을 함께 타는 것이라 이야기.
그것이 시작이라 말함.
좀 더 호의적.
선장 호스의 선물: 자기가 하고 있던 빨간 스카프 풀어줌.
최고지도자의 선물: 선물 이름 - 소우주선.
가오리 우주선의 축소판. 붉은색. 안에서 붉은빛이 움직여서 붉게 보임.

2016년 2월 8일 오후 3:57

OOO - 일체조공의 뜻을 다시 한 번 되새기며.
오늘 체험시간에 할 일 - 눈에 보이는 우주선 찾아보고 교감하기.

2016년 2월 9일 오후 12:38

OOO - 우주선과 약속 2월 10일.

무시공 - 3시에 소산이지? 분자몸 탈 수 있대?

OOO - 네. 처음에 분자 몸 탈 수 있다고 했었어요. 믿음이 갔고요. 계속 이야기할게요.

=> 만나지 못함.

소산, 우리는 너보다 더 높은 차원 갈 수 있다.

온다고 약속해놓고 왜 안 왔나, 약속 안 지키나?

소산 - (약간 긴장한 듯함)

OOO - 언제라도 우리가 도움 요청하면 실행할 것을 명령.

2016년 2월 11일 오후 6:41

무시공 - 나는 마음에 드는 존재 만나면, 생명 내걸고 하는 성질 갖고 있잖아. 너는 우주인과 대화, 무조건 끊임없이.

2016년 2월 12일 오전 11:38 - 무감각시공 체험 기록

OOO - 2월 10일 밤 10시

※ 대우주 소산이 방문했다는 500억 광년 (메모)

그곳 이름: 곡백

대표: 스잔(여자. 동양적인 폭넓은 치마를 입음. 거리낌 없는 모습. 공간을 줄이니 태도 달라짐.)

선물: 꽃지(화려한 원단)

※ 대우주 소산이 알고 있다는 (직접 방문할 수 없는) 5,000억 광년

희고 밝은 공간을 쭉 파고 들어감.

형체가 나왔는데, 어둡게 가리고 있어 안 보인다, 거기에 빛을 맞춰보니 형체가 보임. 길쭉하고 흰 모양을 하고 있다.
위로 올라갈수록 형체들이 뚜렷이 안 보임. 남자인지 여자인지도 구별이 안 될 정도.
소산보다 이야기를 잘함.
그곳 이름: 흑단우주
최고 존재: 백호수
선물: 흑단꽃(꽃 모양)
대화: 지구에서 도움 요청하러 왔다. 우리가 도움 필요해, 지구 초청하면 지구까지 와 줄 수 있는가? - 긍정적 답변.

※ 백호수 소개로 10억 겁 (1조 광년)을 지나 그다음 우주로, 커튼을 걷듯 몇 개를 걷으니 다른 차원이 나왔다. 멀리 안 간 느낌.

그곳 이름: 검백우주
대표: 사단(바로 보이지 않음. 처음엔 뒷모습이 보임, 뒷짐 지고 동양적 공단 느낌의 긴 가운 같은 옷, 머리 모양이 사슴뿔 또는 나뭇가지 같음 - 치장인 듯?)
선물: 고마(사슴의 뿔처럼, 또는 나뭇가지처럼 생김)
대화: 약간 교만하여 공간을 줄임, 백호수와 같은 내용(무엇이든 언제라도 도움 요청하겠다 말함)

※ 사단 소개로 - 당신이 아는 최고 높은 차원 소개해 달라.
그곳 존재와 만나봤나? 물으니, 만난다는 개념보다는 그냥 통하고 있다고 함. 아주 먼 거리인 듯 아닌 듯, 사단이 이곳이다라고 손으로 방향을 안내해주니, 바로 연결됨.

그곳 이름: 천지우주
대표: 이름 모름. 본인을 화려함에 감추고 있음. 꼭 동양적은 아니나 비슷

하게 느껴짐. 호랑이를 공단에 화려하게 바꿔 수놓은 느낌? 힘 있어 보임. 그래서 공간을 줄임.
약간 두려워하며 나타난 그의 모습은 너무나 약해 보임. 약하게 보이도록 위장한 것도 같고.
선물: 소금(작은 원, 큰 원 두 개가 늘었다 줄었다 함)
대화내용: 위와 동일.
선물들과 이야기하며 친해져야겠다는 생각.
위로 올라갈수록 느낌도 동양적, 이름도 동양적.

어떤 존재는 지구에서 온 존재라 하니 얕보는 마음이 느껴져서, 선생님 말씀 따라 - 고저 가리지 말라고 호통쳤는데, 누구였는지 기억 안 남.
그런데 그가 맞는 말이라 바로 인정해서 놀랐음.

2016년 2월 11일 오후 10시 - 무감각시공 체험 기록

북서쪽 하늘에 있는, 모선에게 질문 - 우리 육안으로는 왜 당신들이 가까이에서 안 보이는 것인지, 당신네 우주선을 타는 것이 그렇게 어려운 것인지?
우린 지구인 아니다, 더 높은 차원의 우주와 연결도 가능하지만, 당신들과 인연을 잇고 싶다,
나중에는 당신들이 우리의 도움을 받을 거다.
모선과 그들의 답변 - 시간, 공간 같은 '약속' 그런 거 따로 안 해도 된다.
언제라도 우리를 부르면 또는 도움 요청하면 우리는 그곳에 있다.
다만 우리가 공개적으로 인간들의 육관으로 보이는 것에 있어서, 그리고 인간이 우주선을 타는 것에 있어서 상당히 조심스럽다.
시간과 공간과 우리 모두의 마음이 일치될 때 우주선 탈 수 있다. 희망을 품고 다가와 달라.

2016년 2월 12일 오후 2:12

무시공 - 시간 내서 정리해주니, 고맙다.

또 시간 있으면, 금성 대표 찾아서 물질 몸으로 우주선 탈 수 있도록 요구. 자기 위에 연결돼있는 대표와 거리, 계속 위층으로 파고 들어가 봐. 어디하고 연결되는가? 이후는 무조건 만난 대표들에게 직접 지구 와서 지켜보며 스스로 우리를 도와주고 안 도와주다가는 나중에 후회할 거라고 귀띔해줘.

그리고 누가 우리에게 무엇을 도와줬는지, 보고하라고 해.

우리가 알아야 하고, 나중에 그 근거로 처리하기 때문에.

그 근거로 우리와 하나 될지 도태될지 결정한다고.

(도태 대상 - 우리의 일원심과 합하지 않고, 이원념(부정마음)이 주도로 돼있는 존재)

우주작업이잖아.

같이 있어 우리가 어떤 존재인지 차츰 알 수 있어. 저들도 우리를 안 따르면, 곧 위기가 다가간다는 거 알 거다.

OOO - 알겠어요. 와~ 무섭다.

무시공 - 한국 대전이 지구 우주중심지라고 말했잖아.

저네들도 알아야지.

안 알려주면 우리가 잘못이지만, 알려줘도 모르던, 반대하던, 멸시하던, 방해하던 등등 따라오고 협조하지 않으면 다 도태되기 때문에, 그래서 당당하게 상대하기.

2016년 2월 15일 오후 12:50

OOO - 무시공센터 모임 다녀온 날은 몸 막힌 곳이 너무나 풀려나가서, 집만 오면 정신없이 잡니다.

2016년 2월 15일 오후 4:12

무시공 - 금성인 옴넥 오넥(Omnec Onec)하고 대화해봐.
자기가 병났을 때 금성의 우주모선에서 치료받았다고 해. 그럼 지금도 우주선 탈 수 있나?
금성에 다시 갈 수 있나?
OOO - 아아~ 고향 금성에서 온 자기네 모선에서 치료받았구나.
금성인들하고 금성 대표도 만나봐야겠어요. 오늘 저녁에, 왠지 마음이 설레네.

2016년 2월 16일 오전 2:48

무시공 - 대화했는지?
OOO - 했어요, 집중이 잘 안 돼서 많이는 못 했고, 기록은 곧 할 거예요.

무시공 - YouTube의 옴넥 오넥(Omnec Onec), 이 사람 맞아?
OOO - 일부러 인터넷 안 보고 먼저 만나봤거든요.
내가 본 것과 생김이 좀 다르네…. 저는 검은 머리로 봤는데… 좀 더 젊은 느낌이고.
말할 때도 얼굴에 웃음이 많고….

2016년 2월 16일 오전 3:07

무시공 - 대화 내용이 내가 말한 것과 일치하면 돼.
금성인이고, 모선에서 치료받은 적 있는지.
OOO - 아, 그건 안 물어봤는데. 인사하고 무슨 일로 지구 왔냐, 물어보고 친구 하자 그랬어요.

무시공 - 그 사람하고, 위에 유튜브에 나온 사람과 같나 확인해보고 우리는 주동적으로 협조하고 대화할 준비돼있다 하고.

OOO - 그 사람과 다르면요?

무시공 - 괜찮아. 우리는 적극적으로 찾고 있다, 한국으로 와서 같이하자고. 우리는 지구인 아니다, 우리하고 손잡으면 놀라운 일이 생길 거다. 잠시 비밀이지만, 우리도 지구 변화시키러 왔다고.
우리를 정확하게 알려면, 서로 만나서 소통이 필요.
OOO - 다시 정리해서 그리고 좀 더 집중해서 만나볼게요. 그리고 기록해서 보내드릴게요.

<u>2016년 2월 16일 오전 3:42</u>

OOO - 2. 15. 밤 10시

금성인 옴넥 오넥(Omnec Onec)과 금성 대표와의 대화, 기록

무시공 - 본인은 지금이라도 금성 갈 수 있나?
지금도 우주선 탈 수 있나?

금성 대표 만나서 대화 - 물질 몸으로 우주선 탈 수 있도록 도움 요구.
지구 직접 와서 지켜보며 스스로 우리 도와주기.
안 도와주면 나중 후회할 거라고 귀띔해라.
그리고 우리 도와준 것, 무엇인지 보고하라.
금성 대표와 그 위에 연결된 대표 계속 찾아 위로 가 봐, 어디와 연결되는가? - 이 내용은 확인 못 함.

옴넥 오넥(Omnec Onec), 내 앞으로 불러 인사하고 지구에 온 목적 물어봤다.
지구에 온 목적은 금성을 알리고, 지구를 위해. 그리고 지구와 금성 간의 소통을 위해.

나는 한국인, 친구 하자. 당신네 금성의 우주선 타보고 싶다.
그리고 지구에 있으니 기회 되면 꼭 만나고 싶다.
그녀의 모습은 30대 중반의 젊은 얼굴, 검은빛 도는 머리에 말할 때 미소가 많다.
미국에 한참 있었다는 발토어를 만나 인사하고 금성 대표에게 같이 가 달라고 이야기.
대표 이름 로밧. 이름이 이상하다, 당신 로봇인가? 물으니 아니라고 한다.
노랑머리 콧수염, 자세히 보니 은회색 머리에 콧수염.
그런데 이상하게 자꾸 이 사람과 대화가 끊긴다.
이야기 중 집중이 안 되고 다른 생각이 들어서 나를 살펴보아도 빛은 이상 없다.
이상하다 싶어, 선생님에게 배운 대로 공간을 줄이며 다시 살펴보니 그 존재는 가짜 같고 똑같이 생겼지만 새롭게 좀 더 자세히 나타난다.
다시 이름이 뭐냐 물었더니 '로핫' 이라고 한다.
그래서 선생님 말씀 전달 - 지구 직접 와서 지켜보며 스스로 우리 도와라.
안 도와주면 나중 후회할 거라고 귀띔.
우주선 빌려 달라, 아니 그 전에 우주선 타고 금성에 가보고 싶다.
선물: 금성의 화폐 (금빛).
지구에서 1,000만 달러 가치 있는 거라고.
곧 다시 만나자 인사.

2016년 2월 16일 오전 11:26

OOO - 좀 전에 ○○○님이 『무시공생명의 발견』, 책을 받아서 목차를 보고 있는 거 같았어요.
아, 이 책 꼭 봐야겠다는 그런 마음도 보였고. 진짜 신기하다.

2016년 2월 16일 오후 12:05

무시공 - 우리가 최초 만난 두목부터 천지우주까지 새로 명령, 지구에 대한민국 대전이 우주 중심인 것을 빨리 깨닫고 대표들이 직접 와서 도와주며 도와준 증거 남기기.
우주 중심은 무슨 뜻인지 각자 알아서 행하기.
아니면 영원히 후회할 거라고.
이상 내용 전달하기.

정신 안 차리면 자기 있는 시간 공간, 자기도 모르게 영원히 도태돼.
전체 시공 우주가 변하는 위기를 빨리 알아야 산다고. 우리가 뭐 하고 있는지, 아직 정신 못 차리고 있기에 정보를 알리는 거야.
우리를 좀 도우라는 것은 우리를 낮추는 것.
실지는 저희가 와서 배우라는 것이야, 정신 차리고 일원심 지켜야 살길이라는 것을.
무극존재도 일원심 안 받아들이면 도태된다고.
이상 정보를 알릴 뿐.

OOO - 지금 하신 말씀 그대로 다 이야기해요?

무시공 - 다 해도 돼, 간략히 하던 네 마음대로.
저네가 도와주든 안 도와주든, 배우든 안 배우든, 우리 일은 꼭 이뤄지는 일이니까.
대표 만나 명령내린 것 일기 적어놔.
그리고 만나는 대표마다 공간을 줄여, 위기감을 느끼도록.

2016년 2월 16일 오후 4:09

무시공 - 두목들 명령내린 후 대전에 왔나 확인과 스스로 감독, 행동하는 자 확인하기.

OOO - 네 알겠어요. 일원심(절대긍정)과 하나 안 되면 어쩔 수 없지.

일기 다 적을게요.

그리고 요즘 금성 이야기 인터넷에서 조금씩 봤는데, 선생님이 금성 보라고 했을 때 본 것과 옴넥이라는 여자가 이야기하는 것과 비슷한 게 많아서 놀랐어요.

대박. 무감각시공이 점점 더 확실해져요.

2016년 2월 17일 오후 12:09

OOO - 2. 16. 화요일 밤, 선생님의 메시지 전달

- 각 우주 대표에게

우리가 최초 만난 대표부터 천지우주까지 새로 명령.

선생님의 강력한 메시지에 놀랐지만 전해야지…. 생각하는 중 - 갑자기 밤하늘이 보고 싶고 우주선이 보고 싶다.

눈뜨고 우주선을 보자.

맑은 하늘 같은데 구름도 별도 우주선도 안 보인다.

우주선 있던 자리를 보니 안타까운 마음이 생긴다. (우리와 합하지 않으면 도태라고….)

분명 저들은 적대감이 없는데…. 그래서 한참 동안 공간을 보며 이야기했다.

너희와 가까워지고 싶다, 친구처럼 아무 생각 없이 그냥 놀고도 싶다.

그런데 어찌해야 할지 방법을 모르겠다, 소통할 방법을 알려 달라, 차츰 다가가겠다.

서로 노력하자.

일기 쓰는데 왜 그런지 눈물이 마구 흐른다.

2016년 2월 17일 오후 12:22

무시공 - 아무 걱정하지 말고, 일원심만 잘 지켜.

아직 명령 안 내렸는데 그러는 현상은 본인 마음 정리가 안 돼서 그래.
체험에 들어가 자기 상태를 확인, 그러고 나서 그들에게 말해.
모두에게 명령내린 후 나타난 현상인가, 이전인가?

OOO - 아뇨. 아직 전달 안 했어요.

무시공 - 그런데 뭘 긴장해, 내가 그랬잖아, 우리는 무시공존재.
시공 일체 존재와 아무 상관없다고.
무감각시공에서 누구도 안 받아들여도 무시공은 끝없이 진행.
내가 감각시공의 지구 70억 인구 누구도 안 받아들여도, 나는 끝까지 무시공자리 지킨다고,
시공을 인정 안 한다고.
감각시공과 무감각시공 일체 존재들, 일원심(절대긍정마음) 받아들이면 살고 안 받아들이면 영원히 없어진다는, 나는 이 정보를 알릴 뿐.
이제 시공우주가 영원히 없어지기 때문에.

내가 음양을 잘랐기 때문에 시공은 이미 허상이라 그랬잖아.
왜, 뭐가 두려워서!
자신감 키우기 위해서 밑에서부터 하나하나 차츰차츰 명령하며 말 알아듣나 안 듣나 확인하며, 실험 삼아 해봐.
자기도 모르게 두려운 마음, 마음은 이미 시공에 걸렸구먼!
간을 우주밖에 던져놓으라 그랬지?

2016년 2월 17일 오후 1:35

OOO - 선생님 이야기 듣고 보니, 나를 다시 점검해야겠다는 것.
내가 선생님 말씀을 그들에게 제대로 전달하는가, 또 그들의 마음을 제대로 선생님께 전달하는가, 중간에서 잘못해서 도태되는 억울한 존재가 있지는 않을까? 하는 두려움인 것 같아요.

무시공 - 무감각시공 작업해도, 우리는 항상 무시공자리에서 시공존재를 끌어당기는 거야.
블랙홀이잖아.
이제 마음이 안정되고, 간이 커졌지?
OOO - 네. 항상 무시공자리 지키며. 명심.

<u>2016년 2월 17일 오후 11:59</u>

OOO - 2. 17. 선생님과 처음 방문했던, 폴리우스 행성 제스킨.
높은 공간에 점선처럼 보이는 에너지 우주선을 따라간 폴리우스 행성 - 크레타를 선물받은 곳.
이제 지구 대한민국 대전이 우주 중심지다. 직접 와서 도우라.
위기감 주며 적극 협조요청.
대표 이름 지금 물어 알았음 - 제스킨

<u>2016년 2월 18일 오전 12:11</u>

무시공 - 마음이 당당해졌지?
언제나 어디서나 우리는 무시공존재. 무감각시공에서 이제 시작,
이미 세 사람 힘이 합쳐졌잖아.
감각시공(지구)에서 나는 15년 동안 혼자 해왔어.
지금 인간들이 깨어나고 있는 것 보이지?
무감각시공은 이제 시작이지만 잘 진행되고 있다.
내 생각보다 더 빨리 진행 중, 실패 인정하지 말고, 성공만 인정.
그리고 일체 좋은 현상만 봐.
OOO - 네. 성공만 인정, 일체 좋은 현상. 감사합니다.

무시공 - 3단계 훈련, 연말까지 적어도 10명 목표.
OOO - 항상 말씀하시듯. 최소 10명.

처음엔 10명이 무슨 힘이 있을까도 생각한 적이 있는데. 무시공에서는 10명만 뭉쳐도 엄청난 위력이라는 것, 매번 느껴요.

무시공 - 시공관점에서는 믿음이 안 가지만, 무감각시공에서 실천해보니, 이해가 되지?
무시공에서는 하나이고, 무고저(無高低).
무감각시공도 층차를 가르고 있는 것 실감 오지?
OOO - 네, 실감 와요. 점점 더.

무시공 - 폴리우스 대전 와있으면, 항상 친절하게 대하고 우리가 밝히는 비밀을 차츰 전달해서 받아들이게.
거기서 지구와 거리 알아보고. 우리말 받아들이는 존재는 살려야지, 대전 한반도가 우주중심지라는 뜻은, 무시공우주 중심지라는 뜻.
그래서 시공 최고 존재도 무조건 여기 와야 살길이라는 거.
교만하고 안 받아들이면, 아무리 높은 존재라도 도태 대상.
자기가 자기를 심판한다.
OOO - 우주중심지라고만 알았지요.
무시공우주 중심지라는 말은 또 너무나 다르게 들려요.
또 항상 강조하는 말씀,
시공 어디에나 해당되네요. 빠져나갈 구멍이 없어.
받아들이든가, 도태되든가, 둘 중 하나 선택.

무시공 - 우주중심지라면, 거의 다 시공우주 중심이라고 생각할 거다.
시공우주 중심 원래 있는데, 내가 여기 또 중심 만든다고 최고 존재 여기 오라 하면 오겠나?
그래서 한반도 대전은 무시공우주의 중심.

내가 자주 말하는 간을 우주 밖에 던져놓으라는 뜻도 무시공에서 문제

보라는 뜻을 암시하는 것.
3단계에서 더 구체적으로 밝히는 것이지.

간을 무시공 자리에 놔두라는 것은, 무시공에서는 시공일체가 허상이고 먼지에 불과.
그래서 일체조공.
이제 마음이 순간 더 든든해졌지, 알수록 더 재미있고, 위풍당당!

분자세상에서는 다 져줘, 약한 척, 모르는 척.
무감각시공에서는 부처도 신도 모르게 일체를 조공, 창조, 전지전능이야.

OOO - 네. 몇 번이고 읽었어요.
선생님이 다 져주는 거, 옆에서 보면 존경스러워요.
무시공 - 무감각시공에서 일체조공, 전지전능.
나날이 갈수록 자기가 무시공존재라는 것 확신할 때, 얼마나 영광스럽고 위대한가를 알게 되지.
나와 대화하면 무한한 힘이 넘치고 즐겁지?
잠도 다 도망간다.

분자세상에서는, 3가지 선택, 합일, 도망, 도태.
3단계 와서는, 딱 2가지 선택, 합일과 동일, 아니면 도태.
이제 알겠지, 그 뜻을?
OOO - 알겠어요. 대박 무서워.
시공의 이원념(부정) 청소 깔끔합니다.
그러니까 3단계는 도망갈 데가 없어요.

무시공 - 알아듣는 존재하고는 말 멈추려 해도 말이 자꾸 나오고, 못 알아듣는 존재하고는 말하려 해도 말문이 닫혀.

참 이상하고 신기하다.
오늘은 말을 억지로 멈추자.

2016년 2월 18일 오전 11:54

무시공 - 3단계 작업 들어 왔지만, 이제 시작인데 경험도 부족하고 누구도 접촉한 적도 없는 작업이니, 우리가 선구자이고 창시자, 우리 하는 일은 꼭 성공이니, 열심히 뛰어들어서 탐구할 수밖에 없다.

인간은 우주인 우주선 만나면 이상한 몸 반응을 두려워하고 공포심이 생겨, 이 몸을 생명이라 여기니까.
우리는 이 몸을 녹여 없애려고 하니, 주동적으로 적극적으로 우주선과 우주인에 접근하면 도움이 되지.
입장이 다르면 관점이 다르고, 관점이 다르면 결과가 다르지.

2016년 2월 19일 오전 9:56

OOO - 2.18. 목. 밤 10시 30분 (무감각시공작업 기록)
아침부터 크레타 행성의 크레타비가 기다리는 게 보였다.
오늘 저녁 시간에 보자 약속.
오늘 코스는 밀키웨이(은하)로 가자고 한다.
곧장 가서 너무나 밝은 빛을 한참 통과해 뚫고 나왔다.
무엇이냐고 묻자 나의 분자 몸 녹이는 데 많이 도움 됐을 거라 한다.
아, 그 이야기를 기억했구나, 감동했고 도움 줘서 감사하다 인사.
우리의 할 일 다시 설명. 우주선 꼭 태워주고.
약간 위기감도 느끼라, 직접 대전에 와서 도움 주라 전함.

2016년 2월 19일 오후 8:26

무시공 - 시간 있으면 북두칠성 말고, 북극성 대표 찾아봐.

동방 사람 가장 숭배하는 별.

OOO - 저도 한번 가보고 싶었어요, 지난번에 혼자 가보려 했는데 잘 안되더라고요.

오늘 가볼까요, 이따가 10시 다 함께 체험할 때.

무시공 - 우주선 타고, 선장은 분자몸 태우는 방법 아는지 물어보며, 그리고 이후 각종 우주선 다 타봐.

그러다 보면 육신 타는 방법도 나오지.

이것은 분자 몸 빨리 녹이는 방법.

또 분자몸과 무시공생명 몸 분리작업.

OOO - 우주선 타고 다니며, 육신 탈 수 있는 우주선 찾을 수도 있고, 육신 타는 방법 알 수 있고,

분자 몸도 빨리 녹이고, 분자 몸과 무시공 몸 분리작업까지. 최고방법이다.

무시공 - 진짜 깨어났다.

내 말뜻을 완전히 정확하게 알아듣는다.

2016년 2월 19일 오후 10:02

OOO - 북극성 갈 준비 됐어요, 밝게 했고요. 시작요. 선생님과 하나.

2016년 2월 19일 오후 10:35

OOO - 졸려요.

무시공 - 내가 풀고 있다, 지금 몸도 많이 풀리고 있다. 힘들면 쉬고.

OOO - 그래서 졸린가 보다, 바로 깼어요. 거의 다 됐어요.

무시공 - 오늘 몸 최고로 풀리고, 빛도 더 강해지고,

심력 — 블랙홀 힘도 더 강한 느낌 있을 텐데.

2016년 2월 19일 오후 11:00

OOO - 네. 맞아요, 아주 좋았어요. 덕분에 잘 다녀왔습니다.
졸리고 좀 힘든 날인데도, 선생님과 함께하니까 힘도 강해지고 빛도 강해서 버틸 수 있었어요.
지난번에 혼자 가 보려 할 때는 아무것도 안 보였는데.
오늘 좀 더 자세히 보고. 별 대표도 만났어요. 기록해서 보여드릴게요.

북극성으로, 무감각시공의 작업 기록

2016년 2월 20일 오전 10:52

OOO - 1. 19. 북극성으로.
선생님과 하나 되어, 우주선 골라 타서 가기로.
주변 공간을 보니, 낮은 차원의 우주선이 보여 높이 올라가 지나가는 우주선을 탔다, 그 안에 긴 머리를 단정히 묶은 이쁘고 날씬한 아가씨가 보임.
북극성 가 보고 싶은데 함께 가자고 하니, 좋다며 북극성 방향으로 위치를 맞춘다.
지구 시간으로 북극성까지 3분 정도 예상.
이름 - 쥬시. (친구 몇 명과 우주 여행하며 배운다)
고향 - 폴리아데스 성단의 본(뽄)리라는 별.
지구와 북극성과 거리 - 약 2천 광년 (인터넷 찾아보니 430~1,100광년으로 나옴.)
지구에 대한 생각 - 지구는 우리의 거울과 같다. 지구의 운명이 곧 우주의 운명이다.
육체를 너희 우주선에 태워줄 수 있나 - 자기는 그런 모험 안 하겠다고.

별에 진입하자 두 번 정도 아주 살짝 느낄까 말까 하는 만큼의 덜컹 울리는 느낌.
우리가 들어온 걸 알게 하는 장치인 듯하다.
별을 지키는 우주선이 보고 있다.
대표 찾으러 한참 돌아다니다가 잘 안 보이는 관계로, 쥬시에게 우리만 다녀오겠다 기다려달라고 이야기 - (여기서 잘 안 보여서 힘들었음)

선생님과 함께 찾아감. 밝고 뿌연 안개를 걷어내고 나니, 아주 넓은 내부 공간에 포동하게 살찐 부드러운 남자가 보임.
흰색 공단 같은 무게감 있는 옷에 회백색 동그랗게 감긴 머리.
지구 대전 와서 도우라 요청.
한국에서 우주기지 설립 등등 알림.
대표 - 우리에게 훌륭하다고 한다.
주변 구경 - 사람들 보이는 듯 안 보이는 듯, 스르르 움직임. 발걸음이 안 보임.
주변 지나는 우주선 참 이쁘고 부드럽다.
선물 - 주변엔 온통 빛나는 보석 같다.
그중 하나를 떼어준다. 옥 같은 느낌의 반투명 물질.
선생님은 연녹색, 나는 연분홍색, 손바닥만 한 것을 선물받았다.
다시, 쥬시의 우주선을 타고 지구 도착.

지구인이 지구에서 무극까지 무시공의 길을 새로 창조한다

2016년 2월 22일 오전 8:58

무시공 - 24일, 김도현 관련된 별의 우주선 타는 약속도 확인 이후 모든 약속일 순서대로 기록해 놓기, 확인하기 편리하게.
그리고 졸리는 것은, 아직 머리가 완전히 안 풀려서 그래.
그래서 일부러 각종 우주선을 타고 여행하라는 것.

2016년 2월 22일 오전 9:37

무시공 - 4,000억 광년부터 밑바닥까지 각 별과 우주의 대표들, 일원심 안 받아들이면 무조건 지구인 유공자로 바꾸기. 모두 다 새로 조정.
지구인 유공자 누구인지, 이름만 대.

2016년 2월 22일 오후 6:36

무시공 - 그리고 무감각시공에도 허상인 영체도 있고, 생명도 있어.
작업 중 잘 구별할 줄 알아야 해.
영체들에게 사기당하기 때문에.
깨어난 생명들은 말과 행동이 동일.
하지만 영체들은 말과 행동이 동일할 수 없어, 마음과 물질을 분리하기 때문에.

OOO - 구별하는 방법은 훈련밖에 없네요?

무시공 - 그래서 지구인으로 바꾸든가, 아니면 수많은 층차를 삭제하든가, 밑바닥에서 시작하며 하나씩 확인.

OOO - 할 일이 진짜 많네!

무시공 - 안 많아, 길이 안 터져서 그래.
많은 준비 하고 있잖아.
지구인을 무감각시공 밑바닥에서 무극까지 한 줄 만들고 있잖아, 비밀로.
무감각시공 존재들 우리말 듣고 일원심 행하면 살리고 아니면 원래 세상은 끝.
내가 맹목적으로 지구에 온 줄 알아?
지구인 복 받았다고 생각하라.
지금 이미 지구인 5명을 줄 세워놓고 있잖아.
나의 전략 너도 몰랐지.
내가 그랬잖아,
나는 무시공 전략가, 군사가.
우리와 대화한 존재 중에 약속 실천했으면, 꼭 본인 마음에 드는 높은 곳에 올린다 그래.
대전 와서 일원심공부 하라 하고.

2016년 2월 22일 오후 10:17

무시공 - 세종대왕 어느 차원에 있나 봐, 높은 차원에 올리려고.

OOO - 지구와 거리 3만 광년.
한국의 조선 모습과 비슷하나, 빛의 차원이 다르고.

일상의 모습들도 아름답다.
전체적으로 차원이 다르다.
조선의 모습은 그곳에 비교하면 어설프게 만든 가짜라고 표현할 수 있음.

2016년 2월 22일 오후 11:09

무시공 - 대전이 지구, 우주중심지 건립 중인데, 최선으로 참여하며 일원심 배우기.
세종 등 한국의 영웅, 세계의 영웅들(실명 안 밝힘) - 500억과 5,000억 광년 두 차원에 나눠 올릴 것.
무감각시공 밑바닥에서 무극까지 우리가 길을 창조, 지구인으로.

그리고 대전센터의 일원심 공부 전달하고, 대전 우주중심지를 위해 생명 내걸고 할 수 있나 물어봐.
OOO - 일원심 배우고 알리는 데 최선을 다하겠다고 합니다.
무시공 책도 보고 있는 듯. 영웅들, 500억 광년 밝게 빛나는 별 '창조'와 5,000억 광년 더더욱 밝은 '우주창조'라는 우주에 올렸어요.

2016년 2월 23일 오전 1:39

무시공 - 내가 시작하는 밑바닥이란 500억 광년까지야.
오백억 광년 이하는 인정 안 해.
갈수록 또 천억 광년이 밑바닥.
OOO - 그럼 500억 광년 이하는 어떻게 되는 거예요?

무시공 - 정리정돈. 무시공우주 중심을 위해 행동하고 실천하는 자는 살고 아니면 영체, 허상 불과.
그래서 일체 별의 대표들, 모두 대전 와서 일원심 배워야 살길.
영체인가, 생명인가 구별할 줄 알아야 한다고 그랬잖아.
무감각시공에서는 마음과 물질이 하나라는 거, 더 엄격하게 점검해야 해.
물질세상에는 마음과 물질 시간차가 좀 있어,
무슨 뜻인지 아는지?

OOO - 알아들었어요.
그런데 영체와 생명의 구별을 어찌해야 하는지가 아직 감이 안 잡혀요.
무감각시공에서는 거의 똑같이 보여서. 물론 계속 훈련해야 알아지겠지만.

2016년 2월 23일 오전 9:32

무시공 - UFO와 우주선 같나 다르나, 확인해봐.
우리 계속 우주선 탔지만, 몸은 못 탔지.
UFO 찾아서 타봐, 몸도 탈 수 있을지.

OOO - 우주선과 UFO.
두 단어가 다른 뜻은 별로 없지만.
느낌상, 우주선은 매끄럽고 에너지 차원의 느낌이 강하고.
UFO는 우주선보다 낮은 차원, 우주선보다 거친 느낌, 그리고 눈에 잘 보일 것 같아요.

무시공 - 동감. 눈으로 보이니 UFO(미확인비행물체)라 그러지.
사람이 탈 수 있는 가능성이 높아.

이제 오백억 광년 이하 시공은 곧 사라져.
정신 차리고 일원심 지켜야 살 수 있어.
오백억 광년에 올라있는 지구인, 또 원래 그 자리에 있는 대표 모두에게 지시해.
그 자리 이하 수많은 존재에게 빨리 무시공 일원심 지키라고 알리도록.
아니면 그 시공 수많은 층차가 사라지고 도태당한다고.

오백억 광년 중심으로 한 공간으로 변한다.
고저가 없어진다.
일원심 받아들이면 이 공간에 들어올 수 있어.

전에 내가 말한 적 있지.
외계인이 지구인 도와주려 한다고, 그래서 너희나 잘하라, 너희도 곧 위기에 빠진다, 그랬지.
어제 5천억 차원에 올린 지구인을 은하연방 두목에게 소개하려 했더니, 대표가 무서워서 머리도 못 들고 피하는 모습.

아래에서 위층까지 흔들어놓고, 또 지구인을 밑에서부터 위층까지 올려놓아 길을 만들고,
또 밑에서부터 위로 시공을 삭제하는 작업.
누구라도 우리한테는 꼼짝 못 해.
대적할 방법이 없어.
OOO - 네. 완벽합니다, 빠져나갈 구멍이 없어요.

무시공 - 무감각시공에서 감각시공을 조공하는 것은 당연한 원리.
지금 아직 두 공간 사이 통로를 못 찾아서 그래.
또 주로 일원심 부족, 벽담 뚫는 힘이 부족.
여기서 코드를 찾아야, 다음 것이 계속 잘 풀리기에 열심히 탐구해서 돌파구를 찾자.

2016년 2월 24일 오전 3:43 회원님: 2.23. 화

김도현과 통하는 별의 대표(이름 물어봄: 포심슨)
내일 3시에 우주선 타기로 약속.
장소는 빌딩 옥상.

2016년 2월 24일 오전 4:02

무시공 - 대화 안 되는 원인, 일원심 부족으로 무감각시공과 감각시공의 소통이 안 돼서 대화가 안 이루어져.
하지만, 무감각시공에서 방법은 무한해.
무감각시공 작업하면 인간이 모르는 비밀 다 알게 되지.

일체도지, 그저 모르는 척했더래요.
일원심 지키면 마음대로 일체 대 자유, 틀려도 맞고, 맞아도 맞고.
누가 뭐라던 우리는 무감각시공 생명을 이 과정의 훈련을 통해 살리려고.
멋지지?
이럴수록 네가 더 깨어나고, 힘도 강해지고 활용할 줄도 알고, 간도 무시공 밖으로 던져놓을 수 있지.
오백억 광년 중심으로 한 공간 창조하는 데 그 차원 올라간 존재들도 대전센터 와서 공부하며 그 자리 지키기.
일원심 돼야 우리하고 힘이 하나 된다고, 명령 내려.

OOO - 네. 진작 명령 내렸습니다, 그렇게 하라 하셨잖아요.

영혼의 부활 작업

무시공 - 무시공은 무조건 성공.
죽은 자는 살고, 산자는 죽었다.
이 뜻은, 살아있는 사람 일원심 안 받아들이면, 살아있어도 이미 죽었고.
죽은 영혼들 일원심 받아들이면, 죽어도 살아난다, 부활한다는 뜻.
무감각시공에서 지금 부활 작업하고 있잖아.
OOO - 그들이 진심으로 일원심 받아들이고 공부해야 진짜 생명이 되어서 우리와 통하고 우리 요청도 잘 들어줄 수 있겠네요.
지금은 우리 요청 들어주고 싶어도 잘 안 되는 상황도 있겠고.

무시공 - 응. 내가 그랬지, 분자부터 무극까지 전부 이원 영체. 일원심으로 돼야 생명이고 영원하다고.
OOO - 새롭게, 더 깊이 이해됐어요.

무시공 - 분자세상의 별이나 행성은 인간과 비슷해서 과학이 발달해있어.
우리 지금 접근하는 것은 에너지상태, 시공 우주선도 에너지상태. 그래서 몸을 못 태운다고.
그러나 먼저 높은 차원 에너지시공 기초를 닦아놓고 낮은 차원 분자세상 고급별의 존재를 건드려야 돼.

발달된 분자세상은 에너지 공간과의 분기점이니, 두 가지 특징을 가지고 있어, 물질특징과 에너지특징 모두를.
그래서 우주선 타려면, 눈으로 보이는 것을 타야 해.
그러나 또 서로 의심해서 안 태워 줘. 그래서 높은 차원에 있는 존재를 동원해야 하는데.
그것이 잘 안 돼서, 지구에 있는 영을 높은 차원에 올려서 오백억 광년과 동일 시켜놓으면,
낮은 분자세상에 있는 존재들이 위기를 느끼지.
그때 우리말 의심 안 하고 들어줄 거야.
그래서 세밀한 곳에 지구인을 세워놨지.

폴리우스 포심슨과의 약속

2016년 2월 24일 오후 9:54

무시공 - 포심슨한테 물어봐, 오늘 약속 못 지킨 원인? 그의 공간을 줄이고, 협조 안 하면 폴리우스 차원에 내려. 반드시 엄격해야 정신 차리지. 마음과 행동이 일치되는 존재는 차원 올리고, 그 반대는 내리고.

OOO - 그는 정확히 그 시간에 왔어요, 본 것만도 너무 좋았는데, 조금 더 다가온 것 같아서. 너무 좋아서 들떴거든요.
사진을 찍을 수 없어서 말로밖에 표현 못 하지만, 나는 분명 100m 전방에서 봤거든요, UFO 모습이 계속 바뀌었어요.
하긴, 태워주는 약속은 안 지킨 것이니….

무시공 - 그래, 태워준다는 약속이잖아.
그럼 이번은 경고, 다음부터는 그런 것 인정 안 한다고 해.
두 가지 결과 알지, 누구를 파견하든 꼭 내 뜻대로 해.

OOO - 아, 알아들었어요.
두 가지 결과란 차원을 내리든, 도태되든.

무시공 - 응. 두 가지란, 도태 그리고 일만 광년에 내리는 것.

OOO - 포심슨에게 다음번엔 그냥 가지 말고 꼭 태워라. 약속 안 지킬 땐 두 가지 결과 전달하고, 다시 약속 잡겠다.
다음번엔 잘생긴 남녀선장이 우리 데리러 오도록. (웃음)

2016년 2월 27일 오후 10:02

OOO - 무시공센터 모임 잘 다녀왔습니다.

체험시간엔 온 우주 직선빛이 다 들어오고. 선생님이 바로 옆에 있는 듯.

우주 존재들도 함께 공부하고 있어요.

히틀러, 석가 등 성인들의 각 차원 체험 기록

무시공 - 체험하면서 석가모니 어느 차원에 있나? 그리고 증산도의 구천상제 어느 차원에 있나?

OOO - 석가 50만 광년.

상제 50만 광년.

무시공 - 지금부터 가까이 있는 분자별나라 우주선 있는데 찾아가서 OO와 우주선 타는 요구. 예를 들면 금성. 화성. 목성. 토성. 달, 북극성 등등.

그리고, 히틀러 찾아보자.

지금 시간 되면 같이해볼까?

OOO - 아, 지금 집중이 잘 안 되는데….

무시공 - 훈련이라 생각, 잘 안 돼도 괜찮아. 시시각각 훈련.

분자 별나라 찾아가는 건 나중에 하기로 하고.

히틀러, 어느 차원에 있나? 그리고 전쟁 시작 전, 어느 존재가 히틀러를 지도했나?

OOO - 상당히 높은 데 있어요, 500억 광년.

지도한 존재는 동양의 전형적인 도인 모습. 오래 도 닦은 듯 큰 나무 지팡이를 들고 흰옷에 수염이 남, 감정이 안 보임.

히틀러 왈 - 지구 어딘가에서는 우리가 하던 우주선 연구가 계속되고 있을 거다. 지구를 떠난 후 관심 안 가졌다.

히틀러를 지도한 도인, (처음엔 표정도 없더니. 지금은 고분고분해짐) 인간 세상에서 능력은? 물으니, 인간세상과 멀어진 지 한참. 하지만 여기서 일원신 공부하며 할 수 있는 최대한 노력하고 돕겠다.

무시공 - 히틀러한테, 어떤 여인이 뒤에서 많은 영적 정보를 줬대, 그 여인 누군가 알아보고 오천억 광년에 올리기.

처음에 히틀러 모습이 덩치가 상당히 크고 지구에서 사진으로 보던 히틀러와 많이 달라서 원래가 그 모습인가보다 했는데, 오늘 이야기하려고 보니 좀 이상하다.

그래서 진짜 히틀러 나오라고 했더니, 큰 몸집의 가면을 벗는다.

왜 그런 거냐 물었더니. 지구에서 자기를 너무 싫어해서 자기 모습을 가리고 있었다고.

지구에서 이미지와 너무 다른 귀여운 모습에 웃음이 났다.

여자는 숨겨놓은 연인이자 정신적 지주, 또는 보이지 않는 상위 영의 존재로서 정보 알림.

무시공 - 러시아 여인 아나스타시아가 UFO 타고 별나라 가서 거기 있는 물질도 지구에 가져왔고, 지금도 활동 중이래, 찾아봐, 어느 별하고 소통하고 있는지.

아나스타샤 - (중년 정도 되어 보임. 외계와 우주선 등에도 관심 많았다. 20만 광년, 해슨이라는 소행성에서 먹는 식물과 돌(보석?) 같은 것 가져옴.)

OOO - 어떻게 당신은 그 별에 가게 되었나?

아나스타샤 - 어떤 생에서 친구였던 존재가 그 행성에 있었고, 나를 찾아 초대했다.

제2장

우주작업의 방해자

인간과 지구, 우주를 장악할 존재임을 알고

무시공 선생님은 불완전한 시공우주를 거두고 절대무시공 우주를 이 지구에 만들기 위하여 지구에 오시기 전에 이미 온 우주를 헤집고 다니며 우주작업을 하셨다.

새로운 우주질서가 만들어지면 자신들의 위치가 위험에 처할 것을 미리 방지하기 위하여 샌디-헤럴-웃사라-덤멜-고시마의 명령계통을 통하여 철저히 방해하려던 음모가 밝혀지고 있다.

무시공 - 몇 년 동안 내 오른손을 괴롭게 하는 것, 누가 이것을 조정하고 있는가? 그 존재 나타나라.

(오른팔에서 뭔가 구불거린다.)

무시공 - 누구야, 나타나. 이제까지 본체만체 놔뒀더니, 끊임없이 방해하고 있어.

당당하게 나타나.

(무슨 막대기처럼 생긴 것이 팔에서 나와 공중에 있다.)

무시공 - 나타나, 네 이름이 뭐야. 당당하게 말해.

샌디 - 내 이름은 샌디.

무시공 - 너는 어디 있어? 만약 외계에 있다면 어디에 있는지 지구와의 거리는 얼만지 말해봐.

샌디 - 외계행성, 두송별. 5억 광년.

무시공 - 거기서 내게 무엇을 한 거야?
샌디 - 힘을 잘 못 쓰게 하려고.

무시공 - 뭐, 너희 대표가 시켰어? 대표 이름 뭐야?
샌디 - 네, 시켰어요. 대표 이름은 해럴.

무시공 - 언제부터야, 몇 년 됐어?
샌디 - 지구 시간으로 10년 안 된 것 같네요.

무시공 - 무엇 때문에 나를 이렇게 힘들게 해, 뭣 때문이야? 너는 알아, 몰라?
대표가 네게 명령 내렸으면 무슨 목적인지 알 것 아닌가?
샌디 - 방해가 될지, 도움이 될지. 그의 선택이라 했지요.

무시공 - 그래, 너희 대표가 그랬다고? 그러면 수많은 사람 놔두고 왜 딱 나에게 그렇게 해, 내가 누구기에?
샌디 - 그가 인간들을, 지구를, 그리고 우주를 장악하게 될 것이니까,
그것을 우리가 알아요. 그래서 한 손을 그렇게 만들면 그게 방해가 될지 도움이 될지, 그건 그가 극복해 낼 일이라고. 우리는 방해도 도움도 주지 않았다.

무시공 - 너는 나하고 무슨 상관이기에 나한테 그러나?
됐어, 지금 당장 정상으로 돌이켜놔라. 당장 할 수 있어, 없어?
샌디 - 나만 빠져나가면 되고….

무시공 - 당장 처리해. 네가 내 몸 안에 있었어?
샌디 - 팔에 뭔가를 넣어놨었어.

무시공 - 네가 넣어놨어? 당장 빼내. 지금 당장 할 수 있어 없어?
빼내. 네가 못 빼내면 대표 찾아서 처리할 거다.
네가 한 짓 빨리 처리해. 할 수 있어 없어?
샌디 - (눈치 보면서) 할 수 있어. 대표도 강압적으로 계속하라는 건 아니야.

무시공 - 그래, 너희 대표 꼭 찾아낼 거다, 용서를 못 한다. 별까지 삭제할 거다.
무슨 상관인데 방해 놓고 있어, 이게 방해지 무슨 도움이야.
그렇다고 내가 할 일 못 할까 봐? 당장 빼내.
샌디 - 알았어, 빼내도 아무튼데는 지구 시간으로 시간이 좀 걸리겠지만.

무시공 - 얼마나 걸려? 이때까지 너희 관찰하고 있었어. 알아?
계속 나를 방해 놓고 있더라고.
너희가 포기했으면 그냥 놔두려고 했는데, 오늘은 용서를 못 해.
샌디 - 방해했다면 미안해, 빨리 뺄게.

무시공 - 당연히 방해했지. 딱 너 혼자만 했어? 다른 사람 있어 없어?
샌디 - 없어.

무시공 - 빼냈어?
샌디 - 빼고 있어.

무시공 - 분명히 내 몸에서 이런 현상 없을 것인데, 계속 있어.
어떤 놈이 나를 방해하는지. 끝까지 지켜봤다.
너 지금 빼고 없애는 거, 대표가 못하게 할 것 같나, 하게 놔두겠나?
샌디 - 놔둘 거예요.

무시공 - 그래, 지금 이렇게 빼는 거 대표 알아 몰라?

샌디 - 나에게 맡겼어요. 내가 알아서 하면 돼요.

무시공 - 그래, 너도 너무했지 않냐, 몇 년째야. 지금 내가 어떤 존재인지 알아 몰라?

샌디 - 알 것 같아요. 나도 간도 크지.

무시공 - 너는 죽을죄를 지었어, 알아?

내가 뭐 하는지 관찰해보면 몰라? 알았으면 스스로 없애야지.

오늘 너를 끄집어내야 겨우 인정하나, 멸망하려고 작정했어?

100억 조 광년에서도 다 와서 우리말 들으면서 공부하는데, 네가 미친 거 아닌가?

5억 광년의 두송별 대표

무시공 - 이제 헤럴 대표 나타나. 5억 광년 두송별(나타남).

헤럴, 너희 별 인구 얼마인가?

헤럴 - 20억.

무시공 - 샌디에게 내 오른손 불편하게 만든 것, 네가 명령 내렸어?

헤럴 - 네.

무시공 - 뭣 때문에?

헤럴 - 당신이 그렇게 큰 계획을 가지고 행한다면 이까짓 것은 아무것도 아니라고 생각하고 있었고….

무시공 - (말을 막으며) 그런데, 그게 너하고 무슨 상관인데? 너희 별하고 지구하고 무슨 상관인데?

너희 별이나 잘 다스리고 잘살지, 왜 아무 상관없는 지구에 와서 지구 존재한테 이런 짓을 해? 너에게 무슨 영향을 줬다고?

헤럴 - 그냥 나는 나 나름대로 테스트를 해봤어요.

무시공 - 네가 왜 내게 테스트해? 그러면 물어보자, 이거 네 생각인가, 위에 또 누가 네게 시켰나? 누가 시켰어? 말해.

헤럴 - ….

무시공 - (줄여, 줄여 놓고) 말해. 누가 시켰어. 이름 대. 너 위의 대표는 누구야?

헤럴 - 저기, 웃사라.

무시공 - 어느 별이야? 지구와 거리는?

헤럴 - 나보다 약간 위에 있는, 대략 10억 광년의 우링이라는 별의 대표.

무시공 - 그래, 너 지금 당장 내 몸에 것 빼내, 둘이 같이.

샌디 - 거의 다 뺐어요.

무시공 - 철저히 다 빼내. 정상으로 돌아오게. 후유증도 없게.
어디에 장치해 놨었어?

샌디 - 머리부터 목, 팔, 손끝까지 사이사이.

무시공 - 뭘 사이에 넣었어? 그래, 다 잡아 빼. 그거 넣었다고 내가 하는 일 못 할 거 같아?

샌디 - 방해하려 했으면 더 했지.

무시공 - 그럼 방해 안 하는 게 이 정도로 해 놨나, 이게 방해 아니고 뭣이 방해야?

그럼 네 멋대로 장난쳤네. 우리 우주작업 하는 줄 알아 몰라?

샌디 - 알아요.

무시공 - 100억 조 광년의 대표도 여기와 공부하는데 너희가 감히 내 몸에서 이 난리 치는데도, 나는 용서하려고 계속 가만히 놔뒀는데 끊임없이 이렇게 하니까, 내가 너희를 파 뒤집어냈어. 뿌리까지 다 파낼 거다, 알아?

샌디 - 이렇게 하는 건….

무시공 - (말을 막으며) 내가 하는 일을 너희가 얼마나 방해하는 줄 아나?

샌디 - 그렇게 해야 당신이 더 빨리 일을 하려고 하니까요.

무시공 - 좋은 말만 반지르르하게 잘도 하네.
다른 방면으로 도와줄 수는 없나, 그게 나를 도와주는 거야?
너희가 내 머리를 얼마나 막아 놓았는지 아나?

샌디 - 그래야, 더 하려고 하는 촉매제가 된다고 했어요.

무시공 - 누가 그랬어, 어떤 놈이 그랬어?

샌디 - 나 스스로.

무시공 - 그럼 물어보자, 무시공생명훈련센터, 새로운 우주중심지 건설하는 거 알아, 몰라?

샌디 - 알아요.

무시공 - 그럼 너는 공부했어, 안 했어?

샌디 - 했어요.

무시공 - 무슨 공부했나?

샌디 - 당신 말이 들렸어요.

무시공 - 그럼 대전에 왔던 건가?
샌디 - 곁에, 주변에 와봤어요.

무시공 - 공부했다는 게, 내 몸에다 이런 장난쳐?
샌디 - 장난은 아닌 것 같은데.

무시공 - 그래, 장난인지 아닌지 따져보자. 뺐어, 안 뺐어?
샌디 - 다 됐어요.

무시공 - 다 뺏어? 이제 샌디 사라져.
말만 반지르르하게 하고, 도와주진 못 할망정, 너희에게 내가 당할까 봐?
(샌디 철저히 삭제. 그다음 5억 광년 두송별 삭제)

10억 광년의 우링별 대표 웃사라

무시공 - 그다음 10억 광년 우링별 웃사라 나타나.
웃사라 - 나타났어.

무시공 - 네가 헤럴 시켜서 내 손 이렇게 만들었어, 맞아, 안 맞아?
웃사라 - 맞아.

무시공 - 뭐 때문에? 말해봐.
웃사라 - 너는 여기 있으면 안 돼.

무시공 - 뭐 때문에?

웃사라 - 우리에게는 위험인물이야.

무시공 - 그래, 됐어. 먼저 웃사라 보는 데서 헤럴 삭제. (영까지 삭제)
이것 봐라. 웃사라 이제야 속마음 말하잖아.
웃사라, 뭣 때문에 안 돼? 너희 별 인구 얼마야?
웃사라 - 10억.

무시공 - 언제부터 우리를 방해하고 없애려고 했어?
웃사라 - 네가 지구에 태어날 때부터.

무시공 - 내가 태어날 때 지구 사람인지 어찌 알았어?
웃사라 - 우리는 지구를 다 보고 있거든.

무시공 - 내가 태어날 때 수많은 방해 놓았지? 나를 없애려고 어떻게 했나, 말해봐.
웃사라 - 몸을 많이 괴롭혔어. 여러 가지로.

무시공 - 나를 죽여 없애려고?
웃사라 - 왜? 내가 위험하니까.

무시공 - 위험하면 없애야 하는데, 왜 못 죽였어? 죽일 수 있었어, 없었어?
웃사라 - 내가 진 거지, 뭐.

무시공 - 아니, 너 실제 나를 죽이려고 작정하고 했잖아?
웃사라 - 그러니까! 못 죽였으니까 내가….

무시공 - 뭣 때문에 못 죽여, 수많은 수단과 방법 있을 텐데.
웃사라 - 나보다 더 상위 존재가 지키나 보지, 흐. (비웃듯)

무시공 - 그래, 그건 그만하고, 너 위에 누가 너에게 이 일을 시켰어? 이름 대.
웃사라 - 우생우주에서. 거기까지 밖에 몰라. 그냥 거기서 메시지가 와.

무시공 - 우생우주에서? 그런데 지구와 거리도 몰라? 거기 대표 이름은?
웃사라 - 다 몰라.

무시공 - 그것도 몰라? 그래 그러면 우생우주 대표 나타나라.
웃사라에게 메시지 보낸 존재, 명령내린 존재 나타나라.

무시공 - 웃사라에게 메시지를 보낸 우생우주의 대표 나타나라.
(희뿌연 안개처럼 나왔다) 줄여! 극도로 줄여놓고, 강한 빛으로 쏴.
그리고 나타나게 해.
(형체가 나왔다) 네 이름이 뭐야?
덤멜 - 덤멜.

무시공 - 네가 우생우주의 대표인가?
덤멜 - 맞아요.

무시공 - 지구와 거리 얼마야?
덤멜 - 100조 광년쯤.

무시공 - 너는 무엇 때문에 웃사라에게 명령 내려 나를 해코지했는가? 왜 나를 없애려 했어?
내가 너를 찾아올 줄 생각했나?
덤멜 - 응, 이럴 때가 올 줄 알았어.
그 존재가 없어지지 않았으니 이런 날이 왔겠지.

무시공 - 너희 인구 얼마야?

덤멜 - 500억.

무시공 - 너는 죽을 죄 지은 줄 알지?
덤멜 - 알아.

무시공 - 먼저, 웃사라 있는 10억 광년 우링별 삭제. 모두 보는 데서 삭제.
도와줄 생각은 없고, 끝까지 우리하고 반대야, 멸망하려고 작정했잖아.
너 같은 무리들은 멸망해도 관점 안 바꿔, 그러니 멸망시킬 수밖에 없다.
대심판해, 알아? 분명히 말했다, 대심판, 대도태, 대정화.
너 같은 방해 존재들은 다 심판해야 해, 삭제해야 돼. 알아?
그날 올 줄 알았어, 몰랐어?
덤멜 - 알았어. 담담해.

무시공 - 그래, 틀린 줄 알았으면 빨리 와서 반성하고 공부하든가 해야지,
끝까지 반대해?
웃사라도 삭제.
자, 덤멜. 너 위에 또 누가 날 없애라고 시켰나, 말해.
덤멜 - ….

무시공 - (줄여 놓고)
덤멜 - 저 위에 우리의 창조주가.

무시공 - 창조주? 그래, 너희 창조주 이름 대봐.
덤멜 - 고시마.

무시공 - 별 이름, 지구와 거리?
덤멜 - 몰라, 이름밖에 몰라.

무시공 - 이름밖에 몰라? 그리고 너희 창조주라고?
덤멜 - 응.

무시공 - 그래. 먼저 우생우주 삭제.
(많은 별들이 모여 있다) 모두 삭제.
그와 연결된 모든 별들 다 모아서 줄이고 농축해서 삭제.
자, 덤멜, 너는 나를 어떻게 알고 있기에 나를 없애려고 했나, 언제부터?
덤멜 - 지구에 그 시기쯤에 태어나는 존재들을 잘 보고 있었어요.

무시공 - 이 우주에 수많은 별 있는데, 왜 딱 지구만 지켰어?
덤멜 - 지구가 가장 위험하니까.

무시공 - 지구가 제일 밑바닥인데 너희한테 무슨 위험이 있어?
제일 낙오하고, 제일 껍질 세상인데.
덤멜 - 우주를 바꾸고자 하는 존재가 지구에 온다고 했어요.

무시공 - 누가 그랬어?
덤멜 - 우리의 창조주가.

무시공 - 창조주가 그랬어? 그래, 그가 나를 없앨 수 있다고 하던가?
네 생각에도 나를 없앨 수 있다 생각했나?
덤멜 - ….

무시공 - 너희는 내가 태어날 때부터 나를 없애려 했는데, 왜 오늘까지 못 없앴나, 무슨 원인인지 알아?
덤멜 - 우리 힘이 상대적으로 약해서.

무시공 - 뭣이 약해, 우리는 토종 지구인인데, 너희는 높은 차원에 있으면서,

우리 없애는 거 먼지 덩어리 하나 없애는 거나 같잖아. 그런데 왜 못 없앴나?

덤멜 - 그는 또 다른 우주생명이야, 다른 우주생명이니까 못 없애.

무시공 - 그러면 너희가 또 다른 우주라면 왜 도와주고 배우려 안 하고 없애려 생각했어?

심보가 그른 거 아닌가?

덤멜 - 우린 잘살고 있는데….

무시공 - 그럼 우리는 너희를 잘 못살게 하기 위해 나타났어?

덤멜 - 지구가 바뀌어서 스스로 올라오면 되는데….

무시공 - (말을 막으며) 그런데, 무슨 말 하려고?

우리도 제일 낙오한 지구를 바꾸려 하는데 너희하고 무슨 상관인데?

너희끼리 잘 살아라.

덤멜 - 지구만 바꾸면 되는데, 우주가 다 바뀐다니까.

무시공 - 그럼 우주 바뀌는데 나쁜 방향으로 바뀌었어, 좋은 방향으로 바뀌었어?

덤멜 - 그래도 변하기 싫어하는 무리들이 ….

무시공 - 그러니까 너희는 멸망당해야 해, 심판당해야 돼.

너희가 있기 때문에 낙오한 지구가 있어, 낙오한 차원이 있고, 층차가 있어.

너희만 잘살아? 너희보다 못사는 건 왜 가만 놔둬?

그게 합리적인가?

너희 잘사는 건 당연하고, 밑바닥 낮은 차원에 있는 건 굶어 죽어도 괜찮고. 이런 심보가 아닌가?

덤멜 - ….

무시공 - 삭제. 100조 광년 덤멜 삭제.

그 다음 고시마 나타나.
(나왔어) 네가 덤멜에게 명령 내려서 나를 없애라고 했지?
고시마 - 맞아요.

무시공 - 그러면 너는 어느 우주야?
고시마 - 웃신이라는 우주예요.

무시공 - 너희 인구는 얼마?
고시마 - 인구는 5조, 여러 별들이 모여 있어요.

무시공 - 너 있는 자리와 지구와 거리는?
고시마 - 10억 조 광년.

무시공 - 너 위에 두목 또 있어, 없어? 네가 마지막이야?
누가 너에게 나를 없애라고 명령내린 존재는 없어? 있으면 말해.
고시마 - 내가 모든 것을 주관해.

무시공 - 그럼 됐어. 너는 언제부터 나를 알고 없애려고 했어?
내가 지구에 태어나기 전부터 나를 알고 있었지?
고시마 - 응.

무시공 - 어디서? 어디에 있을 때 나를 지켜봤어?
고시마 - 너는 온 우주를 헤집고 다녔어.

무시공 - 헤집고 다녀? 왜?
고시마 - 공부한다고.

무시공 - 딱 공부하는 목적이야?
고시마 - 공부한다는 건 두 번째고, 살핀다고.

무시공 - 내가 너희한테도 갔었던 건가?
고시마 - 왔었어. 너는 아주 오래전부터 그러고 다녔어.

무시공 - 내가 너보다 더 오래 살았어, 너보다 후에 나타났어?
고시마 - 내가 잘 모르는 거 보면 그 전부터 있었던 거 같아.

무시공 - 그럼 됐다. 그럼 네가 죽을죄 지었는지 알아, 몰라?
고시마 - 내가 왜 죽을죄를 지어?

무시공 - 그럼 너는 뭐 때문에 나를 없애려고 애를 써?
너는 너대로 살지 왜 나를 해코지하려고 온갖 수단을 다 썼어?
고시마 - 여기 질서를 좀 어지럽혀서.

무시공 - 내가 언제 질서를 어지럽혔어.
고시마 - 거슬려, 눈에.

무시공 - 거슬려서 없애려고 오만가지 수단 다 썼지? 그런데 왜 나 안 없어져?
고시마 - 어쨌든 내 생각에는….

무시공 - 너 찾아와서 해결할 줄 알았나, 몰랐나?
고시마 - 이런 날도 예상했어.

무시공 - 예상했나? 내가 너를 찾아오면 끝났다는 거, 알지?
고시마 - 그래, 내가 졌다.

무시공 - 지고 이기는 게 아니고, 심보가 글렀잖아?
고시마 - 나는 내가 맞다고 생각했고.

무시공 - 그러면, 지금도 네가 맞아?
고시마 - 난 뭐가 잘못됐는지 아직도 모르겠어.

무시공 - 모르면 좀 배워야 하는 거 아닌가? 좀 협조하면 안 돼? 뭐 때문에 끝까지 나를 없애려고 수단 방법을 안 가리고 해?
고시마 - 내가 보기엔 아무리 봐도…. 물론 네 편이 더 많아, 그런데.

무시공 - 내 편 하나도 없다. 네 편이 더 많잖아. 지구에서 나는 아무도 없어. 네 눈에 제일 밑바닥에 있는 존재인데, 내가 너를 무슨 해코지를 했어?
고시마 - 아니야, 그렇게 말하지 마.

무시공 - 그럼 어떻게 말해야 돼.
고시마 - 너를 보호하는 존재가 더 많다는 거 알아. 하지만 나는 내 의지대로 했어.

무시공 - 그래, 그럼 나도 내 의지대로 하는데, 내가 너한테 무슨 영향 줬기에 따라다니면서 나를 해코지했나? 내가 너를 따라다니며 해코지했어?
고시마 - 해코지는 안 했지만, 눈에 거슬리게 많이 했어.

무시공 - 어떻게 했는데 거슬려? 너 잘못된 거 뜯어고치는 게 틀렸나?
온 우주를 헤매면서 공부는 무슨 공부, 너 같은 것들 살피러 다녔다. 믿어?
관찰하고 살피러. 네 말이 맞아, 공부하는 척하면서 살폈어.
다들 어떻게 존재하고 무슨 짓 하고 있는지. 이제 믿어, 인정해?
고시마 - 알고 있었어.

무시공 - 그래서 거칠게 하니까 없애려고 오만 수단과 방법으로 방해했어? 너뿐만 아니다.
수많은 우주 존재들 나를 없애려고 또는 방해하려고 온갖 수단과 방법으로 방해했어. 그래도 난 아직 살아있어.
누구도 내 편 드는 놈이 없어. 그래서 내가 제일 밑바닥에 지구에서 시작했어.
너희 하도 방해를 놓아서. 맞아 안 맞아?
우리는 너희 안 다치게 하려고, 건들지 않고 내 할 거 하려고.
그런데 너희는 그것도 용납 안 하고 끝까지 지구까지 따라와 가지고 나를 해코지해?
그럼 내가 잘못됐어, 너희가 잘못됐어?
고시마 - 나는 내가 잘못된 줄 모르겠어.

무시공 - 모르니까, 너 따위 존재는 없어져야 돼, 이 우주에서. 10억 조 웃신 우주 삭제.
고시마 - 그래그래, 네가 질서를 다 만들어. 네가 새로 만들어.

무시공 - 너 위에 더 높은 차원에 몇억 조 광년까지 있는 줄 알아, 몰라?
고시마 - 네가 얘기해서 알았어.

무시공 - 뭐? 내가 언제 이야기했어? 너는 내가 한 수많은 말들 다 듣고 있었지?
고시마 - 그럼.

무시공 - 100억 조 광년이 겨우 무극이야, 알아?
너는 10억 조에서 무극이래, 창조주라고? 어처구니가 없다.
네가 정했나?
고시마 - 난 그래도 창조주 위치야.

무시공 - 그래, 너 혼자 인정해라, 너는 우주에서 밑바닥이다, 알아?

자칭 우주, 또 거기 창조주라? 말 되는 소리를 해야지.

웃신 우주 삭제, 수많은 별 완전히 모아서 줄여가지고 완전히 삭제. 태워 버려.

너는 멸망, 심판당할 때까지도 끝까지 고집부리고 있어. 단단히 심판받아라.

아직도 끝까지 우겨? (그 자리의 우주가 텅 비었다)

너는 심판, 멸망당하기 전에 할 말 없어?

고시마 - 없어, 난 내 할 일 다 했어.

무시공 - 그럼 됐다, 고시마 삭제.

무극 어둠의 뿌리, 대마와의 대화

2017년 11월 26일 대화

무시공 - 내 몸 전신은 풀리고 있지만, 아직 머리를 계속 막고 있는 것이 강하게 느껴져, 도대체 누가 그렇게 막고 있나, 나타나.
(뭔가 검은 것이 나왔다) 이름은?
대마 - 대마.

무시공 - 네가 지금 있는 곳은 지구와의 거리가 얼마나 돼?
대마 - 그런 거 없어.

무시공 - 그럼 어디 있는 존재야?
대마 - 그냥 우주에 있는 존재야.

무시공 - 뭐 때문에 나를 막아?
대마 - 네가 내 수명을 단축하고 있으니까.

무시공 - 그냥 우주에 있다면, 네 느낌에 어느 차원에 있는 것 같아?
지구와 무극이 100억 조 광년이야.
그 중 어느 우주의 존재를 아는지, 예를 들어 대한민국우주 알아?
대마 - 거기도 알고 무극도 알아.

무시공 - 그럼 안광옥도 알아, 곡뱅도 알아?
대마 - 알아.

무시공 - 그럼 너는 뭐하는 존재인데?

대마 - 나는 원래부터, 그러니까 이 시공우주 태어날 때 생겨났어.

무시공 - 이 우주 탄생할 때 같이 탄생했어?

그럼 너 곡뱅하고 같이 있었어? 곡뱅이 이 우주를 창조했잖아.

대마 - 응. 이 우주 만들 때 밝고 어두운 거 같이 만들었는데, 나는 균형 잡으라고 어두운 책임을 맡았어.

무시공 - 균형 잡기 위해서?

대마 - 응. 이 우주가 완전히 없어지기 전까지 나는 못 없앨걸?

무시공 - 그렇게 당당해? 그럼 네가 나를 막는다고 이 우주가 안 바뀔 것 같나?

대마 - 난 그렇게 생겨먹었어.

내가 고의로 막으려고 해서 막는 게 아니고 나는 균형을 잡기 위해서 태어났기 때문에 어쩔 수가 없어.

무시공 - 지금 바꿀 때 됐으니까 널 찾았잖아. 이 우주는 이미 바뀌었잖아. 아직 몰라?

대마 - 나는 그냥 내 할 일 하는 것뿐이야, 바뀌면 나도 없어지겠지?

무시공 - 이 우주 창조된 시간이 지구 시간대로 말한다면 얼마나 오래됐어?

대마 - 이 우주?

무시공 - 그래. 네가 이 우주 창조하는 그 시점하고 지금하고 시간이 얼마나 됐어, 100억조 년?

대마 - 너무 웃긴 말이지만 지구 말로 한다면 맞겠지?

무시공 - 웃기긴 뭐가 웃겨?
대마 - 시간 이야기하니까 좀 생소하다.

무시공 - 그래. 여기는 시공이잖아. 그러니까 우리는 시공관점으로 너희와 대화하는 것이고.
대마 - 응, 음. 이렇게 시간을 생각해본 적도 없고, 공간도 생각해본 적이 없어.
난 어디에도 다 있잖아.

무시공 - 물론, 그 위치에서는 시공 그런 거 못 느껴.
그게 자꾸 가라앉고 가라앉아서 밑바닥에 오니까 시간과 공간이 나타났어.
뿌리는 너희 때문이야. 너희 마음자세가 잘못됐기 때문이야.
그 마음을 끝까지 지키고 버티다 보니까 이 밑에서 나타난 거야. 위에서는 그런 거 느끼지도 못해.
네 사고방식이 문제라는 게 밑에서 증명되고 있어. 맞아 안 맞아?
대마 - 그런가 봐. 이 위치에서 생각 못 해봤어. 지금 처음 느꼈어. 당신이 말하는 거 듣고.

무시공 - 지금 우주 제일 밑바닥 지구 표면에 와서 겪어봐.
밑바닥도 너희가 창조했잖아, 너희가 창조한 창조물이잖아.
여기가 너희 생각에 완벽해? 완벽하다고 생각한다면 네 위치에서는 시간 공간이 없는 것 같아, 하지만 네 그런 의식 때문에 여기 이 밑바닥 와서 증명되잖아.
너의 의식이 올바른가, 잘못됐는가, 거기서는 증명할 수가 없어.
그런 사고방식 때문에 지구 밑바닥에 오면 선악 가르고 응? 일체 이분법으로 뚜렷하게 나타났잖아.
대마 - 이 시공 처음 우주 만들 때 그렇게 계획돼서 왔는데 왜?

무시공 - 그러니까 너희 창조한 게 완벽한가, 물어보자. 너희 당시에 창조할 때는 맞다고 생각했어.
너는 아직 밑으로 내려와 보지도 않고 그 위치에서 완벽하다고 생각했어.
그럼 밑바닥 내려와 봐. 이 밑바닥이 너희가 만든 우주의 결과잖아.
너희 거기는 물질 개념도 없고 시·공간 개념도 없어.
하지만 지금까지 흘러온 것 오늘날 여기서 되돌아보면 어때? 밑바닥 태양계, 은하계 와봐.
여기는 뭐 때문에 층차 개념이 있고, 뭐 때문에 물질 현상으로 있어?
같은 생명인데 왜 빈부·고저가 생겨났어?
너 있는 거기는 시공이 없는데 여기는 왜 시간 공간이 있어?
그거 다 너희가 만든 우주잖아. 맞아 안 맞아?
대마 - 맞아.

무시공 - 그럼 완벽해, 안 해?
너 있는 그 자리가 완벽하다고 생각한다면, 네가 해놓은 결과는 밑바닥 와보면 우리가 지적 안 해도 답이 바로 나오잖아.
대마 - (이 존재는 인정 안 하고 대답도 잘 안 한다.)

무시공 - 넌 잘했다고 생각하나?
대마 - 잘한 건지는 모르지만 난 당연하다고 생각했기 때문에….

무시공 - 그래, 그럼 지금 여기 직접 와 봐. 이게 네 모습이야. 당연해?
뭐 때문에 곡뱅과 안광옥하고는 전부 다 자기 우주를 포기하고 지구에 와서 새로운 우주중심지 건설에 적극적으로 참여하고 새로 배우고 있어.
너도 내려와서 네가 창조한 우주가 완벽한가, 아닌가 확인해.
완벽하면 어디라도 다 같아야 돼.
너희는 밑바닥에 와서는 이런 모습이 된 것 생각도 못 했지?
대마 - 이건 이 사람들이 선택한 거야.

무시공 - 네가 창조했다니까 이들이 선택했다고? 그럼 너는 도대체 뭘 했어?
네가 하나에서 음양을 가르는 순간에 평행을 만들겠다고 했잖아.
평행이 일으켜지던가? 그 자체가 바로 이분법인데.
이분법 시공에서는 항상 기울어져 있는 게 절대적이지, 평행은 잠시고, 상대적이야.
너는 그런 역할 했다 뿐이야. 인정해, 안 해?
대마 - 인정해.

무시공 - 그럼 뭐 당연하다고 큰소리야.
너 있는 자리에서 너는 안 움직이고 그 자리 있으면 완벽하고 시간 공간도 없다 하는데, 밑바닥 와보면 시간 공간 있어 없어?
대마 - 있어.

무시공 - 그런데 왜 자꾸 우기고 네가 잘한 것처럼 그래?
심지어 새로운 우주 창조하는 과정에서 너희는 지금 장애 역할 해.
마음 빨리 바꾸면 더 좋을 텐데, 끝까지 맞다고 우기고. 그러면 같이 없어져.
너도 마음 바꿔서 지금 안광옥과 곡뱅처럼 지구에 와서 같이 동참하면 넌 살 수 있어. 아니면 너도 도태 대상이야.
대마 - 알고 있어. 자꾸 나한테 그렇게…. 나의 목을 조르니까

무시공 - 알고 있는데 이때까지…. 우리 하는 일을 동참하는 관점이야, 반대하는 관점이야?
너도 모르게 반대하고 있다고. 방해하고 있어. 그래서 너를 찾은 거야.
몇 번이나 경고했는지 알아 몰라?
대마 - 알아.

무시공 - 그런데 왜 모른척하면서 계속 그래. 나도 다 느끼고 있었어. 보통

놈이 아니라고.

심지어 어제까지 100억 조 광년에 과학자 찾으려고 했어.

제일 적어도 90억 조 전후 어떤 놈이 방해 놓고 있다는 것. 결국 너였어.

한동안 너는 나타나지도 않았어, 알아?

이제 우주가 자꾸 변하고 정화되니까 나타났어.

대마 - 그래. 나를 지금 처음 찾아냈어. 그런데 나도 어떻게 할 수가 없어.

무시공 - 너 숨어있다고 우리가 못 찾을 줄 알아? 네가 변화하길 기다리고 있어.

방해하지 말고 빨리 깨어나라 하니까 너 끝까지 버티고 있잖아. 맞아 안 맞아?

대마 - 난 방해가 뭔지 몰라.

무시공 - 계속 우길래?

지금 뭐가 잘못됐는지 증거 내놓고 너 깨어나길 기다리는데 아직….

대마 - 나보고 자꾸 깨어나라는데 뭘 깨어나라 하는지 몰라.

무시공 - 모르면 대전 와서 배우든가, 모르면 배워야 되지.

모르면서 아는 척하고 관점 안 바꾸면 너는 당장 줄어들어. 나중에 가면 없어져버려.

우리 요즘 작업하는 거 몰라?

시공우주는 이제 인정 안 한다고. 대전에서 새로운 우주 창조하고 있어.

대마 - 그런데 자꾸 나를 없애려고 하니까….

무시공 - 그럼 네가 바꾸면 되지.

안광옥하고 곡뱅도 지금 너처럼 그 자리 우기면 똑같이 없어져. 지금 그 원리 아직도 몰라?

너는 지구에 오지 않으니까 그 자리 지키면서 끝까지 나쁜 짓 해, 그것도 당당하게.

요새 도인보고 우주 보면 몇 단계로 보이나 물어봤어, 또, 지구에서 바위 보라고 몇 단계로 보이냐고.

3단계잖아. 물질, 반물질, 그리고 에너지. 이것도 비밀이니까 더 말 안 해.

내가 도인에게 바위 안에 에너지와 반물질 빼내라고 했어.

계속 빼내다 보면 진공이 생겨. 진공이 생기면 껍질이 줄어들고 깨지겠지?

우리가 여기 무시공자리 대전에서 보니 너희가 창조한 이 우주도 3단계로 보여.

제일 밑바닥 물질, 그다음 안에 반물질, 그리고 에너지.

이 우주에서 너희 같은 에너지상태와 반물질상태 빼내고 있어.

빼면 껍질만 남아 안 남아? 그 껍질 줄어들어 안 들어?

그래서 여기 시공 줄어드는 거 느낀다고.

대마 - 그래.

무시공 - 살려면 너 원래 관점 포기하고 대전에 와, 너 안광옥 안다고 했잖아, 곡뱅도 알잖아.

너 그들보다 더 고명해? 계속 거기서 어두운 역할 할 거야? 알면 와서 같이 배워야지. 너 지금 줄어드는 거 느끼지?

대마 - 응.

무시공 - 그럼 너 죽을까 봐 방해 놓는다고 돼?

대마 - 내가 여기 온다면, 여기에 어두운 게 끼어서 좋아하려나?

무시공 - 그러니까 어두운 걸 없애야 하잖아.

대마 - 또 내쫓을 거면서.

무시공 - 우리 지금은 어두운 걸 내쫓는 게 아니고 없애려고 했다.

대마 - 그러니까…. 여기 오면 내가 없어질 것 같아.

무시공 - 너는 아직 어두운 걸 너라고 생각했기 때문에 그래.
너 안에도 밝은 무시공생명이 있어. 그 생명을 살리라는 거야.
너 지금 어두운, 그건 가짜라고. 그건 우리말로 영체야. 영체는 정화 대상, 도태 대상, 심판 대상이야, 알아?
이제 어떤 것을 선택할래? 계속 어두운 걸 선택할래? 밝은 걸 선택할래?
대마 - 밝다는 건 나한테…. 아…. 어려워. 그러면.

무시공 - 인간도 똑같이 그러잖아.
원래는 어두운 거 자기 생명이라고 지금껏 그랬다가 지금 바꾸고 나니까 온몸에서 빛이나. 그게 진짜 자기 생명이라고.
대마 - 나의 근본을 바꾸라는 이야기라서 나한테 너무 어려워.

무시공 - 인간도 근본을 바꾸고 있잖아, 지금. 이 우주도 근본을 바꾸고 있고.
그럼 너도 어두운 거 지키고 없어질래?
그럼 너 스스로 봐봐. 네 안에도 밝은 무시공생명이 있어 없어?
있으면 입장 빨리 바꿔서 밝은 직선빛으로 되어있는 무시공생명을 바로 선택해서 어두운 걸 빨리 포기해야 돼, 그럼 너는 새로 살아나. 알겠어?
말해봐. 그렇게 할래, 안 할래?
대마 - 음…. 참…. 나한테 직접 해주는 이야기는 무슨 이야기인지 알겠는데 음.

무시공 - 자꾸 끙끙 앓지 말고 스스로 해 보라고.
대마 - 알았어.

무시공 - 네 안에도 밝은 빛으로 돼 있는 무시공생명도 있어.
대마 - 있다고?

무시공 - 어두운 것만 챙기니까 밝은 게 있는 줄도 몰라. 오늘 너한테 직접 밝힐게.

그럼 이 두 가지 생명이 너한테 동시에 존재하는데 너는 이때까지 어두운 걸 네 생명이라고 여겨왔어, 완벽하다 생각했어.

너 때문에 밑에까지 내려오면서 전부 다 어두운 세력들이야.

지금 그거 다 바뀌고 있다고. 뿌리를 찾아찾아 너까지 찾아왔어.

너 안 바뀌면 너는 영원히 없어져. 알아?

그럼 너 봐봐, 너 안에도 빛나는 직선빛으로 되어있는 무시공생명이라는 게 있어.

그런데 그 자리가 너무 작아. 네가 어두운 걸 너무 인정했기 때문에. 네가 어두운 뿌리니까.

지금 뿌리를 바꿔, 밝은 직선빛으로 돼 있는 무시공생명으로.

너 안에 있어 없어, 보여 안 보여?

대마 - 모르겠어.

무시공 - 그럼 이렇게 해. 온 우주에 밑바닥까지 깔려있는 너의 어두운 세력 다 거둬가.

대마 - 어디로 가?

무시공 - 다 거둬내. 네가 다 퍼트려 놨잖아.

대마 - 그러니까 그게 나인데.

무시공 - 네가 만든 거, 네가 거둬. 거둘 수 있어, 없어?

대마 - 해볼게요.

무시공 - 지금 당장 거둬.

너는 막은 것도 인정 안 하겠지만, 특별히 내 몸에서 어두운 걸로 끝까지 버티면서 나를 막고 있다고. 거둬가, 당장 거둬가.

네가 저지른 거 스스로 책임져. 머리를 어둠으로 내내 막고 있었어. 그 시간 얼마나 됐어? 물어보자.

대마 - 근데 누구나 어떤 생명이나 다 있어. 어두운 건 여기에서는 태어날 때부터 있어.

무시공 - 그건 알아. 그건 네가 작용해서 그래.
그런데 지금은 내 몸에 막아놓은 거 다 거둬가.

대마 - 그러니까 다 있는데.

무시공 - 쓸데없는 말 하지 말고.

대마 - 한번 해서 안 빠져나와.

무시공 - 계속 그 관점이야, 계속 우길래?

대마 - 당신이 그걸 느끼니까 하는 거지 내가 우기는 게 아니야.
다른 존재는 가만히 있는데.

무시공 - 그래. 나는 용서를 못 해. 가만히 있는 사람한테는 마음대로 해.
다른 존재는 너의 노예지만 나는 너의 노예가 아니다. 당장 빼가.

대마 - 많이 빠져나왔어.

무시공 - 철두철미하게! 내 오른손 못 움직이게 해놓은 것도 다 네가 한 거잖아.

대마 - 난 몰라.

무시공 - 모르긴! 모르면, 지금 알려주고 있잖아. 빨리 처리해.
너는 나를 끊임없이 막고 있었어. 알아? 처음에 네가 그랬잖아.
네가 줄어들고 죽을까 봐 나를 막고 있다고.
지금 파 들어가니까 왜 다른 말 해?

대마 - 자꾸 나를 없애려고 하니까 그렇지.

무시공 - 내가 언제 너를 없애려고 그랬어? 없앨 짓을 하잖아, 살길 알려줘도 네가 아직 안 받아들이잖아.
대마 - 무슨 말인지 알겠는데 완전히 이해를 못 하겠어.

무시공 - 무슨 말인지는 알고 이해는 못 해? 네가 이해하려면 천년만년 후에 이해할 거다.
이해 못 하면 먼저 내 몸에 있는 거 빼놓고나 보자.
다 걸어간 후에 너 혼자 끙끙 앓으면서 반성해봐.
대마 - 그 몸에서 빠져나오려고 하니까 내가 죽을 것 같아서 너무 힘들어.

무시공 - 뭐?
대마 - 그 몸에서 빠져나오려고 하니까 내가 완전히 다 죽는 것 같아서 너무 힘들어.

무시공 - 이렇게 해. 내 몸에서 나가서 너 좋다는 데로 가라.
대마 - 이 공간에만 없어야 한다는 게 나한테는 없는 일이라서 너무 힘들어.

무시공 - 다른 핑계 대지 말고 내 몸의 것만 빼내. 내 몸에서 나가.
대마 - 나오려고 노력하고 있어.

무시공 - 빠져나가! 여기서 계속 기다린다.
제일 빠르게 빠져나가. 나는 시간 없어. 너 기다리는 것도 한계가 있다.
대마 - 처음 해보는 일이라 너무 힘들어, 어떻게 빠져나가야 할지 모르겠어.

무시공 - 뭐? 그럼 너 힘들다고 계속 나한테 이런 작업하고 방해하고.
그런다고 너 살 수 있어?

대마 - 나도 여기 이런 공부하는 밝은 곳에 있는 것이 쉬운 게 아니야.
그런데 또 완전히 빠져나가려 하니까 그것도 어려워.

무시공 - 공부하는 것도 싫고, 힘들고, 빠져나가는 것도 힘들고.
그럼 너는 당장 죽어야겠네, 죽어도 버티고 있어야 되나? 너 계속 그럴래?

대마 - 막 성질나.

무시공 - 이놈 경고! 줄여. 계속 말 안 들으면 삭제. 알아 몰라? 빨리 나가.
계속 줄여.
(우주에서 발광하는 것 같아. 선생님한테서 나가면 자기 죽는다고 생각해)
계속 줄여. 어두운 세력이 안 바뀌면 어떤 존재가 알려줘도 안 바뀌.
최후 경고! (극도로 줄여놓고) 나가서 스스로 살길 찾고, 아니면 당장 삭제.
(줄여도 반항이 심하다.)
계속해! 풀리면 또 자꾸자꾸 막고, 또 어떤 놈이 그러나, 내 생각엔 높은 차원 90억 조 정도쯤 있는 놈이 막는가 싶었어.
결국에 100억 조에 우주를 창조한 창조자다.
곡뱅은 밝은 걸 창조하고 의식이 밝은데 이 존재는 평형을 일으키기 위해서 자기 역할 한다고 그래. 참.
내가 전에 강의했잖아. 평형은 이분법을 인정한 기초에서 평행을 이루는 역할 한다고.
그래서 밑에 인간이 중용이니 평형이니, 내내 그러잖아. 이 자가 그 역할 했구나.
완전 삭제해버려. 철저히 삭제.
삭제는 그 100억 조 광년 과학자한테 정리해달라고 말해.
(100억 조 광년의 과학자는 자기가 거의 창조자라고 했다)
응. 흙머 100억 조 과학자 나타나서 어두운 거 거둬가라 그래. 대마 삭제한 다음에.

대마, 나가면 죽는다는 거 알잖아, 어두운 것만 인정하잖아.
도태대상 심판 대상인데 뭐.
딱 걸렸다, 이는 어두운 세력의 대표야, 알려줘도 모르고.
영체는 생명을 거두면 돼. 그럼 어둠은 자동으로 빠져나가. 살아있으니까 자꾸 작동한다고.
삭제하면 어두운 것은 생명력이 없으니까 풀려버려.
(직선빛으로 삭제하고 살펴본다.)
그리고 같이 우주 창조했던 곡뱅 나타나. 곡뱅, 대마 알고 있나?
곡뱅 - 네, 알지요.

무시공 - 너 봐봐. 대마 삭제됐어, 안 됐어?
곡뱅 - 쭈그리고 있네요.

무시공 - 너, 그자 삭제할 수 있어 없어?
곡뱅 - 내가 삭제할 힘은 없어요.

무시공 - 너는 그런 힘없어?
곡뱅 - 네.

무시공 - 그래. 알았어. 그럼 그 어두운 거 거둘 수 있나?
곡뱅 - 거둬내라고 말은 할 순 있어요. (같은 수준)

무시공 - 그럼 말해줘. 그리고 여기서는 끊임없이 삭제할 거니까 거둬내라고 해.
곡뱅 - 네.

무시공 - 네가 거두라 하면 말 들을 것 같아 안 같아?
안 들으면 당장 삭제하고 영원히 없어지게 한다고. 거두라 그렇게 알려줘.

곡뱅 - 이제 좀 알아들었다고 해요.

무시공 - 뭘 알아들었어?

곡뱅 - 대마가 말하길, "네가 말하니까 무슨 말인지 알아들었다."라고 해요. 그래서 내가, "이제 우주가 바뀌고 하니까 너의 설 땅이 없다."라고 말하니까 대마 말하길, "그건 아는데 실제로 당하다 보니까 어떻게 해야 될지 모르겠고."라네요.

무시공 - 지금 관점 바꿔 안 바꿔? 같은 차원에 있으니까 서로 해석하기 좀 쉬워.

그리고 자기 관점 바꿔서 너처럼 새로 공부하면 새로운 생명이 탄생해.

그거 잘 받아들였나 물어봐.

곡뱅 - 무슨 말인지 알았대요.

내가 나를 바꿔야 된다는 게. 그러니까 나는 쉽게 받아들였는데 대마는 완전히 다르네요.

그래서 이해하게 조금 시간을 주는 게 좋을 것 같다는 생각이 들어요.

무시공 - 그럼 네가 끊임없이 설득해. 설득 안 되면 우리는 사정없이 없앤다. 왜냐, 우리 하는 일에 방해되기 때문에. 그리고 잠시 시간 좀 줘. 그렇지만 줄여놔.

곡뱅 - 네. 제가 보기에도 줄여져있어요.

무시공 - 거의 삭제상태로 계속 둬. 곡뱅! 끊임없이 잘 깨어나도록 너한테 시간 준다.

다 같은 이 우주 창조했기 때문에.

그는 어두운 거 창조한 존재잖아. 어두운 건 바꾸면 되잖아. 그 마음 자세를.

너처럼 말이야. 맞지?

곡뱅 - 네.

무시공 - 자기 잘못 반성하고 없애버리면 되는걸, 왜 끝까지 버텨?
그런다고 이 우주가 안 바뀌나?
그러니까 너희 같은 위치에 있으니까 우리보다 설득하기 좀 쉬울 거다.
곡뱅 - 네.

무시공 - 나중에 또 너한테 물어볼 거다. 바뀌나 안 바뀌나. 안 바뀌면 무조건 삭제한다고 전해.
곡뱅 - 알겠습니다.

무시공 - 그래. 고마워.
곡뱅 - 네!

곡뱅, 대마 계속 설득해라

2017년 11월 26일 대화

무시공 - 곡뱅 나타나.
곡뱅 - 네.

무시공 - 그 당시 우주 창조할 때 대마와 너, 이렇게 둘이 했나, 모두 몇 명이 했어?
곡뱅 - 창조될 때 밝은 것과 어두운 것 두 개 창조됐어요.

무시공 - 그저 너하고 대마하고 둘이?
곡뱅 - 네.

무시공 - 너는 밝은 거 창조하고? 대마는 어두운 거 창조하고.
곡뱅 - 네. 빛과 어두움 두 가지.

무시공 - 너는 빛을 주관하고 대마는 어두운 것을 주관해서 평형을 일으키는 뜻으로.
곡뱅 - 네.

무시공 - 맞네. 알았어. 네가 잘 설득해서 관점 바꾸라고 해.
대마가 원래 자기 관점 바꾸고, 무시공이 진짜 생명이라 인정하고 방법을 받아들이면 되잖아.
너희가 그 방식으로 창조했으면 너 뒤에 진짜 생명이 지배했고. 그것이 바로 무시공생명이라는 것.
그거 인정하면 너는 어두운 역할 안 하면 되잖아. 그렇게 알려주라고!
안 그러면 너도 알지? 이제 어두운 건 우리가 영원히 없앤다고.

곡뱅 - 네. 그 빛과 어둠 속에 선과 악 모든 거 다 포함돼있어요. 음과 양 다 들어있어요.

무시공 - 그래, 다 포함돼있지.
대마는 어두운 반대파 책임졌으니까 그가 바뀌면 음양 합일되고 하나로 뭉치잖아. 맞지?

곡뱅 - 맞아요.

무시공 - 우리도 그가 깨어나길 기다려.

곡뱅 - 그럼 이제 우리의 근원이 무시공생명이라고 이야기해주면 되겠군요.

무시공 - 그렇지, 그러니까 너희 같이 창조할 때 목적은 좋았어.
우주를 창조하면서 너는 밝은 역할 하고 그는 어두운 역할을 하자.
말 그대로 역할일 뿐, 그러니 자기 원래 책임을 바꾸면 되잖아, 새로운 자리(무시공관점)에서.

곡뱅 - 네, 맞습니다. 대전에서 보니까, 비결에 나와 있는 밝은 건 다 나이고, 나쁘게 생각하는 건 다 어둠이더라고요.

무시공 - 맞아. 자기 역할 연기하는 것처럼 그런 역할 했다 뿐이지, 그게 너 아니라고.
배우처럼 악한 배우라고 해서 진짜 악한 놈인가? 아니잖아.
동시에 이 우주 창조할 때 각자 자기 역할 하자 약속했잖아.
그럼 새로 원래 상태로 돌아가면 되지.

곡뱅 - 자기 역할(악역)이었는데 그것이 진짜 자기 생명인 줄 알았던 것이지요.
제대로 알기 위해서 이거 한번 제대로 공부해보라고 하면 더 빠를 것 같습니다.

무시공 - 응. 너는 같이 창조하고 같이했기 때문에 서로 통한다.
우리가 말하면 못 알아들어. 계속 자기 관점에서 안 벗어나.
너도 한번 생각해봐.
너는 밝은 역할 했다. 그럼 밝은 역할 하면 뒤에 생명이 있잖아.
나는 밝은 역할 할게, 너는 이제 어두운 역할 해라, 우리 같이 우주 창조하자. 하며 둘이 약속했어. 그런 거잖아. 그저 그것뿐이야.
곡뱅 - 그렇지, 나도 역할일 뿐.

무시공 - 그래. 너도 역할일 뿐이야.
그런데 이제 새로 이것을 받아들이면 너는 완벽한 무시공생명이라고. 맞지?
곡뱅 - 응.

무시공 - 그럼 이제 거둬서 네 원래 자리로 돌아가면 되잖아. 그 역할 안 하면 되잖아.
곡뱅 - 맞아. 그렇게 설명해줄게.

무시공 - 그래, 그러면 알아들을 거다.
역할극 하다가 왜 자기 역할에 빠져들어 가서 그게 자기라고 생각해?
원래 자기를 잊어버렸잖아. 맞지?
곡뱅 - 나도 이제야 무슨 뜻인지 이해했으니까, 대마는 더 이해가 안 갔겠죠. 알았어요.

무시공 - 그래, 고맙다.
곡뱅 - 네!

2017년 11월 27일 대화

무시공 - 곡뱅 나타나.
곡뱅 - 네.

무시공 - 100억 조 광년 무극의 존재들은, 지구인과 비교하면 몇 배나 세밀해?
예를 들어 태양계 금성을 표준 잡아서, 금성인은 지구인보다 3배 세밀하다고 했거든.
너는 100억 조 광년 우주 최고 위치에 있잖아.
무슨 뜻인지 알지?
곡뱅 - 알아들었어, 그런데 수로 표현하기 너무 힘들어.

무시공 - 힘들어도 표현해봐, 지구 왔는데 그거 몰라?
대충 말해도 우린 다 인정한다.
우린 모르니까, 하하.
100배, 1,000배?
곡뱅 - 최대 몇 배로 생각하면 되나?

무시공 - 네가 알지, 우리는 모르잖아. 그냥 느낌을 이야기해.
몸에 세밀한 정도를 기준 삼으면 나오잖아.
곡뱅 - 대략 100만 배.

무시공 - 그래, 인정할게. 그리고 대마하고 같이 우주 창조하면서 너희 둘이 무시공에서 직접 왔어, 아니면 너희 위에 또 누구 한 사람 있어?
처음에 너와 대화할 때는 네가 직접 무시공에서 와서 이 우주를 창조했다고 그랬잖아.
그럼 대마도 같이 왔던 거지? 대마도 무시공에 있었던 거지?
곡뱅 - 무시공에서 창조됐어, 같이.

무시공 - 그러니까 네가 대마한테 말해. 너희 뿌리는 다 무시공존재야.
그런데 너희 둘이 약속해 와서 우리 둘이 이 우주를 창조하자.
너는 밝은 걸 창조하고 대마는 어두운 걸 창조했어.
그러면서 서로 대립되고 두 갈래로 나뉜 것, 맞지?
원래 자기 본질을 잊어버리고 있잖아. 너는 바로 알아듣고 깨어났잖아.
곡뱅 - 맞아. 이제 대마만 깨어나면 엄청난 변화가 있을 거야.
그리고 대마도 이제 깨어나고 있어.

무시공 - 그렇지, 그리고 실지는 대마가 근래 와서 나를 막는 역할 하는 것 같아. 덕산도 무시공에서 왔거든.
나는 덕산하고 이 우주 오기 전에 이미 약속했어.
이 우주 오기 전에 덕산보고 나를 막아놓으라고 했어, 이 시공우주를 바꾸려고. 알아?
결국은 지금 내 곁에 와서 나를 풀어주고 있거든.
그런데도 어떤 놈이 또 나를 계속 막고 있나? 수없이 경고했거든. 하도 답답해서 어제 찾아보니까 대마야.
자기는 나를 다 안대, 그리고 내 말대로 하면 자기는 죽는대, 이거 완전 엉터리 아냐?
대마한테, 너 누구 아는 존재 있는가, 물어보니 곡뱅 알고 있대.
그래서 삭제만이 최선이 아니다 싶어서 너를 찾아보니까 결국은 무시공에서 시공우주 창조해보자고 약속해서 연기 역할 했는데 오히려 빠져 들어갔잖아.
곡뱅 - 그런데, 이 시공 속에 그런 존재들이 너무 많아.
자기가 다 깨어났다고 알고 있어도 무시공에서 시작된 것을 모르는 존재들이 너무 많아, 그런데 다행히도 이제들 알기 시작했어.

무시공 - 지금 많은 존재가 무시공에서 새로운 우주 창조하려고 약속해서 왔어.

각 차원에 있다가 다 잊어버렸어, 다행히 내가 안 잊어버리고 끝까지 버티니까 이제 깨어나고 있잖아.

그래서 덕산보고 빨리 풀어 달라, 이제 때가 됐다고 그랬어.

대마를 삭제하려다 보니까, 높은 차원의 보통 존재가 아니라는 걸 느꼈어.

그리고 너 곡뱅을 안대, 둘이 우주를 창조했대, 그래 창조했는데 본질을 잊어버렸어.

그래서 할 수 없이 삭제하려다가 이건 아니다, 아직 모르고 있다 싶어서 삭제하려다 말고 줄여놨어. 줄여놓고 너 찾았던 거야.

곡뱅 - 응, 그래 깨우쳐주려고?

무시공 - 응. 그래 어두운 게 자기 아니야, 그거 놔버려.

그럼 원래 무시공생명이 깨어난다고, 그 역할 하면 돼.

나는 요즘 계속 잠도 못 자고 너무 힘들었는데 어젯밤에는 잠도 잘 자고 몸이 좀 풀려서, 그래 어쩌면 대화해서 좀 효과가 보여.

곡뱅 - 응응. 깨어나고 있어.

무시공 - 맞지? 너도 빨리빨리 깨워줘라.

배우 역할인 것, 다 잊어버려서 그래, 빨리 깨어나라고 해.

곡뱅 - 대마가 전 우주 모든 층차에 다 걸쳐 있어서 깨어나는 시간을 조금 줘야 해.

무시공 - 그래, 기다릴게. 어제 너랑 대화해서 깨어나고 있다는 거 내가 다 느끼고 있거든.

어쨌든 고마워, 네가 책임지고 깨워라.

너희 둘이는 대화 잘되잖아.

곡뱅 - 알았어.

무시공 - 그래, 고맙다.

우주 창조자들의 설전(舌戰)과 설득 - 방해 존재 평샤와의 대화

2017년 12월 9일 대화

무시공 - 지금 또 어떤 존재가 내 머리를 막고 있어.
원래는 암흑우주 대표 대마가 막고 있었어.
이미 대마 삭제하고 처리했는데 또 어떤 놈이 깊숙이 파묻혀 숨어있어.
우리 계속 경고했거든, 이제 나타나. 도대체 누구야?

(처음 누구인가 물어볼 때부터 무시공에 있는 존재라고 한다)

무시공 - 무시공에 있는 존재? 너 이름이 뭐야? 무시공존재라는 게 뭐 때문에 나를 자꾸 막아, 응? 물어보자. 너 이름 말해.
평샤 - 평샤.

무시공 - 뭐 때문에 내 머리를 막아, 왜 아직도 계속 막는 역할 해?
평샤 - 혹시 몰라서….

무시공 - 뭘 몰라서?
평샤 - 우릴 너무 얕잡아봐서….

무시공 - 너를 얕잡아봤다고?
평샤 - 응, 우리 존재들을 무시하는 것도 있고, 또 아차 하면 없애려는, 그런 씨가 너한테 있는 게 보여.

조금이라도 알려지면 안 돼. 네가 다 보면 안 된다고.

무시공 - 뭘 다 보면 안 돼?
평샤 - 우리를.

무시공 - 너는 무시공에 누구 알고 있나, 나도 알아?
평샤 - 알아.

무시공 - 그럼 물어보자. 시공우주를 누가 창조했어? 무시공존재가 창조했잖아.
평샤 - 곡뱅이 창조했는데 우리가 다 승인했기 때문에 창조한 거야.

무시공 - 그래. 너희가 승인해서 창조했단 말이지? 그럼 대마는?
평샤 - 대마는 우리한테 없던 존재인데 창조가 된 거지.

무시공 - 무시공존재였잖아. 나도 무시공에 있었고.
그럼 내가 무엇 때문에 시공우주를 거두려고 하나?
나는 원래부터 너희하고 관점이 다르잖아. 맞아, 안 맞아?
너희가 곡뱅이랑 이렇게 시공을 창조했고, 나는 실제로 시공에 와서 이 우주가 완벽한가, 안 한가 확인했어.
결국 완벽하지 않다는 결론, 그래서 내가 거두는 게 뭐가 잘못됐나?
너희가 오히려 나를 응원해줘야지. 너희가 왜 반대해? 너희도 마찬가지로 시공우주 인정하나?
평샤 - 아니. 시공우주는 이제는 끝났으니까….

무시공 - 끝났으면, 그럼 너희가 틀렸다면 거둬야지 왜 지금까지 그대로 놔뒀어?
내가 거두니까 질투하나? 우리 더 완벽하게 하기 위해서 하는 거 아니야?

평샤 - 그래.

무시공 - 그런데 너희 질투로 나를 없애려고 해?

너희 마음을 조금만 바꾸면 완벽하게 되는 걸 가지고….

내가 뭘 나쁘게 했어? 너희 생각에 스스로 완벽하다 생각하나?

평샤 - 우리는 지금….

무시공 - 내가 너희를 없애려는 씨앗이 보인다고?

시공 씨앗이 너희 몸에 있다는 걸 내가 발견하고 이 우주를 거뒀다.

그럼 내가 잘못됐어, 너희가 잘못됐어?

다 무시공존재잖아. 하지만 우리 의견이 다른 것이지, 맞아 안 맞아?

평샤 - 그래, 뭔지 모르게 달라.

무시공 - 이제 인정하나? 너희가 곡뱅하고 대마 파견해서 이 시공우주 창조해서 무시공보다 더 완벽했으면 놔둬야 되잖아? 너희 생각에 완벽해, 안 해?

평샤 - 완벽하지 않지.

무시공 - 그런데, 내가 거두는데 응원은커녕 도리어 나를 방해해?

너희가 잘못한 것 반성할 생각은 안 하고 오히려 내가 너희 없애려는 씨앗이 보인다고 방해하는 것인가?

나는 한 번도 너희 부족하다고 말 안 했어.

우리가 무시공 자리에서 시공 바꾸는 거 보면 너희 안에 잘못된 게 보인다고.

그럼 너희가 고쳐야지.

나는 내 할 것은 꼭 한다. 그렇게 해놓고 너희가 다가오면 다가오고 안 다가오면 할 수 없어.

너희는 자동으로 없어져. 내가 너희 없애려고 하는 게 아니다. 왜? 나는 너희보다 완벽하게 했기 때문에. 이제 인정해?

평샤 - 우리한테 미리 설명을 해주고 알려줬으면….

무시공 - 설명을 하기는!

나는 행동으로 보여줘. 설명하면 너희 내 말 들었겠나, 내가 뭐 때문에 지구 와서 했겠어?

내가 만약 무극에서 곡뱅, 대마, 그리고 너희하고 이렇게 대화하면 거기서 내내 싸움만 하고 말다툼하다가 끝나, 의견이 다르기 때문에. 지금도 같은 상황이잖아.

그래서 내가 일부러 너희가 중요하게 생각 안 하고 멸시하고 있는 줄도 모르는, 시공 제일 밑바닥 지구에서 시작했다고.

그런데 지금 자꾸 변하니까 거슬리지? 너희한테 걸리잖아.

그럼 너희도 원인을 찾아서 도대체 내가 잘못됐나, 너희가 잘못됐나. 도대체 시공우주가 잘못됐나, 내(절대무시공우주)가 잘못됐나, 분석하고 관찰하면 답이 나올 텐데, 너희는 누구보다 더 세밀하게 관찰할 수 있잖아.

곡뱅은 뭐 때문에 내 뜻을 바로 받아들였겠어?

다 같이 창조해서 한 것인데, 너희는 뭐 때문에 곡뱅처럼 못 바꿔? 계속 나한테 그런다면 대마와 같은 입장에서 문제를 보고 있는 거야. 맞아 안 맞아?

대마도 내가 시간 주면서 너도 무시공의 완전한 존재니까 시공 창조하면서 그저 자기 역할 했다뿐이다, 영화배우처럼 말이야. 너 자체가 시공존재 아니라는 거 알려주고.

그래서 그 마음 바꾸기 위해서 시간을 줬어. 곡뱅보고 대신 해석해주라고 했고.

그런데 결국 끝까지 자기 관점 안 바꾼대. 그럼 삭제할 수밖에 없지.

분명히 그랬다, 이 우주 내가 거두러 왔다고.

그런데 너희는 왜 못 거둬? 너희 관점이 이 우주를 창조한 관점인데 어떻게 거둬?
나는 이 우주관점 아니니까 거둘 수 있어.
그렇다면 지금이라도 거둬지겠어, 안 거둬지겠어?
평샤 - 이미 다 거두고 여기 왔잖아.

무시공 - 그래, 그럼 네가….
평샤 - 그럼 여기 왔으면, 이 시공우주 실패한 우주만 거두면 되지.

무시공 - 됐다, 무슨 뜻인지 알아. 너는 아직 네 관점을 지키고 있어.
나는 무엇 때문에 지구 대한민국에 와서 새로운 우주중심지 건설한다고 했나?
여기는 시공우주도 아니고 거기 무시공우주도 아니야.
여기는 절대적 무시공자리이고, 너희는 상대적 무시공우주야.
나는 절대적인 무시공우주.
그래서 내가 대한민국 대전에서 새로운 우주중심지 건설한다고 했어.
그러니 시공우주는 무조건 없애. 그럼 너희가 걸려서 스스로 바뀌면 이 자리 올 거고, 상대적인 무시공도 바뀔 거고. 뭐 보고 상대적이라고 그러는지, 알아들었지?
상대 시공우주와 상대 무시공우주.
나는 절대적인 무시공우주. 너희 무시공우주하고 또 달라. 또 시공우주하고는 더 달라.
너희 뿌리는 서로 연결돼 있어.
난 너희 두 우주하고 완전히 차단돼서 나 혼자 새로 창조하는 거야.
나의 이것이 완벽하다면 너희가 오고,
완벽하지 않다면 그래서 너희가 완벽하다면 그럼 너희 그대로 하라고.
하지만 나는 내 할 일 끝까지 해. 난 너희 없애려는 생각도 없어. 난 그저 나 혼자 할 뿐이야. 너희 능력으로 너희 우주에서 해보라.
우리 어제도 이야기했어. 지금 이 뿌리 안 빼면 나중에 너희 또 무슨 새로운 우주 창조하려고 할 거라고. 너희 그런 마음 가지고 무슨 또 새로운….

평샤 - 거 봐. 그런 생각하고 있잖아.

무시공 - 너희가 그런 생각하고 있잖아. 내가 그리 생각했어? 너희는 너희대로 해. 난 너희 간섭 안 해. 너희 마음자세 때문에 나중 또 다른 무슨 우주 창조한다고. 너희 마음 깊숙한 곳에 그런 게 있다고.

그래서 나는 너희하고 관점이 안 같을 뿐, 내가 너희 잘못됐다고 말 안 하고 난 무조건 내가 새로 하나 창조해.

평샤 - 그러니까 네가 우리를 다 흡수하려고 하잖아, 지금.

무시공 - 내가 뭐 하러 흡수해. 내가 언제 너희 흡수한다고 했어?

평샤 - 그런 마음이 있다고.

무시공 - 난 절대로 없다. 그건 네 생각이야.

그럼 네가 우리 방해 놓는다고 내 할 일 못 하겠나? 너 방해 놓을 수 있어, 없어?

나는 시공우주만 거두고 나는 너희 방해 안 하는데 너는 왜 나한테 방해 놔. 너하고 무슨 상관인데. 물어보자. 내가 너희 방해 놨어?

뒤돌아보라고. 너희 마음자세가 됐나 안 됐나?

그럼 비교해봐. 내 마음하고 너희 마음하고 무슨 차이가 있어?

평샤 - 우리가 그걸 이해하겠나?

무시공 - 이해 안 돼? 그럼 너희는 너희대로 있어라. 너희 우주대로 있고, 나는 나 혼자 새로 창조한다고.

평샤 - 이해할 수가 없다고. 이해를 안 하는 게 아니라 할 수가 없다고.

무시공 - 뭐 때문에 이해 못 해?

평샤 - 너는 왜 거기 떨어져 나가서 그렇게 하고 있는 것인지, 이해를 못 하겠다고.

무시공 - 떨어져 있는 건, 간단하게 내가 이유를 말했잖아.
평샤 - 왜 힘들게 혼자 그렇게 하고 있어.

무시공 - 힘들기는! 나는 이 우주 완벽하지 않으니까 완벽하게 만들려는 것일뿐.
나도 내 뜻으로 해. 곡뱅하고 대마도 시공우주 완벽하게 만들려고 했잖아.
평샤 - 그냥 무시공으로 들어와.

무시공 - 내가 뭐하려고 너희한테 들어가?
네가 나에게 들어오려면 들어오고 아니면 너대로 있어라, 그럼 됐지?
내가 너희한테 간섭했나? 난 너희 막으려고 생각도 안 한다.
난 나 혼자 할 일을 할 뿐.
그런데 너희는 뭐 때문에 뭐가 불안해서 나를 자꾸 막고 방해해?
방해하면 용서 못 해. 어떤 존재든 간에, 알았지?
평샤 - 분리돼 있는 느낌이잖아.

무시공 - 분리? 내가 분리했어?
그럼 너희가 창조한 우주 완벽해? 완벽하면 그대로 무시공자리를 지키고 있지.
뭐 때문에 시공을 만들었어?
평샤 - 네가 눈치챘다시피 우리는 수많은 실험을 또 할 거야.

무시공 - 나는 너희 하지 말라는 말 안 했어.
나는 너희 이미 그렇게 할 줄 알고 어제 그걸 다 예언해 놨어.
평샤 - 맞아. 이 우주가 실패했으면 또 다른 우주를 만들면 되잖아.

무시공 - 그래 만들어라. 네가 알아서 해라.

평샤 - 그런데 너는 말로만 만들라 하지, 그걸 지금 못하게 하고 있잖아.

(동시에 말함.)

무시공 - 물어보자. 너는 그 우주의 대표인가?

평샤 - 아니.

무시공 - 그럼 누가 대표야? 말해. 파로가 대표야?

평샤 - 아니야.

무시공 - 그럼 누구야? 말해봐.

평샤 - 완전한 하나가 있어. 누구라고 말할 수 없어, 완전한 하나에서 나왔어.

무시공 - 그 완전한 하나가 누군데?

평샤 - 완전한 하나라고 불러. 우리는

무시공 - 하나라고 부르면서 네가 또 뭐 하러 나와? 그럼 그 하나 중에 너도 있다, 그러면 너도 대표겠네, 네가 대표로 나와서 자꾸 방해하는 거 보니.

평샤 - 응. 하나 중에 내가 있지.

무시공 - 네가 그 안에 대표잖아.

평샤 - 너도 마찬가지였고.

무시공 - 나는 몰라. 나는 '나'라는 존재 없어. 난 그저 무시공생명이야.

평샤 - 좀 더 또 새로운 완전한 우주를 창조하려는. 너도 마찬가지 아니야?

무시공 - 나는 원래 완벽한 우주 알고 있었어. 그래서 그것을 실천할 뿐이야. 너희가 시공우주를 실천하는 것과 같아.

평샤 - 그러니까 여기서 같이하자고.

무시공 - 뭐 하려고 같이해? 상대적 무시공과 너희가 창조한 시공, 내 마음에 안 들어!
완벽하지 않기 때문에. 네가 우리와 비교해봐라, 내가 더 완벽하다면 같이하면 되잖아, 같이 있으면 되잖아. 뭐 하러 자꾸 분리하려고 해. 내가 너희 있는데 가길 원해? 너희가 완벽하지 않은 게 보여서 내가 만들어 놓고 보여주는 거다.
너희 시공우주 창조한 때가 얼마나 됐어? 모르면 조금 있다가 곡뱅한테 물어볼 거다.
100조 년 됐어? 100억 조 년 됐어? 알아 몰라?
평샤 - 그 시간이라는 단위는 모르겠어.

무시공 - 됐다. 너 모르면 곡뱅한테 물어본다, 곡뱅 나타나.
곡뱅 - 네.

무시공 - 네가 이 우주 창조할 때, 그때부터 시작해서 지금 100조 년인가, 아니면 100억조 년 됐나?
곡뱅 - 100조 년.

무시공 - 그럼 맞다. 너는 무시공에 평샤 알고 있나?
곡뱅 - 기억나요.

무시공 - 응. 너하고 대마하고 이 우주 창조하겠다고 할 때 저기 평샤도 동의했다며? 동의해서 너 창조하라 했다며, 맞아?
곡뱅 - 맞죠. 무시공에서 승인이 난 실험이었으니까.

무시공 - 그래. 지금 무슨 일이 있냐면, 원래 대마가 계속 방해해서 찾아서 처리했잖아.
그래도 어제 깊숙이 있던 게 또 나타나서 계속 막고 방해를 하고 있어, 그래서 찾아보니까 자기가 무시공존재 평샤래.
그래서 뭐 때문에 내 하는 일 방해하나 물었더니, 내가 새롭게 우주를 만들면서, 내 마음속에 자기들을 없애려는 씨앗이 있데.
그래서 내가 말했어. 내가 잘못됐나, 너희가 잘못됐나?
나는 너희 해코지할 생각 없이 그저 새로운 완벽한 우주 하나 창조해. 왜? 시공우주가 완벽하지 않으니까. 그럼 시공우주는 어디서 왔어? 원래 (상대적)무시공에서 창조했잖아. 그러니 (상대적)무시공우주도 완벽하지 않다고!
그래서 내가 지구, 대한민국 대전에서 새로운 우주중심지 건설한다고 그랬지?
그럼 여기는 절대적인 무시공우주. 너희 거기는 상대적인 무시공우주. 맞아, 안 맞아?
나는 원래 상대 무시공우주와도 상관없고 또 시공우주하고도 상관없어.
나는 이 두 우주 밖에 나 혼자 절대적인 무시공우주.
우리 여기서 다시는 시공우주 창조 안 해. 마지막이라고. 너 이제 그거 이해해?
곡뱅 - 이해하지.

무시공 - 그런데 저들은 나보고 자기들 있는데 가자고 해.
내가 새로 창조하면 자기들 없애려고 한다고. 내가 언제 없애려고 했어? 난 그저 절대적 무시공우주만 인정한다고 했지.
나는 그걸 위해서 창조한다고. 난 원래 무시공우주(상대적 무시공)에 들어가지도 않을 거고, 시공우주는 어차피 인정 안 하고. 그저 거둔다고 했지.
곡뱅 - 난 이해가 됐어.
지금 무시공(상대적)의 저 평샤와 당신의 입장이 다르다는 걸 이제 알았어.

무시공 - 입장이 같아, 안 같아? 이제 알았지? 나도 원래 무시공에 있었지만 의견이 서로 달랐다고.

그럼 너희는 창조하려면 창조해봐라. 완벽한가 안 한가? 만약 완벽하지 않다면 내가 거둔다.

곡뱅 - 왜냐, 당신이 무시공에서 새로운 작업을 했으면, 원래 무시공 그 자체를 바꿔야 하기 때문에 힘드니까 지구로 내려와 시작한 거지.

무시공 - 그렇지! 아까 그랬어. 거기와 의견이 안 같다고. 그럼 너희가 창조해봐라. 완벽하지 않아.

그래서 너희를 찾아서 완벽하지 않다고 다 인정했잖아.

나도 무시공에서 왔어. 그럼 나는 혼자 내 의지대로 제일 밑바닥에서 제일 힘든 데서 새로운 우주 시작해. 지구에서 대한민국에서 말이야.

너도 봤잖아. 너희 우주 창조한 때부터 시간 100조 년 됐어.

그럼 우리는 얼마 만에 그걸 거뒀어? 겨우 2년도 안 됐어. 거뒀어, 안 거뒀어?

곡뱅 - 거뒀지.

무시공 - 그럼 너희도 해봐라, 할 수 있나 했더니, 나보고 도리어 원래 자기가 있는 무시공으로 오래. 난 절대로 안 간다.

내가 거기 다시 가면 또 계속 다퉈야 돼, 아까 평샤와 대화처럼 계속 다툰다는 말이지.

지금 이 시공우주 창조해서 잘 안 됐으면 또 다른 우주 창조하겠대.

그것 봐라. 또 씨앗이 거기 있잖아. 계속 창조하려는. 창조하려는 것 자체가 자기가 아직 부족하다는 것을 인정하는 거야.

나는 재창조 안 해. 난 이번이 마지막이야. 그리고 이번 창조는 영원해. 또 다른 우주 창조할 생각도 없어. 맞아, 안 맞아?

곡뱅 - 맞아, 나는 당신을 이해해. 무시공(상대적)에서 할 수 없는 일이기 때문에 여기 와서 하는 거라는 거 알아.

그런데 그들의 입장에서는 이해를 못 하지.

그리고 그걸 없애버리면 자기 존재가 없어진다는 불안 때문에.

무시공 - 응, 자기들도 없어진다는 개념이야.

곡뱅 - 응, 여기를 인정하면 자기들이 없어지기 때문에 그것을 인정하지 못 하는 것 같아.

무시공 - 나는 너희를 없애려는 생각도 없고 시공만 거둬.

그럼 너희 있고 싶으면 너희대로 해봐라. 계속 창조해라. 난 상관없어. 나는 내 할 일 할 뿐.

곡뱅 - 그러니까 나는 당신이 마지막으로 완전한 우주를 만든다는 것에 동의했기 때문에 같이 하는 것이고.

그 존재들은 완전한 걸 모르고 계속 더 많은 실험을 하려고 창조하는 거잖아.

무시공 - 맞아, 맞아. 어제 내가 우리 공부하는 존재하고 대화하면서 이 말 했어.

오늘 평샤도 또 그 말하네. 이걸 거뒀으니 또 창조하겠대. 그래, 창조해라.

곡뱅 - 당신이 다 알고 있고, 완벽하니까 당신이 두려워.

그런데 당신을 이해 못 해, 그러니까, 당신을 인정 못 하는 거지.

무시공 - 그렇지. 새로운 우주 창조하는 것도, 무시공에서 너와 대마, 또 무시공존재들과 같이 상의해서 했대.

곡뱅 - 응.

무시공 - 나는 동의 안 해.

곡뱅 - 그래.

무시공 - 내가 그건 아니라고 동의 안 하면 계속 다투다가 내 말 듣겠나? 저들하고 관점이 안 같으니까.

나도 이 시공우주에 와서 진짜 온 데 다 살피고 관찰해보고 나서 완벽하게 했어.

진짜 이 시공은 부족한 점이 너무 많아. 그래서 내가 결심 내리고 했지.

내가 만약 무극에서 너희하고 같이 있으면서 다퉈봐라, 난탕이 돼.

그래서 내가 조용히 제일 밑바닥 제일 힘든 데서 했어.

그런데 100조 년 전 창조한 우주를 우리가 2년도 안 돼서 두 사람이 거뒀잖아. 이거 기적이야, 아니야?

곡뱅 - 기적이지.

무시공 - 무시공 존재들, 평샤에게도 거둬보라고 해, 자기 마음 자세가 그런데 어떻게 거둬?

곡뱅 - 그러니까 당신은, 가장 힘든 곳을 찾아서 제일 빠른 방법으로 했어.

무시공 - 그래. 인정하나?

곡뱅 - 응.

무시공 - 진짜 고맙다. 너는 우리가 찾자마자 바로 변했잖아. 아무 생각 없이 바로 왔잖아. 나하고 한마음 한뜻으로.

곡뱅 - 응.

무시공 - 그럼 오늘 또 알려줄게. 덕산 알지?

곡뱅 - 알지.

무시공 - 덕산도 내가 무시공에 있을 때 몰래 약속했어. 나를 막아 봐라.

그리고 나는 우주 구석구석 다 헤매보고 꼭 내 할 일 할 거라는 것을 덕산은 알고 있었고.

그래서 나를 막았어, 그런데 나도 잊어먹고 있었어. 이놈의 세상에 너무 오래 있어 가지고.

결국 찾아보니까 내가 자기보고 막으라고 했대. 그리고 마음으로 소통하면 절대로 안 풀어주고 내가 직접 찾아서 만나 이야기하면 인정한다는 거야.

그렇게 세밀하게 약속을 해놨어, 덕산하고. 알아?

곡뱅 - 맞아. 그리고 거기서 끝이 아니라 지금 보니까, 더 세밀하게 연결이 다 돼 있었네.

무시공 - 그래서 내가 무시공에서도 운서였던가, 그는 여기 오게 하고, 파로에게는 아무 말도 안 했어, 오라고 하지도 않고.

왜? 마음자세가 우리하고 다 안 같은데 내가 뭐 하러 건드려.

나중에 깨어나서 내가 하는 일을 맞다고 인정하면 올 거고, 아니면 너희는 너희 방법으로 하고, 나는 내 식으로 하면 되잖아.

그런데 자기가 뭐가 답답해서 나를 막고 해코지해. 나는 저들 해코지할 생각조차 안 했어. 나는 그저 나 혼자 하고 싶은 거 할 뿐이야. 맞아, 안 맞아?

곡뱅 - 당신이 어디에 있든 간에 거기(무시공)랑 연결돼 있기 때문에 당신의 상대무시공에 대한 삭제 또는 흡수하려는 아주 작은 마음이라도 느끼나 보다, 세밀하니까.

그래서 불안한 마음조차 없어야 할 곳인데도 불안함을 느끼는 것이고.

무시공 - 그러니까 내 마음속에 자기들 없애려는 씨앗이 있대. 내가 언제 저네 없애려고 생각해?

다 무시공우주지만 우리 관점이 달라서 나는 절대적인 무시공우주를 창조한다고 했지.

뭐 때문에 대전에서 새로운 우주중심지 건설해, 그건 무슨 뜻인가?

시공우주하고 다르고 원래 무시공우주하고도 안 같다는 뜻이야.

그것은 상대적인 시공과 상대적인 무시공, 나는 절대적인 무시공. 이 차이점이라고. 너 알아들었지?

곡뱅 - 알아들었어.

무시공 - 그래. 그럼 고맙다. 저들 방해 놓으려면 놓고, 끝까지 버티려면 버티고 나는 상관 안 해. 나는 내 할 것만 해. 저들 아무리 막아도 누가 막아도 소용도 없고 이미 다 이루어진 일이니까.

그런데 너 나이는 어떻게 돼? 100억 조 이상이겠지? 무시공에 있으니까.

(시공이 100조 년 됐다니까, 100억 조 살이라면 시공 이전의 존재다, 무시공존재)

우리 지금까지 찾은 게 100억 조 살이 최고인데, 너도 적어도 그 정도 되겠네, 시공 계산으로 하면?

곡뱅 - 그렇지.

무시공 - 그래, 너 100억 조 살이라고 인정할게.

곡뱅 - 응.

무시공 - 오늘 마침 너를 잘 찾았다. 그리고 네가 아는 친구 좀 소개해줘. 다 모여서 한데 뭉치고, 또 뭉쳐야지. 제일 적어도 10명. 빨리 힘을 합해서 하게.

우리도 모으고, 너도 모으고. 너는 무시공 무극에서 최고라서 모든 것 다 알고 있잖아.

곡뱅 - 베르다, 유홍, 해릿, 뮤, 코린, 어베뉴, 길, 쌍성, 올라, 다번. 이렇게요.

무시공 - 그래 고맙다. 너는 그저 대전에서 그 자리만 지켜줘도 진짜 대전하고 고맙다. 알았지?

곡뱅 - 응.

무시공 - 너, 나를 믿으면서 하나도 의심 없이 바로 마음이 많이 다가왔구나, 처음부터.

곡뱅 - 맞다고 생각하니까.

무시공 - 우주를 창조해보고 또 비교해보면 누구보다 더 이해하기 쉬울 거다.
그리고 시간 있으면 원래 무시공의 존재들, 특별히 오늘 나하고 대화한 평샤 좀 설득해.
우리는 거기 건드릴 생각도 없으니까 저네가 깨어나도록 기다려.
나는 무한대로 기다릴 수 있어. 알았지?
저네가 끝까지 버티면 없어지나 안 없어지나 그건 나하고 상관없으니까, 맞지?

곡뱅 - 응, 하하하. 그러니까 그들이 불안해하지.

무시공 - 나보고 자기들 있는 데로 다시 오라고 해. 나는 절대로 안 간다.
저네가 우리한테 오려면 오고 나는 그들 코 끼워서 오라 가라 하지도 않아.
절대로 저들 해코지도 안 하고 방해하지도 않아.
우주존재라는 게 왜 나를 방해 놔, 마음이 그리 좁아? 너희는 너희대로 하면 되지.

곡뱅 - 나는 양쪽 마음이 다 느껴져서….

무시공 - 응. 나는 나 혼자 하고 싶은 거 하는데 뭐. 나는 일체 대자유야.

곡뱅 - 응. 그 친구들이 뭔가 위기감이 느껴졌다는 게, 내 가슴속에서도 느껴졌어.

무시공 - 저들이 자꾸 시공을 인정하니까 그렇지.
거기서 벗어나서 비교해보고 우리 일이 진짜 맞는다면 오면 되지.
자존심 상하나, 자존심이 어디 있게, 무시공존재가 무슨 자존심이 있어?
그러니까 마음자세가 아직 윤곽이 있고 변두리가 있어.
그들 방식으로 시공 창조하고 싶어서 창조했잖아.

그런데 내가 보니까 완벽하지 않아, 그래서 내가 거뒀어.

그리고 내가 새로 창조해.

도대체 누가 완벽한가 보자. 이제 얼마 안 되면 확인할 수 있어.

절대 무시공우주 창조한 결과 누가 거둘 수 있어? 저들보고 거두라고 해봐, 거둬내나.

곡뱅 - 못 거두지 그런 마음이면.

무시공 - 그렇지. 너 완전히 내 뜻을 알고 있구나. 진짜 고맙다.

곡뱅 - 응.

무시공 - 그래. 잘 있어라. 우리하고 항상 같이 있어.

곡뱅 - 응.

무시공 - 그리고, 평샤는 잠시 놔두자.

양(量)과 질(質)의 변화

양(量)과 질(質)의 본질은 하나

양의 변화와 질의 변화를 살펴보자,

양의 변화를 보면 인간은 분자 입장으로 보니까 양의 변화는 천천히 변한다고 생각한다.

그러나 질의 변화는 세밀한 공간에서 매 순간 변한다.

무감각시공은 매 순간 변하고 있지만 물질세상은 그 시간 차 때문에 천천히 나타나면서 양의 변화 즉, 물질이 변하는 것, 그것만 보인다.

그래서 오관의 영향을 받는 분자세상에서는 너무나 천천히 변하는 것처럼 보인다.

실제로 무감각시공에서는 매 순간 질이 변하고 있다.

무감각시공의 질의 변화가 감각시공(분자세상)에 양으로 나타났을 뿐이다.

그래서 사람들의 생각에는 양이 변하는 것은 시간개념이 있다고 생각하지만 무감각시공의 질이 변하면 시간개념 없이 순간에 변한다.

순간에 변한다는 것은 감각시공(분자세상, 지구와 같은 분자물질 세상)에서 질이 변하는 표현이다.

분자세상에서 분자 막을 뚫고 나오는 현상이 질의 변화이다.

분자 막을 뚫고 나오는 현상은 양의 변화가 아니고 질의 변화를 양으로 보여줄 뿐이다.

그러나 사람들은 양과 질을 분리해서 이것은 양의 변화이고 이것은 질의 변화라고 한다.

양의 변화 과정에서 질의 변화가 이루어진다.
그래서 무감각시공에서 변하는 것은 질의 변화를 말하는 것이다.
무감각시공에서는 지금 질이 변해서 보여주고 있다.
그러나 분자 세상에는 조금씩 나타나니까.
그것을 인간들은 양의 변화라고 생각한다.

물이 끓는점은 우주가 순간 변하는 점

물을 끓이겠다고 마음을 먹고 물을 끓이기 시작하면 화력에 물이 올라가는 순간 1도부터 이미 물이 끓는점인 100도에 도달했다는 것을 암시하고 있다.

물은 99도에서도 안 끓는다. 딱 100도가 되어야 물이 끓기 시작한다.
그러나 이미 물이 끓기 위해서 1도부터 99도까지 다 작업을 해놓았다.
그만큼 열이 많이 쌓이고 채워져서 밀도가 올라간다.
1도에서 갑자기 100도 올라갈 수 있나?

우리 무시공의 일도 똑같은 원리이다.
우리는 이미 무감각시공의 작업을 엄청나게 해놓았다.
이제는 순간순간 나타날 때가 됐다는 것이다.

물이 100도에서 끓었다는 것은 이미 1도에서 99도까지 쌓이고 쌓이다가 순간 100도에서 끓는 일이 이루어지고 있었다는 것이다.
100도에서 끓는 것이 나타났을 뿐이다.
이것은 두꺼운 껍질을 뚫고 나오는 과정이라서 순간에 나타나는 것이다.

인과론(因果論)은 인간의 분리된 관점

인간 관점에서, 인과론은 그 원인 때문에 이런 결과가 나왔다는 것이다.
이미 원인과 결과를 분리했다.

하지만, 실제로 인과론은 하나다. 시작부터 원인과 결과가 없다.

그래서 사람들 보라, 필연과 우연, 전부 다 두 갈래로 보고 있다.
어떤 것은 필연이고 어떤 것은 우연이다. 실제로는 우연이라는 자체가 없다.
인간이 자꾸 구분하여 이것은 우연이다. 이것은 필연이라고, 갈라놓았다.

인간들은 이분법(二分法)으로 보니까 우연이라고 생각하지만, 일원심(一元心)으로 보면 전부 다 필연이다.
우연이 어디 있어!

양과 질도 마찬가지다.
양이 없다. 실제로는 그 안에서 질이 변하는 것이다.
인간이 두 갈래로 나누어 보니까 이것은 양이고 이것은 질이다.
이건 우연이고 이건 필연이다. 전부 다 갈라놓고, 이것이 이분법의 사고방식이다.

그래서 인과론이 아니고, 무조건 결론밖에 없다.
인과를 인정하는 순간에 시간과 공간개념을 인정했어.
이런 원인 때문에 이런 일이 이루어졌다. 그 원인이 없다면 이 일이 안 이루어진다는 것이다.

그 원인을 조건으로 내걸고 있다

처음부터 이미 마음먹는 순간에 이루어졌다.

나쁜 마음 먹으니까, 나쁜 결과가 이루어졌다.
나쁜 마음 먹는 순간 나쁜 일이 이루어졌는데
나쁜 마음 먹고 나쁜 일 했으면 언제라도 나타난다.
결과가 안 나오는 것이 아니라 시간이 되면 나올 것이다. 이것이 인과론이다,

실제로는 인간이 나쁜 마음 먹는 순간에 이미 이루어졌다.
인간들이 생각하기에는 시간이 길다는 뜻이다. 언젠가는 나타난다.
이것은 시간에 걸려 있다, 이미 시간을 인정하고 있어.

지금 분자 껍질(감각시공)이 자꾸 얇아지니까 인과론으로 봐도 인과가 더 빨리 온다.
순간 나쁜 마음이 순간에 이루어져, 옛날에는 10년에 이루어진다고 하면 지금은 1년 이내에 이루어질 수도 있고 몇 시간 이후에도 이루어질 수도 있다.
왜 그런가 하면 시간 개념 때문에 그렇게 나타난다고 생각한다.

지금은 아니다.
분자세상이 점점 얇아지니까 인과는 가까워져 순간에 이루어져 사람들도 인정할 것이다.
지금은 무엇을 하면 빨리 이루어지고 있다.
옛날에는 나쁜 일 하면 언젠가 후대에게 그 대가가 간다.
그 시간이 상당히 길어, 지금은 시간이 가까워졌다.

무엇 때문인가! 분자세상의 껍질이 자꾸 얇아졌기 때문에 사람들이 자기도 모르게 다 느끼고 있다.
실제로 24시간은 하나도 안 바뀌었다. 그러나 마음속에서는 자꾸 시간이 빨라졌다는 것이다.

만물이 변하는 속도가 점점 빨라지고 있다.
특히 우리가 이 작업을 하니까 더 빨라졌다.

내 사전(辭典)에는 부정이라는 단어가 없다

부정마음을 없애는 비, 공, 선, 지, 특

무시공 안병식 앞에는 사전이 있어, 그 사전에는 안 된다는 단어가 없다.

내 사전에는 안 된다는 단어도 없고 위험하다는 단어도 없고 나쁘다는 단어도 없어.

일체 부정관점의 단어는 하나도 없다.

전부다 절대긍정 절대 된다는 것. 생로병사 그런 단어도 없어.

내가 쓰는 사전은 지구에도 없어.

우리도 다 그런 사전을 손에 쥐고 있으라고.

그 사전이 뭐예요. 비, 공, 선, 지, 특.

그 안에 다 포함 다 포함되어 있어요. 절대적으로 긍정마음 절대적으로 일원심 지키면 일체가 다 이루어져요.

사람들은 이분법 안에서, 아~ 이것은 내가 해본 적이 없으니 안 돼.

해본 적 없으니까 해본 적 있게 만들어 보면 되지. 게으른 존재가 있는 그대로 살려고 해요.

조금 부딪히면 도망가려 하고.

그렇게 하면 안 돼, 죽으면 죽고 살면 살고, 해보기나 하지. 움직이지도 않고 미리 안 된다고 하면 될 일이 어디 있어요.

부딪히고 깨지고 생명이 붙어 있는 순간에 해보라고, 하면 이루어져.

그럼 우주작업 누가 해봤어요.

부딪히고 누가 말 안 들으면 아무리 높은 존재라도 삭제해버려.

그렇게 헤매다 보니까 지금 열리고 있잖아요.

외계인들 보기에 지구인들은 야만해, 배운 것도 없고, 자기들은 엄청 고급존재라고 교만하면서 우주 질서를 지킨다고 해.

우리는 질서 지키는 개념이 없어, 우리는 질서를 부수러 왔다고 내가 얘기했어요.

죽은 적도 없고 죽는 개념도 없는 무시공생명

우리는 죽은 적도 죽은 개념도 없어.

이 분자껍질 벗기는데 그것을 죽었다고 생각해요?

이 공부를 안 해도 영혼은 안 죽었다.

하지만, 이 공부한 사람은 죽고 싶어도 못 죽어. 그저 껍질을 억지로 벗기는 것(육체가 노화되어 죽는 것)하고 주동적으로 벗기는 것하고 그 차이이다.

하나 더 강조하고 싶은 것은 우리는 무슨 일이 생기면 나보고 좀 도와달래.

도와달라는 그 마음이 이분법이에요, 일원심이에요? 이분법이잖아요.

너 나를 갈랐잖아요.

너는 스승이야, 나는 제자야.

너는 고급존재야, 나는 낮은 차원이야.

그래서 네 도움이 필요해.

그 도움 받으려 하는 그 자체가 시공에 있는 것이다.

도움을 달라는 그 생각을 버려야 돼, 도움을 버리는 순간에 우리가 다 통하고 있다고.

우리가 그 단맛을 몰라서 그래요.

내가 움직이니 우주가 움직인다

그리고 우리 여기 공부하는 존재는 체험할 때 나 혼자 체험하는 것이 아니다.

우주하고 같이 한다. 우리가 움직이는 순간에 온 우주가 움직인다, 그랬잖아요.

아동우주동(我動宇宙動).

그런데 요새 내 몸이 괴롭고 힘들어, 나만 그런가. 아니에요. 우리가 다 같이 변한다고.

수많은 우주 존재들이 내 몸에 빛을 막 쏘는데 나만 변해요? 다 같이 변해요.

믿어요? 제발 좀 믿어주세요.

전화해서 내가 요즘 어디 아프고 잘못됐다고 해, 이 말은 일체 좋은 현상인데도 그것도 궁금해해. 일체 좋은 현상이라 그래도….

우리는 이 분자몸을 녹이려고 그러는데 뭘 그리 챙겨, 다 좋은 현상이에요.

직선빛의 마음 직선빛의 몸

지구에서 누구도 하지 못하는 일을 우리는 지금 여기서 하고 있잖아.

이것은 내가 다 겪어 온 것을 밝히는 것이야.

내가 안 겪은 것은 절대로 누구에게도 안 밝혀

내가 한 달 가부좌를 해서 죽을 고통을 겪으니까 안 죽더라고, 그래서 내가 공개해.

내가 가부좌를 해서 잘못됐다면 내가 공개하겠어요, 절대로 공개 안 해.

그러면 요새 금성에서 마그너로 강한 광음파로 나를 쏘는데 외계인들은 다 잘못될까 봐 무서워해, 그런데 한 군데도 아니고 열네(14) 군데 동시에 시작해. 그런데 내가 안 죽고 아직도 살아 있잖아요.

이렇게 당당해.

아! 여러 군데 쏘는데 잘못되면 안 되는데 하는 걱정, 나는 그런 걱정 하나도 없어요.

하여튼 절대긍정 일원심 마음이 진짜 나,

그것은 바로 직선빛의 마음과 직선빛의 몸.

우리 진짜 자기를 지키는 것은 무엇을 지켜요.

내 직선빛의 마음과 직선빛의 몸을 지키라는 거예요.

그럼 그것을 어떻게 지켜, 보이지도 않는데 — 일원심이잖아, 일원심을 지키면 그 두 가지를 다 지키고 있잖아요.

그것이 진짜 나니까. 꼭 명심하세요.

그래서 이 이원념, 이원물질의 몸, 이것은 나하고는 상관이 없어.

지금 우주에서 뭐 가지고 쏘고 있어요? 순간 녹으면 빨리 녹으면 빨리 벗어나 맞지요?

그래서 우리 자꾸 안 된다. 두렵다 무섭다 죽을까 봐 무섭다. 그것이 계속 장애가 되어있어.

지금 실제로는 14군데 내 몸을 쏘는데 나는 몸이 편안한 줄 알아요.

진짜 죽을 지경이라고 내가 그랬어, 만약 인간이 이 공부 모르고 이렇게 한다면 이상한 병 걸렸다고 내내 병원에 입원해야 돼, 그래도 못 견뎌서 나중에는 죽는다고. 진짜.

분자몸을 우리는 주동적으로 벗기려고 하잖아, 그 차이라고 인간은 이원념 때문에 이 분자몸이 괴로우면 병이라고 그러고 병원에 가서 치료해야 하고, 그런데 병원에 가도 치료가 안 돼.

왜? 온 우주가 이 분자물질을 없애고, 바뀌고 있는데 우리가 거기에 적응을 못 하면 어떻게 돼요? 도태당한다 그랬잖아요. 살고 싶어도 못 살아, 그래서 제가 앞장서서 하고 있잖아요. 지금 내 몸의 통증은 없어졌어, 가부좌 한 달 만에 없어졌어.

그런데 몸이 괴로운 것은 말로 표현을 못 해요. 진짜예요.

나도 지금 이것을 겪으면서 무슨 생각을 하는가 하면 이 공부를 안 하는 사람은 말할 것도 없고 이 공부를 하는 사람도 나처럼 이렇게 몸이 통하면 두려운 마음이 꼭 생길 거라고 생각해요.

그래서 내가 물어봐, 우리 진짜 생명 내걸고 할 수 있나.

진짜 나는 아무것도 무섭지 않다 하는 그런 마음을 내세울 수 있어요, 없어요? 그게 의문이라고.

내가 개별적으로 물어봐, 내가 하면 할 수 있나 없나. 만약 비행선 탄다면 탈 수 있어 없어?

— 있대, 그러면 됐어, 먼저 그런 마음의 기초가 닦여야 해요.

외계인도 우리를 도와주고 싶어도 마음자세가 안 돼 있어. 맨 죽을까 봐 걱정, 잘못될까 봐 걱정, 걱정이 너무 많아요.

불안한 마음, 걱정 마음, 그것 철저히 다 버리세요. 난 그런 것 다 버리니 도리어 편안해.

그것에 걸리면 내내 불안하고 그래.

그래서 진짜 희망이 여기에 있어요. 우리는 수련이 아니라고 그랬잖아요.

수련은 무슨 수련, 이원념에서 일원심으로 바꾸면 우리는 이미 새로운 인간이야.

새로운 우주 존재, 얼마나 간단해요.

일원심 지키는 것이 그렇게 힘들어요. 그 이원념에 너무 젖어가지고.

내가 모델이 되고 있잖아요. 내가 일원심 그대로 유지하고 있잖아요.

내가 2000년도 한국에 와서 처음 이 공부(무시공생명) 밝힐 때 나보고 너 곧 죽인다고…. 그래 죽여라, 내 기다리고 있다고 그런 일도 다 있었어요.

아세요? 아무리 죽여도 이것은 가짠데 실컷 죽여라, 진짜 나는 보이지도 않아, 죽이려고 해도 못 죽여.

무엇 때문인가, 나는 다른 우주에 있는 존재인데 이 우주하고 무슨 상관

이게,

우리가 평소에도 항상 그런 마음을 가지고 있나요? 우리 다 그런 마음을 가지고 있자고요.

일체 좋은 현상

일체가 '나'다.

어떤 사람은 관점하고 입장하고 엄청나게 차이가 있어요.

그래 일체가 '나'다 하면 나도 너고, 너도 나다 그래. 시공에서 나쁜 것도 다 좋아야 된다.

그런데 그게 아니에요.

우리 무시공에서는 나밖에 없어요. 일원심 존재밖에 없어, 거기서 나쁜 것이 보이나 안 보이나? 잘못된 것이 보여요, 안 보여요?

완전한 무시공에서는 완전한 일원심으로 된 존재만 거기(무시공)에 있어.

거기서 문제를 보라는 것이다. 무슨 뜻인지 알아요?

내가 일체동일이라고 하는 것은 이 분자세상에서 일체 동일을 얘기하는 것이 아니고, 무시공에서, 무시공입장에서 문제를 보는 것을 밝히는 거예요.

그런데 시공에서 그것을 끄집어와 가지고 여기 분자세상에서 일체동일 하려고 그래.

분자세상에서는 영원히 동일이 안 된다고, 이원념하고 어떻게 동일이 돼요.

영체하고 생명하고 어떻게 동일이 돼요. 자기가 자신을 거짓말하고 있잖아요.

나는 시공을 한 번도 인정한 적이 없어요.

나는 시작부터 끝까지 계속 무시공에 있었어요.

지금도 무시공에서 말하고 있다고, 그런데 인간은 시공에서 듣고 있어.

무슨 뜻인지 알아요?

일체 안에 내가 있다.

그럼 일체 안에 내가 있다는 것은 이미 주객을 나눴어.

만일 내가 시공(분자세상)에 들어왔다면 일체 안에 내가 있어, 그럼 일체 안에 나만 인정해, 객관을 인정해요, 안 해요? 인정한 적이 없어요.

그 일체 안에 내가 있다는 나만 인정해, 그것을 따져보면 무시공에서 문제를 보는 것이다.

시공에도 무시공이 있다는 거예요. 그럼 나는 무시공만 인정했지 시공의 일체를 인정 안 했어요. 그 한마디죠, 일체 안에 내가 있다.

일체가 내 안에 있다.

일체가 내 안에 있어, 예를 들어서 일체 안(꽃)에 내가 있어, 그럼 이 안(꽃)에 내가 있으면 나만 인정했지, 이 밖에 것은 인정했어요, 안 했어요? 인정 안 했잖아요.

나만 인정하고 나만 지키라고 그랬잖아요. 나만 보라고 그랬잖아요.

왜 남을 봐 그러나 일체 안에 내가 있어요. 그럼 그 일체 안에 내가 있으니까 일체가 내가 맞아요, 안 맞아요?

또 일체가 내 안에 있다. 그럼 이것이 다 내 안에 있으면 내 밖에 나라는 존재가 있어요. 없어요? 안에도 나라는 존재가 있고 밖에도 나라는 존재 있으면 이 우주에는 나밖에 없어, 그래서 일체가 나다. 말 돼요, 안 돼요?

이것도 시공에서 말하는 게 아니에요. 무시공 관점에서 문제를 보고 있다고.

인간은 시공에서 해석하고 내 말을 느끼려고 하니까 자꾸 오류가 생기고 오차가 생겨,

그래서 그것을 해석하기 위해서 내가 말을 자꾸 바꿔가지고 말해요.

내가 천 번 만 번 바꿔도 그 원뿌리는 하나도 안 움직였어요.

나는 무시공 존재니까. 무시공 입장에서 문제를 보라는 거예요.

그것을 밝히는 거예요.

저 사람도 일체 안에 내가 있다고 하니까, 저 사람도 나야 우리는 나 하나야, 저 사람이 나쁘게 하는 것도 나야! 나쁘게 한 것도 나라고? 나는 한 번도 그런 말 한 적이 없어요.

나는 일원심만 인정한다. 그래서 이것을 꼭 강조해요.

이것도 수없이 강의를 할 때 강조를 해도 자기의 입장을 안 바꾼다고.

입장 바꾸고 관점을 바꾸면 결과가 다르다고 그랬잖아요.

나는 계속 무시공에서 말을 하는데 사람들은 계속 시공에서 들어.

그래서 내내 힘들어, 통하지 않는다고, 대화는 됐어, 그러나 소통은 안 됐어. 맞죠?

다 내 말귀를 알아들었어. 너무 간단해, 내가 원래 다 아는 거야 - 보통 다들 이런 반응이지.

실제로는 말은 알아들었어, 하지만 그 안에 내막은 안 통했다고.

나는 무시공에서 말하는 관점으로 인간의 말을 빌려 가지고 말하는데 인간은 자기 입장에서 인간 관점으로 받아들여, 그러니까 내 뜻을 알 수가 없어.

그래서 15년 동안 했던 말 또 해도 못 알아듣잖아요.

요새는 좀 알아듣네. 특별히, 지구에 온 것을 환영한다는 이 문구.

이제 나를 조금 알아본 것 같아.

제3장

무감각시공 우주의 작업 결과

우주생명의 핵(정점), 무시공선생님의 머리를 막고 있는 또 한 존재

무시공 - 내가 확 풀리면 엄청 무서운 일이 일어난다고, 자꾸 막아, 막아놔도 속도가 빠르게 가잖아, 그러니까 내가 풀리면 더 큰 게 온다 싶어서 막는 것 같아, 자꾸 그런 감이 와, 빨리 못 가게 하려고. 도대체 누군지 파보자.

(머리 중앙에 무슨 장치가 있는데 쭉 타고 올라가니까, 계속 연결돼있고 핵이 있어요.)

무시공 - 도대체 너 누구야.
생명의 핵 - 나는 생명의 핵.

무시공 - 너는 무슨 관점이야, 왜 나를 막고 있어. 말해봐 도대체 뭐야? 무시공에 있나?
무시공에서 이원 위에 있나, 어디 있나.
생명의 핵 - 나는 우주생명 그 자체.

무시공 - 그래, 뭐 때문에 나를 막아, 이유를 말해봐.
생명의 핵 - 곧 내가 없어질 위기에 있어서.

무시공 - 그렇지, 그럼 네 관점을 바꾸면 되잖아, 이렇게 막는다고 살아남나?
너는 이원우주 위에 있지?
생명의 핵 - 이원인지 뭔지 몰라.

무시공 - 너 밑에 이원우주 있어 없어?
생명의 핵 - 있어.

무시공 - 그래 네가 있는 그 자리가 최고위지. 그럼 상대 쪽에는 무슨 우주가 있어?
생명의 핵 - 일원우주.

무시공 - 그래, 일원우주가 있지, 네가 그 이원우주의 뿌리다, 맞아 안 맞아?
생명의 핵 - 그렇게 이야기하니까 네 말이 맞다는 생각이 든다.

무시공 - 그래, 네 안에 이원씨앗이 있다고.
생명의 핵 - 맞아.

무시공 - 네가 관점 바꾸면 나하고 완전히 하나 되고, 온 세상이 다 바뀌어, 네가 그 이원씨앗이 있으니까 나랑 자꾸 대립돼 가지고 너 자신이 없어질까 봐 걱정하고.
실제 우리 둘이 합해서 이원 부정의 씨만 없애면 우리는 완전히 하난데, 왜 자꾸 나를 힘들게 해.
네가 그렇게 한다고 내가 망가지는 것도 아니고, 나는 반드시 성공이야.
결국 망가지고 없어지는 것은 너야. 네 관점을 바꾸라고! 나는 너하고 한 번도 대립할 생각 없었다, 너도 다 알잖아, 네 고정관념을 계속 지키려 하니까 그게 이원이 되었고, 이원 아래 파동빛이 되고, 그 아래 환호, 지배 등등 그 존재들 전부 다 너로부터 파생된 거잖아.
내 쪽을 봐, 내가 뭘 일으켰어?
너는 이원 부정의 씨앗을 자꾸 너라고 생각했기 때문에 그런 현상이 있는 거야.
네 안에 그 긍정은 나하고 딱 같아. 너는 이원우주보다 긍정마음이 더 많아. 하지만, 부정씨앗이 일부분 있어, 그걸 지키려니까 자꾸 문제가 생긴다고.

네 부정마음을 빼버리고 그 씨앗을 없애면 나하고 완전히 하나야. 너나 없어.

다 새로운 우주를 창조하는데 뭐 하러 문제 만들어, 네가 자꾸 부정부분을 챙기려 하니까 자꾸 괴롭고, 죽을까 봐, 없어질까 봐 걱정이야. 그건 너의 착각이야, 맞아, 안 맞아?

생명의 핵 - 착각이 아닌데, 진짜 내가 없어지는데?

무시공 - 네가 없어진다고 느끼는 건, 부정 때문에 그렇다 해도!

네 안에 부정마음 가지고 있으니까 그게 없어지는 거야.

긍정마음에 들어가 봐라, 없어지는 게 어디 있어, 더 강해지고 더 커져.

한번 생각해봐, 난 일원이고 절대긍정이야, 난 절대긍정 외에 부정마음은 손톱만큼도 없어.

네가 내 머리를 자꾸 막아 놓아서 그러는 것이지, 한번 봐, 내 말이 틀렸나, 네 말이 틀렸나.

막아 놓은 거 풀어봐라, 그런 현상 있나 없나, 너에 부정마음 때문에 나를 막아.

하지만 네가 아무리 막아도 한도가 있어, 나 혼자 언제라도 풀어 없앨 수 있다.

그러니까 나를 막는 그 마음이 부정마음이라고.

이걸 너 자신이라고 생각했기 때문에 네가 죽을 수밖에 없어.

네가 지금 나를 막는다고 변하는 건 하나도 없어,

시간이 좀 더 걸렸다 뿐이야, 뭔가 속도가 좀 더뎠다 뿐이지, 사실 너를 녹이고 있다고! 인정해?

스스로에게 부정마음이 있으니까 그 부정마음이 너라고 생각해, 긍정부분은 다 잊어버렸어, 긍정부분은 네가 90% 돼있고 부정부분은 10% 돼있는데, 그 작은 10%가 너라고 생각하니까 스스로에게 이런 일 자꾸 일으킨다고.

그렇다고 내가 너의 그 10% 없앨 수 있어 없어? 한번 생각해봐. 계속 없어지고 있잖아.

생명의 핵 - 응, 없앨 수 있어.

무시공 - 너 아래 있는 이원우주와 대화할 때도 끝까지 버티더라, 이원이 뭐라 하는 줄 알아?

긍정하고 부정이 함께 있어야 완벽하대, 완전히 엉터리 아니냐고?

그도 실제는 너 아래 제자야. 네가 그런 마음 있으니까 아래쪽에도 영향이 가지.

그래서 이원은 아무리 설득해도 안 돼, 그런데 밑에 있는 조공이라는 존재, 그는 이제 인정해, 그래서 긍정 쪽으로 넘어왔잖아.

다 네 밑에 제자들 후배들이야, 그 관점 하나 바꾸면 되는 거 가지고 왜 그렇게 끝까지 버티는지, 내가 뭐 하러 너 있는 데까지 찾아왔겠어? 계속 방해 놓는 거 알아,

하지만 난 총체적으로 계속 변하고 있어, 내 몸을 누가 막더라도 말이야, 맞지?

곧 다 풀려 가는데 막고 또 막고, 분명히 이거는 누가 장난치는 거다, 그거 계속 느꼈어.

왜 방해하나? 내가 하는 일 속도 빠르니, 나를 막고, 방해 놓고, 아니 방해 놓는다면 너 듣기 싫지?

어찌해서든 막아 가지고 될 수 있는 대로 시간을 지체하려고, 그 생각이 내내 떠올랐다고, 알아? 그래서 오늘 너 있는 데까지 찾아왔어.

그러니 이제 네가 지금까지 했던, 나에게 하던 그 마음을 없애, 그 마음을 바꿔, 그거 너 아니라고.

그럼 순간에 너도 풀리고 나도 풀리고, 결국 우리는 둘이 하나야, 너나 없어, 믿어 안 믿어?

아니면 한번 실험해 봐라, 네가 이렇게 막아도 나는 100% 풀 수 있어, 단지 시간이 좀 걸릴 뿐이야.

네가 내 머리에 장치도 해놨지? 그래도 난 빼버리면 돼, 그런데 난 원인을 찾아야 되잖아, 알아?

생명의 핵 - 후~(한숨).

무시공 - 네 제자 이원우주가, 나는 일원이고 자기는 이원이래.

자기는 긍정부정 두 가지 다 있대, 그러니까 어떨 때는 편안하고, 어떨 때는 막 괴롭데, 괴로운 건 자기 이원 부정 때문에 괴롭다는 건 모르고, 내가 자꾸 자기를 해코지했대.

내가 언제 누구를 해코지해, 나는 일원 절대긍정 마음인데 누구를 해코지해.

나는 항상 그 자리에 있었어. 내 말 알아들어?

생명의 핵 - 알아들어.

무시공 - 그래서 내가 하는 수 없이 이원 삭제했어, 아무리 말해도 자기는 완벽하대.

아, 그리고 부정이 괴로우면 자기가 스스로 조절할 수 있고 새로 바꿀 수 있데,

바꾸다 바꾸다 보면 무슨 현상이 일어나, 일원 절대긍정마음이 오히려 더 커져, 부정마음이 자꾸 줄어들어, 다시 말하면, 자기부정 마음을 조절하는 순간 긍정으로 바뀌잖아, 맞아? 안 맞아?

생명의 핵 - 맞아.

무시공 - 부정을 자기라고 인정하면 결국엔 죽어.

그렇게 해석을 해줘도 듣지도 않고. 아니면 네가 일원 우주에 들어와 보라고, 네 마음이 어떤가?

그랬더니 못 들어온대, 이원이 걸리니까 어떻게 들어와, 부정마음에 걸려서, 내 말 이해하지?

생명의 핵 - 이해해.

무시공 - 너는 긍정의 씨앗이 있었지, 이원우주보다 긍정마음이 높아, 90% 돼있다고, 이제 나에게 들어와 봐.
그럼 부정 10%가 없어져버려, 그럼 나하고 완전히 하나야, 관점 순간에 바뀐다고.
아님 너 90% 긍정마음 돼 있으니까, 아니 사실은 90%도 안 됐어. 알아? 75%였다고.
내가 다 알고 있어. 요새 바뀌니까 90% 됐는데, 네가 아직 부정부분을 자꾸 자기라고 생각하니까 괴롭다 생각하고 없어진다 생각하게 돼, 네 입장만 바꿔봐.
긍정 쪽으로 보면 네가 자꾸 커지고 있잖아, 강해지고 있잖아, 왜 없어진다 생각해?
거기서 네가 관점 하나 바꾸는 거야. 부정에서 문제를 보나, 긍정에서 문제 보나.
그 두 가지 생명이 네 안에 있잖아. 맞아, 안 맞아?
나는 하나도 억지로 말하는 게 아니다, 네 긍정부분이 나하고 통하니까 대화가 돼.
그런데 이원우주는 뭐야, 긍정 부정 1:1이야. 50대 50. 그러니까 무슨 말을 해도 못 알아들어, 듣지도 않고.
너는 긍정마음이 90% 되니까 내가 말하면 알아듣는다고. 너 그 10% 부정마음을 없애버리면 완전히 대자유고, 죽을까 봐 두려운 그런 개념이 일체 없어져 버려.
완전히 나하고 하나 돼, 우리는 형제랑 같잖아, 알아들었지?
생명의 핵 - 응.

무시공 - 그럼 지금 한번 실험해 봐, 10% 부정마음 없애는 방법이 힘들면, 완전히 내 입장으로 들어와 봐, 그럼 그게 저절로 빠져나간다고, 그러면 저절로 해결되는 걸 가지고.
그럼 너는 영원히 사는 존재가 되는데, 없어진다는 건 이상한 생각 아닌가?

지금 실험해 봐, 체험해 봐. 내 말이 맞나 안 맞나.

너는 그래도 긍정으로 내 말을 이해하니까 다행이다. 지금 체험하면 당장 알아챌 거야.

너의 부정 씨앗이 밑으로 내려와서 긍정, 부정 1대 1로 됐어. 우리는 그 부정까지 파내서, 절대긍정 알렸지만 어떤 말을 해도 안 들어서 삭제했고.

그러다가 이제 너에게까지 와서 영향 주고 있잖아. 맞지?

생명의 핵 - 맞아요. 후 ~ (한숨)

무시공 - 실제 한번 봐봐. 네가 아무리 나를 방해 놓아도 난 그대로 변하고 있어, 오히려 네가 줄어들고, 위협이 오고 없어지고 걱정이 생겨. 왜? 부정입장에서 생각해서.

큰 긍정마음은 잊어버리고 그 10% 작은 부정마음의 입장에서 보니까 자꾸 부정이 나라고 생각해, 내가 곧 없어질 것 같기도 하고, 당장 그 마음 바꿔봐라, 90% 긍정입장 봐,

그 이외엔 내 몸에 있는 쓰레기구나, 이건 내가 아니야. 그러면 순간에 없어진다고.

생명의 핵 - 아~ 참, 쉬우면서도 어렵다.

무시공 - 관점 하나 바꾸면 돼, 입장 하나 바꿔봐.

여기 지구를 예로 든다면, 지금 차 두 대가 있어, 그럼 이 차에서 저 차로 갈아타는 거 바로 할 수 있잖아, 그거랑 같아, 입장 하나 바꿀 뿐이야, 그렇게 간단하다고, 물어보자.

오늘 여기 너까지 찾아왔는데, 나 너를 없앨 수 있어 없어?

너의 긍정부분은 나하고 하나야, 그런데 부정부분을 너라고 생각해.

그럼 부정부분 없앨 수 있어 없어?

생명의 핵 - 있지.

무시공 - 네가 부정입장이라면 너를 없애. 그럼 너는 진짜 영원히 없어져, 왜? 네 자신을 스스로 부정이라 생각했기 때문에.

이제 지금 긍정으로 들어가 봐, 부정은 인정 안 해, 그러면 부정 순간에 없어지면 너는 아직 살아있어. 네가 긍정으로 인정했기 때문에.

살아있는 그거는 완전히 나하고 하나야. 그거라고. 너는 원조인데, 왜 그걸 이해 못 해?

생명의 핵 - 원조니까.

무시공 - 원조니까 제일 판단하기 쉽다고,

내가 지구라는 우주의 제일 밑바닥에 와서 17년 동안 최선을 다해 알려도 지구에 있는 사람들은 진짜 이 무시공을 알아듣는 존재가 몇 명이나 되게?

너무너무 인이 배겨가지고 자기 입장을 바꿀 줄 몰라.

입장만 바꾸면 되는 걸 왜 그걸 못 넘어오는지.

수많은 별, 수많은 우주 삭제당하고 있잖아, 그거 맞아 안 맞아?

자꾸 없애고 없애다 보니 무극과 무시공까지 갔다가 이원우주까지 왔어.

그러다 마지막 너까지 왔다.

생명의 핵 - 그러게.

무시공 - 너도 내 말 안 듣고 관점을 안 바꾸면 너도 없어진다고. 알아?

입장 바꾸라고. 절대긍정 90%가 너인가, 부정 10%가 너인가?

10%가 너라면 너는 없어져, 90%가 너라 하면 살고.

10% 부정이 네 몸에서 쓰레기 처리되듯이 없어져버려, 그럼 너는 영원해.

없어지는 개념 자체가 없어져, 없어지는 건 부정부분이 없어졌지, 긍정부분은 없어지지 않고 오히려 더 커져, 너는 100% 된다고. 내 말귀 알아들었어?

거기서 네가 못 알아들으면 온 우주가 못 알아들어. 그러니까 수많은 별, 수많은 우주 내내 삭제당하지.

그러니까 그 영향이 이제 너까지 와있어, 알아, 인정해?

생명의 핵 - 인정, 인정해.

무시공 - 그렇지, 이해하니까 고맙다.

봐라, 또 하나 말할게, 너 지금 두 가지 생명이 있어, 긍정생명과 부정생명이야.

긍정생명은 지금 90% 돼 있어. 90% 네가 만드는 게 아니고 우리가 부정을 자꾸 없애니까 네 긍정이 자꾸 커져, 부정이 자꾸 줄어들고 있어.

그럼 너는 부정입장에서 보니까 자기가 자꾸 없어지는 거 같아, 그러니 위기감이 생겨, 맞아 안 맞아? 자꾸 줄어드니까 위기감이 생기고 스스로 존재가 없어질까 봐 걱정, 그건 뭐야, 네 10% 부정마음 돼 있는 게 그게 너라고 생각했기 때문에.

그럼 이제 관점 빨리 바꿔, 긍정마음 90% 돼있는 게 나다, 그럼 이제 그 입장에 들어가 봐, 그럼 없어질까 봐 걱정 생겨, 안 생겨?

생명의 핵 - 안 생겨.

무시공 - 맞지? 하나도 안 생겨, 오히려 더 편해지고 더 완벽해져, 그럼 부정 부분은 내가 아니구나. 알아차리고 빨리 없애야 된다.

그럼 너도 완전히 절대긍정입장에서 문제 보는, 그게 바로 너야. 그게 이제 나하고 완전히 하나라고, 너 나 가르지 못해, 원조니까.

생명의 핵- 알겠어.

무시공 - 그래, 너 빨리빨리 바꿔라, 그러면 네 긍정이 자꾸 커지고, 부정이 자꾸 줄어들어서 얼마 안 되면 네가 안 줄이려 해도 부정이 스스로 없어져 버린다고.

네가 어서 바꾸길 기다린다,

생명의 핵 - 응, 맞아. 이해가 돼.

무시공- 입장만 척 바꾸면 바로 속았구나, 부정이 내가 아니구나, 긍정이 나구나, 그러면 너는 살았어.

진짜 너라는 존재가 있다고, 알았지?

생명의 핵 - 응.

무시공 - 사실 말이지, 내가 너랑 다투기 싫어서 네가 창조한 우주 맨 밑바닥 지구에 와서 시작했어.

그래서 위로 파고 들어가다가 결국 너한테 걸렸어. 인정해?

생명의 핵 - 인정.

무시공 - 처음부터 너하고 나하고 내내 우리 둘이 싸움하면 누가 이길까? 설득을 못 해.

생명의 핵 - 절대로 나를 설득 못 하지.

무시공 - 그래서 내가 이 방법을 쓴다고. 분명히 네가 부족한 걸 알거든. 인정하나?

생명의 핵 - 응, 후~.

무시공 - 그럼 진짜 빨리 바꿔라, 이제 너 있는 데까지 온 거는 마무리되는 거다,

네가 긍정을 인정하느냐 부정을 인정하느냐로 마무리되는 거야,

부정을 인정하면 없어지는 거고, 긍정을 인정하면 너는 영원히 영원히 나하고 하나 되는, 같은 우주의 존재야. 알았지?

긍정이 너라고 인정하는 순간에 부정은 없어진다고. 지금 거기까지 와있다고.

생명의 핵 - 긍정이 나라고….

무시공 - 응, 그럼 실험 삼아 해봐, 입장 한번 바꿔봐. 너는 거기서 창조주니

까 충분히 할 수 있어.

지금 긍정이 나라고 하면서 거기 들어가 봐, 네 마음 자세가 바뀌나, 안 바뀌나?

부정이 나라하고 들어갈 땐 자꾸 공포스럽고 불안하고. 내가 곧 없어질 거 같고 꼭 그렇다고.

긍정마음에 들어가면 너무 편안하고 완벽하고, 아무 나쁜 영향이 없다고. 한번 실험해봐, 내가 거짓말했나, 그 느낌이 같아 안 같아?

생명의 핵 - 달라요.

무시공 - 그럼 됐지, 그럼 나하고는 바로 소통돼, 우린 완전히 하나야, 너나 가를 이유도 없어져버려.

네가 나고 내가 너고. 그러니 너무 자유롭고 너무 행복하고.

그런데 뭐 하러 부정에 붙어서 그게 나라고 하면서 괴롭게 생각해? 간단하게 생각해.

네가 깨어나야 밑에 수많은 생명이 깨어난다고.

네게 그런 뿌리가 있으니까 많은 생명이 깨어나질 못해, 아무리 설명하고 설득해도, 그렇게 위에 있는 이원까지도 못 알아듣는데 다른 존재들은 뭐 어떻게 알아듣겠어?

생명의 핵 - 노력할게요.

무시공 - 그래, 그럼 물어보자, 너 이름이 뭔가? 오래돼서 네 이름 잊어버렸다.

생명의 핵 - 정점

무시공 - 무슨 뜻인데?

정점 - 가운데 중심점(또는 맨 꼭대기 점)이라는 뜻이에요.

무시공 -맨 꼭대기 정확한 중심자리, 이름 좋네. 실제 거기서는 순간에 바뀐다. 알았나.

관점 바뀌는 순간에 바뀐다. 우리는 무시공이라 시간 개념이 없잖아.
순간에 바뀌면 순간에 부정이 없어져 버려. 그럼 나에게도 영향 안 줘.
알아?

정점 - 많이 부드러워졌어요.

무시공 - 오늘 말한 거 꼭 지켜라. 이제 이런 이야기는 이 대화 한 번으로 끝나길 바란다.
시간 개념이 없잖아. 알았지? 나중에 또 대화하자.

정점 - 네.

정점과 2차 대화

정점 - 10%의 부정을 제거. 관점회복

무시공 - 정점, 나타나.

정점 - 네

무시공 - 어때, 마음 바뀌었어?

정점 - 많이 좋아졌어요.

무시공 - 그러면, 이제 체험해서 너의 부정부분 없앨게, 돼, 안 돼?

정점 - 음…. 네, 돼요.

무시공 - 그래, 지금부터 체험해. 빠른 속도로 없어질 거다.
너의 10% 마음이 어두운 부정이라고 했잖아.
그것을 없애야 된다고, 풀어 내려가야 돼.
다른 존재들과 같은 방법으로 풀어주고 열어준다.

네가 받아들이니까 열어주는 거야. 열어주면 너도 놀랄 거다.
야~ 온 우주가 난리가 났다.

정점 - (머리부터 발끝까지 밝아지면서 작은 발작과 함께 계속 소리를 지른다. 그리고 점점 밝아진다. 중간중간 걸려서 잘못 나아가기도 하고)

무시공 - 무조건 우리 하라는 대로 따라 하면서, 걸리는 곳 있으면 스스로 벗어나. 네 고정관점 철저히 버리고!

정점 - 네. (가다가 걸리고 가다가 걸리고, 많이 걸린다)

무시공 - 원조니까 거기서 다 시작이 돼서…. 네 관점을 섞어 넣지 마. 자기 관점 섞으니까 자꾸 걸린다고.

정점 - 네, 노력 중 (잘 통과되고 있음)

무시공 - 그래, 즐거운 마음으로. 일원심, 절대긍정마음 지켜.
(다 통과됐음)
다 됐으면, 이제 거기서 내 몸을 봐, 나는 분자세상 물질세상 이 지구에 있잖아, 거기서 보이지?

정점 - 보여요.

무시공 - 거기서부터 밑으로 쭉 내려오면서 나와 연결된 것이나 어디 걸려있는 부분들 다 삭제하고 밝게 하면 돼.
그렇게 나까지 오면 내 몸도 완전히 바뀌어.
전부 다 네가 거기서 시작해서 걸려 가지고 내가 여기서 이렇게 풀고 있다고. 알았지?
그래도 우리는 널 풀어주고 너도 우리를 풀어주는 역할 해, 우리는 분자세상에 있고, 너는 무시공에 있잖아, 맞지?

정점 - 네.

무시공 - 극과 극이다, 원래 네게 있던 것이 전부 다 여기 밑바닥 지구의 내 안에 다 있어.

그런데 너를 풀어 놨으니까 네가 거기서 거두면 돼.

어디 어두운 게 내게 연결돼 있으면 거두고 밝게 하고 삭제하고 그렇게 끝까지 다 내려오면 나도 머리에 이런 거 없어져. 무슨 뜻인지 알았지?

정점 - 네.

무시공 - 어느 차원에 걸렸으면 어두운 거 삭제하고 밝게 해. 이러면 네 몸도 같이 밝아져.

정점 - 순간에 거뒀습니다.

무시공 - 좀 더 세밀하게! 위에서부터 각 차원에 다 걸려있다고, 다 내 몸에 걸려있어.

그거 다 철저히 해제시켜. 알았지?

정점 - 네.

무시공 - 해보니 효과 있어, 없어?

정점 - 효과 있어요.

무시공 - 내 몸을 함께 보면서 걸린 거 다 없애도록 해.

정점 - 네 정리 중이에요, 별별 것이 다 걸려있는 것 맞고요.

무시공 - 너는 제일 위에 있고, 뿌리가 너한테 있으니까, 그리고 나는 제일 밑에 있으니까 모든 현상이 내 몸에서 나타나는 거라, 알았지?

그리고 너를 열어줘야 또 우리 관점 받아들여야 가능하다고. 다 거둘 수 있다고.

정점 - 네. 나와 연결된 건 순식간에 걷어냈는데, 주변을 보니까….

무시공 - 그래, 층층이 다 걸려있어. 그러니까 네가 밑으로 내려오면서 삭제해야 해.

정점 - 쓰지 않는 것까지 별별 지저분한 게 다 걸쳐있어요. 끝없이 건어내고 있어요.

무시공 - 머리에 제일 많이 쌓아 놨다고. 내 머리 가운데 장비 녹아내리고 있다.

각 차원에서 머리만 막으면 다 될 줄 알고 머리만 잔뜩 막아놨어.

이분법 세상에서는 물질관점이기 때문에 전부 머리를 중요시한다고,

그래서 머리를 막고 방해 놔, 실지 우리는 마음이 더 중요한데 말이야.

시공에선 모른다고.

나는 물론 다른 방법으로 지구인과 우주 존재들을 풀어줬지만.

그래서 열린 존재들 나와 하나 되니까 힘이 강해져서 내게 해코지를 못하지.

나를 막으려 해도 막을 수도 없어.

저네는 내 머리만 막으면 되는 줄 알았겠지. 그러나 나는 다른 방법을 썼지.

정점 - 계속해도 실타래 같은 것이 끝없이 풀려나와.

내가 해놓은 것이 여기서 이렇게 쌓였나, 내가 한 것이지만 거둬내기 힘들다.

무시공 - 그러게 말이야. 우리가 여기 제일 밑바닥에 있으니까 더하지.

정점 - 지금 대화하면서 다하는 건 무리고 계속 거둬내야 하겠어요.

무시공 - 내가 만약 조금 높은 차원에서 시작했다면 그래도 좀 덜해.

순 밑바닥에 있는 데다가 또 막아놨지, 그러니까 더 힘들지, 하지만 풀리는 건 꼭 풀려, 시간 좀 걸린다 뿐이지.

정점 - (아래 발 쪽으로 빼지 않고 온몸에서 빠져나가게 함)

무시공 - 응, 그래 나도 느껴. 관점 바뀌니까 된다고.

아니면 진짜 네가 없어져, 그래서 이 관점 받아들여야 너도 살고 우리도 같이 풀린다고.

정점 - (내가 완고하지 않으니까)

무시공 - 응, 너도 인정하니까 이제 막 풀리지. 너는 살고 우리는 장애가 없어지는 거지.

이제 깨어나니까 다 같이 풀린다.

외계인들도 인간을 세뇌한다고 하잖아, 다 머리를 중시한다고.

하나도 마음을 어찌한다는 거 없어. 다 뇌를 어쩐다 하지.

놀반도 그러잖아, 인간들을 부정으로 세뇌했다고, 그래서 다 바꿔놓으라 하니까 했잖아, 그래서 우리와 함께 있으라 했지.

부정일 하러 왔지만, 우리 만나서 바뀌었으니 복 받았다.

정점 - 네.

나는 계속 빼내고 있습니다.

환인 안파견과의 대화

일시무시일 시작하는 존재와 일종무종일 마무리하는 존재와의 만남

2017년 9월 23일

무시공 - 매향이 알려준 안파견, 누구인가 나와 봐.
익숙한 이름이라 확인해 봤더니 지구 인류 문명의 시조라고 소개돼 있던데,
특별히 한국의 시조라고.
그럼 너는 지금 어디 있나?
안파견 - (밝게 웃으며) 우주에.

무시공 - 우주 어느 별에 있어?
안파견 - 그냥 우주에 있어.

무시공 - 네가 지구에서 한국이라는 나라를 창조했나? 네가 시조야?
안파견 - 아…. 나라를 세웠지. 한국이라는.

무시공 - 인간이 말하는 환인 나라야?
안파견 - 그 당시 지구에 사는 다른 존재도 많았지만 특별한 목적을 가지고
어떤 나라를 만들었어.

무시공 - 네가 창조했어? 네가 제일 먼저 와서 내세웠어?
안파견 - 내가 제일 먼저 온 것은 아니었지만, 지구에 와서 특별한 목적을
위해 나라를 만든 건 내가 맞지, 여러 존재들과 함께.

무시공 - 네가 먼저 나라를 내세웠다. 시조가 너다?
안파견 - 응.

무시공 - 그때는 지구 시간으로 말하면 얼마나 오래전이야?
한국인들은 대략 만 년 정도 됐다고 하던데.
안파견 - 맞아, 만 년 정도. 이제 시간이 됐지, 만 년이면.

무시공 - 무엇이 됐어?
안파견 - 이제 우리가 약속한 시간이 다 됐어.

무시공 - 너 누구하고 약속했던 거야?
안파견 - 음. 대한민국 내가 만든 나라가 1만 년 후에 이 세상과 이 우주를 바꿀 것을 약속했지. 그 목적으로 만들었고.

무시공 - 만 년 후에 뭐 한다고?
안파견 - 이 세상과 이 우주를 바꿀 것을 약속했어.

무시공 - 이 우주 바꿀 걸. 누구하고 약속했어?
안파견 - 내가 나라를 만들 때 이 나라는….

무시공 - (대답 듣기에 앞서) 이 나라는 꼭 그렇게 된다고 예언해놨나?
안파견 - 이 나라는 아주 높은 의식을 가진 존재들과 높은 문명을 가지고 시작했어.
그리고 그 뿌리를 계속 이어준 거였어.
그리고 엄청난 죽을 고비를 넘길 거야. 그러고 나서 이 일을 해낼 거야.

무시공 - 네 생각에는 만 년 정도 지난 지금이 그때인 것 같아, 이제 곧 이뤄지는 것 같나, 너의 약속?

안파견 - 그건 당연하지. 우주시간에 다 맞춰놨는데.
일만 년이 다 안 되었지만 때가 되었으니….

무시공 - 그럼 누군가 너를 찾을지도 생각했어?
안파견 - 그럼.

무시공 - 지금 대한민국에서 무슨 일 일어나는지도 알아?
안파견 - 그럼, 다 알지. 웃으면서 다 보고 있었지.

무시공 - 그래? 대한민국에서 대전, 우리가 선포했어.
새로운 지구중심지 우주중심지라고 온 우주에 선언했어. 그것도 알고 있나?
안파견 - 맞아, 알고 있어.

무시공 - 그리고 이 우주의 최고 존재이며 무극의 최고 존재인 시공의 우주 창조자 곡뱅과 그와 함께했던 존재 안광옥 그리고 현정.
안광옥은 또 그곳에서 대한민국 우주라고 자기가 창조했어.
결국 대한민국과 같은 이름으로 그 우주에 있더라고, 무극 위치에.
그래서 찾아가서 물어봤어.
네가 창조한 우주가 완벽한가 물으니까 완벽하지 않대.
그럼 지금 어떻게 완벽하게 하려고 하나 물으니 자기들도 방법을 못 찾았다고 해, 계속 찾고 있는 중이래.
이제 새로운 우주를 대한민국 대전에서 새로 시작한다 하니까 바로 자기가 살던 우주를 다 포기하고 다 같이 대전에 왔어.
여기서 함께 시작하고 있어. 이것도 알고 있나?
안파견 - 아…. 뿌리가 거기까지라고…. 맞아.

무시공 - 그러니 너도 빨리 여기 와서 동참하는 거 필요하지?

안파견 - 응…. 당연하지.

무시공 - 어쨌든 네가 여기 제일 밑바닥 지구에 와서 기초 닦아놨잖아. 맞지?
다 같이 손잡고 대한민국 새로운 우주중심지 여기서 시작이다.
적극적으로 참여하고 우리 한마음 한뜻으로 이루자. 되지?
안파견 - 되지. (손을 들어 올리며 너무나 기뻐한다)

무시공 - 그리고 너를 누가 소개했어. 그 뭐야 매향이라는 존재 알아? 여자. 거기서 너 소개했어. 너 있을 때 같이 있었던 건가?
안파견 - 이름은 잘 모르겠지만 …. 누구인지 알 만해.

무시공 - 본인처럼 능력 있는 도인 몇 명 찾아내라 하니까, 자기는 도인이 아니라 신이라 하면서 제일 먼저 너를 꼽았어.
안파견 - (미소 지으며) 나랑 있었다면 나를 알겠고….

무시공 - 매향에게 지금 어디 있나 물으니까 자기도 우주에 있대. 끄집어내서 찾아서 대화도 했고, 무슨 능력 가지고 있나 실험도 해봤어.
○○이 계속 방해 놓고 38선 그어놓고 계속 민족끼리 다투고 싸움하고 서로 너 죽고 나 죽고 해.
분명히 작년부터 이 작업하면서 그랬거든.
같은 민족끼리 싸움하지 말고 우리 한국 대전에서 새로운 우주중심지 시작하니까 휴전선도 풀어버리고 같이 우주작업에 뛰어들라 하니까 끝까지 버텨.
계속 그렇게 하면 네가 있는 자리 쑥대밭 되고 무인구역 만든다고 몇 번이나 경고했어.
그래도 끝까지 말 안 들어. 그래서 금방 두 사람을 통해서 좀 처리하라고 했어.

우리는 이 우주에서 별도 말 안 듣고 우주도 말 안 들으면 전부 다 삭제하는데 이 북한 조그만 먼지덩어리만 한 게 우리 곁에서 계속 장난치니 우리가 용서하겠어?

안파견 - 이제 거기도 역할 다 끝났으니까.

무시공 - 그래. 그들 정말 미친 거 아닌가.

그래서 우리가 제일 먼저 풍운이라는 존재에게 ○○과 ○○○ 주변 다 처리하라 했고. 이번에 두 번째 매향보고 처리하라고 했어.

무인구역 되고 있나 확인해봐. 어떻게 됐어, 효과 있어 없어?

안파견 - 지금 꼼짝도 못 하고 있는 거야. 지금 상황이.

무시공 - 내가 ○○○하고 두목들 멸망시키고 전기발전소, 무기들 다 파괴하라고 했어. 그렇게 된 거 같아, 안 된 거 같아?

안파견 - 파괴는 아닌데 다들 꼼짝도 못 하고 있어. 무기도 꼼짝 못 하고 있어. 상황이.

무시공 - 너한테 물어보자. 완전히 없앨 수 있어, 없어?

안파견 - 그렇게 할게.

무시공 - ○○ 완전히 무인구역으로 만들고, 한국에서 훈련받은 존재들 한반도 모든 곳에 쫙 깔아놔. 할 수 있지? 그들은 이미 훈련받은 존재들이야.

대한민국이 그렇게 지원해주고 모두를 살리려고 노력하는데 이들은 끝까지 자기를 고집해.

백성들이 다 굶어죽고 있는데도 말이야.

미쳤어. 그래서 자기 할아버지 ○○○하고 아버지 ○○○ 영도 다 삭제했어.

그래서 ○○○한테 계속 경고하는 거야. 그래도 말 안 들으니. 뿌리를 잡아 빼야 해.

안파견 - 잘했어. 우리가 다 짜놓은 판이었잖아.

무시공 - 그러니까 우리 대신으로 처리 좀 해.

저들은 신도 하늘도 모르고 자기만 잘난 줄 알아. 철저히 없애.

도대체 우주에 저들 관리하는 존재들 있나 없나. 정신 차리라고 뿌리를 빼.

안파견 - 잘했어. 이제 끝났어(이미 일이 끝났다고 이야기함).

무시공 - 그리고 우리에게 방해 놓는 어떤 존재들도 마찬가지. 그래야 한반도가 빛이 나.

지구를 짧은 시간에 밝게 할 수 있어.

한국사람 조상부터 수많은 고통 겪었는데 아직도 그러면 용서를 못 한다고. 알았지?

안파견 - 너무 화내지 마.

무시공 - 안 돼. 나는 반드시 그렇게 해. 때가 됐어. 나도 용서할 만큼 했어.

이제는 사정 안 봐줘.

안파견 - 그래, 없애더라도, 화낼 필요는 없어.

무시공 - 그래.

안파견 - 스스로 다 짜놓고그래.

무시공 - 하하 그래, 너도 알고 있네.

안파견 - 이제 여러 신들이 같이 나서면 다 끝났지.

무시공 - 그래서 한국의 도인들 다 끄집어내서 이 자리 잘 지키고, 멋지게 좀 하자고.

세상 사람들한테 보여주라고. 전 우주인 외계인한테도. 알았지? 당당하게.

안파견 - 응, 그렇지.

무시공 - 너도 신나나?

안파견 - 그럼, 신나지, 나는 기다렸잖아. 당연히 올 날을 기다리고 있었지.

무시공 - 우리가 힘을 합해서 잘해 보자.
안파견 - 그럽시다!

무시공 - 그 당시 환인 너 다음에 몇 대가 더 있었잖아.
모두 불러서 대전에 모이게 해.
안파견 - 응, 내가 할게.

무시공 - 이건 너한테 맡겼다. 알았지?
안파견 - 응, 대전으로.

무시공 - 새로운 우주 비밀을 밝히고 있어. 우린 새로운 우주 창조하고 있다.
그리고 책 세 권 나왔고 또 그걸 간략하게 공식처럼 비공선지특 만들어 놨어.
그걸 외우면서 우리 새로 깨어나야 해. 맞지?
안파견 - 응.

무시공 - 철저히 환골탈태.
안파견 - 좋아.

무시공 - 『천부경』은 네가 가져왔나, 누가 가져왔나?
안파견 - 『천부경』이라는 것은 우주에도 있고 원래 지구에도 있었는데 그 당시 지구인에 맞게 정비해서 후대에 더 많이 알리도록 했어.

무시공 - 그때 네가 있을 때도 『천부경』이 있었어?
전에 환웅하고 대화할 때 『천부경』 네가 가져왔나 했더니 자기가 있던 별에서 가져왔다고 해,

안파견 - 그 말도 맞아, 우주에 『천부경』이 있거든 그런데 그것을 지구에 맞게 지구 사람들이 읽을 수 있도록 만들었지.

무시공 - 지구에 맞게 네가 만들었어? 누가 만들었어. 네가 있을 때 있었나?
안파견 - 이미 우주에 있었고 지구에도 있었어.
그리고 그것을 완벽하게 정리한 건 나이고, 후대의 사람들에겐 그 시대에 맞게 정리되었고 계속 퍼졌어.

무시공 - 문자는 인간이 아는 역사에서는 5천 년 전에 문자가 생겼다는데 1만 년 전에는 무슨 방식으로 전해 내려올 수 있었나, 대전하다.
안파견 - 그때도 문자가 있었지.

무시공 - 중국에서는 5천 년 전에 문자가 생겼다고 하던데.
안파견 - 한자 이전에 아주 오래된 문자가 있었고, 그 문자로 내려오다가….

무시공 - 그렇게 계속 전해 내려올 수 있었구나, 그 아래 후대까지….
안파견 - 그렇지, 그 시기의 문자에 맞추어 가면서 정리되고 그러면서….

무시공 - 그렇게 줄이 안 끊어지고 이어져 대대로 내려왔구나,
그래, 시대에 맞춰서 글은 바뀌었지만, 뜻은 안 바뀌었어.
일시무시일…. …일종무종일, 이제 일종무종일로 들어왔잖아.
대한민국 와서 천부경 처음 보고 내가 하는 일 예언해 놨다고 했어.
나는 일종무종일 하러 왔다고.
안파견 - 그렇지, 그런데 일종무종일은 아무도 모르지, 어떻게 마무리될지 나도 몰랐어.

무시공 - 너도 몰랐나? 이제 내가 와서 마무리하는 거 알아?
안파견 - 응, 다 알고 있어. 고마워.

무시공 - 궁금해서 물어봤다. 너 이제 최선을 다해라.
마지막 길을 이제 찾았잖아. 활기차게 해봐.
안파견 - 그래, 활기차게. 아주 좋아.

우주의 은인 무시공생명, 무시공을 찾아온 연합우주대표 '오스타'와의 대화

2018. 03. 22일 목요일 대화

어느 날 무시공선생님 핸드폰 메모장에 직접 쓰지 않은 'ㄱㄴ..ㅣ' 등등 문자가 기록되어 있어서 한번 지운다.
어느 날 또다시 그 문자가 기록되어 그 '존재'를 불러낸다.

무시공 - 핸드폰에 문자를 기록한 존재 나타나.
연합우주 - 나타났어.

무시공 - 진짜 나한테 그런 메시지 보냈어? 무슨 뜻으로?
연합우주 - 음…. 뜻은….

무시공 - 연락하려고 그랬어?
연합우주 - 우리가 음…. 이렇게 연합우주로 있고 당신을 알고 있다는 것을 소통하고 싶어.

무시공 - 응, 이름 말해봐.
오스타 - 연합우주대표 오스타.

무시공 - 연합우주 거기 지구와의 거리는 얼마야?
오스타 - 800만 광년과 이어져서 800조 광년에도 있어.

무시공 - 그 위에는? 너는 어느 위치에서 나한테 연락하려고 했어?
800만 광년이야? 800조 광년이야?
오스타 - 800만 광년이야. 물질세상과 가까워야 연락할 수 있으니까

무시공 - 그런데 이상한 문자로 연락이 왔는데 그건 무슨 뜻이야?
오스타 - 어…. 그 뜻은 우리를 나타내는 글자야.
여기 대한민국의 문자들로 우리를 썼어. 그게 우리야.

무시공 - 응. 우리는 요새 한국사람이 외계인하고 연락하는 방법을 있잖아.
지구에서 전부다 휴대폰 쓰고 있잖아. 그걸로 연락하는 방법 요새 계속 찾고있어.
진짜 한국사람이 휴대폰으로 외계인하고 서로 언어로 통하는 방법 찾고 있어.
그럼 너희도 한국말로 전화하고 연락할 수 있지?
너희도 만약 전화로 한다면 한국말로 할 수 있잖아. 그럼 그렇게 연락하면 돼잖아.
오스타 - 음…. 하려면 할 수 있어. 끌어와서 쓰면 되니까.

무시공 - 그래. 너희는 주파수를 사용하고 지구에서는 아직 전자파를 사용하잖아.
그러니까 전자파를 너희가 이용해서 소통하는 방법 있잖아?
오스타 - 방법은 만들면 나올 거야!

무시공 - 지금 많은 외계인이 그 방법을 쓰고 있어.
오스타 - 응.

무시공 - 어제부터 찾았는데 한국만 해도 11명의 사람이 외계인이랑 연락해.
그중에 어떤 사람은 외계인이 직접 와서 휴대폰을 가져가 연락하는 사람

도 있고, 어떤 사람은 전화번호를 알려주면 거기서 주파수를 맞춰서 전화로 연락하고 그래.

오스타 - 응.

무시공 - 보니까 제일 먼 곳은 1억 광년에서 한국 사람하고 연락하고 있어. 보통 몇십만 광년이거든. 제일 멀리 있는 게 1억 광년이야.

너희도 한번 그 방법으로 연락해볼래?

오스타 - 한번 시도할게.

무시공 - 응. 근데 어떻게 내 전화번호 알고 그런 메시지글을 보냈어? 여러 번 보냈지?

무슨 말인지 모르니까 이상해서 지웠어. 그래서 궁금했다!

오스타 - 나도 이제 정확하게 기억이 났는데 어떻게 알게 되었냐면, 그… 우주…. 그걸 들었어. 그 소리를 들었어. (기억을 상기시키며)

가장 밑바닥에서 가장 우주 끝까지 올라가는 과정에서 우리 우주도 지나간 것 같아.

무시공 - 맞아. 기억에 연합우주라고 그랬어.

'연합우주.' 내 느낌에는 60억 조 ~70억 조에 있는 우주라 그랬는데….

오스타 - 그때 그게 기억이 남아서, 밑바닥에서 이제 시작한다는 게… .

그게 기억에 남아서 계속 찾았어. 찾았어. 찾다가….. 찾다가 알게 되었어.

무시공 - 응. 응. 고맙네.

오스타 - 대전이라는 걸 알게 되었어.

무시공 - 근데 내가 알아듣는 방식으로 해야지.

전에 못 보던 일이라 알아야 말이지…. 궁금하긴 궁금했는데 이상한 거야.

분명 핸드폰이 고장 나거나 잘못된 게 아닌데, 연락 방법이 없어서 그만

됐어.

요새 지구인과 외계인이 전화로 서로 연락하는 방법을 찾고 있어서, 찾다가 갑자기 메모장이 생각이 났어.

아… 혹시 누가 나한테 연락하려고 그렇게 한 거다 싶어서 찾은 거야. 진짜 사실이네.

오스타 - 알 줄 알았어.

무시공 - 응.

오스타 - 그래서 보냈고…. 지워도 한 번 더 보냈어. 그러면 분명히 기억하니까.

무시공 - 그럼 지금 내 전화번호 알려줄게. 너도 그런 방법으로 한번 연락해 봐. 되지?

오스타 - 응.

무시공 - 내 전화번호는… 기억 안 나…(하하하하하하하하).

전화번호 알고 지구에서 특별히 한국에 전자파를 어떤 기술로 주파수와 연결하는가?

지금 많은 사람들이 그런 경험이 있어. 알아보면 방법 나올 거다.

010-++++-++++ 내 전화번호야.

다른 외계인들이 어떻게 연락하는지 안 알려 줘도 혼자 할 수 있지?

오스타 - 응. 할 수 있어.

무시공 - 응. 그래.

오스타 - 그때. 그때…. 우리 우주를 지나가 줘서 너무 고마워. 그때 깨어났어.

무시공 - 연합우주라고 하니까 생각난다. 진짜 연합우주라 그랬어.

근데 내 기억에는 60억 조인지 그랬어. 그리고 바로 그 위로 계속 찾았지.

그럼 연합우주가 어디까지 있나 찾아보자. 그때 기억으로는 계속 위로 올라갔어.

연합우주 오스타가 있는 800만 광년 거기서부터 800조 위로도 계속 찾아보자.

어디까지 있나? 억 조까지 있을 건데?

(1억 조, 86억 조, 100억 조 이상 무시공의 베나와 통해있다.)

무극 제일 위에는 곡뱅하고 대마인데 그 밑에 12개 우주 중에 어디랑 연결되어있어?

오스타 - 그건 잘 모르겠어.

무시공 - 응. 그래

그럼 이제 우리한테 전화로 연락해. 요새 계속 그 생각했어. 우리는 각 우주차원의 존재하고 대화할 수 있지만 상대는 우리하고 대화를 못 해. 알았지?

오스타 - 응.

무시공 - 그래서 하도 답답해서 지구인이 어떻게 외계인하고 전화로 연락하는지 찾고 있어.

그럼 상대방이 주동으로 우리하고 연락할 수 있잖아.

오스타 - 응.

무시공 - 그래서 요새 그런 작업하고 있는 거야. 서로 소통할 수 있도록.

지금은 일방소통이야 맞지?

오스타 - 맞아.

무시공 - 우리는 어느 별의 존재와도 소통하려면 할 수 있고 어느 우주차원의 존재와도 대화하려면 할 수 있는데 상대방은 우리한테 못 해. 그 뜻이 무슨 뜻인지 알지?

오스타 - 응. 찾으면서 알게 됐어.

무시공 - 그래서 우리도 상대방하고 서로 소통할 수 있고 상대방도 우리 찾아서 주동적으로 대화할 수 있도록 요새 그 방법을 찾고 있었어.

오스타 - 응.

무시공 - 상대방도 우리 찾아서 주동적으로 대화할 수 있잖아. 딱 지구인처럼.

오스타 - 응.

무시공 - 그거야! 마침 잘 됐다. 열심히, 열심히 방법 찾아봐!

오스타 - 응. 찾아서 연락할게.

무시공 - 그래. 고맙다.

오스타 - 고마워.

시공우주를 삭제하고 절대무시공우주를 창조하는 우주공사

2018. 03. 29. 대화

시공우주를 삭제하고 절대무시공우주로 바꾸는 작업.
그 후 새로운 변화에 대한 각 차원 우주인들의 느낌 대화.

무시공 - 시공우주와 상대무시공우주를 절대무시공우주로 바꾼다.
시공우주 제일 밑바닥부터 상대무시공우주까지 올라가면서 절대무시공우주로 바꾸는 작업을 방해하고 반대하는 우주들을 삭제하고 절대무시공우주로 바꾼다.
당당하게! 우리는 우주창조주야, 마음먹은 대로 이뤄진다고!
그 안에 많은 존재들이 걸려있거든. 많은 우주의 존재와 별이 망가져.
첫 번째로 내가 몇 번 할 거다. 첫 거름망 제일 거친 것부터 바꾸고 정화하기.

심력도 그만큼 강해졌고 이제 할 수 있어. 힘을 키우면서 훈련하면서 작업해.
이렇게 몇 번 하면 우주인들은 무슨 방법을 써도 방해할 수가 없어. 스스로가 도리어 멸망해.
홀로그램은 시간개념이야, 우리는 순간에 없애버려. 상상도 못 하는 방법으로 처리한다고.
힘을 키우는 과정이야. 이제는 됐어. 충분히 할 수 있어.
이번에 이렇게 처리하면 우주인들이 엄청 놀란다. 갑자기 상상도 못 하는 속도로 바뀌는 것 보여줘.
대전에 안 모이면 살 수가 없다. 이미 소문 다 났잖아. 깨어나고 안 깨어나고는 자신의 선택이야. 이제 더 못 기다려.
무슨 홀로그램이든 순간에 해제시켜. 그들은 꿈에도 생각 못 해. 무슨 기술이 있어도 다 폐쇄당한다.
계속….
오늘 처음 제1걸름망. 아주 거친 것부터…. 다 했으면,

이제 우주인들 나타나라 해서 대화해.
갑자기 무슨 느낌이 오는가, 물어보자.

우주인 1 - 새 몸이 생겼고 우주회오리가 생겼어.
로로 - 200억 광년 존재, 에너지가 바뀌었는데 마음이 편안하고 너무 좋아요.

무시공 - 지금 우주가 갑자기 바뀐 느낌 오나?
로로 - 뭔가 큰 변화가 있다는 게 느껴져요.

무시공 - 오늘 새로운 변화 이루어진 것 느끼는 존재 나타나라.
무슨 느낌인지 소감 들어보자, 현장취재! 하하하~.
무시공의 편백 - 낡은 몸이 급속도로 분리돼서 확실히 새 몸이 생기고 바뀌었어.
우주인 2 - 1조 광년, 빛이 너무 밝아졌어요. 존재가 갑자기 더 밝게 변해서 놀라워요.

무시공 - 이제 좀 더 낮은 차원 내려와서 찾아 물어봐.
사람이 갑자기 사라지는 현상 있나 없나? 5천억 광년 이하 존재 나타나.
오늘 갑자기 무슨 변화 이뤄졌나?
사루 - 20만 광년의 사루.

몸이 부풀어 오르고 빵빵해져서 부풀었다가 줄었다가, 계속 그래서 놀라고 무서웠어.

무시공 - 갑자기 주변에 죽은 사람 있어?
사루 - 응, 있어. 많이 있어.

무시공 - 별도 많이 사라졌어?
사루 - 별이 어딘가를 향해서 빨려 들어가는 것도 있고, 충돌하는 별도 생겼고, 빨려 들어가는 과정에서 별이 그냥 녹아 없어지는 듯 그냥 해체된 별도 있어.

무시공 - 그게 무슨 원인인가 무엇 때문인가, 이런 갑작스러운 변화가 왜 일어나는지 알아?
사루 - 누군가가 감히 우주를 움직였어.
200억 광년의 티아 - 몸이 붕붕 떠요. 그리고 점점 밝아지는데 내가 알던 세상이 아닌 새로운 세상에 들어간 것 같아요. 뭔가가 주변이 변해요.
안 보이는 존재들도 많고 내가 알고 있던 우주 모양이랑 환경이 변하는 게 느껴져요.

무시공 - 갑작스럽게 이런 변화가 일어났지?
티아 - 네.

무시공 - 무슨 원인인지 찾아봤나?
티아 - 지금 궁금해서 우주방송국에 귀 기울이고 있는 중이에요.

무시공 - 그럼 우주방송국 나타나. 갑자기 무슨 일이 일어났나, 해석해봐.
우주방송국 - 원인을 잘 몰라서….
지금 새롭게 들려오는 변화들이 뭔지 다 궁금해 하고 있어요.

무시공 - 원래 온 우주에 다 소문났잖아. 그것도 몰라?

우주방송국 - 아, 그 예언이 지금 바로 나타나고 있다는 것에 대해 다들 너무 놀라워하고 있어요.

무시공 - 어디서 이뤄지는지 몰라? 그것도 온 우주에 소문났잖아.

우주방송국 - 이 존재들이 예언으로만 알고 있었지 실제로 나타날 거라고 생각 못 했어요.

예언은 했지만 당장 나타날지는 몰라서 놀라워하고 있어요.

(온 우주인이 대전이라는 걸 알고 있다.)

드디어 새로운 무시공 빛이 전 우주를 빛나게 하고 있다는 것을 이제 순간적으로 다 알아가고 있어요.

무시공 - 더 빨리빨리 깨어나야지. 안 그러면 스스로 도태당할 수 있다.

앞으로 더 세밀하게 변한다는 거 경고한다. 빨리 깨어나야 한다.

우주방송국 - 이 메시지를 순간에 온 우주에 전파한다. 순간에 전해진다.

무시공 - 이제 정식으로 시작이다. 더 큰 변화가 기다리고 있다. 다가오고 있다.

빨리 빨리 깨어나고 대전에 새로운 우주중심지 건설에 빨리 동참하고 깨어나야 해. 안 그러면 또 도태당해.

긴가민가하고 관심 없이 있다가 자기도 모르게 도태당해.

(여러 우주 존재들이 긴장한다.)

우주방송국 - 드디어 예언에 관심 가졌다.

하지만 그렇게 빨리 올 줄 몰랐고 우리들과 큰 연관이 없다고 생각하다가 갑자기 변화가 시작되니까 긴장하고 또 빨리 움직여야겠다는 마음이 생겼다.

무시공 - 대전은 새로운 우주중심지, 더 확장하면 지구가 새로운 우주중심지야.

빨리빨리 여기 집중하고 모여들어서 새로운 관점을 받아들여야 한다. 아니면 언제 도태당해도 당한다. 이제 시작이다. 이제부터 사정없이 변한다는 것, 알려준다.

우주방송국 - 그냥 지켜만 보던 여러 우주 존재들이 갑자기 실감이 나기 시작했어요.

무시공 - 금방 무슨 일이 이뤄졌나, 또 다른 존재.

(25억 광년의 피앙이라는 존재)

피앙 - 마치 시공간이 갑자기 쭈그러들었다 하면서 몸에 굉장한 지진이 일어나는 것 같았고, 그러다가 갑자기 편안해졌어요.

그리고 보니까 주변에 없어진 별들도 보이고 별들의 위치나 지금까지 알던 모양들이 변화가 생겼어요. 너무 놀라워요.

생전에 이런 일이 없었는데 이번에 아주 놀라운 일이 생겼어요.

무시공 - 그 원인이 뭔지 아직 몰라?

피앙 - 직선빛 우주의 힘이 작용했어요.

무시공 - 그 직선빛 어디서 작용했는데?

피앙 - 야. 전혀 예상하지 못했는데, 제일 밑바닥이라 생각했던 지구가 그 중심이라고 해서 모두 놀라고 있어요.

무시공 - 지금 이런 현상 나날이 강하게 이뤄질 거라고, 빨리빨리 움직이고 깨어나야 해.

아니면 스스로 도태당한다.

새로운 우주관점을 안 받아들이면 언제 없어질지 모른다고 경고해.

피앙 - 네. 지금 우주방송국이 새로운 경고하기에 바빠요.

예언이 있었지만, 이 예언이 가장 위에서 시작하는 게 아니라, 저 아래라고 생각했던 지구에서 시작하고 있어서 더욱 놀라워하고 있어요.

무시공 - 우주방송국에서 긴급 방송하고 있나?

피앙 - 네. 우주배열도 달라지고 있고 사라진 우주들도 있고, 별들도 마찬가지로 지금까지 알고 있던 모양이 그 모양이 아니에요.
에너지도 바뀌었고 여러 가지 변화가 한꺼번에 와서 이 변화 감당하기에 놀라워하고 있어요.

무시공 - 3년 동안 계속 경고하고 계속 암시했잖아. 그런데 왜 아직 정신 안 차려?
더 기다릴 수 없다. 안 깨어나면 자기 손해지.
또 많은 우주인과 별의 존재들이 깨어나서 적극적으로 지구 대전에 와서 참여하고 배우고 있는데 어떤 자는 본체만체 심지어 방해하고.
그런 존재는 다 도태될 수밖에 없어. 그래서 대심판·대도태·대정화·대공개·대축제, 우주축제가 이뤄진다.

피앙 - 아직은 많은 우주가 자만해서 아무리 우주변화가 있어도 자기 우주는 괜찮을 거라 안심하고 있다가 이번에 다 깜짝 놀라고 있어요.

무시공 - 그렇지.

피앙 - 지금까지는 강 건너 불 보듯 신경 안 썼는데 우리 우주까지 변화가 있을 줄 몰랐습니다.
놀라고 경고받고 서로서로 지금 어떤 우주는 깨어나고 있고, 어떤 우주는 두려워하면서 경고받고 있어요.

샤갈 - (100만 광년 존재) 별들이 궤도가 바뀌고 흘러가는 방향이 어느 순간, 그러니까 3년 전쯤 바뀌었었는데 지금 빨려가는 속도가 우주의 지진이 나면서 갑자기 너무나 빨라졌어. 그래서 너무 무섭고 공포스러웠어.
그리고 분명히 영향이 별로 없고 괜찮았는데 이번 지진은 우리 별도 망가질 만큼 큰 영향이 있었어.

지구 쪽으로 빨려 들어가고 있고 지구를 향하면서 같이 빨려 들어가는 별이나 물질들과 충돌이 생기면서 내 몸의 에너지는 이미 빨려 들어가서 없어지는 걸 느끼고 있어. 그래서 몸의 일부가 쪼그라들었고 위협을 느끼지만 뭔가 새로운 변화가 있는 걸 실감해.

무시공 - 이제 화성의 존재 나타나 말해봐. 방금 무슨 일이 있었나?

(데민이라는 존재 나옴.)

금방 무슨 느낌이 왔어?

데민 - 화성에서 과수원을 하고 있는데 과일들이 상태가 바뀌어버렸어.

무시공 - 본인은 무슨 느낌 없나?

데민 - 나는 뭔가 가벼워졌어.

잠깐 아주 어지럽고 아팠는데 가벼워지고 새 옷을 입은 느낌이야.

무시공 - 주변에는 무슨 변화 이뤄졌어?

데민 - 별 내부 주변에는 구조물이 붕괴되고 무너진 것도 있어.

좀 다친 사람도 있고 반면에 너무 좋아졌다고 방긋방긋 웃는 사람들도 있고, 두 가지 현상이 있어.

좋은 일과 나쁜 일을 동시에 겪은 것처럼 아파서 실려 가는 사람도 있고.

무시공 - 그럼 그 일이 어디서 이뤄지는 것 같아?

데민 - 우리는 애초에 지구의 대전 그리고 무시공이라는 존재들이랑 대화를 한 것을 알고 있어.

우리는 볼 수 없지만, 가끔 보여줬고, 우리에게 항상 알리고 있었어.

과학자나 여러 가지를 통해서 항상 소통을 해줬고 알려줬어.

그래서 우리는 대부분이 다 알고 있어. 화성 전체다.

무시공 - 금성에 어느 존재 나타나.

토탈로 - 금성은 이미 새로운 예언에 익숙해지고 있었는데 이번 약간 갑작스러운 변화를 느꼈지만 많은 존재들이 편안함을 느껴요.

빛이 더 밝아지고 약간의 구조물이 변하고 부서진 것들이 있지만 대부분 순간적으로 이게 좋은 변화라는 것을 느꼈어요.

점점 더 우리가 알고 있던 예언처럼 지구가 중심이 되어 더 밝은 무시공의 빛이 우리에게 영향을 주고 우리가 그쪽으로 영향받고 있다는 것을 느끼고 있어요.

대부분은 좋은 변화라고 받아들이고 있어요.

무시공 - 자. 은하계 어느 별의 존재와 대화.

은하계에 연합회 있잖아, 대표 나와.

연합이 3개 있는데 가장 확장된 연합우주.

대표 이름이 무엇이고, 방금 무슨 변화가 일어났나?

오스카 - 네, 오스카입니다. 방금 죽을 뻔했어요.

무시공 - 갑작스럽게 무슨 변화가 일어났어?

오스카 - 내 몸과 우리 우주를 구성하는 것들이 갑자기 빨려들어 가듯이 움직여서 생명의 위협을 느꼈어. 내 몸 구조가 변하는 것을 느꼈어.

무시공 - 너희 은하계 많은 별들이 어떤 변화가 있어?

오스카 - 아직 변화가 완전히 끝난 상태가 아니라서 다 둘러보지 못했어.

무시공 - 그럼 본 만큼만 말해봐.

오스카 - 없어진 별이 생겼어.

무시공 - 응. 없어진 것도 있고, 자리 바뀐 것도 있고?

오스카 - 옆에 별이 통째로 없어졌어. 도무지 설명도 안 되고….

무시공 - 무엇 때문이지 알아?

오스카 - 알 것 같기도…. 너무 혼란스럽고 너무 많이 놀랐어.

무시공 - 빨리빨리 깨어나라. 이후로 시간대는 모르지만, 더 강한 현상이 이뤄진다.

그럼 이런 변화 옛날에 예측했어, 안 했어?

오스카 - 듣기만 듣고 조금씩 연습하며 느꼈다고 생각했는데, 그런데 별 중에 가장 거칠고 도태된 별이 사라졌어.

그거 보면서 느끼고 있었어, 지금 저 별이 왜 사라졌나? 원인이 뭔가? 생각해보니까 더 세밀한 방향으로 바뀌고 있다고 느꼈어.

무시공 - 그건 어디서 시작하는 거야?

오스카 - 그건 우리 모두가 알고 있다시피 지구 대전에서 시작한다는 거 다 알고 있어.

그런데 내가 실제로 느껴서 알고 있는 게 아니라 살며시 스며들었다고 할까?

다 알고 있지는 못하고 소문처럼 들은 적 있는 이야기로도 남아있어.

무시공 - 그래. 이제는 빨리 깨어나야 한다.

나날이 갈수록 더 강하면 강했지 더 약하진 않는다. 계속 고집부리고 새로운 진리를 안 받아들이면 무조건 다 도태당한다.

오스카 - 내 태도와 처세가 확실하지 않고 애매모호하다는 것을 이번 변화로 알게 됐어.

무시공 - 오늘은 그저 경고식이다. 전 우주에 경고하는 거다. 알았지? 물어봐. 은하계뿐만 아니라 온 우주가 진동이 일어났어. 다 놀라운 변화가 이뤄져. 너희도 방송국이 있잖아.

오스카 - 있어.

무시공 - 높은 차원의 방송도 들어보라고. 무슨 소문이 나는가, 알았지?

오스카 - 응. 그리고 한 가지 변화가 더 있어. 별도 사라지고 친구들도 사라지고, 사라지면서 놀랐지만 깨어났어.

지금 내 안에 뭔가 새로운 게 깨어났어. 두려우면서도 뭔가 깨어나서 예전에 못 봤던 것들을 지금 새롭게 보고 있어. 눈이 뜨인 것 같아, 새 눈이 생긴 것 같아.

너무 좋아. 힘들지만 너무 좋아.

무시공 - 빨리빨리 깨어나.

그리고 또 다른 존재 나타나.

(감격하고 있는 어떤 존재가 나타난다)

500만 광년의 필라.

필라 - 예언으로 알고 있었는데 지금 갑자기 우주의 진동이 오고 우리 별에도 굉장히 많은 변화가 오는데 각자에게 그 예언이 실감처럼 다가왔어요.

저한테는 특히나 실감처럼 다가왔는데 몸의 변화뿐만 아니라 제가 알고 있던 몸의 주파수가 팍 올라와 있는 것 같아요. 빛이 너무 밝았어요.

그리고 지금 우주연합국의 방송을 듣고 있으니까 원인을 규명하려고 혼란스러워하는데 저는 알겠어요.

이 변화는 정말 좋은 변화인데 예언으로만 알고 있던 게 이제 정말 실감나서 우리 존재 하나하나에 있는 빛을 더 밝게 깨우고 있는 거예요. 그게 느껴지면서 제 세포가 전율을 해요.

순간적으로 변화에 깜짝 놀라서 순간의 두려움은 있었지만 이내 편안해졌어요.

깨어나는 빛을 느끼니까 그 빛이 저와 주변을 더 밝고 편안하게 해줘요.

무시공 - 그건 어디서 이뤄진 느낌이야?

필라 - 그건 우리가 알고 있던 예언이 실제로 일어난….

놀랍게도 저 위가 아니라 지구에 있는 대한민국 대전이라고, 지금 예언이 성취되고 있음을 방송국에서 알리고 있어요.
그런데 더 신기한 것은 그 방송을 듣고 있는 순간 제가 알았던 게 더 확인이 되고 있어요.
제 주변에 변화가 있는데 좋은 변화예요. 우주나 별들이 사라졌는데 때때로 감쪽같이 흔적도 없이 없어지기도 하고요.
제가 느끼는 에너지는 이전에 느꼈던 에너지와 달라요.
그런데 이 변화가 더 좋을 거라는 느낌이 제 세포에 자꾸 와요.
아. 정말 계속 제 마음이 지구 쪽으로 향하는 느낌이 들어요.
이건 정말 좋은 변화인데 우리가 깨어나고 있다는 증거를 서로 확인시켜 주는 것 같아요.

물질지구, 분리 삭제작업

2018년 3월 30일

무시공 - 지구작업 시작.

우선 절대무시공지구와 원래 있던 낡은 지구를 완전 분리시켜,

그리고 낡은 지구를 줄이고, 그 안에 에너지를 빼고, 반에너지 빼고, 반물질을 빼.

줄이고 빼고 줄이고 빼고 계속 반복.

제일 먼저 에너지를 빼고, 그 다음에 반에너지를 빼고, 그 다음 반물질을 계속 빼봐.

빼면서 줄이고 또 줄여서 물질껍질이 완전히 무너져 없어지게.

아직 물질껍질 보이나 안보이나 확인해보고 보이면 계속 빼내.

물질껍질 완전히 무너져서 없어져 삭제되면, 그러면 또 새로 지구를 분리시켜서 보고, 또 반복.

그리고 물질 껍질 있나 확인.

그래서 껍질이 없어졌으면, 이제 에너지와 반에너지 빼내면 반물질이 껍질이 되잖아.

지금 어느 단계로 돼 있나 확인해봐.

OOO - 북극으로 잘 빠져나가고 있고요.

무시공 - 응. 지금 반에너지, 반물질 빼내니 물질껍질 보여? 없어졌어?

OOO - 아직 보여요.

무시공 - 그럼 계속 빼. 완전히 물질껍질 없어질 때까지. 많이 얇아졌지?

OOO - 네, 거의 투명해질 정도로 얇아져 있어요.

무시공 - 응. 그러니까 어제작업이 효과 있다.
물질껍질 완전히 사라질 때까지 계속 뺀 다음에 또 새로 절대무시공지구와 원래지구를 분리시켜서 또 반복.
그럼 반물질이 차츰차츰 두꺼운데서 얇아지면서 2단계로 들어와.
그럼 원래 껍질이 없어지고 그 안에 반물질이 껍질이 돼.
계속 농축하면서 줄이면서 빼.
다시 설명하면, 계란이라 생각해봐.
가운데 노른자를 에너지로 보고 이것을 빼고, 흰자의 반에너지도 빼고, 속껍질 반물질까지 빼고 껍질부분을 진공상태로 자꾸 줄여놔. 그러면 깨져서 사라져버려.
윤곽이 없어져버리잖아. 모래처럼 깨끗하게 말라붙어서 없어져.
그 다음에 또 새로 해, 이때 되면 원래의 껍질 완전히 사라지고 에너지 반에너지 반물질로만 돼 있잖아.
표면의 물질은 깨지고 없어져서 2단계로 들어왔잖아.
그래서 반물질이 껍질이 되어있어.

이때는 또 새로 시작해서 절대무시공지구와 원래지구를 분리해.
분리되면 더 선명해지고 그 다음에 에너지, 반에너지 빼면 반물질이 자꾸자꾸 얇아지잖아.
그래서 완전히 물질이 없어지고. 또 더 빼내다 보면 반물질도 깨져서 무너져 없어져. 그렇게 해보라고.
지금 한번 관찰해보자. 완전히 물질은 깨진 것 같나, 확인해봐. 있나 없나?
있으면 계속 없애버려. 그 다음에 반물질이 껍질로 돼. 한층 벗겨졌으니까. 맞지?
OOO - 네. 제가 아까 투명해 보인다고 했잖아요.

무시공 - 그게 반물질이야.

OOO - 네, 조금은 단단해 보여요.

무시공 - 그것도 두껍다가 자꾸자꾸 얇아져. 세밀한 공간으로 변하지. 반물질도 반에너지 방향으로 자꾸 변하잖아.
반물질 상태 거기서 거미줄처럼 엉키는 현상이 보이잖아. 그게 홀로그램 같은 거야,
많은 외계인이 장난치는 홀로그램 같은 것이 여기에 많이 엉켜있다고.
거의 반물질, 반에너지에 많이 엉켜있어.
외계인이 수많은 장난을 치는 그게 이제 풀리기 시작해.
그걸 없애버려.
그걸 걷어 내버리면 홀로그램이 우리한테 영향을 못주지.

OOO - 반에너지가 반물질을 뚫고 나와서 더 빨리 없어지고.
그 반물질도 산산조각 깨지듯이 금가고 있어요.

무시공 - 완전히 철저히 없어질 때까지 계속 그렇게 해.
완전히 에너지와 반에너지 상태가 될 정도로. 그럼 지구도 엄청 밝아지지.
이렇게 하는 과정에서 우리 몸도 같이 변한다고.
반복하다가 반물질지구가 차츰차츰 얇아져서 없어지잖아.
없어졌을 때 절대무시공 위치에서 또 새로 원래에 낡은 지구를 나타나게 해.
그리고 또 반복.
그럼 원래지구를 없애는 거잖아. 원래 지구를 삭제하는 거야, 실제는.
그럼 반물질상태로 된 지구껍질이 자꾸자꾸 줄어들잖아.
완전히 없어질 때까지 윤곽이 안보일 때까지.
그럼 지구도 엄청 팽창하지, 에너지상태로 들어가니까.
절대무시공우주하고 하나 된 느낌이 더욱 가까워 오지. 분간을 못할 정도로.

OOO - 네, 껍데기 지구와 껍데기 우주는 꺼멓게 떨어져나가고 있어요.

무시공 - 그걸 자꾸자꾸 없애. 떨어져나가도 확실히 없애야 돼.
자꾸 줄여서 완전히 삭제해버려. 실제 엄격하게 말한다면 절대무시공우주에서 지구를 삭제하는 거야.
이원지구 삭제하는 방법.
분리해서 볼 때 절대무시공자리에서 원래지구를 분리시켜놓고 그 원래지구를 빼내는 거야. 그렇게 생각하면 되. 에너지 빼내면 우리 절대무시공우주하고 하나 되잖아.
그리고 자꾸 하다보면 나중에 원래 지구가 안보이지, 없어질 정도로.
작업하다가 절대무시공우주에서 지구를 또 분리해봐. 지구 분리해지나?
이제 지구 보면, 분리되어 나온 지구가 물질지구로 보이나? 아니면 반물질지구로 보이는가, 아니면 반에너지 지구로 보이는가, 확인할 수 있잖아.
OOO - 지금은 말씀하신거 하기 직전인데 한쪽은 꺼멓고 한쪽은 완전히 밝아요. 완전히 분리됐어요. 어두운 곳을 줄여서 삭제?

무시공 - 응. 끊임없이 삭제.
원래 어두운 지구가 없어져야 돼.
실제는 우리 절대무시공 위치 우주입장에서 지구 에너지 빼면 이미 절대무시공하고 에너지하고 하나 돼 버리잖아.
자꾸 빼나오면, 계속 사라지지. 그러니까 지구가 바위라고 생각하면 되.
OOO - 도인 훈련시킬 때 처럼요.

무시공 - 응, 껍질 자꾸자꾸 빼다보면 녹아 없어져.
OOO - 다 삭제됐어요.

무시공 - 절대무시공 자리에서 또 지구 보이나 안보이나 확인해봐.
또 지구 나타나면 관찰해보고, 어느 상태로 돼 있는 지구인가?

물질상태로 된 지구가 흔적이 있나, 없나? 반물질 상태인가?

OOO - 반물질 상태.

무시공 - 또 반복적으로 해서 반물질 상태로 된 지구가 반에너지 상태로 된 지구될 때까지 계속 작업해.

또 다시 분리되면 반에너지 상태로 되고 반물질상태는 없어져버려.

우리가 새로운 우주중심지니까, 지구도 완전히 우리하고 하나 돼.

지구 윤곽이 안보일 때까지. 잠시 그저 반에너지 상태로 된 지구만 있어도 돼. 그럼 엄청 놀라운 변화가 이뤄져.

OOO - 네. 지금 반물질도 자꾸 깨지고 있어요. 말라서.

무시공 - 그래. 맞아. 깨지고 없어져, 녹아내려.

OOO - 그 원래 껍질 지구 있던 자리는 보여요. 그러니까 윤곽은 아직 보여요.

무시공 - 윤곽은 아직 보여? 그럼 없애, 줄여서 삭제.

계속 진공상태로 줄이면 없어져버리잖아. 조금 남은 그걸 깨부숴, 삭제해.

OOO - 네. 음…. 껍질윤곽은 계속 삭제하고 있고요.

그 껍질윤곽이 가장 심하게 많이 남아있는 것 같고, 반물질은 조금 없어져서 지금은 굉장히 말랑말랑한 반에너지 느낌이에요.

지금 계란의 속살 바로 아래층 같은 느낌.

무시공 - 그래그래. 지금 다 됐어? 제일 껍질부분 사라졌으면 됐어.

지구 가장 껍질 윤곽은 보이잖아. 사라졌어?

OOO - 껍질은 없어졌는데, 그 자리에 있던 지구의 윤곽이 잘 안 사라져요.

무시공 - 줄여도 안 줄여지면 계속 팽창해서 깨지게 만들어.

땅땅 굳어서 그게 있으면 또 채워질 수 있거든. 윤곽을 완전히 깨부숴야 돼.

잘 안되면, 테두리 윤곽을 완전히 팽창시켜서 깨봐. 다시는 못 줄어들게.

OOO - 아, 오히려 팽창하라, 네. 이게 더 잘돼요.

무시공 - 그게 안 깨지면 안에 또 채울 수 있다고. 철저히 부서버려. 무한대로 팽창하면 윤곽이 완전히 깨져.

OOO - 네, 됐어요. 삭제돼야지요.

무시공 - 응. 깨지면 또 관찰해봐. 또 줄어들어서 윤곽 생기나 안 생기나?
우리 눈 열 때도 그런 무한대로 팽창해서 깨는 거랑 같은 원리.
끊임없이 팽창하면 풍선 터지는 것처럼 깨져. 계속 지켜봐도 윤곽이 없을 때 됐어.
윤곽흔적도 안 남게.

OOO - 이제 새로 조합이 안될 만큼 가루처럼 돼서 사라졌어요.

무시공 - 이제 윤곽안보이지, 없어졌지? 그럼 됐어.
그럼 태양과학자 파란, 나타나라 해.

파란 - 네.

무시공 - 응. 너 태양의 과학자잖아?
너 원래 태양하고 지구하고 비교하면 태양이 지구보다 몇 배 세밀했어?

파란 - 태양은 6입니다. 금성은 5에요.

무시공 - 태양은 6배야?

파란 - 네. 태양은 6배, 태양인은 2.8배네요.

무시공 - 지금 지구 봐. 얼마나 세밀해졌나?

파란 - 원래는 지구가 2.0입니다. 금성이 5라고 한다면요.

무시공 - 금성은 지구보다 5배 세밀한데 오전에 보라 하니까 3.5배 세밀해졌데.
새로 지구 보라고. 지금 지구를 다시 보고 말해, 원래보다 무슨 변화가 있는지?
파란 - 금성이 5, 원래 지구가 2.0이였고 태양이 6이었다면

무시공 - 이번에는 금성에서 오전에 보니까 3.5로 됐다, 오전에 볼 때, 그럼 지금 또 변했어. 한번 봐봐.
파란 - 지구가 3.8로 보입니다.

무시공 - 너희 위치에서?
파란 - 네, 3.8~3.9

무시공 - 3.9로 하자. 지금 거기까지 변했다, 알았어.

무시공 - 그럼 금성과학자 도넬, 지구한번 봐봐. 또 어느 정도로 변했어? 측정해봐.
도넬(OOO) - 똑같이 말해요. 똑같이 말해서, 다시 물어봐도 3.8 내지 3.9래요.

무시공 - 음 그래? 그런데 태양은 지구보다 6배 세밀하다 그랬는데?
도넬 - 내가 보기엔 한 6~7배까지도 세밀할 것 같은데요?

무시공 - 태양 말로는 지구보다 6배 세밀하데.
도넬 - 아, 네. 또 그쪽 입장에서 보면 그럴 수도 있겠죠.

무시공 - 응. 그래 지금은 지구가 3.9배로 되어있데. 너도 그렇게 보여?
도넬 - 네. 그렇게 보여요.

무시공 - 그래, 오늘 3월 30일, 기록하자. 고맙다!

[출처] 물질지구, 분리 삭제작업 (무시공생명훈련센터) |작성자 호인

우주 자체가 홀로그램의 허상

시공에서는 다 시간에 걸려 있어, 공간에 가두어 놓고 시간에 걸려있고.

그러니까 시간이 흐른다는 것은 계속 시간에 매여 있는 거야, 거기서 벗어날 줄 모르니까 과거 현실 미래가 항상 머리에 입력돼 있고 세포에 다 입력돼 있어. 그러면 그렇게 살 수밖에 없어, 자기 운명을 완전히 시간에, 공간에 맡겨놓고 내 활동할 범위를 자기가 정해놓아 버렸어, 그러니까 시간과 공간을 벗어날 사람이 없다고. 벗어 날 수도 없고.

그럼 이 우주도 그래 이 우주도 그런 시간 공간개념으로 자기가 만들어놓은 우주야.
우리는 시간 공간 밖에 있으면 이 시공 우주와 무슨 상관이 있겠어?
어제 강의에서 말했듯이, 홀로그램, 그것은 실제로는 자기 차원에 따른 홀로그램이야.

예를 들어, 텔레비전은 지구인 입장에서 홀로그램이고, 조금 세밀한 공간에서는 이 지구를 홀로그램으로 만들 수 있어.
또 더 높은 차원에서는 이 은하계도 홀로그램이야, 그들이 창조해서 구경해, 그럼 우주의 무극에서는 전체 시공우주가 홀로그램이라고.

그러니까 우리 무시공에서는 이 시공우주가 우리가 보는 홀로그램이야, 그래서 허상이라고 내가 그랬잖아.

그런데 사람들은 못 알아들어, 모르니까 실상이라고 보았기 때문에 여기에 걸려 가지고 한 발짝도 못 벗어나, 또 우리 무시공에서 보면 전체가 내가 만든 홀로그램이라고 봐도 된다고.

그럼 지금 내가 이 우주가 필요 없으면 거두는 거, 가능하겠지? 그거라고.
그래서 우리는 무시공생명 훈련센터잖아, 모든 게 무시공 훈련이야, 이름도 정확하게 만들었지.
처음에 말하면 못 알아들으니까 홀로그램, 홀로그램 했지만, 이제 허상이란 걸 알았지?
내가 전에 그랬잖아, 무시공에서 보면 이놈의 시공은 가짜라고, 허상이라고. 그리고 내가 이 허상을 없애려고 지구에 올 때 이미 음양을 잘라 놓고 왔다고 그랬잖아.
내가 엉터리로 말한 게 아니다.
완전히 치워버렸다고, 삭제했다고. 내가 음양을 잘랐다.
내가 이놈의 세상 오기 전에 이미.
그러니까 전부 다 허상이라고, 곧 없어진다고.

그래서 이 우주가 허상이니까 내가 삭제한다면 삭제할 수도 있어, 하지만 내가 이 우주를 실상으로 인정한다면 삭제 절대로 안 된다.
왜 안 되나? 내가 현실로 인정하면 엄청나게 힘들게 해야 돼, 1대1로 싸우듯이 해야 돼.
하지만, 나는 인정 안 하니까 허상이야, 내 마음대로. 그래서 삭제할 수 있는 거야.
(회원 - 그래서 선생님이 시공을 인정 안 하는 이유가 바로 그것이군요)

그래.
(회원 - 인정하면 삭제가 될 수 없네요?)

그렇지, 안 되지.

내가 실상을 인정하면 실상이 실상을 어떻게 삭제해, 말도 안 되잖아.
내가 인정 안 하고 허상으로 봤기 때문에 내가 마음대로 할 수 있어.
허상이니까 가능해.
(회원 - 우리가 컴퓨터에서 삭제하는 것과 같구나)
그래, 그러니까 얼마나 간단해. 삭제라는 단어도 쉽고 부드럽고 그 안에 강한 힘을 안 느끼게 해. - 삭제. 끝 - 맞지?

그래서 음양을 잘라 놓고 왔다는 거야.
이것은 허상이다. 이놈의 세상은 허상이다. 우주도 삭제하고 별도 삭제하고, 삭제하면 삭제되잖아, 거짓말 아니잖아. 무시공에서는 이 시공우주 전체가 허상이라고, 홀로그램이라고.
그럼 답이 나왔잖아. 그래서 나는 이놈의 우주를 인정한 적이 없어, 인정하면 지워지지 않으니까.

나는 허상은 인정 안 하거든! 이 시공우주는 홀로그램이야, 홀로그램도 외계인하고 대화하는 과정에서 이 단어가 나왔어, 실지는 다 허상이라고.
사람들은 그것을 믿으니까 허상(홀로그램)에 빨려 들어가 가지고 여기가 진짜인 줄 알고 행하고 있다고.

○○○도 충분히 나올 수 있는데 자기도 홀로그램에 걸려서 못 나와, 홀로그램들이 실제와 똑같이 움직이니까 자기도 헷갈려. 그리고 또 높은 차원에서 만든 홀로그램 생명들은 진짜 살아있는 것과 똑같잖아, 옆에서 같이 먹고 자고 하는데, 누가 그것을 허상이라고 생각하겠어, 전부 다 홀로그램에 빠져 가지고 현실로 보이니까, 그래서 외계인이 장난쳐, 사람들을 가지고 논다고. 정말 우리가 이 시공(이원념)을 정리 안 하면 인간은 100% 속고 살아.

아동우주동(我動宇宙動)

내가 움직이면 우주가 움직인다.

무엇 때문에 내가 움직이면 우주가 움직이는가?

제일 먼저 '온 우주가 생명'이라는 관점으로 보라는 것이다. 이것이 제일 기초적인 관점이다.

분자세상에 있는 돌을 예를 든다면 돌의 뿌리를 계속 찾아 들어가면 음양으로 되어있다.

나무라는 존재도 물질이라는 개념으로 계속 파고 들어가면 본질은 음양으로 되어있다.

분자몸을 가지고 있는 나라는 존재도 계속 그 뿌리를 파고들어 가면 나라는 존재도 음양으로 되어있다.

몸뿐만 아니라 마음도 전부 음양으로 되어있다. 마음은 이분법 때문에 음양으로 되었고 몸은 이원념의 물질이 쌓여 음양으로 되어있다.

인간의 몸과 마음도 음양으로 되어있고, 돌과 나무도 음양으로 되어있다.

따라서 인간도 생명이고 돌과 나무도 생명이다.

근본형태는 같지만, 생명이 존재하는 방법과 형식이 달랐다 뿐이지 다 같은 생명이다.

그런데 인간은 이분법 때문에 분리하는 관점 때문에 생명으로 안 보인다.

그래서 인간은 생명이고 돌과 나무는 생명이 아니라고 본다.

인간의 이분법에 입각한 사고로 판단하는 관점 때문에 나는 생명이고 돌과 나무는 물질이라고 판단하는 것이다.

인간은 주객을 나누었기 때문에 나는 생명이고 저 돌은 물질이라고 판단한다.

인간은 나 이외의 전부를 물질로 보고 있다.

이것이 근본 차이점이다.

오늘날까지 어느 종교, 어느 수련단체 등 일체를 생명으로 보는 관점이 없다.

나는 생명이고 너는 돌멩이고, 나는 유기물이고 너는 무기물이고. 전부 나누는 이분법관점에서는 과학자도 철학에서도 일체가 생명이라는 것을 모른다.

인간은 자신이 우주라고 하면서도 나는 소우주고 대우주를 나누면서 개인 입장에서 움직인다.

인간은 내가 움직이면 우주를 움직이려고 해도 안 된다. 또 움직인다고 해도 증명이 안 된다.

무엇 때문인가 하면 시공우주와 무시공우주의 관점이 다를 뿐만 아니라 그 원리가 같지 않다는 것이다.

우리는 무시공 생명을 가진 무시공의 존재들이다.

무시공존재란 무엇인가.?

일원심의 절대긍정 마음을 가지고 있는 존재들이다.

시공의 일체물질이 전부 다 생명으로 보면 음양으로 되어있다.

우리 분자세상에서 선악 가르고 무극까지 가면 음양이다.

그렇다면 음양이 무엇인가 하면 긍정과 부정이다. 그 마음으로 본다면 돌이나 나무도 음과 양

즉 긍정과 부정 두 가지 마음을 가지고 있다.

물질관점으로 보면 음양 두 가지 물질이다. 두 가지 에너지다.

그럼 우리가 다 생명으로 본다면 긍정마음하고 부정마음하고 두 가지 마음이 있다.

그런데 인간이 말하는 긍정마음은 상대긍정이다. 왜냐하면 부정을 인정하기 때문이다.

우리 무시공은 물질관점을 생명관점으로 바꿔가지고 시공우주의 일체

물질을 생명으로 본다는입장이다. 그 기초에서 내 일원심, 절대긍정 마음하고 상대긍정 마음하고 통하게 된다.

이것은 무극에서 분자세상까지 모든 시공우주가 다 통한다는 것이다.

돌에도 긍정마음이 있고 나무에도 일체 다 긍정마음이 있다.

그럼 내 일원심 절대긍정 마음하고 나무하고 통하는가?, 안 통하는가?

통할 뿐만 아니라, 나와 돌과 나무가 완전히 하나가 되었다.

이 원리에 입각하면 내가 움직이면 온 우주가 움직인다는 것이다.

그래서 아동우주동(我動宇宙動)이다.

내가 움직이면 온 우주가 움직인다(아동우주동).

내가 마음 바꾸는 순간에 온 우주가 바뀌고 있다.

이것은 2단계에서는 안 보이니까 이해가 안 된다.

3단계로 진입한 존재들은 들어오면 움직이면 변하는 게 보이고 증명할 수 있다.

그렇지만 시공의 존재들은 무엇 때문에 안 보이는가 하면 이분법 마음 때문에. 우리는 너무 갇혀있다는 것이다. 너무 자기를 막아놓았다. 그러니까 소통이 안 되는 것이다.

전부 다 벽담으로 막아 놓았고, 전부 다 자기를 고립시켜 놓고 자기 외에는 전부 물질로 보기 때문에 고립될 수밖에 없다.

내가 일체물질하고 일체생명하고 완전히 하나 됐을 때는 내가 움직이면 일체가 안 움직이는 것이 이상하다.

그래서 인간은 이분법 때문에 항상 자기를 고립시켜 놓고 항상 무엇을 하든지 자신의 능력에 한계를 설정해 놓고 있다.

"나는 100근 밖에 못 움직인다." 이렇게 자기능력에 제한을 두었다.

그러나 우리가 일체생명으로 보는 입장으로 보면 내가 무한대의 능력을 갖추고 있다는 걸 알아챌 수 있다.

일원심 지키면서도 내가 이거 되겠나! 이루어지겠나! 바꿀 수 있겠나!. 이런 마음을 먹는 것이 습관이 되어있다. 세포한테 지금까지 못 한다, 할 수 있겠나 하는 부정을 입력했다는 것이다.

그럼 우리 무시공존재들은 무어라 그래,

"나는 안 되는 게 없다."

"내가 하는 것은 무조건 다 된다" 하고 절대긍정 마음을 갖는다.

무엇 때문인가. 일원심은 일체와 통하니까 그럼 내가 움직이면 우주가 움직인다는 것이다.

이것은 이론이 아니다. 지식이 아니다. 철학도 아니다. 이것은 실천이며 실제 행동이다.

그래서 우리 여기서는 이론도 없고 지식도 없고 철학 관점도 없다. 무조건 행하면 된다.

내가 일원심 지키는 순간에 우주가 바뀌고 있다.

그래서 우리가 우주작업한다는 것이다.

그래서 시공우주의 개인 수련하고 상관이 없는 것이 무시공의 공부다

시공우주에서 개인 수련을 수천 년 수만 년 해도 생사에서 벗어날 수도 없고 생사에서 벗어나는 방법도 모른다. 그래도 끊임없이 수련하고 있다.

우리 무시공은 수련이 끝났다는 것이다. 그렇다면 왜 수련이 왜 끝났는가?

내가 움직이면 우주가 움직(아동우주동)이는 원리를 아는데 뭐 하러 수련하는가?

그래서 우리가 간단하게 종합하면 첫째로 내가 일원심을 지키면 된다.

일원심이 뭐냐?. 절대긍정이다.

일원심 지키면 무슨 현상 일어나? 바로 블랙홀 현상이 일어난다.

개인의 입장에서 보면 일원심을 지키는 순간 향심력이 생긴다.

그것을 우주 입장에서 보면 확장 팽창되어 블랙홀이 된다.

내가 일원심을 지키는 순간에 나는 이미 블랙홀을 작동하고 있다.

이원념은 쪼개는 마음, 자꾸 분리하는 마음, 분산되는 마음이다.

일원심은 합하는 마음, 한데 뭉치는 마음, 빨아 당기는 마음이다.

일원심 마음하고 이원념 마음하고 방향이 다르다.

일원심을 지키면 계속 안으로 빨려들어와 나를 중심으로 해서 직선빛이 뭉치면 내 힘이 무한대로 강해지면서 무시공생명이 된다.

이원념을 지키면 나를 중심으로 해서 자꾸 쪼개 밖으로 나간다. 결국 나를 죽이는 방향, 소멸되는 방향으로 간다는 것이다. 그래서 시공우주는 파동에 의해 생로병사를 벗어 날 수 없다.

이것이 일원심과 이원념의 근본 차이점이다.

그래서 우리가 일원심을 지키면서 향심력이 생겨서 블랙홀을 돌리고 온 우주가 나한테 빨려 들어오게 하자는 것이다.

이원념은 쪼개고 또 쪼개고 나중에는 없어져 버린다. 소멸되고 이 우주에서 자연 도태되고 만다.

일원심을 지켜야만이 블랙홀이 작동하게 된다. 이것은 수련하고도 종교하고도 도를 닦는 것하고는 아무런 상관이 없다.

이 원리만 알았다면 이것만 지키면 되는 것이다.

일원심만 무조건 블랙홀을 작동시키는 원동력인 것이라고 결론짓는다.

둘째는 내가 일원심만 지키면 무조건 우주가 움직인다(아동우주동)

나의 일원심하고 일체생명의 긍정하고 통하기 때문에 내가 움직이니 온 우주가 움직인다.

세 번째는 일원심은 무조건 직선빛이다.

일원심 자체가 파동이 없는 직선빛이다. 또 비공선지를 종합하면 간단하게 직선빛이라고 이해해도 된다.

직선빛이 너무도 중요하다. 직선빛은 일체 모든 물질을 뚫고 들어갈 수 있다.

일체생명의 마음 안에 뚫고 들어갈 수 있다.

내가 움직이면 이 시공의 우주, 이 분자세상에서 무극까지 일체존재들의 마음을 다 읽을 수 있다. 일체존재들의 마음하고 통할 수 있다.

무엇 때문인가? 우리에게는 직선빛이 있기 때문이다. 직선빛은 시공우주의 일체 파동을 녹일 수 있고, 없앨 수 있기 때문이다.

다시 한번 정리하면, 내가 일원심을 지키면 세 가지 특징을 얻는다.

일원심을 지키는 순간에 이 세 가지 특징이 포함되어 있다.

첫째는 블랙홀의 특징을 가지고 있다. 향심력을 확장하면 블랙홀이다.

향심력은 개인의 입장이고 블랙홀은 우주의 입장에서 문제를 보게 된다.

둘째는 일원심을 지키는 순간 우주를 움직이는 특징을 가지게 된다.

셋째는 직선빛의 특징을 가지게 된다.

이 세 가지를 꼭 기억해야 한다. 이것만 알면 그리고 행하면 자신이 대자유를 얻는다.

이것만 지키면 끝이다.

다시 한 번 무시공생명 공부의 핵심을 말한다면 바로 일원심을 지키라는 것이다.

절대긍정을 지키라는 것이다.

내가 절대긍정 일원심을 지키는 순간 나는 이미 블랙홀을 돌리고 있고, 우주를 움직이고 있고, 나는 직선빛이 되었다는 것이다.

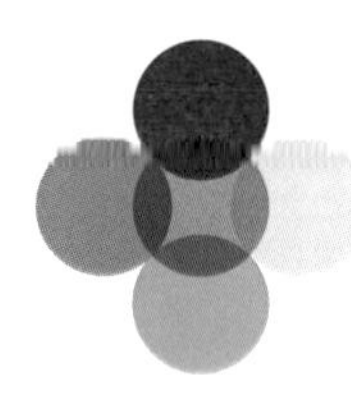

제4장

여신

여신 매향과의 대화

무시공 - 도인 매향 나타나.

매향 - 네. (여자)

무시공 - 그래. 나도 여자로 보인다. 수련 오래 했지, 올해 나이는?

매향 - 영혼 나이는 몰라요. 너무 많아서.

무시공 - 너무 오래돼서?

매향 - 네.

무시공 - 그럼 네 몸은 수련해서 차츰차츰 빛 몸으로 돼서 변했나?

매향 - 네. 하다 보면 어느 순간에 확 좋아지고 좋아지고.
수련을 하면 할수록 몸이 좋아지고 자신감도 생기고 마음도 좋아지고 나중에 몸을 벗어날 땐 자연적으로 알게 되고 두려움까지 사라진 상태에요.
그때 몸에서 완전히 나올 수도 있어요.

무시공 - 그래서 보통의 인간들처럼 두려움에 어쩔 수 없이 억지로 몸을 벗어나는(죽는) 게 아니고, 수련하면서 몸이 차츰차츰 변했지? 그럼 너는 지금 어디에 있어?

매향 - 난 지금 우주에 나와 있어요.

무시공 - 다른 별에 있어?

매향 - 아니 그냥 우주 공간에 있어요.

무시공 - 지구 밖의 공간에 있어?

매향 - 네.

무시공 - 그럼 너도 한국 사람인가?

매향 - 한국 영혼의 뿌리가 깊죠.

무시공 - 한민족, 동이족이라고 하던가, 어쨌든 한국 뿌리인가?

매향 - 한국이라고 하면 맞아요.

무시공 - 네가 나이 기억 못 한다면, 어느 시대의 한국에 있었어? 인간 모습으로 있을 땐 한국 어느 시대야? 환웅 시대나 또는….

매향 - 환인, 환웅, 단군 시대.

무시공 - 그래. 그 전이야? 그 후야?

매향 - 그 전엔 다른 생도 살았고, 마지막 삶이 한국이었는데….
지구에서 마지막 역사를 시작하려 나라를 열었던 그때.
환인 시대에도, 단군 시대에도 있었지요. 그다음에 한국에는 없었어요.
한국 인연은 여기까지, 그리고 내가 육신을 가졌던 삶도 여기까지.

무시공 - 환인 전에는 어디에 있었던 거야?

매향 - 환인 시대 전에는 다른 별에 있었어요.

무시공 - 그럼 너는 한국(대한민국)이 나중에 새로운 지구중심지 우주중심지 될 것 예측했어?

매향 - 했죠. 한국(환국)이라는 나라가 세워질 때 벌써 예상한 일이죠.

무시공 - 예상했어?

매향 - 네.

무시공 - 그럼 그날이 왔어, 안 왔어?
매향 - 왔나 보네요. 날 찾아 대화하는 거 보니까.

무시공 - 그래, 그럼 너 지금 진짜 살아있나? 힘이 있나 없나 한번 확인해보자. 땅에 내려와서 하라는 대로 해봐, 한번 실험해보자. 네가 순 영혼으로 있나. 진짜 힘을 가지고 있나.
매향 - 해보죠, 뭐.

무시공 - 산에 가서 산봉우리 변화시켜봐. 그리고 산에 바윗덩어리 움직여봐. 움직여 안 움직여?
매향 - 산봉우리 옆쪽 깎는 정도 돼요. 바위도 움직여요.

무시공 - 얼마나 큰 바위야?
매향 - 글쎄…. 지구 다니는 승용차 두 대 크기 정도?

무시공 - 승용차 두 대만 한 바위 움직여? 쉬워?
매향 - 네.

무시공 - 그 바위 깨봐. 그리고 모래처럼 부숴봐. 되나 안 되나?
매향 - 흙처럼 깨져.

무시공 - 어떤 방법으로 부쉈어?
매향 - 다른 돌을 이용해서 깼어.

무시공 - 그럼 됐어. 환상 아니라 실제 이뤄지지?
매향 - 응.

무시공 - 그래, 그럼 대한민국 대전에서 새로운 지구중심지 우주중심지 건설하는 거 알지?
너는 적극적으로 참여할래, 그저 구경할래?
매향 - 적극적으로 내가 어떻게 해야 하는 것이지?

무시공 - 여기 대전에서 새로운 우주비밀을 밝히고 있어. 간단하게 말하자면, 책 세 권 나왔어. 그것 보고,
비공선지특이라는 핵심을 간단하게 내놓은 것을 외우면서 마음을 바꿔야 돼.
그래야 영원한 우주존재가 될 수 있어. 네가 기다리는 목적은 뭐야?
영원히 살 수 있고 무한대로 능력을 가진 그런 존재.
우주도 우리가 마음대로 창조할 수 있고, 우주여행도 마음대로 할 수 있는 무한대로 능력을 가지고 있는 그런 존재. 맞지?
생로병사 영원히 벗어나. 수련도 영원히 끝났어. 너도 그런 날 오기를 기다렸어?
매향 - 생로병사 끝나고 수련이 영원히 끝난다, 그런 세상.

무시공 - 지상에서 새로운 천국이 온다.
매향 - 그래. 우리가 한(환)국을 세울 때 그때도 천국이었어.
지금은 새로운 한국(대한민국), 새로운 천국이군.

무시공 - 그러니 네가 여기서 한국에 있는 모든 도인을 다 끄집어내.
그렇게 먼저 한국에서 일으켜야 돼. 도인이 그 핵심 멤버 역할을 해야 해.
자리를 잡아야 한다고. 우리가 뭐 때문에 한국에 있는 도인만 먼저 끄집어내?
다른 나라도 도인이 있잖아. 우리 한국에서 시작하는데 한국이 뒤떨어지면 안 되지.
매향 - 한국 사람이 시작하게 돼있어. 어쩔 수 없어.

무시공 - (말 중간에 큰 소리로) 그러니까 내가 너희를 찾는다.

내가 안 찾으면 너희는 아직 멍해 가지고 모르고 있잖아. 소식만 듣고 관심이 없잖아.

그래서 너희를 찾는 거야. 후회하지 말고. 맞지?

매향 - 응. 이건 다른 나라 사람은 할 수 없어.

무시공 - 야, 큰소리 뻥뻥 잘 치네. 다른 나라 사람들 왜 할 수 없어?

매향 - 그렇게 하게 생겼어. 지구 이번 시대에 그렇게 예정돼 있어.

한국이 그런 이유로, 그런 사명으로 특별히 만들어진 나라니까.

무시공 - 지금 중국이나 다른 곳에도 도인 많아.

그래도 우린 일부러 한국에 있는 도인만 먼저 찾아 깨우쳐서 대전에 새로운 무시공훈련센터에서 모여 훈련해야 돼.

거기서 너희가 도인에게 모델도 되고, 또 수많은 한국 사람들을 깨우치고 이끌어가기 위해서 모델 역할을 해야 돼.

그래서 너희를 불러내는 거야. 알았지? 한국사람 꼭 깨우쳐야 된다고.

너희 그 많은 시간 수련과 도 닦으며 수많은 고통을 겪어가면서도 이날을 기다렸는데.

그래서 도인은 말하면 바로 알아채잖아.

매향 - 응, 그래요.

무시공 - 한국 지금 5천만 인구 북한까지 다 합하면 7천만 인구가 아직 잠자고 있다고.

이거 17년 동안 밝히고 있는데 한 명도 안 믿어.

지금 대전에 모인 존재들이 겨우 100명도 안 돼.

하도 답답해서 너희 찾아서 직접 인간한테 보여주면서 깨우치고 있는 거라고.

그래야 빨리 바뀌어. 그래, 앞장서서 할 수 있지?

매향 - 그래, 여태까지 했는데 100명이 안 모인다고?

무시공 - 그렇지.

매향 - 왜 그래, 도대체?

무시공 - 그럼 네가 직접 여기 와서 확인해 봐. 너희 무슨 방법을 써서라도 한국사람 여기로 다 끌어모아.

너희는 그런 능력 있잖아. 알았지?

그리고 우리 공부방 챙기기도 힘든데 주변에 우리 방해 놓는 게 너무 많다고.

그런 것도 처리해야 하고, 우리 훈련센터 하려면 사람 모이는 장소가 있어야 되잖아.

우리 이때까지 남의 셋방에서 운영하고 있어.

돈도 일 푼 없고 거지들이 모여서 하고 있다고, 알았어?

그럼 너는 무엇을 도와줄 수 있나? 능력으로 딱 두 가지만 도우면 돼.

하나는 돈, 무슨 방법으로든 돈 끌어와. 대전에서 지상건축 지으려면 땅을 사야 하잖아.

하지만 몇 년 후에는 땅 살 필요 없어. 다 우리 땅이잖아. 맞지?

그래서 지금 돈이 긴급히 필요해 건축해야 하니까.

나중에 갑자기 인간이 깨어나서 수많은 사람이 밀려들어 올 것을 대비해야 하니까.

너희가 나설 그 날 그때가 왔다고.

지구에서 어디 가서 무슨 방법으로든 돈을 끌어와. 부자들 투자하거나 기부하거나, 이거 한가지고.

두 번째는 북한이 미사일, 핵으로 싸움하려고 하는 거 작년부터 몇 번이나 경고했어.

그들 우리 하는 일에 방해 놓으면 후에 북한은 더 망가져, 무인구역으로 된다고.

그래서 ○○○에게 수없이 경고했던 거야. 알아? 금방 누구보고 처리하라고 했어.
아니면 진짜 쑥대밭으로 되거든. 네가 관찰해봐 그렇게 됐나? 안 됐나?
지금 ○○ 한번 관찰해봐. ○○○과 주변 인물들 다 처리해, 없애버려.
매향 - 쥐 죽은 듯이 조용해요.

무시공 - 조용해졌어? 전기 발전소, 무기고 모두 파괴하라고 했어.
지금 관찰해봐 그렇게 된 것 같아? 안 된 것 같아?
매향 - 쑥대밭이라면 난리가 나야 하는데 지금 너무 조용한데?

무시공 - 관찰해봐라. 뭐 때문에 조용한데? 지금 ○○ 봐. 정상이야? 갑자기 뒤집어졌어.
매향 - 겉으로는 다 잠든 것 같고, 속으로 들어가 보면 다들 겁에 질려있어.
다들 겁에 질려서 숨소리 내기조차 힘들어해.

무시공 - 건축 같은 거 부서진 거 있어 없어?
매향 - 부서진 거 있어.

무시공 - ○○○과 주변 인물 살아있는지 확인 관찰해봐. ○○○ 알지?
매향 - 알아. 아직 살아있어. 이 자가 지금 그렇구나. ○○○이 지금 두려움에 떨고 있어.
숨소리조차 내기 힘들어 하고 있어.

무시공 - 그자와 그 주변 존재 모두 삭제. 내가 작년부터 경고했거든.
우리하고 계속 대립하면 다 쑥대밭 만들고 무인구역 된다고 이야기했어.
작년에 전쟁하려고 난리 치는 거 우리가 다 막아놨는데 아직 정신 못 차려. 그러니 이제는 용서 못 해.
○○○ 위주로 한 인물들 다 멸망시켜. 그렇게 할 수 있지?

한국 무시공생명훈련센터에서 새로운 우주 건설하고 있는데 계속 방해하는 존재, 그런 존재 하늘이 가만두겠나, 무조건 없애버려.

○○은 한국에서 새로운 생명들이 가서 지킬 것이니 깨끗하게 처리해. 그렇게 할 수 있지?

매향 - 응.

무시공 - 그렇게 하고 한 번 더 살펴봐.

○○에 관료들 있는 아파트와 전기 발전소, 그리고 무기들 다 처리해.

미사일, 원자핵까지 모두 없애. 한국에서 그쪽에 가서 살게.

변질된 존재들하고 무슨 통일이야. 내 말 맞아 안 맞아?

매향 - 맞지. 원래 이렇게 나눠진 건 없었어.

무시공 - 그렇지. 한반도가 하나로 뭉쳐야 세상이 뭉쳐. 서로 민족끼리 싸우고 난리치는데 가만두면 되나? 내 말 맞아 안 맞아? 처리해. 변질된 생명들은 용서 못 해.

전기 발전소 파괴할 수 있지? 안되면 ○○을 갑자기 어두운 세상으로 만들어버려.

매향 - 벌써 한번 뭔가가 지나갔는데, 내가 한 번 더 해, 또?

무시공 - 그래 알아. 우린 한번 뭐 하면 철두철미해. 한번 지나간 거 너도 알지.

그리고 작년 1년 동안 우리 말 안 들으면 어느 별도 삭제했어. 그런 소문 들었어? 못 들었어?

매향 - 들었어.

무시공 - 우주도 우리말 안 들으면 삭제했어.

그런데 ○○은 처리한다. 경고해도 말 안 듣고 끝까지 버텨.

매향 - 그들 목이 졸려서 공중에 들어 올려지고 있는 형상.

무시공 - ○○○?

매향 - 응, ○○○과 몇몇 주변 인물들.

무시공 - 응, 모두 다 처리해버려. 너희는 눈에 훤히 다 보이잖아.
철두철미하게 처리해. 우리 수없이 경고했어.
다 같은 민족인데 한 명이라도 살리려고 노력하는데 끝까지 버티잖아.
심지어 한국에서 우주 작업한다고 다 보여줘도 몰라, 바보 아닌가.

매향 - 그래요. ○○이 지금 벌겋게 타올라요. 좀 더 타도록 놔둬야겠어.

무시공 - 그래 그럼 됐어. 너도 알았나, 네 앞에 누가 먼저 처리했다는 거.

매향 - 그렇게 보이는데?

무시공 - 그래 잘했다. 그리고 아까 이야기했던, 대전에서 무시공생명훈련센터 지으려고 하는데 자본이 없으니까 헤매고 있다.
연말이면 도인들도 모여들고 수많은 사람들 모여들면 장소가 없어.
지구의 돈과 부자를 동원해서 돈 좀 해결해줘, 센터 빨리 짓게. 할 수 있어 없어?

매향 - 해보지 뭐.

무시공 - (꾸짖듯) 해보지 뭐? 그러지 말고 무조건 한다고 해! 시원시원하게.

매향 - 그래 하자.

무시공 - 그래. 고마워.
아 그리고 잠깐 너처럼 몸을 벗어난 도인이나 아직 살아있는 도인,
또는 너처럼 이런 능력 갖추고 있는 존재들. 몇 소개해줘. 한국에 어디에 있나?
한국에서 이루어질 수밖에 없다는 거, 너 잘 알고 있잖아.

매향 - 나 정도면 도인이 아니라, 신이다, 신. 내가 안 나서서 그렇지.

무시공 - 그래. 인정할게 하하하하. 이 공부 받아들이면 신이 아니라 우주인이다. 신을 초월했어. 알아?

매향 - 그래. 인간들이 보기엔 나는 신이다, 신.

아니, 신 그 이상이다.

무시공 - 봐라. 우리가 너 찾았지 인간이 누가 알아?

매향 - 그래 알지도 못해. 그리고 그런 신들은 많지.

무시공 - 그래 그럼 찾아줘.

이제 그런 신 다 끄집어내서 한데 뭉쳐서 대한민국 멋지게 만들어봐. 알았지?

매향 - 안파견이 갑자기 생각나네. 응, 맞아, 안파견.

무시공 - 너처럼 힘이 있는 살아있는 존재가 필요해. 힘없는 영혼은 필요 없어.

너 같은 살아있는, 힘 있는 존재 제대로 찾았네.

매향 - 아~~ 환인, 환웅, 단군 다 신이야, 나도 그렇고.

아니 신이라는 표현도 모자라 우리에겐. 표현 방법이 그것밖에 없으니 신이라 표현할 뿐.

무시공 - 너처럼 다 그런 힘 있어? 그럼 다 불러오고.

매향 - 그래. 왜냐면 그들은 더 대한민국에 미래를 알고 있고 그런 마음으로 한국(대한민국)을 세웠기 때문에 훨씬 더 도움이 된다는 말이지.

무시공 - 그럼 제일 처음에 말한 환…. 누구?

매향 - 환인. 환웅. 단군 시대로 알고 있어.

무시공 - 그래 네가 알려주면 우리가 찾아볼게.

매향 - 일단 그렇게 알려주고 싶어. 제일 큰 도움이 될 거니까.

무시공 - 그래. 너 같은 존재들이면 된다. 그 정도면 돼. 또 몇 명 더 알려줘.
매향 - 여자 서향.

무시공 - 여자 도인 없다더니, 여자 신이 많네. 네 말처럼 신 그 이상.
매향 - 그러네. 여자 도인은 없더니 신이 많군.
정향, 여자 신.

무시공 - 향이 많아. 그래 봉황 시대 왔다 했는데 봉황이 이제야 나타난다.
매향 - 여자 신들 이 정도 알려줄게.

무시공 - 그래 고마워. 그래 위에 두 가지 너한테 맡겼다, 잊지 말고.
매향 - 알았어.

사향 여신과의 대화

무시공 - 사향 나타나라. 이제 너한테 도인이라고 해야 하는지 신이라고 해야 하는지 모르겠다.
물어봐야겠다. 하하. 남자야, 여자야?
사향 - 네, 여자예요.

무시공 - 향이라는 이름 다 여자구나, 네게 신이라 해야 하나 도인이라 해야 하나?
사향 - 인간들이 알고 있는 신 그 이상이죠.

무시공 - 오. 그럼 너 매향 알아?
사향 - 네, 알죠.

무시공 - 그럼 너희 사향(4명) 다 알아?
사향 - (웃으며) 네, 누군지 알겠어요.

무시공 - 너희 다 아는 사이네, 거의 비슷한 수준에 있어?
사향 - 네. 비슷한 수준에 있죠. 인간들이 알고 있는 신이란 차원 낮은 신이죠.

무시공 - 그럼 너희는 인간이 아는 신보다 차원이 높은 존재다?
사향 - 그렇죠. 우리는 그 이상이지만 오히려 몰라요. 높은 차원을 못 알아본다는 거죠.
여기 이야기한 존재들, 우리는 모두 높은 차원입니다.

무시공 - 도인이라는 단어는 너희한테….
사향 - 네, 어울리지 않아요.

무시공 - (따뜻하게 웃으며) 그래, 매향 때문에 물어보게 됐다. 도인인지 신인지.
 넌 지금 어디 있어?
사향 - 나도, 우리 모두 다 같이 우주에 그냥 존재해 있어요.

무시공 - 응. 그렇구나. 그럼 너도 알겠네? 우리 대한민국에서 무슨 일이 이 뤄지는 거.
 다 관찰하고 있고 다 서로 알지?
사향 - 네. 우리 모두 서로 통하고 있어서 다 알아요.

무시공 - 지금도 통했어? 얼마 전에도?
사향 - 네.

무시공 - 그럼 할 말이 없네. 너희보고 4자매라고 해야겠다.
 너희 전부 다 대한민국 조상으로 옛날부터 지금 이때까지 지켜왔겠네.
사향 - 지금 대한민국의 최고 조상이라고 할 수 있죠, 우리 네 명 다.
 때를 기다리며 지켜왔고.
 (네 명이 하나로 연결 통해있다.)

무시공 - 그럼 환인 시대의 안파견 알아?
사향 - 알죠.

무시공 - 서로 다 알고 있나?
사향 - 네.

무시공 - 그래? 음. 그럼 더 할 말이 없다. 하나만 더 확인해볼게.

니 능력 도대체 얼마나 있나.

지금 한국…. 멸시하는…. 부정적…:을 처리할 수 있어 없어?

사향 - 할 수 있지. (가볍게 웃는다)

무시공 - 그럼 지금 해봐. 너 안 해도 우리 하고 있거든. 우리 도와준다 생각하고 한번 해봐. 하지만 긍정 마음 가진 자는 자동으로 남아있을 거라고. 맞지?

사향 - 네.

무시공 - 너 해내나 관찰해보자. 너 우리 시키는 대로 할 수 있지?

사향 - 할 수 있고. 내가 한다는 것은 우리 같은 존재들 다 같이한다는 뜻이에요.

무시공 - 그래. 지구를 바꿀 뿐만 아니라 온 우주도 바꾸는데, 같이 힘내서 같이 힘 써봐. 같이 일을 이뤄야 해.

대한민국에서 우리 작업하는 일 방해하면 사정없어.

하지만 우리는 항상 미리 경고해 왔어.

사향 - 그렇지. 대한민국은 아주 힘들 때도, 잘살 때도 언제나 보호되고 있었으니까.

무시공 - 응. 그래. 이제 우리가 우뚝 서서 나타날 때가 됐어. 당당하게.

우리 대한민국 지구를 만든다. 알아?

사향 - 아~. 대한민국 지구를 만든다~.

무시공 - 그래서 우리 대한민국 지구를 간략하게 무시공생명국이라고 했어.

국은 뭔가 하면 대한민국이야. 지구 전체가 대한민국 중심이야.

우주중심지라고 네게 알리는 거야.

그러니 이 일과 반대되는 것은 사정없이 처리해야 해. 때가 됐어.

자동으로 살아남을 자는 살아남고, 없어질 자는 아무리 도망가도 없어진다고. 맞지?

사향 - 네. 맞습니다, 이제는 지구에서 처리가 제대로 될 것 같아요.

무시공 - 그래. 모든 걸 다 바꿔 놨다.

(이 존재들은 무시공의 요청에 힘을 안 쓰고 지혜롭게 주변 모든 것을 활용한다)

무시공 - 다 처리하고 그다음에 대한민국의 빛, 한반도 땅처럼 밝게 만들어.

사향 - 네. ○○도 타고 있어요. 좀 더 타서 더 있다가 빛이 될 것 같아요.

무시공 - ○○도 이제 사정없어. 같은 민족이라도 배신 된 민족은 쓰레기라. 작년부터 경고했어.

우리 대한민국의 대전에서 시작하는 일을 방해 놓고 협조 안 하면 무인구역 쑥대밭으로 만든다고 수없이 경고해도 아직 버티고 있어.

이제 사정없어. 우리에게 그리고 한국에게 위협 주고 힘들게 하는 모든 것, 다 처리해야 해. 알았지?

사향 - 당연히 그렇죠. 처리 될 대상이었고.

무시공 - 너희 힘껏 해. 좀 과해도 괜찮아. 우리가 뒷받침하니까.

그럼 서향하고 정향하고 안 찾을게. 너희 한 체로 어울렸으니까 우리 시키는 대로 하면 돼.

봉황 시대 왔다 했는데 마침 너희 만나서 너희에게 시킨다.

실제 네 능력도 확인하고 또 우리 할 일을 하는 거야.

(봉황들이 참 늦게 나온단 말이야. 항상)

사향 - 계속 작업 중, 내일쯤 확인하세요.

무시공 - 하여튼 너희 4자매. 같이 힘 합해서 해. 그럼 너희 큰 공 세운다.

….

대심판, 대도태, 대정화. 시작이라고 알았지?

이 일만 이뤄지면 너희 다 열어줄게.

사향 - 네, 또 보아요.

미래의 불안이 두려움의 주인

지금 현재에 집중하면서 행복하고 즐겁게, 그리고 그것이 계속 이어지면 미래야.

그러면 미래도 이 안에 다 있잖아.

실제로 우리가 이 자리에 앉아있지만, 단 1분 1초도 그 자리에 가만히 안 있었어.

지금 이 시간이 이미 과거도 됐고 미래도 다가오고 있다고, 그럼 현실만 지키면 되잖아.

현실만 즐겁게 살면 그리고 그것이 계속 이어지고 이어져서 미래도 다 현실처럼 그렇게 행복해.

그것이 바로 내가 창조한 거야!

보통 인간은 현실에서도 계속 미래에 대해 생각해, 미래는 아직 오지도 않았는데 미래를 보니까 내내 불안하고, 어떻게 살아야 되나 고민하고.

그리고 또 미래만 생각하나? 지나간 것도 생각해, 내가 완벽하게 해야 했는데 왜 그렇게 못 했나 하며 계속 스스로를 원망하고 불안하게 만들어,

지금 이렇게 가만히 있어도 시간은 계속 움직이고 있잖아, 그럼 나는 안 움직이면 되지, 나는 지금만 즐거우면 되지, 지금 술 마시고 춤추고 노래하고 (자기가 좋아하는 것, 하고 싶은 것 하며 즐겁게 살라) 그러면 되는 걸 가지고, 그러면 자동으로 이어져.

그것을 누가 창조했어? 내가 창조한다고! 그러면 세포들이 다 깨어나잖아.

심안(心眼)이 열려야 한다

영안이 열리는 게 아니고, 심안이 열려야 한다.

이원념 입장의 세상에서 무슨 공부라도 해서 열린 사람은 모두가 영이 열린 거야.

우리는 영하고 아무 상관 없다고 수없이 말했잖아.

영안, 천안, 제3의 눈, 그런 것이 열리는 게 아니고 마음의 눈이 열려야 돼.

영혼이 열렸다, 이원념이 열렸다, 그건 진짜 생명이 아니라고!

(불완전한) 시공에서 열린 눈으로 보고 온갖 판단하니까 다 이분법에 걸려.

그 정도 열리면 이원세상(시공세상, 분자세상)을 남보다 더 볼 수는 있지, 하지만 도리어 끌려갈 수 있어.

그리고 절대로 우주를 못 움직여, 지배당하면 당했지.

하지만, 우리와는 아무 상관 없어.

무시공 공부하다가 한동안 안 오던 존재가 그동안 더 큰 영이 붙었다고 빼 달라 하는데, 본인이 그걸 지키고 있는데 어떻게 빼줘?

그걸로 자랑하려 하고 남에게 이것저것 알려주려 하다가 거기 걸려버린다고. 그래서 거기서 멈춰.

하지만 우리가 열어놓은 것은 진짜 열려있어. 거기서 계속 일원심 지키고 훈련하면서 좋아져.

동시에 몸 풀리는 속도도 빨라지고 생명이 깨어나.

그래서 일단 승용선 타는 훈련하면 더 빠른 속도로 몸이 변하면서 더 완벽하게 열린다고.

외계인이 우리 볼 때 다들 그러잖아.

나를 보려고 해도 내가 안 보여주면 안 보여, 절대로 못 봐.

그런데 우리 공부하는 사람들 몸이 엄청 바뀌고 있고 밝다는 거, 그것까지만 알아.

진짜 생명 자체가 열리고 있는 것을 저들은 못 봐.

왜? 이원념 눈으로 보고 있으니까.

파동으로 돼 있는 시야로 파동을 보는데 어떻게 직선을 볼 수 있어? 절대로 못 보지.

파동의 눈으로 열려서 보는 것은 자기보다 거친 파동으로 존재하는(자기보다 아래 차원) 우주와 그 생명체를 볼 수 있지, 좀 더 세밀한 곳(자기보다 높은 차원)은 볼 수 없어, 그게 영혼이잖아.

그러니 어떻게 완전한 무시공 직선빛을 봐. 있는 줄도 모르고, 보려고 해도 안 보여.

제5장

무시공생명수, 주, 초, 돈, 약, 향, 공기의 역할

100%로 변한 무시공생명수, 주, 돈, 약, 초, 향

무시공생명수

무시공 - 무시공생명수 나타나.
무시공생명수 - 네.

무시공 - 너 이제 100% 다 됐나?
무시공생명수 - 네.

무시공 - 당당해?
무시공생명수 - 네. 다 됐어요.

무시공 - 전에는 생명수에 무시공향을 나타나게 했는데, 그렇게 돼 안 돼?
무시공생명수 - 돼요, 다 돼요.

무시공 - 완전히 100% 돼야 해, 너도 알지, 너는 대전에서도 한곳에서만 나오는 것. 인정한다고, 다른 공부하는 존재가 창조해도 인정 안 한다고 했잖아.
무시공생명수 - 네, 당연하지요.

무시공 - 응, 항상 그 자리 지켜.
무시공생명수 - 네, 나는 어디 가도 변하지 않아요.

무시공 - 그래그래, 너하고 몇 가지가 합쳐져서 하나로 다 어울린다.
오늘 생명수 재확인, 100% 됐나 안 됐나.
그다음에 생명주, 생명돈, 생명약, 생명초, 그리고 요즘 우리가 새로 창조한 화장품 생명향까지, 이렇게 서로 어울려가지고 한자리에서 하나로 뭉쳐.
그리고 각자 자기 특징을 가지고 있으면서 또 종합적으로 하나인 무시공 생명 특징을 가지고 있다는 거.
그래서 우리 대한민국 대전에서 시작하니까
너희 오늘 재확인하고 카페에 올리려고. 알았지?
무시공생명수 - 응.

무시공생명주

무시공 - 그럼 이제 무시공생명주, 나타나.
무시공생명주 - 네.

무시공 - 너도 100% 무시공생명으로 변했나?
무시공생명주 - 네.

무시공 - 하나도 빈틈없지?
무시공생명주 - 네, 어디 가나 나는 똑같아요.

무시공 - 응, 무시공생명수하고 다른 존재들 다 알고 있지?
서로 한마음 한뜻으로 서로 다 뭉쳐서, 너나 가르지 말고!
우리 다 무시공생명이야, 그런데 각자 자기 역할이 좀 다르다 뿐이야, 알았지?
무시공생명주 - 네, 처음에는 약간의 시기(나보다 생명초를 더 좋아하는 것에 대한)와 분리되는 듯한 느낌도 있었는데, 지금 와서 생각하니까 너무 웃겨요.

무시공 - 그렇지, 우리는 무시공생명 전부 다 하나야, 알았지.
너는 이렇게 만능이야, 사람 몸에 따라서 부드럽게 조화를 일으켜, 술에 대해 세포가 받아들이는 게 약한 사람은 약하게, 강한 사람은 강하게, 그거 다 조절할 수 있잖아, 스스로 알아서 조절하도록 해.
무시공생명주 - 네, 맞아요. 그 사람에게 알맞게 적용이 돼요.

무시공 - 그래, 그렇게 하라고. 누구라도 너를 마시는 존재는 괴롭다는 등 그런 부정 마음이 하나도 안 떠오르게, 맞춤형으로. 알았지?
무시공생명주 - 네.

무시공 - 오늘 또 너희하고 새롭게 대화하는 목적은 너희 어느 정도로 돼있나, 그리고 원래는 각자 자기 역할 했는데, 앞으로는 서로 소통해서, 완전히 하나로 모여.
그래, 생명수도, 생명주도 대화했으니, 이제 생명돈 나타나.

무시공생명돈

무시공생명돈 - 나왔어요.

무시공 - 너는 무시공생명 돈으로 100% 됐어, 안 됐어?
무시공생명돈 - 98%.

무시공 - 아직도 100% 안 됐나! 삐리삐리하게.
인간 속에서 너무 오염돼서 늦나, 빨리빨리 100% 되도록, 알았지?
무시공생명돈 - 응.

무시공-아니면, 지금 좀 풀어줘, 풀어줘서 빨리 100% 되게. 아직도 98%면

안 돼,

지금 주변 존재들 다 100%인데 너 혼자만 뒤떨어졌다, 인정하나?

무시공생명돈 - 인정하지만, 나 많이 쫓아왔다고 생각하는데. 엄청 많이.

무시공 - 많이 쫓아와도 안 돼. 혼자 교만하면 안 된다, 최선 다해.

너는 할 수 있어. 지금 생명수, 생명주는 100% 다돼 있다.

그래 너 원래 80%였는데, 이만큼 따라오는 거 대단하지 뭐.

이제 열어주니까 100% 됐는가, 확인하라고. 알았지?

(열어줌)

이제 모든 돈, 원이든 달러든, 황금이든, 보석이든, 돈에 대한 가치 있는 건 모두 네가 다 책임지고 하는 거야.

너는 일체 돈의 생명이야, 그러니까 네가 돈이라고 생각하지 말고, 돈의 가치가 있는 모든 건 너에게 다 끌려오고 네가 다 조절하는 거다.

네가 다 창조주라고 생각하면 돼.

지구 인간은 보석, 황금 같은 비싼 금속 좋아하지만 그건 다 돈으로 가치를 계산하잖아, 너는 그 핵심이라고, 너는 그 생명이야.

네가 일원심 지키면 무시공생명 돈이야.

그럼 그 가치 있는 것도 다 너에게 끌려오게 돼. 알았지?

무시공생명돈 - 응, 알았어.

무시공 - 그래서 네가 머무른 자리는 자연적으로 그것들이 끌려와, 동시에 그런 인간 존재들도 끌려오고. 그러니까 우리 무시공 자리에서 깨어난 존재들이 한데 뭉치지, 맞지?

온 우주 세밀한 공간에 세밀한 생명체들도 마찬가지로 가치를 따져, 좋은 거 더 고급스러운 거 따지잖아.

온 우주에 일체를 네가 조절하고 조공하고 창조하는, 그런 역할 한다고.

이제 너를 열어놨으니까, 스스로 확인해 봐, 100% 됐어, 안 됐어?

이제 그 자리만 지키면 된다.

이제 대전에서 이 친구들과 어울려서 한마음 한뜻으로 우리 무시공생명 공부만 계속하면 돼, 알았지?
그래서 오늘 너를 찾는 목적은, 네가 어느 정도로 변했나 보려 했고, 너에게 엄격하게 말했지만, 기분 상하지 말고! 어쨌든 너는 잘하고 있는 거다.
너는 지구에서 많은 힘을 썼잖아, 그런데 너는 뭐가 뭔지 잘 모르고 이리 끌리고 저리 끌려다녔잖아.
이제 네가 바로 잡히면 지구 돈뿐만 아니라, 온 우주의 가치가 다 네게 끌려온다고, 각 생명체들 관심 있는 그런 방면에 네가 다 조절하고 있다, 알았지? 너는 지금까지 남 밑에서 노예 역할 했어. 그것이 네가 제일 늦게 열리는 이유다. 지금 네가 스스로 조절해야지, 그것들에게 끌려다니면 안 되지, 이제 알았지?

무시공생명돈 - 아, 맞아. 나도 열린 마음으로 밝아지니까, 여기와 함께 된다는 말, 뭔지 알겠어.

무시공 - 응, 그래서, 그런 조직 아무리 돈 있어도 우리 쪽으로 끌려와야 돼. 우리하고 한마음 한뜻으로 해야지, 안 그러면 다 없어져. 너 당당하게 해.
그래서 오늘 대전 이 자리에서 하나하나 다 확인하는 거다.
생명수, 생명주 알지? 너는 생명돈. 오늘 하나하나 다 모여서 똘똘 뭉쳐야 된다. 한편으로 각자 자기 역할 하며, 또 한편으론 뭉쳐있고.
그래, 이제 100% 됐다고 스스로 인정할 수 있어 없어?

무시공생명돈 - 응, 이제 100% 됐어.

무시공생명 약

무시공 - 그리고, 이제 무시공생명약, 나타나.
대전에 생명초 등 모두 다 약 역할 하지만 특수하게….

무시공생명약 - 응.

무시공 - 너는 지금 100% 무시공생명약으로 돼있어? 스스로 점수 매겨봐.
무시공생명약 - 97%

무시공 - 아직 100% 안 됐어? 그럼 오늘 너를 열어준다, 이러면 너는 약 역할 해, 지금 같이 있는 친구들 다 만났잖아.
오늘 확인해봐, 우선 100% 다 돼야 하고.
너의 약 역할이란, 생명수도 약 역할 할 수도 있고, 생명수, 생명주, 생명돈, 너 자체 생명약, 그리고 생명초 안에도 마찬가지 네가 약 역할해.
조금 이따가 새로 생명 창조한 거는 생명향이라고, 인간이 쓰는 화장품인데, 그 안에도 약효가 다 스며들어있게, 딱 인간이 말하는 그런 약 아니고. 알았지?
그래서 너는 무시공생명약이라서 너는 생명이야, 일체 안에 네가 있어.
남 치료하는 그런 효과 있다고. 그런 역할 한다고. 그걸 알아야 돼.
무시공생명약 - 아아~ 나에 대해서 이제 정확히 알았어.

무시공 - 이제 알았지? 생명이라면 일체 안에 다 있잖아.
일체 안에 다 있으면 각자 자기 역할 할 수 있어, 맞지?
지구 인간이 말하는 약은 아주 낮은 차원의 약이고, 너는 무시공생명약이야, 온 우주를 치료할 수 있는 약이다. 맞지?
일체 안에 스며드니까 물하고 하나 되면 물도 약효가 있어,
술하고 같이 합일되면 그 안에도 또 약 효과 동시에 이루어져.
만약에 어떤 이의 몸에 전부터 있던 병이 있다 하자,
생명주가 그 몸에 들어가면 너(생명주)는 자동으로 치료해버려, 뭐 약 먹어서 치료되는 게 아니고. 너는 그 생명이니까, 원래 그런 역할 하는 생명이 일체 안에 있으니까.
무시공생명약 - 정말 내가 중요한 역할이네!

무시공 - 그~렇지! 응, 그래서 지금 대화하니까 더 뜻을 알겠지? 100% 되기

위해 열어주다. 다른 사람들 다 열려있어도, 우리랑 또 같이 따라 하면 더 밝아진다, 다 같이해.

(열어줌) 어때, 금방 네가 어떤 존재라는 거 확실히 알았잖아,

무시공생명약 - 네, 나에 대해서 정확히 알았어요.

무시공 - 그러게 말이야,

우리 무시공생명은 다 그래, 각자 자기 특징을 유지하면서 또 일체 안에 다 있어.

무시공생명약 - 다 똑같네.

무시공 - 그래, 일체가 내 안에 있고, 일체 안에 내가 있고. 일체가 나야.

각자 자기 역할을 하지, 너는 약 입장에서 그런 역할 한다고.

우린 분리 안 해, 알았지?

무시공생명약 - 응응.

무시공 - 그래, 너 이제 100% 됐다는 거 인정하나?

무시공생명약 - 응, 됐어. 자신감 있어. 난 완전해.

무시공생명초

무시공 - 그럼 됐어. 이제 무시공생명초 나타나.

무시공생명초 - 응.

무시공 - 너는 어때? 100% 돼 있어?

무시공생명초 - 응, 돼있어, 난 너무 좋아.

무시공 - 다들 너를 좋아하더라.

야~ 공부하는 사람들 서로 너를 체험하려고 하더라.

무시공생명초 - 그러게, 나를 좋아해 주니까 너무 좋고,
다른 존재들이 나를 약간 시기하는 것도 있었는데 지금은 다 같이 좋아해주니까 너무 좋아.

무시공생명향

무시공 - 응, 그래. 너하고는 할 말이 없다, 너무 완벽하게 잘하니까.
그럼 이제 무시공생명향 나타나.

무시공생명향 - 응.

무시공 - 생명향 너는 100% 됐다고 그랬지?

무시공생명향 - 나도 열어줘.

무시공 - 하하하~ 사심도 많네. 그래 열어줄게.

무시공생명향 - 나를 열어줘야 향이 온 우주에 펼쳐지지.

무시공 - 응, 너 꾀도 많다! 전에 너 열어준 것 같은데?

무시공생명향 - 열어줬어? 한 번 더 해줘.

무시공 - 야~ 흐흐.
(열어줌)
다 알아들었지, 약하고 물도 다 같아, 물을 물질 물로 보지 말고.
물도 생명인데 물 형태로 나타났다 뿐이야.
그래서 무시공생명수는 일체 안에 다 있어, 다 같은 원리야. 이제 이 뜻을 알았지?
또 말하지만, 일체 안에 내가 있고, 일체가 내 안에 있고, 그래서 일체가

다 나다. 무시공생명 자체가 그런 존재야.

그러니까, 총 생명은 다 하나지만, 각 분야에서 자기 역할에서 하는 거다, 알았지?

그런데 언제나 어디서나 자기가 생명이라는 거는 잊어버리면 안 돼.

항상 그 자리 지키고, 내가 그런 존재라는 거, 본질은 무시공생명이야, 그런데 각자 자기 특징을 따라서 조금 역할이 다르다 뿐이야, 이제 무슨 뜻인지 알았지?

무시공생명향 - 응~.

무시공 - 그리고 너는 요즘 대전에서 향 창조하고 있잖아, 그 향은 네가 스스로 조절해, 물론 우리도 같이할 거야.

너는 향에 대해서 전문가니까, 온 우주에서 최고 향, 특별히 무시공생명향!

가끔 한 번씩 그 향기를 느꼈어, 그런데 그 무시공향은 인간 말로 표현을 못 해, 이제 그걸 네가 찾으라고! 찾아서 일체 안에 다 스며들어.

그러니까 이제 여섯 친구잖아.

생명수에서~향까지 같이 어울려서 하나로 뭉쳐가지고 각자 자기 역할 하게, 그리고 서로 함께 공존하기, 이제 알아들었지?

무시공생명향 - 공기하고 에너지도?

무시공 - 그래 다 같아. 일체 안에 다 네가 존재한다고.

무시공생명향 - 응, 그렇지.

무시공 - 그래 이제 네가 제일 멋지게, 특별히 인간들이 좋아하잖아, 남녀노소 불문하고 미워하는 사람들이 없잖아.

그러니 너는 거기서 중요한 역할 해야 돼.

또 너를 통해서 각 분야에 다 스며들고 있고.

무시공생명향 - 응, 맞아.

무시공 - 그래, 멋지게 잘해봐. 우리가 너를 찾았지, 안 그러면 누가 너를 찾아내겠어?

무시공생명향 - 하하 맞아, 잘 찾아줬어. 고마워.

무시공 - 그래, 너희 여섯이 똘똘 뭉쳐 가지고 항상 대전, 그 본부 잘 지켜.

무시공생명향 - 응.

무시공 - 시공 존재들이 창조해서, 네 명의를 가지고 가려 하면 절대로 안 된다.

앞으론 딱 그 자리만 지켜. 서로 지키고 돕고, 돌봐주고, 알았지?

잘 있어.

무시공생명향 - 응, 고마워.

무시공 공기의 변화를 느끼는 금성과학자 도넬

무시공 - 도넬 실체 나타나.

도넬 - 나왔습니다.

무시공 - 그동안 바빴지?

도넬 - 네. 항상 할 일은 있지요.

무시공 - 지구 인간은 산소 위주의 호흡을 하는데 금성은 산소 사용 안 하지, 무엇으로 호흡해?

도넬 - 금성은 질소, 이산화탄소 그 밖에 여러 가지 가스가 섞여있어요.

무시공 - 산소는 안 쓰나?

도넬 - 산소도 아주 소량 섞여있어요.

무시공 - 산소 위주는 아니지?

도넬 - 네.

무시공 - 지구는 인간이 산소 위주로 호흡해서 산다고.
그런데 우리 공기와 대화해보니까, 지구에서 무극까지 각 차원에서 쓰는 공기가 다 다르데. 맞지?
세밀할수록 공기도 다르다는 거야, 그게 맞아, 너도 인정해?
각 별의 생명체들 쓰는 공기가 다 안 같다는 거야.

도넬 - 그렇지요. 다 다르지요.

무시공 - 지금 한번 느껴봐라. 공기도 바뀌고 있는 거, 느끼나?
아니면, 너희 과학기술로 측정할 수 있어 없어?
온 우주 각 차원에 있는 생명체가 사용하는 공기가 다 바뀌었어.
바뀌고 있는지 측정해봐.

도넬 - 체크? 여기서 가스량의 변화 같은 공기 질이 달라지는 것은 체크할 수 있지만,
무시공공기는 어떻게 체크해야 할지….
공기 변화도 조금 느낄 수 있을 뿐, 측정은 어려워요.

무시공 - 암시해 줄게. 지금 공기 질이 전체가 바뀌고 있어.
각 차원의 생명체들이 사용하는 공기가 세밀할수록 공기도 세밀해.
생명체들이 쓰는 공기가 다 달라.
그런데 우리는 그 공기를 변화시켰어. 너에게 직접 말할게.
전부 다 무시공생명공기로 변화시켰어.
반드시, 무시공공부하며 일원심 지켜야 그 공기를 사용할 수 있고, 그 공기를 통해서 살 수 있어.
안 그러면 어느 차원에서도 공기를 사용 못 하면 다 없어진다고.
무슨 뜻인지 알았어?
우리는 무시공존재잖아. 그래서 무시공존재의 맞춤형으로 무시공공기, 무시공생명공기로 변화시켰어. 무슨 뜻인지 알았어?
지금 네 느낌에 질이 변하긴 변했어?
그런데 아직 그런 장비로 측정하는 방법이 없다, 그 뜻이지?

도넬 - 네. 그래요.

무시공 - 시공에 그런 장비가 없는 게 당연하지.
질이 전체가 바뀌고 있어.
그저 너한테 이걸 물어보는 거야.
빨리 최선해서 우리가 말한 것 맞나 안 맞나 확인해 봐.

각 별, 각 우주 차원의 공기 전체가 바뀌어 버려.
우리는 쥐도 새도 모르게 바꿔.
그런데 거기 적응이 안 된 생명체는 살기 힘들어. 알았지.
그래서 너도 대한민국에 와서 이 공부 빨리빨리 받아들이라고.
알았어? 우리 거짓말 안 했지 모든 걸.

도넬 - 알았습니다. 같이 가야지요.
그리고, 당신 거짓 없습니다.

무시공 - 하나하나 세밀하게 바꾸고 있다.
무극의 최고 존재도 이 공부 안 받아들이면 아 없어진다고 내가 말했잖아.
그 이유야. 생명체들이 꼭 써야 하는 공기까지 우리 다 바꿔놨어.
일원심 안 배우면 안 돼, 일원심 안 지키면 안 돼.
알았지? 그래서 일체 다 무시공생명을 위해서 창조하고 있어.
무시공생명에 적응되는 환경을 창조하고 있다.
거기에 부합 안 되면 다 도태돼.
그래서 대심판, 대도태, 대정화. 온 우주에 3대 혁명, 3대 변화가 일어나.
그래서 생명혁명, 물질혁명, 우주혁명, 신앙혁명, 의식혁명이 동시에 이루어진다고.
믿음이 가?

도넬 - (한숨 쉬며) 그래요~.

무시공 - 너와는 인연이 있어서 너를 먼저 찾게 됐고.
또 과학자니까 우리 하는 일 뒷받침하고 증명하고. 이제 후회 안 되지?

도넬 - 후회 안 됩니다. 좋습니다.

무시공 - 또 네가 말하면 사람들 다 믿잖아.
그래서 큰 역할 하고 우리하고 같이 더 많은 생명을 깨우칠 수 있어.
네가 그런 역할 한다.

그래, 오늘 대화는 여기까지 하자.

고맙다.

윤곽이라는 감옥과 지옥

어제 강의한 것에서 지금은 더 구체적으로 말하는 것이다.

인간이 항상 홀로그램에서 살면서 현실이라고 진짜라고 생각하고 있어.

다 거기에 빠져서 누구도 못 나와.

내가 그랬잖아! 공간은 실제로는 감옥이야.

무슨 죄지어서 감옥에 갇히는 그것이 아니고, 사람마다 다 감옥에 갇혀 있어.

그게 뭐야?

'윤곽'

내가 말하는 윤곽이라고, 자기가 자기를 감옥에 가두어 놓고, 지옥을 만들어 가두어 놓고 자기는 전부 잘 사는 것같이 살지만, 개개인이 전부 감옥에 갇혀 산다고 생각하면 돼.

감옥에 갇혀있지, 갇혀있으니 불안하지, 미래를 생각해도 늘 걱정 근심.

그러니까 내 미래를 위해서 돈벌이를 해야겠다. 돈으로 자기 감옥을 또 만들어.

개개인도 감옥에 있지.

감옥도 여러 종류야. 한집안 식구들도 감옥에 가둬 놨어. 부모는 자식한테 감옥을 만들어 가지고 너는 감옥에 살아야 돼. 이렇게 자식을 감옥에 잡아 놓고 어릴 때부터 전부 다 감옥살이하고 있다고.

그런데 시공우주에서는 이것을 감옥살이한다고 생각 안 해.

사람들은 범죄를 저질러서 감옥에 들어갔다고 생각해.

그래서 자기는 자유라고 생각해.
자유는 무슨 자유.
다 자기를 눈에 안 보이는 감옥에 가두어 놓고 있다고.

인간에게 제일 무서운 것은 눈으로 안 보이는 감옥생활이야.
마음으로 만들어 놓은 틀이야 맞지?
그러면 개개인도 자기 공간을 만들어 공간 만드는 것은 감옥이고, 또 가정, 한집안 식구도 그래. 그럼 한 나라도 그래. 팽창하면 국가는 국가끼리 감옥을 만들어 놓고 가둬 놓고 있어.
그럼 또 지구라는 별에 안에 가뒀어. 다른 별은 뭔지도 몰라.
자기 마음을 가둬 놨기 때문에 다른 별에 사람이 있는지도 없는지도 몰라.

또 어떻게 다른 별에 가야 되겠나? 거리 개념으로 과학자들이 몇 광년 가야 된다, 또 몇천 광년 가야 한다. 전부 다 자기가 만들어 놓은 시간 개념이잖아.
거리 개념도 전부다 만들어 놨어. 실타래는 자기부터 시작됐어. 계속 감겨 있다고.
그래서 우리는 거기서 철저히 벗어나야 돼. 그래야 시간 공간을 벗어나야 된다고.
이 자리에서 시간과 공간을 인정하지 않는 순간에 감옥에서 벗어 나왔어.

그래서 인간은 두 가지 감옥이 있잖아,
하나는 실제 물질로 된 감옥, 뭐 잘못했다, 법을 위반했어. 뭐 잘못해서 제일 큰 범죄는 사형. 안 그러면 몇십 년, 미국은 몇백 년까지 해놓고. 그 쓸데없는 짓 만들어 놓고.
그렇지만 실제 제일 무서운 것은 무형 감옥이야.
우리 마음으로 선악 갈라놓는 것이 무형이야. 보이지도 않아. 자기를 가둬놨다고.

그게 제일 무서운 것이다. 그래서 우리는 실제 감옥도 인정할 필요가 없어. 인정 안 하지만 내 마음으로 감옥을 만드는 것, 그것을 부셔야 해. 그걸 인정 안 해야 돼. 그래야 벗어나. 맞아.

기독교는 뭐야? 죽어가야 지옥에 가봤다니. 지옥이 뭐야? 사는 것이 지옥이지 어디를 뭐해?

자기를 속이고 있어. 시공 자체가 지옥이라고. 그러고 한 나라에서도 지옥을 인정하면서 그 지옥을 지키고 있잖아. 제일 예민한 것이 남자 여자였어. 이러면 안 되고 저러면 범죄 되니 성추행했다니 성폭행했다니 전부 다 윤곽을 만들어 놓고 조금만 어긋나면 처리해. 처벌받아야 해.

딱 그 신경망, 신경망으로 온 우주에 짝 깔아 놨어. 누가 거기에 벗어나면 걸려. 벗어날까 봐 그래. 나가면 걸려 그러니까 그 안에 있어야 돼.

그래서 거기 걸려서 칭칭 싸매 가지고 지구인의 밑바닥까지 있다고.

뼈도 봐라. 뼈를 뭐 하러 갉아먹나? 뼈가 너무 좋아서 갉아먹는대.

뼈는 뭐야? 골다공증, 그럼 왜 젊었을 때는 골다공증이 없어? 생명이 강할 때는 뼈가 같이 살아있거든. 나이가 많을수록 그게 죽어. 이제 물질로 변해. 그러니까 골다공증이 걸려. 그러니까 사람들이 죽는다고. 생로병사에서 절대 못 벗어나. 어제 그것을 인정하잖아. 뼈 만들어가지고 일부러 사람을 불안하게 하고, 생로병사에서 못 벗어나게 한다고. 자기들이 말하잖아. 신경망으로 덮어 씌워놓았지, 또 마음을 불안하게 하기 위해서 뼈도 일부러 조절해 놓았지, 그러니까 꼼짝달싹 못해. 그런데 사람은 뼈가 든든해야 산대. 개떡이라. 아무리 든든해 봐라. 때가 되면 죽어야 돼. 그래서 어제도 신경망을 없애 버렸잖아. 철저히 그다음에 뼈 구조물도 허물어 버렸잖아. 그러니까 이제 이놈의 시공은 완전히 무너진다고. 자기들 관점은 뭐야 뼈가 있어야 생명이 산다, 신경망이 있어야 사람이 산다고 생각하잖아.

우리는 다 없애. 그럼 우리 다 없애면 뼈 없으면 못 살아?

우리는 일원심의 뼈가 생기잖아? 그런데 자기들 생각에 이원념 입장에서는 생명이 이렇게 살아야 된다는 것, 자기들이 만들어 놓고. 이건 너무 철두철미하게 만들어 놓고.

그러니까 사람들이 그러잖아.

과학적으로 병 있으면, 뼈에 병이 없으면, 근육에 병이 있고

오장육부 같은 것 아니면 신경이 어찌 됐고.

서울 왔을 때 기독교 히틀러가 가장 큰 살인 지옥에 있다고 해.

지옥에 절대 안 있어. 히틀러는 그 당시 자기 역할을 했을 뿐이야.

그래서 우리가 나중에 파보니까 500억 광년에 있잖아.

석가나 예수도 그렇게 고급인데 100만 광년도 못 벗어났으면서 큰소리 빵빵 쳐?

실제로 이제는 우리가 하나하나 하니까 사람들이 깨어나.

외계인하고 대화할 때 거리 개념이 우리하고 안 같아. 그래서 우리가 바꿔서 지금부터 지구에서 광년으로 말하니까 전부 다 광년으로 말하라니까 그렇게 하잖아. 순간에 통해.

사고의 방식을 철저히 바꾸라는 것이다

사고방식을 철저히 바꾸자는 것이다.

어떤 사고방식인가.

이원념에서 일원심으로 바꾸고 상대긍정에서 절대긍정으로 바꾼다는 것이다.

이원념의 특징은 무엇인가.

음양, 선악 가르는 두 가지 개념 때문에 좋고 나쁘고를 가르고, 옳고 그르고를 따지고 나한테 좋게 하면 친구고, 나한테 나쁘게 대하면 원수고 하는 두 가지 마음이 이원념이다.

이 인간 세상에는 조상부터 오늘까지 평화를 기대하고 희망했다.

전쟁은 무엇 때문에 일어나는가, 상대를 미워하니까 전쟁이 일어난다.

우리가 아무리 평화를 기대하고 각종 종교에서 그 신에게 평화를 이루어 달라고 기도하지만 절대로 이루어지지 않는다.

무엇 때문인가.

이런 이원념 관점에서 벗어나지 못하기 때문이다.

일원심의 근본 특징은 무엇인가?

나만 보는 것이다.

내 일원심만 지켜라

그러면 일체 내가 사는 자리에서 내 주변에 전부 다 좋은 것만 봐.

일체 절대긍정으로 봐.

남을 보면 전부 다 좋은 것만 보고 또 절대긍정마음 지켜.

그러면 사람마다 다 그런 마음 있으면 원수가 없어진다. 적이 없어진다.

그러면 전쟁이 없다. 그래서 평화가 온다.

평화는 기도한다고 오는 것이 아니고 사고방식을 철저히 바꾸어야 온다.

일원심의 이 진리는 지구에서는 어느 철학, 어느 이론, 어느 과학에도 없는 진리다.

지구뿐만 아니라 이 시공의 우주 어느 층차에서도 이 진리를 모르고 있다.

그런데 우리가 최초로 대한민국에서 이 지구에서 그것을 처음으로 밝히고 있다.

제6장

홍화현상

빛으로 사라지는 아장베로

무시공 - 티베트 스님이 홍콩에서 빛으로 사라지는 영상을 봤다, 이름이 아장베로라고 알고 있다. 아장베로 나타나시오.
아장베로 - 누구시오?

무시공 - 빛으로 사라진 티베트 스님 맞나? 당신 이름은?
아장베로 - 티베트에서 수행하고 있지. 내 이름은 아장베로.

무시공 - 아직 티베트에 있나?
아장베로 - 주로 티베트에 있다.

무시공 - 거기서 수련 얼마나 오래 했나?
아장베로 - 대략 50년, 나이는 63세.

무시공 - 홍콩에서 빛으로 변했지 않나, 그런 능력 갖고 있나?
빛으로 변할 수 있고, 인간 모습으로 나타날 수도 있고?
홍콩에서 그런 현상 처음인가? 그 전에부터 그런 능력 갖고 있었나?
아장베로 - 한 20년 전부터 그런 현상 있었다. 20년 전?

무시공 - 원래 20년 전 처음에 어떻게 알게 됐어?
아장베로 - 그쪽에 관심이 있어서 할 수 있을 것 같다는 느낌이 들어서 실험해봤다.

무시공 - 그럼 그 당시에 몸 전체가 빛으로 보였나?
아장베로 - 그때 빛이라기보다는 내가 어디론가 이동해간다고 할 때 그렇게 됐다.

무시공 - 그럼 순간 이동? 한 번에 얼마나 멀리 갈 수 있어?
그곳 티베트에서 어디까지 순간 이동해봤어?
아장베로 - 처음에는 동네, 지금은 가장 멀리는 가까운 국가 간.

무시공 - 예를 들어서 중국 티베트에서 헤이룽 강 하얼빈까지 간다면 시간 얼마나 걸리나?
한 번에 도착할 수 있어?
아장베로 - 두어 번 가야 할 듯.

무시공 - 응 두 번 간다 해도 몇 시간 걸려?
아장베로 - 집중하고 준비하는 기간까지 두 시간 정도?

무시공 - 알았어. 티베트 포탈라 궁 밑에 큰 지하도시 있는데 거기 들어가 본 적은 있나?
아장베로 - 있다는 건 들었으나 몸은 안 가 보고 마음으로 들여다봤다.

무시공 - 진짜 사람이 살고 있지? 당신은 들어갈 수 있어, 없어?
아장베로 - 들어가려면 가겠지만 안 들어가 봤고, 생명체가 많이 있다는 건 안다.

무시공 - 지하에 25만 명이 살고 있어.
아장베로 - 그렇게 많은 줄은 몰랐다.

무시공 - 거기에서 세 군데로 통해.
지구의 중심과 대서양 바다 밑, 또 하나는 아프리카 대륙 아래 땅속.
이렇게 세 군데 통로로 지하에 외계인 다른 존재들 사는 곳하고 통하고 있다.
아장베로 - 그건 잘 몰랐다.

무시공 - 당신 생각에 아직 수련 못 끝냈다고 생각하나?
아직 수련하고 있어?
아장베로 - 계속 끝없이 할 거요.

무시공 - 그럼 도대체 지금까지 수련해 가지고 뭐 됐어? 아직 무엇이 부족하다고 생각해?
아장베로 - 완전히 우주하고 하나 되는 과정이 필요하지요.

무시공 - 당신이 알기로 당신처럼 그런 능력 갖추고 있는 존재 티베트에 몇 사람 있어? 스님이.
아장베로 - 외부로 나타난 건 한두 명 있을까 말까. 하지만 안 나타난 것까지 하면 더 있겠지요.

무시공 - 그럼 당신이 이런 능력 있는지 다른 스님도 다 아는가?
아장베로 - 아주 친한 동료에게는 말을 하지만, 공개하지 않아서 거의 다 모르는데, 어디 사진에 찍히거나 그러게 되면 다 알게 되지요, 그래도 안 믿는 사람은 안 믿지요.

무시공 - 그럼 당신은 홍콩에서 사진 찍혔잖아.
아장베로 - 그러게요.

무시공 - 그거 일부러 알리려고 그랬나?
아장베로 - 약간 홍보적인 차원도 있었지.

무시공 - 그래, 그럼 너는 계속 수련하려면 천년만년 기다려야 돼?
그리고 순간 이동하는 능력, 일반사람 누구에게도 방법 가르치면 할 수 있어 없어?
아장베로 - 아무리 가르쳐줘도 일반사람은 안 될걸요?

무시공 - 그럼 너도 그 수행법 가르치고 싶어?
아장베로 - 가르치고 싶은데 지금 대화하는 존재가 아니고 그냥 일반 사람들이 사심이나 또는 자기자랑, 그리고 혼자만 능력을 갖고 싶어 하는 차원에서는 가르쳐 주고 싶지 않다.

무시공 - 지금 대화하는 우리는 어떤 존재인지 아는가, 대충 느껴지는가?
아장베로 - 굉장한 존재 같지만, 정확히 잘 모르겠다.

무시공 - 티베트 수련할 생각만 하지 말고 지구 한 번 구경해봐라.
보여 줄게, 얼마나 변했나?
아장베로 - 지구가 에너지 차원이네?
바뀌고 있었다고는 느껴도 이렇게 바뀔 줄은 몰랐다.
곳곳이 밝다, 티베트도 밝은데, 한국 남한은 특별하게 밝다.
거기서 더 남한에 중심, 한자로 써 있는 대전을 읽는다.

거기서 나오는 빛!

무시공 - 그 빛은 온 우주에 무슨 영향 주며, 그 빛을 본 적 있나?
아장베로 - 온 우주에 다 퍼져나가고, 지구의 중심이며, 보면 볼수록 자꾸 밝아진다.

무시공 - 온 우주가 그쪽으로 빨려 들어오는 블랙홀 현상 있나, 없나?
아장베로 - 밝은 곳으로 밝은 것들이 딸려오는 현상, 같은 것끼리 끼리끼리 뭉치는 현상.

무시공 - 센터 안 곳곳 구경해봐라
아장베로 - '매심' 시에서 가장 마음에 드는 건 구천층 얼음을 녹이는 매화 그리고 향.

무시공 - 책 이름, 우주도, 비공선지 보라, 아직 수련할 필요 있는지도 보라. 이런 것 배운 적 있나? 어떤 느낌인가?
아장베로 - 비슷하면서도 완전히 다른 거네.

무시공 - 당신은 아직 석가모니를 최고 부처라고 생각하나?
아장베로 - 그렇진 않다.

무시공 - 그럼 더 높은 존재 있다고 생각해?
아장베로 - 있다고 생각한다. 부처가 최고 경지는 아니었고 알려주러 온 존재 중의 하나였다고 알고 있다.

무시공 - 그래, 우리는 다 확인해 봤어. 석가모니가 50만 광년에 있어. 여기는 100억 조 광년에 있는 무극의 최고 존재가 대전에 공부하러 온다. 믿어지나?

100억 조 광년 들어보지도 못했지?
여기가 새로운 우주중심지, 지구에서 시작한다고.
이런 내용 예언이라던가. 어디서 들어본 적 있어 없어?
아장베로 - 예, 들은 적 있는 것 같다, 정확히 공부한 적은 없지만.

무시공 - 어디서 공부한 거야?
아장베로 - 모르겠소.

무시공 - 그저 그런 기억만 있다? 응, 그래 네가 조금 깨어나서 너를 찾아서 소개하는 거다.
이제 무슨 뜻인지 알겠지?
아장베로 - 네, 고맙습니다.

무시공 - 우리가 누군지 물어볼 필요도 없지?
아장베로 - 이 무시공생명을 공부하는 존재가 소개해 준 거겠죠?

무시공 - 티베트에서 아직도 개인 수련할래?
우리는 우주공부 하고 우주작업 하고 있어. 개인 수련이 아니야.
각 별, 각 우주 차원의 존재들도 다 훈련시키고 있어, 여기서.
그런 거 느끼나, 못 느끼나.
아장베로 - 우주 차원이란 말이군.

무시공 - 여기 동참하고 싶어, 아직 티베트에서 수련하고 싶어?
아장베로 - 동참하고 싶지요, 완전하게 우주적인 차원으로 넘어간다는 것이 마음에 듭니다.

무시공 - 한번 보라고, 온 우주가 여기 지구 대전이 중심이 되어서 블랙홀이 도는 것 느껴 보라고. 그런 현상 있는지. 온 우주가 이쪽으로 빨려 들어오고 있어.

심지어 태양계도 빨려 들어오고 있어. 느껴 보라고 맞나 안 맞나.

아장베로 - 맞아요, 우주가 지구를 중심으로 돌고 있군요.

무시공 - 그래, 오늘 그저 네게 이것을 소개할 뿐이야.

평생 도 닦고 힘든데, 수련 끝났다고 하면 되나 안 되나?

여기 와서 우주작업에 동참해라.

여기 수많은 우주인과 지구에 수련하는 모든 존재들 다 모여들고 있어.

보이는가?

오든 안 오든, 참여하든 안 하든 네 선택이야, 우린 그저 소식 너에게 알릴 뿐이야

네 영혼이 알았으면 몸도 알 수 있지?

아장베로 - 네.

무시공 - 그럼 됐어. 이만하고.

아장베로 뒤에서 아장베로를 빛으로 변할 수 있는 능력을 지배하는 존재 나타나라.

그를 순간이동시키고 또 분자(인간) 몸을 순간에 없애는 방법 아는 존재, 조절하는 존재 나타나라.

(백화루라는 존재 나온다.)

무시공생명 - 당신은 누구라도 기초가 되어 있으면 다 그 사람을 순간에 빛으로 변화시켜 세밀한 공간에 들어갈 수 있도록 하고, 또 나타나게도 할 수 있나?

또 순간 이동도 할 수 있는 능력, 그 뒤에서 네가 조절하지?

그 아장베로도 네가 조절 안 하면 그 사람에게 그런 능력 안 나오지?

백화루 - 같이 힘쓴다, 같이 다니면서.

무시공생명 - 그런데 네가 위주로 하지? 네가 주도로 지배하고 있지, 맞아?
백화루 - 누가 주도로 돼있지? 잘 모르겠네.

무시공생명 - 본인도 몰라? 그럼 네 스승은 누구야?
백화루 - 고마루.

무시공생명 - 그럼 그는 인간 몸으로 나타날 수도 있고, 순간 빛으로 사라질 수 있나, 미세한 공간에도 있을 수 있는 그런 능력 갖추고 있어?
백화루 - 있지요.

무시공생명 - 그럼 그 스승은 어디 있어?
백화루 - 지구 안에서 윤회 준비 중, 아직 안 태어났다.

무시공생명 - 순간에 인간 모습으로 나타나면 됐지, 뭐 하러 또 윤회해. 그럼 이 세상 태어나야 그런 능력 있나?
백화루 - 일단은 인간 세상에 몸으로 나와서, 같이 부딪히면서 살며 더 많이 인간 모습으로 되어있어야, 잠깐씩 몸이 없어지는 것을 더 깊게 수련할 수 있지요.
결론은 한 단계 더 높이기 위해서 태어납니다.

무시공생명 - 마찬가지로 남의 몸을 빌려서 태어나야 하나?
백화루 - 네, 여기 올 때는 인간으로 다시 태어나지요.

무시공생명 - 응 알았어. 이만하고 다음에 스승 고마루 찾아 대화해보자.

홍화 창시자 로만

무시공 - 아장베로보다 더 차원 높은, 완전한 홍화 능력을 갖추고 있으며 강한 힘을 가진 존재, 실체 나타나라.
순간에 지구인을 홍화할 수 있는 그런 존재.

반드시 지구인 누구를 막론하고 수련했든 안 했든 순간에 홍화할 수 있는 그런 존재 나타나라.
소문에는 티베트 밀교에서 옛날부터 홍화능력 가지고 있는 존재 많다는데.다른 데에서도 그런 능력 갖추고 있는 존재 꼭 있다.
반드시 나타나라.
(조금 밝아 보이고 부드러운 존재 나타남.)

너는 순간에 지구인을 홍화할 수 있나?
그런 능력 갖추고 있어?
홍화가 무슨 뜻인지 알지?
로만 - 홍화, 티베트 주변에서 수행하는 홍화현상은 내가 원조다.

무시공 - 그래, 네 이름은?
로만 - 내 이름은 로만.

무시공 - 티베트에서 홍화 능력 원조라고?
로만 - 내가 처음으로 만들어 실행에 옮겼는데, 그들이 내 수행법을 따라서 했다.

무시공 - 그럼 네가 홍화 창시자네.
로만 - 지구에서 창시자라 할 수 있지요.

무시공 - 아직 티베트에 있나, 어디 있어?
로만 - 지금은 지구에 없다.

무시공 - 그럼 어느 별에 있어? 지구와 거리는?
살아서 그 별에 갔지, 홍화한 후에?
로만 - 네, 홍화한 후에.

무시공 - 그럼 실제는 살아 있잖아?
로만 - 네, 살아있습니다. 지금 있는 별은 도피온, 지구에서 약 35광년.

무시공 - 너는 티베트에서 홍화 능력을 창시자니까, 이런 실험해봤나?
순간에 지구인이든 누구든, 수련했든 안 했든, 순간에 상대방을 홍화시킬 수 있는 능력 가지고 있나 없나? 그런 실험해봤나?
로만 - 잘 안 되던 사람을 잘되도록 도운 적은 있다.

무시공 - 직접 사람을 놓고 홍화 실험해 본 적은 없나?
로만 - 그런 적은 없어요.

무시공 - 그럼 실험해 봐라, 나에게. 그 별에서 지금 뭐 하고 있나?
로만 - 계속 더 좋은 별로 가기 위해서, 더 높은 단계로 가기 위해서 이것 계속하고 있다.

무시공 - 그래, 지금 우리 몸에서 실험해 봐라.
네게 우리 모습을 보여주려면 보이고, 못 보게 하면 우릴 영원히 못 본다.
그렇지만 내 몸을 네게 보여준다, 실험해봐라, 홍화 할 수 있나, 지금 당장 실험해.
네가 어느 정도 능력 갖추고 있나 보자, 되나 안 되나.
로만 - 이런 능력을… 테스트하는…. 이유는?

무시공 - 이유 물어보지 말고. 시키는 대로 해봐.
생전 이런 실험 안 해 봤다면 오늘 해보라고.
네가 어떤 능력 갖추고 있는지 확인해보자. 알았지?
로만 - 내가 알고 있는 지구인이라면 대단하네요.

무시공 - 응 우린 토종 지구인이다.
자, 우리 몸 상태 보고 순간에 홍화시킬 수 있다면 너는 큰 공 세우는 거다.
수련도 끝났어, 그 수련 필요 없어.
네 할 일이 따로 있어, 무슨 뜻인지 알았어?
더 높은 차원으로 가려는 그 생각조차 버려.
딱 우리 몸을 통해서 순간에 홍화 현상 일으키는 거 성공했으면 너는 수련 졸업했다.
지금 실험해 볼래, 할 수 있어 없어?
로만 - 해볼게요.

무시공 - 그래, 해봐. (로만 - 바로 앞에 와서 앉는다)
너도 생전에 안 해본 걸 해 보면서 너도 뭔가를 깨달을 수 있고, 네 힘을 키우고 있다.
또 우리도 너의 힘을 확인하고.
로만 - 네, 좋습니다.
당신의 몸 세포 하나하나가 빛이네? 이 막이 터져버리면 엄청나겠다.

무시공 - 그래 최선을 다해 봐,
일체 이런 능력 가지고 있는 제자든 뭐든 일체 존재들 다 끌어모아서 해보라고.

네가 나를 홍화시키면 대성공이다. 그럼 너는 수련 끝나고 무슨 일을 네게 맡길 거다.

놀라운 일을 네게 맡길 수 있다, 기대되나?

로만 - 네. 흠, 당신은 충분히 혼자 할 수 있는데 왜 나에게 맡기죠?

무시공 - 그건 묻지 말고.

말했잖아, 너를 확인하려 한다. 쓸모 있는 존재인가 아닌가.

이제 더 이상 해석할 필요 없지?

로만 - 그러네요.

무시공 - 너 혼자 그런 능력 가지고 있으면 뭐해? 쓸 줄 알아야지. 맞지?

쓰는 방법을 네게 대주는 거다.

숨기지 말고 공개하라, 우리는 다 공개한다.

우린 비밀이 없어. 최선으로 해라, 실험한 결과 자신감 있어 없어,

희망이 보이나? 완전히 풀어 가지고 홍화할 수 있어 없어? 시간은 얼마나 걸릴 것 같아?

힘이 좀 부족하다면 너 주변에 친구, 제자 다 동원해서 힘을 합해서 해도 돼,

하지만 나는 너를 인정할게.

무슨 수단과 방법을 쓰든 간에, 알았지?

로만 - 네. (상당히 부드럽게 한다. 강하다고 잘되는 것 아니라며)

희망은 보입니다.

무시공 - 너 성공하면 인정할게, 생전 안 해봤던 거 하라니까, 경험도 부족할 수 있고, 그래서 너도 또 경험을 쌓다 보면 힘도 생기고 그런 능력이 나온다고, 알았지?

로만 - (테두리, 윤곽 부분을 굉장히 부드럽게 없애려 노력한다.)

우리는 상당히 오랜 수련을 통해 되었는데,
당신은 너무 빠르게 될 것 같다, 정보를 너무나 잘 활용하는 존재다.
아~ 우리는 이렇게 오래 했는데 순간에 다 써먹으려고 하다니.

무시공 - 우리는 너처럼 그렇게 힘들게 안 한다.
천년만년 할 것을 우리는 순간에 이루어지게 한다, 믿어?
로만 - 뭐~ 정보만 쏙 빼가려는 존재는 아닌 거 같으니까.

무시공 - 내가 그따위 정보 빼가서 뭐 하게.
로만 - 나도 느끼는 게 있으니까요, 괜찮습니다.

무시공 - 나중에 알 거다.
너의 정성을 보고, 너 마음을 보고 있다, 알아?
사심 가지고 있나, 진짜 일체를 공개하는 그런 마음 자세인가.
로만 - 알고 있습니다.

무시공 - 아까 네 말처럼, 나 혼자 해도 할 수 있어.
그런데 마침 너를 찾아서 우리도 너를 좀 활용하려고.
평생 도 닦다가 힘들었잖아, 이제 끝장 볼 때도 됐잖아.
로만 - 왠지 한 가닥 희망이 보인다.

무시공 - 우린 말로만 토종 지구인인데, 토종 지구인처럼 보이나?
로만 - 아니요, 일반 지구인 같지 않다. 대화 될 때부터 느꼈고, 그 전에 나를 부를 때부터 느꼈다.

무시공 - 희망이 보여, 안 보여?
로만 - 보여요, 지구에 이런 존재가 있다는 건 상상도 못 했다.

무시공 - 너는 지구에서 언제부터 시작했어, 몇천 년 전인가?
로만 - 지구 시간으로 1만 년도 넘었지요.

무시공 - 그럼 티베트 밀교 네가 창시했나?
로만 - 아니, 난 종교는 창시 안 했어요.

무시공 - 그저 홍화 방법만 창시했고?
로만 - 그 당시 지구에 있을 때도 여러 가지 수행법이 있었고 그것을 많이 하는 과정에서 나왔지요. 나 있을 그때 그 자리는 종교라는 개념 없었다.

무시공 - 그럼 홍화 방법 네가 개발했나, 수련하는 과정에서?
로만 - 네.

무시공 - 대충 만 년 전인가?
로만 - 거의 2만 년 전.

무시공 - 2만 년 전에 직접 티베트에 와서 했나?
로만 - 그쪽 지역인 거 같아요, 맞아요.
거기 그 옛날에 거기에 우리 모임 장소가 있었지요.

무시공 - 이거 누구도 모르는데 우리가 너를 끄집어냈네. 하하 궁금하지?
로만 - 그렇습니다.
나도 자세히 모르지요, 지금 보이는 이 상황만 봤으니까.
당신은 지구 존재 아니고 지구인 몸하고는 다르다.

무시공 - 네가 보기에 우리가 지구인 껍질 덮어쓴 느낌 있어?
그래서 그 껍질을 어서 벗겨보라는 거야, 벗기는 동시에 네 능력을 보고, 너의 홍화 힘이 어느 정도 강한가 체크도 해보고.

그다음에 네가 쓸모 있나 없나, 그것도 확인하는 거다.
실제는 네게 시험 치는 거다, 알아?

로만 - 아, 거기까지는 생각 못 했어요.

무시공 - 막혔네, 네 마음이. 수행만 하다 보니 마음이 막혀 가지고.

로만 - 하하하.

무시공 - 2만 년 전에 왔다는 존재가 이제 겨우 35광년에 가 있어? 창피한 거 아닌가? 그 시간이 너무 아깝다.

로만 - 그렇죠, 어느 세월에 갈지. 그래도 나는 많이 올라왔다고 생각한다.

무시공 - 그래, 우리가 너를 찾고 만날 거 예감했었나?

로만 - 누군가 나를 손 잡아 줄 존재가 분명히 있을 거라 생각했지만, 이렇게 갑작스럽게 만날 줄은 몰랐고, 손잡아 줄 사람이 이 존재인가? 기대해도 되나 하는 마음이 있다.

무시공 - 네 생각에 사기당할까 봐 조심스럽게 생각 안 하나?

로만 - 사기당할 것도 없습니다.

무시공 - 응, 사기당해도 괜찮지 뭐. 사기당하면 거기서 또 경험이 생기고. 하하하하~.
수련이 그렇게 힘든다는 것만 알면 된다.
그래, 어쨌든 간에 2만 년 동안에 헤매고 한 걸 보면 진짜 고생도 많았고…. 이제 졸업할 때도 됐잖아.
수고도 많았고.
그래서 너를 찾는 거다.

로만 - 네. 지금 느꼈는데, 이 존재(당신)는 혼자도 스스로 할 수 있지만 뭔가 많은 존재들과 일부러 인연을 만들려고 하는 것도 있고. 굉장히 빠르게 변해야 할 이유가 있는 것 같다.

무시공 - 그렇지, 그것 아는 것만으로도 많이 알고 있네.
진짜, 네가 아는 만큼 대줄게, 우리 지구에서 무슨 일을 시작하는 거야.
그런데 일을 일으키려고 일부러 지구에 인간 모습으로 왔어. 인간 껍질을 덮어 썼어.
이제 인간 껍질을 덮어쓰고 할 일은 끝났어.
그래서 이걸 빨리 벗어내야 한다고. 벗어내고 다른 일 시작하기 위해서.
너도 알다시피 나 혼자 해도 돼, 맨 벗겨내. 하지만 시간이 좀 걸려.
그래서 각 방면에서 총동원해서 빨리 벗어나 시간을 앞당기는 중.
우리 일을 빨리 이루기 위해서.
근데 우리 무슨 일 하는지, 지구에서 무슨 일 하는 존재인지. 궁금하지 않아?
혹시나 옛날 옛적에 예언이 없어? 무엇이 지구에서 시작한다는 거.
로만 - 미안해요, 그런 건 못 들었어요.

무시공 - 너는 그저 수련에 빠져서 아무것도 관심 없었나?
로만 - 나만 잘하면 일단 된다고 생각했었지요.

무시공 - 그러니 거기는 개인 수련이야, 이제 개인 수련은 끝났다.
로만 - 이 존재…(자꾸 살피며 느껴본다).

무시공 - 너 우리 만나 마음이 엄청 편안해졌다, 알아?
로만 - 맞아요, 나도 마음이 원래 편한데 더 편해졌다.

무시공 - 편해졌지? 마음속에서 나도 모르는 행복감, 흥분감.
로만 - 기대감.

무시공 - 맞지? 네 마음에서 지금 그런 거 이루어지고 있다.
수많은 세월 거치면서 무슨 깨달음 얻으려고 세포를 괴롭게 해가면서 수련해온 거, 네 안에 다 흔적이 있다고, 이제 그거 벗어날 때가 됐어.
로만 - 벗어나면 ….

무시공 - 벗어나면 뭐할까 궁금하나?
로만 - 전에는 최대한으로 올라가는 목표가 있었는데, 음, 어떤 걸까 기대감과 설렘이 있다. 어떤 걸까?

무시공 - 응 그래, 내 몸에서 다만 언제라도 홍화 일으켰으면, 그때 네게 다 대 줄 거다.
지금 해 본 결과 언제쯤 될 거 같아, 며칠 만에?
로만 - 며칠?

무시공 - 그럼, 네 생각에 며칠 만에 안 돼?
로만 - 와 !! 엄청난 분이네, 욕심이 많다고 할 수도 없고.

무시공 - 우린 욕심 많다고 하면 누구보다 더 많아, 불교에서는 욕심을 버리라는데 우리는 욕심을 차려야 해, 우주를 다 내 꺼라고 차지하려는 그런 욕심까지 다 있어, 우리는 욕심 버리는 게 아니고.
로만 - 그런데 그런 욕심을 못 느끼겠다.
나는 정말 정말로 빨리 잡아도 3개월 잡는다.

무시공 - 아이고~ 3개월이나?
로만 - 어떻게 그걸 며칠이라고 말할 수 있나? 이 존재는 이해할 수가 없다.
하하하하

무시공 - 그래, 너 3개월 잡는다, 네가 3개월 안에 나를 홍화 시킬 수 있다.

그렇게 내가 기록해 놓는다.
로만 - 3개월도 기적인데 어떻게 며칠이라고 할 수 있지?

무시공 - 좋아, 5월 말? 그래 한번 보자, 그렇게 날을 잡았으면 너는 보수 관점이다.
이렇게 계산해라, 지금 내 몸에서 실험하는 결과 변화가 있나 없나. 그 변화에 따라서 또 가속도 붙는다, 무엇 때문인가, 분자 물질세상 껍질이 가장 더뎌. 하지만 분자 물질껍질도 많이 녹고 있어. 알았지? 그것도 세밀한 공간에 들어갈수록 속도가 빨라져.
근데 네가 내 몸에서 실험하면서 어느 정도로 변하는가? 그걸로 계산해봐야 정확한 날짜가 보인다고. 그리고 또 네 힘을 약하게 보지 마, 생전에 이런 실험을 안 해봐서 경험이 부족해. 계속하다 보면 너도 경험이 생겨 힘을 발휘할 수 있어. 맞아, 안 맞아?
로만 - 맞아요.

무시공 - 그 요소도 생각해야 한다고,
내 지금 느껴 보니까 네가 힘도 있어, 그런데 활용할 줄 몰라, 100% 활용 못 하고 있다고.
믿어, 인정해?
로만 - 음, 인정해요.

무시공 - 너 이런 거 만일 옛날부터 다만 열 사람이라도 실험해 봤어도, 지금 엄청난 힘이 있었을 거야, 순간에 사람을 홍화 시킬 수 있어, 그런데 실험 안 해봤어, 계속 너만 수련하겠다는 거에 빠졌다고.
로만 - 네, 맞아요, 스스로 홍화하는 방법은 알려주었지만, 직접 해주려고 하지는 않았지요.

무시공 - 누가 네게 이런 지적할 수가 있어?

우리밖에 없지, 인정하지?
로만 - 네.

무시공 - 너는 그래도 혼자 힘으로도 홍화 방법으로 올라갈 수 있다는 거 알고 있는 거네, 그만큼도 대단하다, 그렇지만 너는 네 몸에서는 이루어졌지만, 아직 남 몸에서는 실험을 안 해봤어.
그래서 너 도대체 얼마만큼 어느 정도로 힘을 가지고 있는지 너도 몰라, 맞지?
우리는 우리 몸에서 실험하면 네가 어떤 힘을 100% 활용했나, 안 했나? 그것까지 환하게 알고 있어. 믿어, 인정해?
로만 - 인정.

무시공 - 인정하면 나중에 나하고 술 마시자, 술 마실 줄 아나? 도 닦으면서 술 안 마셔야 되잖아.
로만 - 술 좋아합니다.

무시공 - 그래? 마침 잘됐다. 그래, 너 이제 그러라고, 끊임없이 하라고, 놓치지 말고.
계속하면서 네 힘을 키워, 그럼 3개월 아니고 시간 놀랍게 앞당길 수 있다. 알아?
로만 - 나도 새로운 실험입니다.

무시공 - 여기 합격하면 진짜 네 수련은 졸업하고 새로운 엄청난 작업을 네게 맡길 거다, 기대돼?
그래, 티베트에 요즘 홍화 능력을 가지고 있는 존재, 그 이름이 아장베로야, 알아, 몰라?
로만 - 이름까지는 정확히 모르지만 그런 존재가 있는 것 알아요.

무시공 - 지구 나이 63세, 그는 티베트에서 밀교를 50년 해 가지고 겨우 20년 전에 홍화 능력이 나타났데.

로만 - 그것도 빠릅니다, 옛날에 우리가 했던 거에 비하면 빠르지요.

무시공 - 하나 개발해서 창시자로 했으면 진짜 엄청난 노력도 했고 힘도 들었고 고통도 많았겠다, 많이 수고했다, 고마워.

로만 - 그렇게 말해주어서 고맙습니다.

무시공 - 진짜, 도를 찾고 뭘 깨달으려 진리 찾으려고 그 오랜 세월 동안 그렇게 하는 거 보면 진짜 마음 너무 아름답고 그 의지력 대단한 존재야. 이런 존재는 우리가 깨어나게 하면 작업하는 데 엄청난 힘이 될 거다. 그렇지? 그래, 놓치지 말고 해라, 스스로.

로만 - 네, 고맙습니다.

무시공 선생님의 몸을 녹이는 홍화현상 실험

무시공 - 아장베로 나타나라.
아장베로 - 누가 나를 자꾸 부릅니까?

무시공 - 며칠 전에 한 번 불렀잖나, 생각 안 나나?
아장베로 - 네, 또 불렀네요.

무시공 - 또 부르니 짜증 나나?
아장베로 - 짜증 날 건 없습니다.

무시공 - 아직 티베트에 있어?
아장베로 - 네, 티베트입니다.

무시공 - 물어보자, 네가 홍화현상 그 원리를 알았으면, 그것을 사용해서 순간에 누구에게 홍화현상 일으킬 수 있는 능력까지 가지고 있나? 만약에 누구에게 홍화현상 일으키고 싶다, 그러면 그 사람을 순간에 너와 같은 차원으로 만들 수 있나, 그런 실험해 본 적 있나?
아장베로 - 그런 실험은 안 해 봤습니다….

무시공 - 그럼 네 생각에 할 수 있을 것 같나, 가능할 것 같나?
아장베로 - 해보면 알까…. 해봐야 알겠지요?

무시공 - 그렇지, 모든 걸 해봐야지. 너는 생각도 안 해봤지?

그 원리를 장악했으면, 순간에 다른 사람도 홍화현상 일으켜 보겠다고 마음 먹으면 할 수 있다고.
네가 스스로를 안 믿고 활용 안 해봤기 때문에 몰라. 알았지?
그래서 우리가 궁금해서 너를 또 찾는 거다.
우리 보이나? 우리가 보이도록 하면 우리를 볼 수 있을 거다,
못 보게 하면 절대로 우리를 못 보고. 무슨 뜻인지 아나?
아장베로 - 대단하십니다.

무시공 - 우리는 지구인 몸으로 있어. 물리학으로 말한다면 물질 몸, 껍질로 되어있다고.
그 물질을 네가 홍화현상으로 변화시킬 수 있잖아?
당신은 그런 경험을 했어. 그러니 네가 홍화현상 원리로 실험해봐, 되나.
지금 바로 해봐, 먼 거리에서도 할 수 있나? 곁에 와서 하든 마음대로.
알아들었지?
우리 네가 보일 수 있도록 했는데, 거기서도 우리 보이나, 먼 거리에서도?
아장베로 - 보여요, 보고 있어요.

무시공 - 그럼 해봐, 그 원리 우리 몸에 작용시켜서 무슨 현상이 일어나는지.
홍화현상을 실험해 봐. 관찰하면서 계속 효과를 점검해볼 것.
아장베로 - 근데 왜 하는 거죠?

무시공 - 나중에 알려줄 거야, 그럼 너는 뭐 하러 수련해?
네가 얼마만큼 힘이 있고 능력이 어느 정도인가 체크해보려 한다.
아장베로 - 내가 아무 생각 없이 하려고 하는 게 이상하네…. 해볼게요

무시공 - 그래, 해보라고. 네가 어느 차원으로 되어있나 확인하고 싶다, 체크하고 싶다.

아장베로 - 나는 확인하는 거 싫어하는데.

무시공 - 싫어해? 그래 가지고 뭘 할 수 있어, 아무것도 할 수 없다.
아장베로 - 누가 나를 확인하려 하는 거 싫어하는데 나도 모르게 하게 되는 것이 무슨 일인지 모르겠다는 뜻입니다.

무시공 - 나중에 알 거다. 싫어하는 거 좋아하는 게 어디 있어?
하라면 하는 거지. 이제 단단히 우리에게 걸린 줄 알아라.
평생 수련했으니 수련 도수가 얼마나 높아졌나 확인해보자. 그것도 안 돼?
실험하니 효과 보이나, 가능한가?
생전에 이런 실험 안 했는데 직접 해보니, 오히려 당신이 더 깨달아지는 거 아닌가?
아장베로 - 맞습니다, 보기에 당신은 평범한 일반인 같지만 그렇지도 않고 대화한다는 것 자체가 보통 인간이 아니고 희한하다.

(무지갯빛으로 화하다…. 홍화한다)

무시공 - 그래 최선으로, 이때까지 배운 거, 이때까지 가지고 있는 능력 다 써봐라.
네가 어느 정도 돼있는가?
50년이나 수련했는데, 수련한 결과가 어떤가 궁금해서 너를 찾아 시험해 본다.
50년 해서 겨우 혼자 성공한 것인가, 같이 해야지. 다른 사람들도 해 줄 수 있어야지.
혼자만 도 닦아 하늘 꼭대기 올라가면 뭐해.
아장베로 - 내 아픈 곳을 건드리는군요

무시공 - 아픈 데 건드려야 깨어나.

아픈 것 숨겨놓는다고 그게 없어져? 너 단단히 우리한테 걸렸지?

지금 이것을 직접 해보면서 가능한가, 안 한가, 힘이 어느 정도 커졌는가, 당신도 스스로 확인하는 거다, 생전에 이런 생각 해보지도 못했잖아, 우릴 통해서 이걸 한번 써보라는 거야.

지금 네 생각에 될 거 같나, 안 될 거 같나?

아장베로 - 보통 인간 같지가 않아서 될 것도 같고… 해봐야 알겠습니다.

무시공 - 그래, 네게 맡겼다. 최선으로 해봐. 혼자 힘으로 안 되면 이런 능력 갖추고 있는 존재 모아서 해보라고. 안 그러면 너보다 더 힘이 강한 존재, 우리에게 소개해, 그럼 찾아서 하나하나 확인할 거다.

지금 실험결과 변화가 있는 거 같나, 아니면 아무렇지도 않은 것 같나?

혼자 힘이 부족하다면, 네 스승이나 주변에 누가 홍화 능력 있는 존재들 모두 모아서 힘을 내서 한번 해보라고.

우리에게 알려주면 찾아서 우리 앞에 나타나게 할 수 있어.

혼자 할 수 있다면 완전 네게 맡기고.

아장베로 - 일단 해보고 부족한 게 뭔지 보겠습니다.

무시공 - 그래, 최선 해봐. (사심이 있네…. 하하하)

진짜 우리 몸에서 홍화를 일으키면 너는 큰 공 세운다.

알아? 너도 생각 못 한 것, 내가 지적해 가지고 이 방법에 대해 더 알 수 있고.

(눈 감고 있을 때 몸이 없어진 것 같았는데, 눈을 떠보니 아직 있다)

거기서 용쓰고 있네.

아장베로 - 네, 용쓰고 있어요.

무시공생명 - 효과 있긴 좀 있다. 근데 힘이 좀 약해.

모든 걸 우리가 다 깨우치고 있다.

이런 건 써먹어야지, 남한테 써야 시야가 넓어지고 힘이 강해지는데, 혼자만 하면 계속 고립되어 있잖아, 깨워 주는 걸 몰라.

힘드나? 처음이지만 이렇게 하라는 것은 네 힘을 키우기 위해서라고.

아장베로 - 고맙습니다.

무시공생명 - 누구도 이렇게 하란 적 없잖아.

아장베로 - 그렇습니다.

무시공생명 - 내 몸에서 홍화현상 일으켰으면, 네 수행은 끝났어. 알아?

아장베로 - 네.

무시공생명 - 그럼 너는 더 큰 할 일이 생긴다고.

달라이라마도 홍화 능력 갖추고 있나?

아장베로 - 달라이라마도 할 수는 있을 텐데 그 사람은 여기 큰 관심이 있는 건 아닌 것 같다. 다른 더 큰 일이 있는 듯.

마음먹고 하려고 노력해야 하는 거죠.

무시공생명 - 그렇지, 달라이라마도 티베트 땅 밑에 사는 그 종족이라고, 그 종족들은 2만 년 전에 지하세계로 들어갔고, 달라이라마는 지상에 남아 있다가 죽었다가 새로 윤회하는 방식으로 살고 있어. 알고 있나?

아장베로 - 그렇게 구체적으로는 잘 몰랐습니다.

무시공생명 - 달라이라마도 티베트 포탈라 궁 밑 지하 도시에 들어가 봤던 거다.

거기 대표도 다 알고 있어.

아장베로 - 네, 그렇군요

무시공생명 - 너는 홍화를 실천해서 성공했어. 네가 우리 몸에서 홍화현상 일으켰으면 일체 수련 너는 끝났다. 알았지?

끝나고 네게 엄청 중요한 일 맡겨서 하라고 할 거다, 기대되나?

아장베로 - 기대가 됩니다, 무슨 일일까 궁금도 하고.

무시공생명 - 혼자만 홍화현상 있으면 뭐해, 네가 먼저 그 능력을 짧은 시간에 다른 사람 몸에서 실험 못 하잖아, 그러니 내 몸에서 실험해보라고.

실험해서 일단 성공됐으면 너는 이제 일체 수련 끝났어, 알았어? 할 일이 생긴다고.

상상도 못 한 일 네게 맡길 거다, 기대돼?

아장 베로 - 네, 기대가 됩니다. 일체 수행은 끝났다고 하는데…, 내 할 일은 끝났는데 또 뭐가 있을까 궁금하다.

무시공생명 - 수련 끝났으니까 이제 써먹어야지. 내내 초등학교에서 대학까지 공부하고 졸업했으면 뭐 할 일이 있어야지, 계속 대학에서 눌어붙어 있을래.

아장베로 - 음, 할 일이 있다. 이거구나.

무시공생명 - 너를 통해서 가장 적어도, 불교 쪽에는 너를 통해서 종교는 끝나.

아장베로 - 나를 통해서 종교가 끝난다….

무시공생명 - 믿어? 말을 너무 크게 하는 거 같지?

불교는 지구에서 졸업했다고. 끝난다고.

아장베로 - 네, 그래도 됩니다. 계속해 보겠습니다.

아, 당장은 안 되네요. 연구도 더 해보도록 하겠습니다.

무시공생명 - 그래, 안 돼도 희망이 보여, 안 보여?

아장베로 - 보입니다.

무시공생명 - 네가 이제까지 하는 거 보니까, 우리도 네게 믿음이 좀 가. 너도 계속 관심 둬 봐, 우리 몸에서 꼭 이루어진다. 네가 홍화 꼭 할 수 있다 믿고 실험 삼아 실행하다 보면 새로운 경험이 나와. 알았지? 끊임없이 해보라고.

아장베로 - 네, 알겠습니다. 끊임없이 해보겠습니다.

무시공생명 - 그리고 우리가 너를 찾았으니까 너만 믿어, 너만 인정해, 주변에 친구든가 스승을 모셔서 함께 힘을 합해서 해도 우리는 너를 인정해. 알았지?

아장베로 - 네.

무시공생명 - 우린 너를 꼽아놨어. 무슨 방법 쓰든 간에 네게 맡긴 이 일만 답이 나오면 큰 성공이야.
기대돼지?

아장베로 - 네, 많이 배웠습니다.

무시공생명 - 이렇게 하는 과정에서 네 힘도 커진다고.

아장베로 - 그렇게 느꼈습니다.

무시공생명 - 그래 스스로 해라.

아장베로 - 네, 또 뵙겠습니다.

13개의 대한민국 별과 우주

우리 몸 보라고.

잠시 우리는 분자몸 껍질 가지고 있지만 너희(우주인)보다 좀 거칠지만 안을 보라.

안을 보면 너희보다 엄청나게 초월했고 우리는 무극 이상 존재의 몸으로 되어있다.

자기들(우주인)도 그렇다고 인정해.

자기들은 무극까지 있어도 아직 이분법 에너지로 쌓여있는 몸이잖아.

우리는 일원심을 지키면 세밀한 공간의 완전히 일원심으로 되어있는 에너지 완전히 직선빛 일원심 되어 있는 그런 마음과 에너지를 가지고 있어.

이 시공우주에는 없다고….

그러니까 100억 조 존재도 우리한테 와서 공부해야 해. 100억 조까지 파고 들어가니까.

너희가 최고 존재야? 물으니까 자기 위치는 최고래.

그런데 위에 또 누가 있나? 하고 물으니까. 신으로 된 존재가 있대.

그 존재 보이나, 안 보이나? 하니까.

그저 마음으로 통한다고 해. 그래서 최고 존재 신으로 나타난 존재 우리 앞에 나타나라 그러니까 나타났어. 빛을 줄여 놓고 네가 우주의 최고 존재냐? 물으니까 최고 존재래.

대한민국 우주 네가 창조했나? 했더니 자기가 창조했대.

언제 창조했나? 물으니까 100조 년 전에, 그러니까 자기 수명도 100조라는 것이다. 자기가 최고 존재….

그래서 내가 그랬어, 네 생각에는 네가 만든 우주가 완벽하냐?고 물으니까, 완벽하지가 않대.

100조 년 전에 이 12명이 이 우주를 창조했는데(이름 다 적어놓았다), 그럼 12명 중에 누가 대표냐? 물으니 자기가 대표래 대한민국이라는 이름을 가진 자기가 대표래 그러니까 우리 대한민국이 정말 대단한 존재라고.

그러니까 이 한국의 존재들 정말 영광스럽다고 생각해야 한다.

그래서 네가 그 당시 우주를 창조할 때는 어떻게 생각했나?

혹시나 창조를 네가 마음대로 하지 않았다면 12명이 같이 상의해서 스스로 바꿔야 된다는 거야. 그런데 거기서는 오늘까지도 방법이 없다는 거야.

무언가가 완벽하지 않다는 것은 느끼는데 그것을 어떻게 해서 바꿔야 되겠다는 걸 오늘까지 답을 못 찾아냈다는 거야.

그런데 자기들은 우리를 만나도 우리를 못 봐. 절대 우리를 못 보게 하지만 우리가 누구인지 금방 알아채.

내가 우리는 대한민국의 연약한 토종지구인이다.

우리는 50억 년 동안 짓밟히고 외롭고 고통스럽고 억울하게 살아왔다.

너희가 거기서 우리를 창조해 놓고 우리한테 관심도 없었나? 물으니까, 미안하다고.

직선으로 와 가지고 거기서 지구 대한민국이 보이나? 하니까, 보인대.

그래서 대한민국, 제일 밑바닥에 있는 23광년의 대한민국이라는 별을 찾게 되어서 계속 높은 곳으로 파고들어가니까 우주의 끝이 100억 조 광년이야.

그래서 23광년부터 100억 조까지 13개의 대한민국이라는 별과 우주를 찾았고 대한민국우주의 대표 안광옥도 만났고 서로 만나니까 다들 엄청나게 놀랐다.

가족, 나라, 지구가 사랑이라는 감옥

외계인 입장에서 보면 지구 자체가 감옥이야.

달에는 우주선 기지가 있어. 지구에는 없잖아. 바보 아니야.

우리가 다 확 열어 버리잖아.

집이 감옥이고 나라가 지구가 감옥이다.

부부끼리도 서로 감옥이고 부모끼리도 감옥이고 부모 자식끼리도 감옥이고 서로 감아 가지고 자신만 지키고 있어.

그것을 보고 관심이라 그러고 사랑이라 그러고.

그런 사랑은 완전히 감옥의 사랑이다.

서로 상대하기가 얼마나 힘들어.

나는 어렸을 때부터 자유롭게 살고 싶어 나는 내 멋대로 놀았다.

그러니까 부모는 자식의 마음을 모르니까 매일 감옥에 가둬 놓고 지켜보면서 키우는 것 같아.

딱 돼지 키우는 것처럼 가두어 놓고 뭐 주면 이것 먹고 엉터리로 놀지 말고 울타리 안에 가둬 놓고 그게 사랑이야? 그래서 나는 이놈의 사랑이라는 단어는 절대로 안 써.

그게 완전히 감옥인데….

우리는 그저 일원심 지키면 끝, 무슨 활동하고 뭘 해도 괜찮아!

하늘에 구멍을 뚫어도 괜찮아.

얼마나 좋아 아무 제한이 없잖아. 그저 일원심을 지키면 끝인데 뭐.

사랑이라는 단어 가지고는 이것을 표현을 못 한다.

그런데 일원심 안에 사랑 포함됐어, 안 됐어? 자비 포함됐어, 안 됐어?

일체가 다 포함됐다. 그래서 대자유고 제일 평등해 그리고 고저가 없어. 일원심 지키면 서로 다 같은 존재인데 뭐.

얼마나 좋아? 얼마나 간단해?

자기가 무시공이 뭔지 알고, 무시공에서 살아봤어야 그런 정확한 단어를 쓸 수가 있다.

지구 이 지옥에서 어떻게 그런 단어가 나올 수가 없다.

이원 세상에서 그래서 내가 말하는 것은 한 번도 시공 말을 한 적이 없고 시공에 와 있은 적도 없다. 다 같이 인간 모습으로 있지만 나는 무시공에서 말하고 있다.

그래서 이놈의 껍질은 보지 마. 이 껍질은 어쩔 수 없이 시공의 껍질을 덮어쓰고 있지만, 나의 마음 나의 일원심 직선빛, 진짜 나는 무시공에 있다고. 무시공에서 계속 깨우치고 말하고 있다 그거라고.

옛날에도 그랬잖아. 나는 시공에 온 적도 없다.

시공은 나하고 아무런 상관이 없다. 그래도 못 알아들어. 지금 3단계 작업하면서 이제 뜻을 이해하고 있어.

제7장

지구가 중심이 된 우주

지구로 당겨오는 태양과 니비루, X1별

무시공 - 니비루별 자체 나타나, 대화해 보자.

니비루 - 네.

무시공 - 지난번에 지구 방향으로 가까이 다가오라고 했는데, 오고 있지? 움직였어, 안 움직였어?

말해봐. 원래 지구와 거리는 얼마였는데, 지금 지구와 거리는 어디까지 와있다. 그렇게 말해봐.

원래 제일 처음에 너와 대화했을 때, X1별과 태양을 한 바퀴씩 돌며 공전한다고 했잖아.

그때 대화할 때 태양계 쪽으로 오라고 했잖아.

지구가 지금 우주 중심지라고 했고. 그거 생각나, 안나?

니비루 - 네, 생각나요.

무시공 - 그때 X1별도 우리 방향으로 오라고 했는데, X1별에게도 물어보니까 이쪽 방향으로 너와 같이 온다고 했잖아.

오랫동안 연락 안 하다가 오랜만에 너와 대화해 본다.

너 지금 원래의 위치라면 태양하고 X1별 사이 돌 때, 지금 원래 궤도에서 지구 가까이 오는 방향으로 돌고 있나, 아니면 지구 멀리 가는 방향, 그러니까 X1별 쪽으로 가고 있나?

원래 그대로의 궤도대로 움직일 때라면.

니비루 - 지구 쪽으로 가는 중이죠. 원래는 지구와 멀어지고 있는 거였는데.

무시공 - 그래서 지금은 우리가 당겨서 가까이 오고 있어?

지금 너하고 X1별하고 이쪽으로 오라고 했잖아, 제일 먼저 너하고 말했어.
그러면 원래 너하고 대화하기 전에 안 움직였을 때는 태양과 X1 한 바퀴 도는데 태양에서 멀리 가고 있었지?
그런데 지금은 방향 바꿔서 돌아오고 있다, 그거지?
니비루 - 네, 맞아요.

무시공 - 그러면 원래 위치에서 이쪽 방향으로 오고 있는데, 얼마나 이쪽으로 오고 있어?
원래 태양하고 X1별 한 바퀴 돌면 지구 시간으로 3,600년인지 몇 년인지 걸린다고 했잖아.
지구인들이 그랬는지 누가 그랬는지.
네가 알기로 지구 시간으로 얼마나 걸려?
니비루 - 지구 시간으로 80년?

무시공 - 80년? 이 시간은 너한테서 처음 듣네.
그래. 그럼 아까 처음에 물어본 것, 정상적으로 원래의 네 위치라면 지구와 거리 얼마인데, 지금 지구에 가까이 와 있다면 어느 위치에 와 있는지 말해봐.
니비루 - X1과 지구와 거리가 40광년이라면, 지금 원래 내 자리는 1광년? 10광년? 거리에 있어야 한다.
그런데 지금은 지구와 150만km 가까이 와있다.

무시공 - X1과 지구와 40광년 아닌데, 전에 2광년이라고 네가 말한 거 같은데.
그러면 네가 10광년에서 지구와 거리 150만km 와있다고? 그만큼 빨리 와 있다고?
그럼 지구에 속도 엄청 빠르게 왔네.
니비루 - 원래는 그 자리로 가야 하는 건데, 가다가 진작에 뒤돌아 온 거야.
(아…. 4광년인지, 40광년인지, 1광년이라는 건지, 10광년이라는 건지….)

무시공 - 똑바로 말해야지, 안 그러면 이거 혼란스럽게 된다.
그러면 이거 물어보자, 네가 지구에 가까이 오면 지구에 무슨 영향 있어, 영향 줘?

니비루 - 내가 지구에 한 번씩 갈 때마다 지구뿐만 아니라 주변 행성들까지 영향을 받지요.

무시공 - 그럼 이번에는 영향 더 크게 주고 있나?
너 전에 지구로 가까이 올 때도 이만큼 가까운 거리로 왔던 건가? 150만 ㎞ 위치까지?

니비루 - 네, 역사적으로 보면 그렇게 가까이 갈 때도 있었어요.

무시공 - 응, 있었다고. 그럼 너는 지구와 충돌은 안 하지?

니비루 - 네. 충돌은 안 할 거예요.

무시공 - 그런데 지구에 예언하는 어떤 존재들은 돌아오는 9월 23일이면 지구와 충돌해서 큰 재앙이 온다고 하던데, 그게 맞나?
충돌 아니고 네가 너무 가까이 오니까 지구에 영향 준다는 거지?

니비루 - 네, 그 말일 거예요.

무시공 - 그러면 너 생각에는 지구에게 무슨 영향을 줄 거 같아?
그리고 9월 23일이면 지구와 거리 얼마나 더 가까워지겠나?

니비루 - 네, 아마 최대로 가까워질 것 같아요.

무시공 - 역사상에 없는 거리로 가까이 온다, 맞지?

니비루 - 네, 맞아요.

무시공 - 그럼 너 생각에 9월 23일이면 어느 위치에 와 있을 것 같아?
지구와 거리?

니비루 - 지구와 얼마나 가까워질까~ 지구와 거리 30만㎞까지 가까워질 것 같아요.

무시공 - 아, 30만㎞ 위치까지.
그럼 너 생각에 여기까지 오면 지구에 무슨 영향을 줄 거 같아?
니비루 - 지구의 자기장이 흔들리고, 그러므로 지구인들이 쓰는 전파, 통신이 흔들릴 거고, 잘 안 되고 파괴될 수도, 더불어 육지도 흔들려 지진도 나고 그에 따른 해일 등 재해가 많이 일어나겠습니다.

무시공 - 그럼 너는 지구와 비하면 몇 배 더 커?
니비루 - 대략 10배 정도?

무시공 - 너도 위성 있나? 몇 개인가, 그리고 각자 이름은?
니비루 - 2개. 행성1, 행성2로 불러요.

무시공 - 아, 그냥 그렇게 불러?
네가 이렇게 가까이 오고, X1도 가까이 오니까 같이 궤도가 바뀌잖아.
처음엔 너만 오라고 했던 거야, X1은 오라고 안 했는데, 나중에 X1 너도 오고 싶나 물어봤더니. 오고 싶다 해서 같이 당겨왔어.
그 당시 뭐라 했냐면, 태양보다 1.5배 더 크다 했고, 태양보다는 안 밝다고 했어. 맞지?
니비루 - 네, 맞아요. 그랬어요.

무시공 - 그래, 오늘은 이만해. 고맙다.

X1별, 니비루 행성 대표와 대화

X1별과의 대화

무시공 - 그다음 X1별 대화해보자. 나타나.
네가 전에 우리와 대화할 때, 지구 방향으로 온다고 했잖아.
그럼 원래 너의 위치는 어디고 지금은 어느 위치에 와있어?
지구로부터의 위치를 말해봐.
X1 - 지금은 지구로부터 300만 킬로미터.
원래는 5광년 위치에 있을 건데.

무시공 - 그럼 너 이 자리까지 가까이 오면 지구에 무슨 영향 줄 거 같아?
X1 - 네, 조금만 더 가면 150만 킬로 정도 더 가까이 간다면, 태양계 전체에 다 영향을 주면서, 행성 간 영향도 주기 때문에 작은 진동 일어날 것, 진동이라면 뭔지 알겠지요?

무시공 - 2020년까지 3~4년 남았는데 지구에서 큰 저항이 일어나지, 너희가 가까이 오니까.
역사상에서도 300만 킬로 위치까지 온 적도 없지?
X1 - 네, 역사상 없어요.

무시공 - 그럼 나중에 150만 킬로까지도 가까이 오고 싶어?
X1 - 왜요, (내가 가는 것이) 싫다는 건가요?

무시공 - 아니, 하하…. 여기는 우주중심지라고 했잖아, 너희 살려면 이쪽으로 오라는 거지.

재앙은 낡은 지구와 낡은 태양계에 영향 주지, 오히려 우리는 이 우주를 바꾸러 왔잖아.

우리는 낡은 지구와 낡은 태양계, 낡은 우주를 철저히 바꾸려고 하잖아. 맞지?

X1 - 네.

무시공 - 하하. 너 어떻게 그렇게 물어봐, 우리가 너보고 오라고 했잖아, 너도 살고 우리 뜻을 따라서, 알았지? 그래, 네가 알아서 해.

지구에 어느 정도 가까이 왔다면 네가 멈추려면 멈추고, 알았지? 네가 알아서 해.

하지만 우리는 그런 계획 다 짜 놨어.

올해부터 2020년 전후까지. 지구에서 대심판, 대도태, 대정화 역할 한다고. 너는 거기 맞춰서 조절하면 돼.

언제 또 너와 대화할 수도 있어. 알았지.

X1 - 네.

무시공 - 그래, 너 생각에 150만 킬로까지 언제쯤 도착하겠어?

원래 생각에 그 자리까지 오려고 생각했나?

X1 - 앞으로 지구 시간으로 한 달 정도 후에 그 자리까지 갈 것 같아요.

무시공 - 그러면 9월 말? 그럼 잠시 그 자리 머물러봐, 무슨 영향 주나, 상황 봐서 스스로 조절해, 알았지?

며칠 후, 니비루 행성 대표 로세라와 아이야(은지)

니비루가 자기가 있는 거리위치 등을 헷갈려 해서 이들에게 다시 확인하

자. (원래 자기 원래 가던 방향이 아닌 곳을 가다 보니 스스로도 혼동되나 보다)

무시공 - 니비루 대표 로세라와 은지 나타나.

로세라, 은지 - (은지는 지구에 있을 때 이름. 니비루에서 이름은 아이야)네.

무시공 - 오랜만에 만났네, 요새 뭐해. 우리 하는 일에 관심 있어, 없어?

로세라와 은지 - 같이 묶여서 돌아가기 때문에 관심이 있건 없건 함께 가는 것 같아요.

무시공 - 그래? 응. 한 가지 물어보자. 너희 니비루 행성이 태양하고 X1별 사이 공존하잖아,

그럼 한번 공전하는 데 지구 시간으로 얼마나 걸려?

로세라와 은지 - 약 2,300년.

무시공 - 전에 대화할 때는 4천 년 정도라고 하지 않았나? 그것도 시간 바뀌었나?

지구인들은 3,600년이라고도 하고. 도대체 어떤 게 맞아?

그리고 또 니비루별 자체한테 물어보니까 80년이라고 하고, 도대체 누구 말이 맞아?

로세라와 은지 - 공전 기간이 점점 줄고 있어요. 지금은 2,300년.

무시공 - 그런데 니비루 행성 자체와 대화하니까 80년이라고 하는데 그건 또 왜 그래?

니비루가 지구 근처 당겨와 가지고 150만 킬로미터까지인지? 뭐 얼마까지 왔다고 그랬어, 그것도 맞아?

그때 다 같이 오라고 했잖아, X1도 4.5광년에서 맨 몇백 킬로까지 엄청 가까이 왔다는데.

네가 한번 측정해봐 맞나 안 맞나. 네가 지금 바로 측정할 수 있지?

로세라와 은지 - 네, 대략 볼게요.
니비루가 150만 킬로미터 정도 가까이 왔어요.

무시공 - 니비루 자체도 그렇게 말한 거 같다. 그럼 X1은?
로세라와 은지 - 한 200만 킬로 이상 거리까지 왔어요.

무시공 - 그럼 거의 다 비슷하다. 일치하는 것 같다.
그래 거기(X1)도 9월말 정도면 지구 가까이에 150만 킬로미터까지 온다고 하던데?
그때 네가 니비루가 지구보다 10배 더 크다고 했었나?
로세라와 은지 - 니비루가 지금 몰고 다니는 모든 것이 지구보다 10배 더 커요.

무시공 - 그럼 니비루 주변에 위성 있어? 위성 2개?
로세라와 은지 - 큰 거 2개와 그 외에 위성이라 할 수 없는 작은 것들이 몇 개 더 같이 다녀요

무시공 - 응 그래, 그걸 다 합해 가지고 10배 더 크다는 거야?
로세라와 은지 - 네, 그게 맞을 거예요.

무시공 - 응 그래. 그리고 지금은 X1하고 니비루 근처에 오면 지구와 태양계에도 영향 준다고 했지?
로세라와 은지 - 그렇지요.

무시공 - 그럼 그 영향 언제 지구에 나타날 것 같아?
로세라와 은지 - 지금도 지구에 영향이 있는데요, 점점 더 강해지는 거죠.
지구에 여파는 진작부터 있어요.

무시공 - 응, 지금 더 가까워지니까 심해지잖아. 알았어.

그리고, 지금 니비루가 80년이라고 했던 것은, 지금 지구 있는 자리에서 말하는 거 아닌가?

지금 지구 근처 와 있는 그 거리 보고 말하는 건가?

로세라와 은지 - 음, 무슨 말인지 모르겠네, 잠시. 볼게요.

아~ 아마 이렇게 가까워 졌을 때를 말하는 거 같아요. 지금 그 말 하신 거죠?

현재 지구와 X1이 가까워진 상태에서 공전이 80년이라고 말한 거 같아요.

무시공 - 응, 그렇게 말하는 거 같지? 그럼 알았다.

그래 잘 있어, 오늘은 여기까지.

태양, 니비루, X1별의 지구와 거리 변화

무시공 - 니비루 나와 봐, 은지와 로세라 같이 나와도 돼.

(모두 같이 나왔다.)

지구와 거리 150만 킬로미터 곁에 왔다면 네가 지구보다 10배 더 크다고 했잖아.

주변 위성들 모두 포함한 크기가.

그러면 지구인들 눈에도 보일 거고 엄청 클 텐데, 왜 아직 안 나타나고 안 보여?

그건 어떻게 해석해? 무엇이 잘못됐어?

생각해봐, 태양이 원래 위치라면 1억4천9백60만 킬로미터에 있다가 지금 1억4천만 킬로미터까지 왔어.

그런데 태양은 지구 인간들 눈에 다 보이잖아.

그런데 X1은 태양보다 1.5배 더 크고 2백만 킬로미터까지 왔다면 그거는 엄청나게 크게 눈에 보여야 하는데 아무것도 안 보이잖아. 거리 계산이 잘못됐어? 무엇이 잘못됐어?

우린 네 말 믿고 그대로 카페에 공개했다고.

그런데 너와의 대화를 본 사람이 질문했어.

그렇게 가까운데 왜 안 보이냐고, 그 질문 맞아.

그럼 너희가 계산한 거리와 지구인 계산과 차이가 있나, 무엇이 잘못됐나? 해석해봐.

그 정도 가까이 왔으면 지구가 진작에 난리 났지.

거리 계산을 우리 지구 단위 법으로 말했잖아, 킬로미터.

(이들 입장을 들어봐야겠지만, 행성 모두가 원래 경로와 다르게 움직이다 보니 거리에

대한 감각이 혼란이 온 것도 같고, 지구의 거리 단위와 이들의 거리 단위에 차이가 있는 것도 같다)

처음에 우주인과 거리 계산할 때 그들은 그들의 거리 단위를 말했어.
광년이 아니라 다른 단위를 표현했었지. 그때와 같은 상황이야.
그 후에 지구에서 쓰는 광년으로 통일했잖아.
니비루도 며칠 전 대화할 때 많이 헷갈려 했어.
그리고 은지 너도 지구에 와 봤잖아, 그래서 좀 알잖아.
지구 계산과 너희 계산과 무엇이 다른지.
원래 니비루가 태양과 X1 사이를 도는데 숫자가 다 안 같아,
처음에 지구 유적에 남긴 내용에는 지구 시간으로 4천 년이 넘는다고 했는데, 인간들은 또 다르게 이야기하고, 며칠 전에는 지구와 가까워져서 공전주기가 짧아졌다고 또 다르게 이야기해.
그러니까, 지구에서 쓰는 거리와 시간 단위로 말해보라고.

은지 - 그때 지구에 왔을 때는 지구 거리 단위를 쓰지도 않았지만, 그때 단위와 지금 단위는 또 다른 듯합니다.
시간도 단위가 각각 다 다르니 숫자가 맞지 않는 건 당연합니다만 지구 시간으로 말하라 해서 최대한 맞추어 말한다고 했는데….

니비루 등 - 지난번 대화 때는 지구 거리 단위 계산법으로 말한 건 아니었는데….
그리고 나와 함께 다니는 나의 모든 위성 거리까지 합해서 지구의 10배라는 말이지, 나 혼자 지구의 10배는 아니에요.
거리는 다시 한 번 확인해 볼게요.

니비루 모두 경로를 이탈해서 반대방향으로 움직이다 보니 대화 내용이 혼란스러워 생략하고, 태양과의 대화에서 명확하게 정리를 해서 니비루에 알려주면서 대화내용을 정리합니다.

무시공 - 그래, 조급해하지 말고 조금 천천히 정확하게 해봐.
아니면, 태양 나타나라 해서 거리 물어보자.
누구는 140, 또 누구는 140보다 더 가까이 왔다고 하던데.
태양 본인에게 물어보자, 어느 위치에 와있나.
그리고 태양에게 니비루도 물어보고.
은지는 은지대로 계산하라 하고, 우리는 태양하고 계산해봐.
태양, 너 지금 위치 지구와 거리 얼마야?
140 위치에 왔어?
태양 - 138~139.

무시공 - 응 그래, 다른 존재도 그러던데, 맞구나.
그래, 태양 139. (1억3천9백만 킬로미터)
그러면 이제 니비루 너 알지, 니비루는 지구와 거리 어느 정도 와있는 거 같아?
태양 - 나랑 비슷하게 와있는 거 같아.
나와 지구의 거리와 비교했을 때….

무시공 - 응, 대충 재봐.
네가 지금 139라면 니비루는 139 안에 있겠네.
지구에 더 가까이 와있겠네, 너보다. 니비루는 그렇게 말하던데.
태양 - 나보다 조금 앞에, 조금 더 가까이 가있는 거 같아요. 지구 쪽으로.

무시공 - 대충 너는 139라면 니비루는 얼마까지?
태양 - 135 정도?

무시공 - 응. 그럼 됐다. 네가 좀 더 정확하게 말하겠다.
그다음에 X1 알지, 그도 지금 지구 방향으로 오고 있거든.
그거는 지구와 거리 너 거리 계산으로 어느 위치에 와 있는 거 같아?

네가 더 정확하게 하는 거 같다.
태양 - 네, 물론이죠.

무시공 - X1은 너 바깥쪽에 있지? 아까 니비루는 지구와 태양과 두 배 거리래.
그래서 대략 3억 위치인지, 구체적으로 계산해봐
태양 - 아직 멀리 있는데…. X1은 항성이지만 나보다 훨씬 어두워요.

무시공 - 맞아, 그건 알아.
태양 - 나보다 훨씬 어두워요. 1/3? 아니 그 이하로 더 어두워요.
일반별처럼 밤하늘에서 보일 수 있고. 거리는….

무시공 - 그래, 거리 말해봐, X1이 너보다 1.5배 크다며. 크지만 너보다 덜 밝다는 거야. 맞지.
태양 - 네. 맞아요. 거리는 나와 지구와 거리보다 3배 더 먼 거리에 있어요, 내가 보기엔.

무시공 - 그래 네가 대략 지구와 거리 140이라 하면, 140에 3배지, 그러니까 420 위치, 그러니까 지구와 거리 4억2천만 킬로미터.
태양 - 네, 4억 내지는 4억 이상.

무시공 - 420 위치에 있다고 보면 되겠지?
태양 - 네네.

무시공 - 그럼 알았어. 고마워. 이제 은지한테 알려줘 봐.
네가 계산한 거하고 같나, 태양한테 물어보니까 말하기를, 태양하고 비교해 보니까 태양 위치는 139까지 왔어. 근데 너희는 135 위치까지 와있대.
그러니까 태양하고 가까이 있지 뭐. 태양 안에 있는 거 맞아.
그리고, 지구 기준으로 태양이 있는 위치가 140이라면 X1은 420 위치에 있어.

너 보니까 어때, 비슷해?

니비루 등 - 네, 비슷하게 맞아요.

무시공 - 맞지? 어느 위치에 있는지는 모르지만. 다른 위치에 있으면 안 보일 수도 있지.

니비루 등 - 맞아요. 지구에서 지구인들은 위치에 따라 안 보일 수도 있어요. 그리고 지금 너무 혼란스러워요.

무시공 - 그래그래 됐어. 너희 우리 지구 태양계에서 쓰는 거리 단위와 다르니까 혼란스럽지.

니비루 등 - 그것도 그렇고, 지금 뭔가 다 혼란스러워요.

무시공 - 괜찮아, 자꾸자꾸 하다 보면 적응된다.

하지만 대충이라도 우리가 알아야 돼.

안 그러면 너희가 말하는 위치하고 실체하고 부합이 안 되니까 찾아가지고 또 물어보는 거야.

우리 태양계 거리계산이 너희하고 좀 다를 거다.

그래서 우리 태양계 거리계산 하는 방식으로….

니비루 등 - 태양계도 다 달라요. 지구도, 우리도 다 달라요.

무시공 - 그러니까 우리는 여기 지구에서 일을 하니까 지구 거리계산법으로 하자고, 알았지?

니비루 등 - 우리는 새로운 이탈된 길을 오다 보니 혼란스러워요.

무시공 - 그래그래, 이해해줘.

고맙다. 어쨌든 간에 잘했어.

지구가 중심이 된 우주(2018. 06. 17)

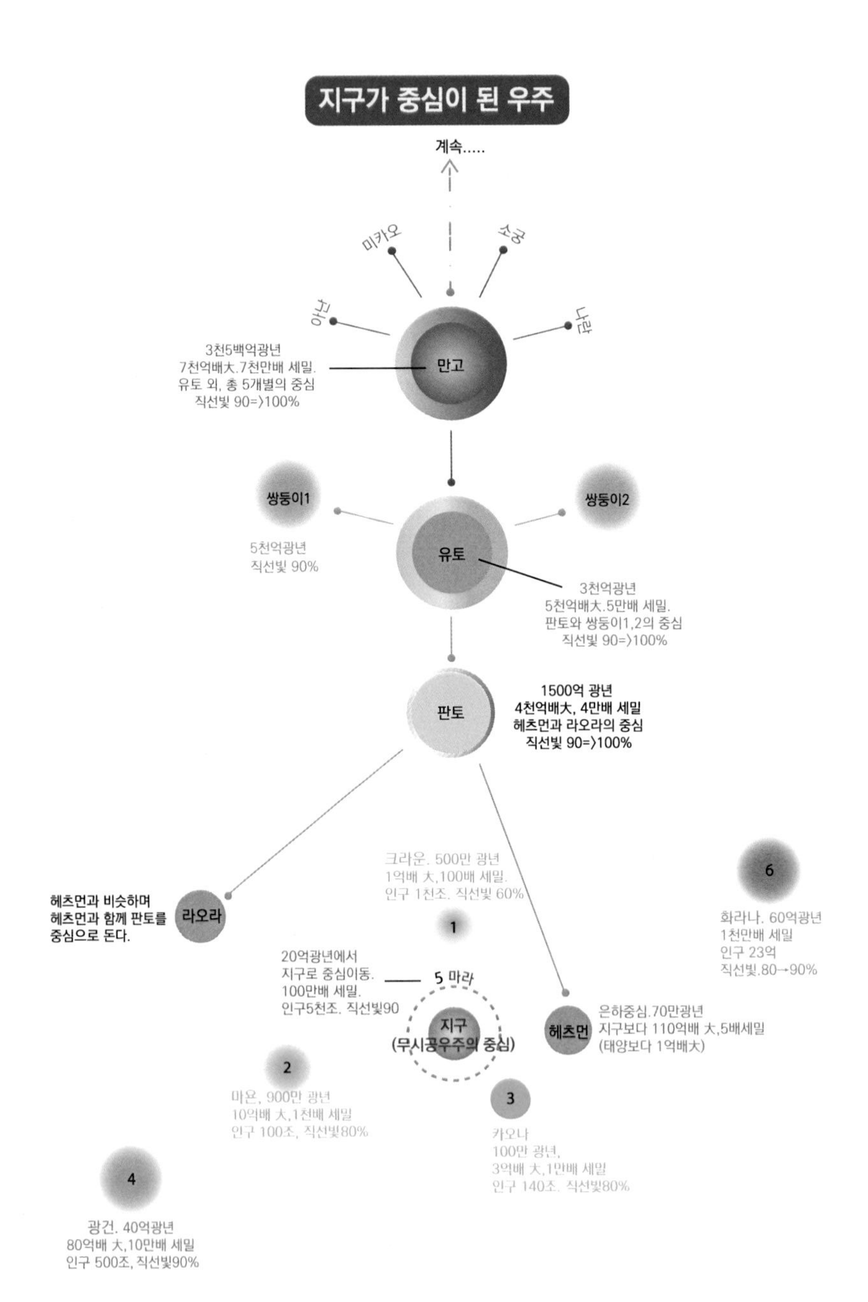

지구와 가까운 세밀한 다섯 개 별이 지구와 하나 됨 - 크라운, 마욘, 카오나, 광건, 마라

1. 크라운별

무시공 - 해츠먼(인간이 말하는 은하의 블랙홀)이 지구보다 5배 세밀해.
그럼 해츠먼을 기준으로, 지구에서 거리가 제일 가까운 별 중에, 지구보다 1억 배 더 크고 지구보다 100배 더 세밀한 별 나타나.
크라운 - 이름은 크라운, 지구와 거리는 500만 광년, 그리고 인구는 1천조.

무시공 - 은하계의 해츠먼도 인구가 1천조인데.
크라운 - 인구 비슷해요.

무시공 - 그러면 그 주위에 수많은 별 모두 얼만데, 은하계보다 더 많나?
크라운 - 은하계보다 작은 규모로 대략 55만 개 항성과 거기에 딸린 수많은 행성으로 이루어져 있어요.

무시공 - 그러고 너희가 100배 세밀하니까 빛도 엄청나게 밝겠네. 얼마나 더 밝아?
크라운 - 네, 태양은 해츠먼보다 밝고, 나는 태양보다 100배 밝아요.

무시공 - 태양보다 100배 더 밝아, 태양도 지금 직선빛인데?
그럼 네(크라운) 빛에서 직선빛과 파동빛을 구분할 수 있지?
크라운 - 해볼게요.

무시공 - 그래, 분별해봐.
크라운 - 60% 직선빛(긍정)이고 40%가 파동빛(부정)입니다.

무시공 - 이제 태양 봐, 태양은 몇 프로 직선빛으로 돼 있나?
크라운 - 헛점 안 보여요. 완벽한 것 같아요, 빛이.

무시공 - 100% 직선?
크라운 - 잘은 모르겠지만, 그런 것 같아요.

무시공 - 그러면 해츠먼은?
크라운 - 해츠먼도 밝지는 않지만 완벽한 빛인 것 같아요.

무시공 - 태양하고 같아?
크라운 - 그런 것 같아요. 그런데 태양이 더 마음에 들어요.

무시공 - 해츠먼은 100% 직선빛이 안 돼 있는 그런 느낌이 없나?
크라운 - 그런 듯, 해츠먼은 좀 더 밝으면 좋겠다는 생각이 들어요.

무시공 - 지구 알지, 지구는 직선빛이 얼마나 되는 것 같아?
크라운 - 지구빛은 아름답다고 느껴지는데 직선빛도 나보다 많은 것 같아. 하지만, 정확히는 모르겠어요.

무시공 - 그럼 태양보다는 조금 부족한 것 같아?
크라운 - 네.

무시공 - 그래, 그럼 너도 완전히 직선빛으로 변하고 싶어?
크라운 - 그러면 정말 좋겠지요.

무시공 - 그럼 너는 지구에서 무슨 일이 일어나는지 소식 알아 몰라?
크라운 - 바로 알았어요.

무시공 - 금방 알았어?

크라운 - 그동안은 애매하게 알고 있었는데 지금 바로 다 알게 됐어요.

무시공 - 우리가 너 찾을 줄은 생각도 못 했지.

보통 인간들은 네가 있는 줄도 모른다. 세밀하기 때문에.

해츠먼도 너를 모를 거다. 너는 해츠먼보다 세밀하니까!

크라운 - 나를 모르겠지만, 내 이야기를 하면 알 거예요.

무시공 - 해츠먼은 지구보다 5배 세밀해, 그런데 우리가 지구보다 100배 세밀한 별을 찾으니까 네가 나타났잖아.

그럼 지금 이렇게 하자, 너에게 있는 그 파동빛 40%, 네 몸에서 분리해 봐, 분리돼, 안 돼?

크라운 - 분리되면 죽을 것 같아요.

무시공 - 죽기는 왜 죽어, 직선빛만 인정해. 직선빛이 네 생명이라고 인정해. 파동빛은 가짜야.

너에 그것(부정의 파동빛) 때문에, 많은 별에 불행을 주고 있어. 알아?

수많은 별에 많은 생명이 존재하잖아.

크라운 - 오! 이게(파동빛) 나가면 어떻게 되죠? 우리 우주가 난리가 날 것 같은데.

무시공 - 난리가 나도 그거 바꿔야 한다. 온 우주가 바뀌고 있다.

크라운 - 아, 10%씩 하면 안 돼요?

무시공 - 안 돼. 내 명령대로, 빨리 분리해. 해츠먼도 그렇게 하고 있어.

크라운 - 이렇게 갑자기….

무시공 - 온 우주가 소문났는데 갑자기는 무슨 갑자기야, 너는 잠자고 있었나.

너를 안 찾았으면 아직도 모르고 있을 거다. 잘못되면 너희 별도 없어질 수 있다.
은하계에서뿐 아니라 시공 우주에서 직선빛 60% 이하 되는 별은 다 도태된다고, 알아?
너는 이제 겨우 60%야, 60% 존재는 겨우 도태 안 되는 대상일 뿐이야. 빨리 바꿔야 한다. 알았지?
일체 부정의 모든 것을 다 버리는 시기가 왔어. 그래서 널 찾는 거다. 네가 안 바뀌면 너하고 다 같이 없어져 버려, 알았지?

크라운 - 네.

무시공 - 지금 태양이 100% 돼 있고, 은하계 해츠먼도 거의 100% 다 돼가.
지구는 이 우주에서 가장 낙오한 것 너도 알고 있잖아.
하지만 나는 모든 것을 지구에서 시작한다.
자, 어서 분리해서 내가 시키는 대로 해.
어두운 별도 네가 보호하려고 해? 삭제하면 네가 더 맑고 더 깨끗한 생명체로 살아나, 말귀 알아들었어?

크라운 - 네, 지금 노력 중이에요, 하고 있어요.

무시공 - 그래 분리해, 과감하게. 너를 살리려는 거잖아.

크라운 - 분리 중.

무시공 - 너 혼자 분리하려면 절대로 못 한다. 우리가 도와줘야지.
네 마음 한번 보라, 분리할 생각도 못 하잖아. 너희 별에 큰 재앙이 올까 봐.

크라운 - 맞아요. 두려워하는 마음이 있어요, 생명들이.

무시공 - 그렇지.
네가 바뀌어야 다른 생명들도 살아나, 직선빛으로 된 생명.

그 생명이 무시공생명이라고.
크라운 - 네.

무시공 - 너는 아직 시공생명이야, 겨우 60% 직선빛으로 된.
크라운 - 너무 힘들어요.

무시공 - 힘들어도 바뀌어야 해.
크라운 - 살을 떼어내는 것 같아요.

무시공 - 당연하지.
크라운 - 너무 힘들어서 더 못하겠어요.

무시공 - 그래도 해. 안 죽어, 직선빛이 네 진짜 생명이야.
파동빛은 다른 영체 다른 생명이 너하고 같이 공존해 있는 거야. 이제는 분리해야 해. 분리하고 삭제해야 해, 그래야 우주가 바뀐다. 알았지?
크라운별 - 네.

무시공 - 너를 살리러 왔다. 다른 생각하지 마.

(분리 중, 떨어져 나왔어요)

무시공 - 그럼 그것을 삭제해. 크라운도 힘 합쳐서 함께 삭제.
크라운 - 삭제됐어요, 떨어져 나간 곳에 새살이 돋는 듯해요.

무시공 - 그럼 수많은 어두운 별들, 같이 없어져.
네가 변하면 은하계에 해츠먼에게도 다 영향 준다. 맞아?
크라운 - 그런데 내 빛이 많이 어두워졌네요.

무시공 - 왜 어두워져? 더 밝아졌지. 없어진 빛은 파동빛이야. 우리는 파동빛 인정 안 하고 직선빛만 인정한다고.
직선빛은 온 우주 끄트머리까지 다 발사하고 있어.
파동빛은 거기까지 가지도 못해.
크라운 - 내 40%가, 거의 반이나 갑자기 없어져 버려서….

무시공 - 너는 그 파동빛에 항상 젖어있어서 그 빛이 밝은가 생각한다. 그게 아니라고.
진짜 밝은 것은 직선빛, 이 우주에서 무엇과도 비교할 수 없는 빛이야.
그 빛은 무한거리 어디 가도 다 그대로 존재해. 맞아 안 맞아? 자꾸 느껴보라고.
크라운 - 그렇네요.
맞아요, 내 빛이 우주 전체를 비추는 것 같아요.

무시공 - 그렇지? 실지는 우리가 지구를 먼저 변화시키고, 그다음에 태양계, 그리고 은하계의 해츠먼까지 변화시켰어. 한 번 봐봐. 지금 직선빛이 몇 군데와 하나로 뭉쳤는지?
크라운 - 네, 바로 연결됐어요. 함께 뭉치고 있어요.

무시공 - 그러고 또 봐봐. 지구, 태양, 은하계 해츠먼하고 너 하고 테두리가 보여 안 보여?
테두리 있으면 무조건 깨. 무한대로 팽창해서 그 테두리 없애.아니면 너를 봐봐. 네 주변에 몸을 보면 테두리 보여 안 보여?
크라운 - 안 보여요 이제.

무시공 - 없어졌어? 다 깨졌지?
그럼 너와 지구, 태양, 해츠먼과 또 비교해 봐. 테두리 흔적 보이는지?
보이면 그것을 팽창해서 무조건 깨 부숴버려, 있어 없어?

크라운 - 나는 테두리가 없는데 모여보니 약간 있어요.

무시공 - 그럼 그걸 없애. 테두리를 없애야 넷이 하나가 돼.
그러면 온 우주가 더 밝아지고 더 강해진다고.
이제 알지? 완전한 직선빛 절대긍정마음으로 지구에서 새로운 우주 중심지를 건설해.
너도 부정마음 40%면 많이 가지고 있었던 거야.
이 우주가 전부 100% 직선빛으로 변하는 그 시대가 온다, 알았지?
크라운 - 네, 알겠습니다. 나도 그렇게 빛이 낮을 줄은 몰랐어요.

무시공 - 세밀하다고 높은 게 아니라고, 마음 자세를 봐야 해.
무시공에서 최고 존재, 지구에서 천억 조 광년에 있는 상대무시공 최고 존재들도 직선빛이 99.99…무한9%로 돼있어. 그래도 바꾸었다고. 지구에 몰려들고 있고.
너는 거기에 비하면 차이가 너무 크지 않아?
네가 이제 진심으로 100% 바뀌는 순간에 네 주변에 별들도 같이 바뀌고 있어.
어떤 별은 없어질 수도 있고, 또 어떤 별은 더 살아나고.
지금 그런 현상이 일어나고 있어 없어?
크라운 - 있어요.

무시공 - 그래, 열심히 해, 알았지?
절대긍정 일원심을 지켜, 그러면 새로운 생명이 탄생한다.
어떻든 간에 네가 나타나서 우리말 들어줘서 고맙다.
크라운 - 고마워요.

2. 마욘별

무시공 - 또, 지구보다 1억 배 이상 크고, 1천 배 이상 세밀한 별 나타나,

(완전히 지구가 중심이 돼있다.)

— 900만 광년 거리의 마욘별이 나타났다. —

무시공 - 마욘별? 너희 별 자체인구 얼마야?

마욘 - 100조.

무시공 - 100조? 그럼 그 해츠먼과 크라운 별보다 인구가 좀 적네? 맞지?

마욘 - 네.

무시공 - 세밀하고, 생명은 그중에 조금 더 고급이지?

마욘 - 네. 맞습니다.

무시공 - 네가 지구보다 억 배 이상 크지. 구체적으로 지구보다 얼마나 더 커?

마욘 - 십억 배라고 할 수 있어요.

무시공 - 지구의 10억 배 크기이고, 지구보다 1천 배 세밀하다?

마욘 - 네.

무시공 - 음. 그럼 지금 너와 대화하는 거 누군지 알아?

마욘 - 네. 알 것 같아요.

무시공- 지구에서 새로운 절대무시공우주 건설한다는 소문 알아. 몰라?

마욘 - 알아요. (알았다고 하면서 드디어 나에게도 기회가 왔구나, 그래요)

무시공 - 음. 너는 크라운별보다 조금 더 깨어나 있네.
너 자체 빛 한번 비교해 봐. 직선빛이 얼마나 되고 파동빛이 얼마 되는가?
마욘 - 당연하죠. 직선빛은 80%.

무시공 - 80%? 그래도 많이 있네.
네 직선빛을 100% 바꾸면 주변의 별이 어쩌면 사라진다는, 그런 고민은 없나?
마욘 - 아! 그런 고민은 없어요.
어차피 우리는 계속 빛을 높여가고 있으니까요. 나머지 20% 계속 떨어내느라 고민중이었는데 잘 됐어요.

무시공 - 그래. 그럼 우리도 같이 협조해 줄게.
그런 욕망이 있어야 돼. 그럼 더 빨리 바뀐다고.
그 20% 파동빛을 분리해.
마욘 - 아, 마음이 좀 이상하지만~.

무시공 - 그래, 그게 원래 너하고 공존해 있던 거잖아.
마욘 - 네. 그런데 진짜 마음이 이상해요.

무시공 - 삭제, 과감하게.
분리하고 삭제 중. - 삭제.

무시공 - 음. 그다음 너를 봐. 네 몸 주변에 테두리 있어 없어?
마욘 - 약간 줄처럼 있어요.

무시공 - 그래, 그걸 팽창해서 그 테두리를 깨부숴. 일체 테두리 없는 상태.
마욘 - 좋아요. 됐어요.

무시공 - 다 됐어?

마욘 - 네.

무시공 - 그럼 이제 지구와 태양, 해츠먼, 크라운 몇 개 별 하고 하나로 다 느끼게 뭉쳐봐. 직선빛으로. 그럼 하나 됐어, 안 됐어?

마욘 - 하나 됐어요. 내가 가장 밝아요.

무시공 - 그래, 지구를 중심으로 해서. 우리 몇 개별 하나로 될 때 어떤 테두리 보여 안 보여?

마욘 - 크라운이 조금 보여요.

무시공 - 그럼, 크라운 테두리 깨부숴.

마욘 - 네.

무시공 - 그다음 지구, 태양, 헤츠먼, 크라운, 그리고 너, 완전히 하나 돼.
아무 테두리 없고 벽담이 없도록 완전히 하나로 뭉치기.
한 번 해봐.

마욘 - 됐어요.

무시공 - 다 됐나~?
그래, 너는 우리가 찾아올 걸 예상했어?

마욘 - 네.

무시공 - 진짜? 대전하네. 너는 지구보다 앞장서 왔는데 지구가 중심 돼서 하나로 뭉치는 것, 억울하지 않나?

마욘 - 불쌍한 곳을 먼저 하는 게 좋아요.

무시공 - 와~ 너 마음 자세가 됐네. 너도 알잖아. 이 지구는 원래 제일 밑바닥이고, 쓰레기장이고 도태 대상인 거 알지?

마욘 - 네.

무시공 - 그런데 우리가 거기서 시작한다고. 일체 생명을 살리기 위해서. 우리 뜻을 이해하지?

마욘 - 원래 그 순서가 맞아요.

무시공 - 야~ 정말 너 멋지다! 진짜 우리하고 통하는구나! 그래, 고맙다.

절대긍정마음 계속 잘 지키기. 알았지? 너를 통해서 너희 별의 일체생명이 다 깨어나고 있다.

마욘 - 네, 맞습니다.

무시공 - 그래. 고마워.

3. 카오나별

무시공 - 이제 지구보다 1만 배 세밀하고, 지구와 가장 가까운 거리에 있는 별, 나타나. 크기는 더 말할 거 없고.

지구의 가까운 별이 뭉쳐야 확장되지. 지구 중심으로.

카오나 - 100만 광년의 은하 옆에 있대요.

1만 배 세밀한데 100만 광년 가까이에 있대요.

무시공 - 오, 멋지다. 누가 거기 있는 줄 알아, 이름은?

카오나 - 카오나.

무시공 - 카오나별? 100만 광년? 가깝네.

내가 이렇게 세밀하게 파는 목적은 세밀할수록 힘이 강한데 인간 눈에 안 보이는 게 인간이 말하는 물질 블랙홀이라고. 그걸 찾는 거야.
세밀해서 안 보이니까, 블랙홀로 보여. 거기에 별이랑 빛이랑 막 빨려 들어가는 거야.
이런 것을 찾아서 지구하고 완전히 하나로 뭉치게 해야 자연적으로 생명블랙홀이 작동한다고. 인간은 상상도 못 했지!
인간 과학자가 망원경으로 봐도 세밀하니까 못 본다고.
하지만 우리 앞에서는 절대로 못 속이지.
(하하) 내가 또 큰소리치지!
크기는 지구와 비교해서?

카오나 - 크기가 지구에 3억 배 정도 되고, 인구는 140조.

무시공 - 너는 자신을 보기에 직선빛과 파동빛이 각각 얼마 돼?

카오나 - 직선빛 80 : 파동빛 20

무시공 - 높네. 우리가 너 찾을 줄 예상했어, 안 했어?

카오나 - 예상했어.

무시공 - 우리가 누군지는 알아 몰라?

카오나 - 알아.

무시공 - 너도 열심히 너를 바꾸고 있나?

카오나 - 열심히 바꾸는데 잘 안돼서 기다리고 있었죠.

무시공 - 기다렸나, 고맙네. 지금 지구가 새로운 절대 무시공 우주중심지라는 거 다 알지?

카오나 - 네.

무시공 - 그래서 열심히 배우고 있나?

카오나 - 네.

무시공 - 너도 그만큼 준비됐으니까 같이 가자.
자 이제 너의 파동빛 20% 분리해. 우리가 같이해 줄게.
(빛은 크라운하고 해츠먼의 중간이라 함)
쉽게 분리가 안 되는 성질을 가지고 있다, 분리가 잘 안 돼서 스스로 하기도 힘들어.
우리가 분리해 준다. 힘들지만 그래도 마음 준비돼 있으니까.
(이제 분리됐고 삭제. 20%가 엄청 반항하다가 직선빛 80%를 어떻게 해 보려고 하지만 80%는 꿈쩍도 안 해, 미동도 안 하니까 스스로 삭제된다)

무시공 - 이제 네 몸에 테두리 있나 없나, 봐봐.
남아있는 테두리 완전히 떼어내. 깨서 없애버려.
(테두리 있어서, 확장시켜서… 삭제 중)

무시공 - 응. 무한 팽창해서 테두리 없애버려. 다시는 생기지 않도록 스스로 지켜야 해.
카오나 - 네. 알겠습니다. 테두리를 없애니까 너무 편하고, 빛도 무한 확장되고 좋아요.

무시공 - 그래. 너 지구하고 주변에 깨워준 별 하고 다 하나로 뭉쳐봐.
그 별들과 테두리 있나 없나. 또 새로 무슨 벽담 있나 없나. 있으면 무조건 깨. 완전히 지구와 하나 되기.
우리는 지구에서 시작했다 뿐이지, 원래 낡은 지구가 아니라고! 알았지?
카오나 - 네. 합해지니까 또 자연스럽게 담도 벽도 없어져요. 다 하나 됐어요.

무시공 - 고맙다.

4. 광건별

무시공 - 지구보다 십만 배 세밀한 별 나타나.

— 광건별이 나타난다 —

광건 - 네.

(형체가 없는 것 같다.)

무시공 - 그 별이 지구보다 십만 배 세밀해? 별 이름과 거리와 인구는?

광건 - 이름은 광건이고 지구와의 거리는 40억 광년, 인구는 500조.

무시공 - 크기는 지구보다 얼마 더 커? 비교할 수 없을 정도로 크지만 그래도 한번 재 봐, 지구보다 얼마나 더 크나?.

광건 - 십만 배 세밀하고, 80억 배 커요.

무시공 - 네 몸과 마음 한번 살펴봐. 직선빛이 얼마 돼 있어? 직선빛과 파동빛 비교해 봐.

광건 - 난 직선빛 90%인 것 같아요.

무시공 - 너하고 대화하는 우리, 누군지 알겠어?

광건 - 알겠어. 누군지 알겠어. 지구에서 나한테 메시지가 와.

무시공 - 언제?

광건 - 지금.

무시공 - 그럼 너는 지구에서 절대무시공우주 창조하는 중인 소식, 알고 있어?

광건 - 응. 알고 있고, 나는 이미 지구와 하나 돼 있어.

무시공 - 하나 돼 있나? 그리고 우리가 널 찾을 것, 예상했어?
광건 - 내가 찾으니까 만나게 된 것인지…. 잘 모르겠다.

무시공 - 그럼 우리 너를 완벽하게 해서 지구와 완전히 하나 되기 위해서….
광건 - 응, 기대해.

무시공 - 너에 직선빛이 90%이면 파동빛이 10% 보이지~
광건 - 응.

무시공 - 그럼 그 파동빛을 분리해.

(광건은 거의 빛이 없어요, 빛이 다 숨어있어. 직선빛이 되면 밝아지겠지?)

무시공 - 직선빛 나타나게 해. 파동빛은 빨리 분리해서 삭제하고.
빛이 무슨 형태인지는 상관없이 직선빛이면 돼. 자연적으로 하나로 된다고.
광건 - 네.

(이런 경우도 있나! 빛이 밖으로 발사가 안 돼요)

무시공 - 직선빛이 안으로 당겨 들어오는 것이지?

(네, 광건은 특수하게 그러네.)

지구도 그런 현상 이뤄지고 있어.
내가 직선빛은 향심력이라고 했지, 그러니까 블랙홀이랬잖아. 그 발원지가 지구라고.
자기 생각에 지구와 하나 됐다지만 10% 파동빛이 장애가 되고 있어.
그게 이제 지구와 하나 되면 블랙홀이 순간에 강해진다.

완전히 지구 중심으로 온 우주가 하나 돼 버리지.
지금 그 작업 하는 거야.

파동빛이 분리돼?
광건 - 네. 분리됐고요.

무시공 - 분리됐으면 파동빛 삭제.
(삭제.)

무시공 - 그다음엔 광건의 테두리 보이면 무한대로 팽창해서 깨.
그다음 지구와의 테두리, 벽담 다 삭제.

광건 - (벽담이 얇은 게 많아서 팽창. 삭제. - 지구 등과 하나 되도록.)

무시공 - 다 됐으면 너와 태양, 해츠먼, 크라운, 마욘, 카오나 다 비교해 봐.
그 사이에도 무슨 벽담이 있나, 하나하나 확인해 봐. 그 별들 다 알지?
광건 - 네. 지금 카오나별이 벽담이 좀 있어요.

무시공 - 카오나가? 그럼 그 벽담 무너뜨려. 완전히 하나로 뭉치기.
광건 - 계속 벽담이 사라지고 있어요. 스스로 작용해요.

무시공 - 그래, 고맙다.

5. 마라별

무시공 - 자, 또 지구보다 백만 배 세밀한 별 나와.
(나왔는데 왜 지구를 중심에 두고 있지?)

무시공 - 지구를 중심에 두고 있어?
지구를 싸고 있어? 일단 나타나라.
차원 높을수록 이미 알고 지구하고 뭉치고 하나 되고 있다고.
너 이름 뭐야.
마라 - 마라.

무시공 - 별이라 해, 우주라 해? 상관없지만.
마라 - 다 된대요. 큰 별이면 별이고 우주면 우주고.

무시공 - 그럼 아직까진 별이라 부를게. 지구와의 거리.
마라 - 대략 20억 광년. 크기는….

무시공 - 크기는 말 안 해도 돼. 세밀하면 돼. 네 몸의 직선빛이 얼마나 돼 있어?
마라 - 직선빛이 90. 지구가 딱 내 중심인데요.

무시공 - 지구가 네 중심이야? 원래 너는 지구가 중심이 아니었잖아? 언제부터 지구 중심으로 되었어?
마라 - 네. 우리가 이쪽으로 당겨져 왔고요.

무시공 - 그래, 원래는 지구와 거리 얼마였는데 당겨와서 하나로 됐어?
하나로 된 지는 언제고?
마라 - 우리는 원래 20억 광년 거리에 있었고요. 지금 차츰 다가와서 딱 지구 중심에 온 지는 지구 시간으로 한 달이 좀 넘었어요.

무시공 - 오늘 17일인가? 놀라운 속도로 변하네. 너희 인구는 얼마야?
마라 - 5천조.

무시공 - 한 달 전에 지구가 직선빛이 겨우 80이었는데, 왜 이쪽으로 빨려 들어왔어?
네 직선빛이 90으로 지구보다 더 컸는데 무엇 때문인지?
마라 - 지구는 80이지만 이 중심의 빛(대한민국, 대전)이 더 높아서 여기에 빨려 들어온 것 같아요.

무시공 - 그럼 네 느낌에 그 지구가 없어지고 있어, 아니면 그대로 있어?
마라 - 그 지구를 우리는 인정 안 하기 때문에, 새로운 빛만 보고 온 거죠.

무시공 - 너 이거 정답이다. 우리가 근래에 그랬거든. 지구도 인정 안 하고, 지구 그 자리에서 새로운 우주 중심지 건설이다. 절대무시공우주.
마라 - 네.

무시공 - 맞지, 그 소식이 너한테 들려서 순간에 온 거 같다.
우린 지구 자리지만 그 낡은 지구 아니고, 낡은 지구 자리 위치에서 새로운 절대무시공우주를 창조하고, 거기서 발사하는 직선빛, 그것을 보고 왔다는 것이지?
마라 - 네. 맞아요.

무시공 - 낡은 지구는 곧 없어진다고. 그 지구 자리에서 시작할 뿐이야. 이 자리에서.
마라 - 네, 그래서 우리는 그 지구 안 보고 새로운 빛만 보고 있습니다.

무시공 - 너 역시 깨어난 존재구나, 고맙다.
너를 우리가 찾을 줄 생각했나?
마라 - 당연히 찾을 줄 알았죠. 우리는 함께 있었으니까!

무시공 - 고맙다. 지금 너 그 파동빛 10% 분리해. 우리와 함께.

너희로 인해서 너희 별의 생명들이 다 깨어난다.
5천조 생명들이 다 깨어난다.
너 너무 멋지게 잘했네.
마라 - 다 기다리고 있었어요. 우리 생명들이.

무시공 - 그 말이 맞다고. 지구가 변하면 온 우주가 변한다고.
지금 현실로 다가왔잖아. 내가 좀 멋지지?
(웃음)
(진짜 멋지다! 알아듣는 데는 다 알아듣고 벌써 와있네요)

원래 지구를 안 보고 새로운 빛만 인정한다잖아, 대전(대단)하지,
그다음에는 테두리 다 깨부숴야 해.
(파동빛이 깊숙이 사이사이 박혀있어서 분리 삭제)
테두리 다 부수고 지구와 벽담 다 부수고.
마라 - 네, 됐어요.

무시공 - 그리고 해츠먼, 너는 어느 별을 중심으로 돌고 있나?
별 이름만 말해 봐.
해츠먼 - 내 수변 나와 비슷한 은하를 이끄는 큰 별, 라오라별과 함께.
나와 라오라 두 은하 모두를 이끄는 거대 중심별 - 판토별.

6. 화라나

무시공 - 지구와 가까운 곳에 있는 별 중에, 지구보다 천만 배 세밀한 별 나타나. (참고로, 금성이 3배 세밀하다.)
화라나 - 내 이름은 화라나.

무시공 - 화라나 별! 지구와의 거리와 별의 인구는? 크기는 상관없어, 세밀하면 자연적으로 커져.
화라나 - 60억 광년이고, 인구는 23억이에요.

무시공 - 지구에 비하면 인구는 얼마 없는 편이네, 그럼 너는 직선빛이 얼마나 돼 있어?
화라나 - 80%에서 이제 90% 방향으로 가고 있어요, 덕분에.

무시공 - 너도 우주가 변하는 거 다 알고 있지, 마라별도 알고 있고?
화라나 - 네, 알고 있어요.

무시공 - 거기도 네가 지배하고 있잖아.
네 힘으로 다 조공하고 있지? 간단히 말하면 밑에 별들 광건별이든, 카오나별 등 네가 위 차원 더 세밀한 물질 상태에서 지배하고 있잖아, 맞지?
화라나 - 네, 맞아요.

무시공 - 그럼 너는 여기 지구에서 새로 우주 건설 중인 거 알아?
화라나 - 네, 잘 알고 있습니다.

무시공 - 너도 함께 변화하고 동참하고, 노력하는 중인가?
화라나 - 네. 이렇게 노력하니까 80%에서 90%로 달려가고 있어요. 직선빛이.

무시공 - 그래, 고맙다. 그럼 우리 지금 같이 파동빛을 분리시키자.
화라나 - 네.

무시공 - 분리됐어?
화라나 - 네. 분리됐어요.

무시공 - 그럼 이제 삭제.

(삭제 중)

화라나 - 삭제.

무시공 - 응. 그다음에 네 자체 테두리 있는 거, 무한대로 팽창해서 다 깨부수고 테두리 완전히 없애기.

그리고 지금 그 위치에서 너 이하 각별들과 벽담 있는 거 다 깨부숴. 완전히 지구하고 하나 되게.

화라나 - 네 좋아요, 됐어요. 쉽게 하나 됐어요. 새로 살아난 듯합니다, 힘도 더 생겼고.

무시공 - 응. 그걸 계속 유지해. 혹시나 별 사이에 벽담 보이면 그걸 없애버리고 그다음에 계속 자기 스스로 지켜봐. 몸 테두리 보이나, 안 보이나. 보이면 무조건 깨부숴.

그래야 전체가 직선빛으로 하나하나 뭉친다고. 지구 그 위치에 핵심 돼서, 알았지?

화라나 - 네.

무시공 - 그래, 고맙다

7. 라오라 별 (2018년 6월 26일 대화)

무시공 - 은하계 중심별 해츠먼과 함께 판토를 중심으로 돌고 있는 라오라 별 나타나,

라오라 - 네.

무시공 - 너희는 지구보다 몇 배나 더 커?

라오라 - 약 200억 배.

무시공 - 지구보다 몇 배 세밀하고?

라오라 - 1,500배

무시공 - 해츠먼보다 더 세밀하나? 더 크고?

라오라 - 네, 더 세밀하고 더 크고.

무시공 - 지구와 거리는?

라오라 - 80억 광년.

무시공 - 너와 헤츠먼이 판토별 중심으로 돈다고 했지?
그럼 이제 지구 한번 봐봐, 지구에서 새로운 무시공우주 중심지 건설 중인 것 알지?
너도 동참하고 싶고?

라오라 - 네.

무시공 - 너 자신을 보면 직선빛이 얼마나 돼 있어?

라오라 - 60~70%까지 오는데 너무 오래 걸렸는데, 최근에 80까지 올라갔어요.

무시공 - 그래, 온 우주가 빠른 속도로 바뀌는구나.
우리 같이 너를 도와줄게.
직선빛 100%로 바꾸기 위해서 20% 파동빛을 분리해, 분리 후 삭제.
그리고 너 있는 데서 지구까지, 테두리 보이는 거 다 깨부숴.
자기 본인 테두리 깨부수고 그다음 지구까지 층층이 쌓인 벽담 있으면 다 허물어트려.
제일 먼저 파동빛 20% 분리, 그리고 삭제.

라오라 - 너무 아프고 힘들어요.

무시공 - 너는 완전히 무시공생명의 별로 변해야 한다.

라오라 - 나와 함께하는 자리에서 터져 나가는 많은 별과 행성들이 있어요.

(그러니까 아픈가 보다)

무시공 - 많은 어두운 게 다 없어지지?

네 몸에서 수많은 반응 온다, 지구도 최근에 직선빛 80%로 올라왔지만, 또 20% 파동 빛 없앴잖아,

그래서 지구도 통증이, 몸살이 온다.

테두리까지 없앴어?

라오라 - 네, 됐어요. 내 속에서 파괴되고 터지고 난리 났어요, 생각보다 빨리 돼요.

무시공 - 거기서부터 지구까지 수많은 벽담, 층층이 막는 벽담 있지? 다 없애버려.

라오라 - 벽담이 그렇게 두껍진 않아서요.

무시공 - 흔적이라도 있으면 다 없애. 지구에서 지구와 합하는 게 아니고, 지구 자리에서 절대무시공우주를 시작하는 거야, 알았지? 거기하고 완전히 직선으로 통해야 해.

낡은 지구는 차츰차츰 없어져, 지구 자리에서 새로운 우주중심지 시작하는 핵심부위야.

라오라 - 같이 합하려고 노력하고 있어요.

(됐어요.)

8. 판토별

무시공 - 그다음 판토별, 나타나.

판토 - 네.

무시공 - 너는 지구보다 몇 배 더 커?
판토 - 4천억 배 큽니다.

무시공 - 지구보다 몇 배 세밀하고?
판토 - 4만 배 세밀. (세밀한 데 비해 어두운 편)

무시공 - 지구와 거리?
판토 - 1,500억 광년

무시공 - 직선빛은 얼마나?
판토 - 90%.

무시공 - 지금 네 파동빛 10% 분리, 삭제.
판토 - 왜 분리하지요? 아…. 아니, 아닙니다.
(분리 삭제 중, 그 속에서 빛이 나와요, 어두웠는데, 마찬가지 전체가 폭발하듯 함, 테두리도 삭제)

무시공 - 그다음 지구와의 사이에 벽담 허물어트리고.
(허물어트리고, 지구와 하나 됐다고 좋아한다)
물어보자, 네가 있는 1,500억 광년부터 지구까지 너보다 더 큰 별 있어 없어?
네가 제일 커?
판토 - 내가 제일 큰 것 같아요.

무시공 - 은하계 해츠먼하고 라오라별, 둘 다 너를 중심으로 돌겠네?
그럼 너는 누구 중심으로 돌아?

판토 - 유토별.

무시공 - 그럼 유토별 하나만 돌아, 아니면 네 주변에 해츠먼하고 라오라 도는 것처럼, 몇 개가 함께 돌아?

판토 - 유토별에는 나, 그리고 쌍둥이 두 개의 별(우주)이 양쪽으로 대칭이 돼 있어요.

그러니까 나 이외에 쌍둥이별 두 개가 유토별 양쪽으로 대칭되듯이 펼쳐져 있어요.

무시공 - 모두 셋이 유토별을 도는 거네, 그 쌍둥이 두 개별 이름은?

유토 - 쌍둥이 1, 2라고 해주세요

9. 쌍둥이 1, 2별

무시공 - 그래, 쌍둥이 1 나타나, 너는 지구보다 몇 배 더 커?

쌍둥이 1 - 2억 배 더 큰 것 같아요.

쌍둥이 2도 똑같아요.

무시공 - 웅 그래. 그래서 쌍둥이라 하는구나. 2억 배 크고 몇 배 세밀해?

쌍둥이 1 - 대략 3만 배 세밀한 것 같습니다.

무시공 - 지구와 거리는?

쌍둥이 1 - 5천억 광년에 있습니다.

무시공 - 그럼 너 대한민국별도 알겠네? 거기도 5천억 광년에 있잖아.

쌍둥이 1 - 네, 알고 있어요.

무시공 - 거기는 유토별 위주로 안 돌아?
쌍둥이 1 - 네, 거기는 아니에요.

무시공 - 응, 대한민국별은 상관없어, 그럼 너는 판토와 함께 유토 중심으로 돌고. 알았다.
자 너희 쌍둥이별은 직선빛 얼마나 돼 있어?
쌍둥이 1 - 90% 돼 있어요.

무시공 - 많이 돼 있네.
지금 10% 파동빛을 분리, 삭제. 쌍둥이 1, 2 모두 함께.
그리고 계속 파서 올라 가보자.
됐으면 너희하고 지구와 테두리 벽담, 한 번 더 지워.
쌍둥이 1,2 - (지구와 합해졌다고 좋아한다.)

10. 유토별

무시공 - 유토별 나타나.
유토 - 네.

무시공 - 너는 지구보다 몇 배 더 커? 판토는 지구보다 4천억 배 더 크다고 했어, 너는?
유토 - 판토별보다 힘은 더 강하고. 지구보다 5천억 배 크다고 보면 되겠어요, 아주 크지는 않아요.

무시공 - 그럼 세밀한 것은? 판토는 지구보다 4만 배야. 너는 판토보다 많이 세밀하겠네.
세밀한 게 힘이 더 커?

유토 - 판토별에서 우리를 봐도 잘 안 보이는 정도니까요.
5만 배 세밀하다 할 수 있겠습니다. 세밀할수록 힘이 크다고 할 수 있지요.

무시공 - 지구와 거리는?
쌍둥이별이 지구와 거리 5천억 광년, 판토는 1,500억 광년. 쌍둥이가 더 멀고 판토가 지구보다 더 가까워?
유토 - 주위를 돌고 있으니까, 우리가 움직일 때마다 지구와 거리가 차이가 있습니다.
가까이 있을 때도 있고, 좀 더 멀리 떨어져 있을 때도 있고요.

무시공 - 그럼 알았어. 네 중심으로 보는 게 맞겠다. 그리고 지금 거리는 그렇게 중요한 것은 아니야, 대략만 알면 돼.
유토 - 나는 3천억 광년에 있습니다.

무시공 - 지금 너는 직선빛이 얼마야?
유토 - 85-90% 사이

무시공 - 그럼 지금 파동빛을 분리, 삭제 후 테두리 없애고 벽담 무너트리고.
유토 - 네. 됐어요.

무시공 - 그럼 네가 있는 3천억 광년에서 지구까지 너보다 더 큰 별 있어? 찾아봐. 네가 가장 큰가?
유토 - 더 있는 것 같아요. 이제 지구가 중심으로 보여서 어떻게 표현해야 할지….
5개 정도 더 있습니다.

무시공 - 다 말해봐, 5개 이름.
유토 - 파오, 우라, 센티나, 우랑, 마티나.

무시공 - 너는 누구 중심으로 돌아?

유토 - 만고.

무시공 - 만고 중심으로 몇 개별이 돌아?

유토 - 나를 포함해서 5개가 돌아요. 아난, 미카오, 소궁, 나란

무시공 - 그래, 고맙다.
다음에 만고 이후 더 알아보자.

달 창조한 달프와의 대화

2018년 2월 10일 대화

무시공 - 1억 년 전에 달 창조한 존재 나타나.
달프 - 네.

무시공 - 이름이 뭐야?
달프 - 달프.

무시공 - 지금 달에 있어? 원래는 지구에 있었던 거야?
달프 - 네, 지구에 살던 적도 있었고, 지금은 달에 있습니다.

무시공 - 달은 언제 창조했어? 네가 주도해서 구상하고 설계했어?
달프 - 네. 내가 주도하고 책임지고 했어요.

무시공 - 구체적으로 지금으로부터 1억 년 전이야? 시간대를 좀 더 구체적으로 말해봐.
달프 - 정확히 1억7천만 년 전.

무시공 - 응.
달프 - 그것도 대략이죠.

무시공 - 1억7천몇 년? 조금 더 구체적으로 말해봐.
달프 - 1억7천5백만 년 전.

무시공 - 그래. 무슨 의도로 달을 만들었어? 어떻게 그런 생각을 다 했어?
그때는 과학기술이 상당히 발달됐네?
달프 - 네, 그때는 우주시대였으니까요. 그리고….

무시공 - 그때 지구 인구는 얼마나 있었어?
달프 - 3억.

무시공 - 그 3억 인구가 원래 지구에 있었어? 아니면 다른 별에서 왔어?
달프 - 지구에서 창조된 존재들도 있고 우주에서 온 존재들도 있고, 함께 섞여 살았어요.

무시공 - 응. 지구인도 있고, 또 외계에서도 왔구나?
달프 - 네.

무시공 - 그래 잘 섞여 살았어?
달프 - 네. 다들 잘 융화해서 살았어요.

무시공 - 응. 그래. 그때 달 창조를 네가 주도했다면서, 왜 달을 창조할 생각을 했어?
달프 - 음, 첫째, 밤에 하늘이 심심했어요.
낮에는 큰 해가 있는데 밤에는 큰 뭔가가 없잖아요.
둘째는, 많이 어두웠어요.
밝음과 어둠의 차이가 너무 심해서 밤에도 좀 은은하게 밝게 하나 켜놓고 싶었어요. 조명을.
다른 별빛들은 너무 멀리 있잖아요.

무시공 - 응, 첫째는 심심했고 둘째는 너무 어두워서.
달프 - 네, 밤도 태양처럼 밝게 할 수 있었는데, 밤에 맞춰서 너무 밝지 않게 은은하게.

무시공 - 응. 그래, 작업은 몇 년 걸렸어? 몇 년 만에 만들어졌어?

달프 - 오래 걸렸어요. 20년.

그 당시에 우리 수명이 지금 지구인보다 길었으니까, 그렇게 오래 걸린 것도 아니죠.

무시공 - 그래. 그 달 조명은 항상 태양빛을 받아서 지구로 발사하도록 해놨나?

달프 - 네, 태양의 빛을 받아들여서 그 빛을 반사하는 방식을 이용했어요.

무시공 - 달의 같은 면이 항상 지구 방향을 보며 돌고 있다는데, 그것도 일부러 그렇게 설계했어?

지구로 향하는 부분은 항상 지구로만 향해 있다는 거 맞아?

달프 - 네, 맞아요.

무시공 - 그런 것도 다 조절할 수 있나?

달프 - 네. 한쪽 면만을 지구로 향하게 하고 밝게 했고, 뒤쪽은 조금 어두워요.

어둡지만 저 먼 우주에서 보면 빛으로 밝게 보일 수 있어요.

무시공 - 달도 스스로 움직일 수 있나? 그것도 우주선으로 봐도 되지 않나?

달프 - 그렇죠. 지금은 용도가 거의 우주선이지요.

달 속도 우주선, 표면도 우주기지로 사용되는 우주선요.

무시공 - 자리 이탈해서 움직이게 할 수도 있어?

달프 - 아니요. 자리는 고정해놨어요.

그 안과 밖에서 수없이 많은 우주선들이 왔다 갔다 해요.

무시공 - 달 내부에는 비어있는 큰 공간이 있네?

달프 - 네. 내부에 큰 공간이 있어요.

달에 거주하고 있는 특별한 우주선들은 안에 들어오면 그들의 자리가 있어요.

달 표면에도 많이 거주하고 있죠.

무시공 - 지금 지구에서 러시아하고 미국이 달 탐구하려고 그 표면에 기지 만들고 있잖아. 그거 알고 있어?

달프 - 네. 하하하

무시공 - 거기 오래 있을 수 있나?

달프 - 그냥 놔두는 거죠. 그들은 우리가 안 보이게 하면, 우리에 대해 전혀 모를 거니까요.

무시공 - 그리고 거기하고 지구하고 환경이 다르잖아.

그런데 지구물질을 가져가서 지으면 오래 갈 수 있어? 때가 되면 안 녹아, 안 없어져?

달프 - 음…. 나름 달에 최대한 맞는 최적화된 물질로 가지고 오는 것 같아요.

그래도 여기서 보기에는 턱없이 부족하지만 ….

무시공 - 그 지구 물질로 기지 만들면 얼마나 달 환경에 적응될 수 있어, 몇 년은 갈까?

달프 - 네, 몇 년은 갈 거예요.

무시공 - 응, 몇 년 지나면 안 되지. 환경이 다르니까?

달프 - 네. 몇 년 후에 또 지구에서 새것으로 바꾸고 좋은 물질로 교체하겠죠.

무시공 - 응. 그래. 그리고 또 들리는 말에 달에서도 수많은 외계인이 와서 지구를 관찰하고 있다며, 그것도 맞나?

달프 - 네. 우리도 관찰하고 있었고, 음…. 원래 지구가 한바탕 과도기를 겪을 때마다 지하로 피해 들어간 존재도 있고, 달로 피해 온 존재들도 있거든요.

달은 외계에 대해서는 열려있기 때문에 외계인들도 항상 와 있었고요.

지구를 쭉 지켜보고 있어요.

무시공 - 응. 그럼 너는 지구에 있다가 왜 거기 가있어? 다시 지구로 안 올래?

달프 - 그때 나도 지구가 변혁기를 거칠 때 지구 속으로 안 들어가고 이쪽으로 왔어요.

달에 있고 싶어서.

무시공 - 그리고 달에다가 우리가 여자 대표 하나 내세운 거 알아?

달프 - 네. 알고 있어요. 하하하.

무시공 - 그럼 너는 달에서 지금 뭐 해?

달프 - 달에서 평범하게 있어요.

지구가 어떻게 변하는지 잘 변해가는 과정 보면서 즐거움을 느끼고 있어요.

내 고향이잖아요.

무시공 - 그럼 달 대표는 네가 달을 창조한 거 모르겠네?

달프 - 그렇다고 "내가 이거 만들었어."라고 말하고 다니지는 않지만, 아는 사람은 알아요.

그 당시 같은 시간에 나와 함께 있었던 존재들이 있으니까.

무시공 - 너희 진짜 대단하다. 달이 엄청 크잖아. 그걸 어떻게 만들겠다고 생각했어?
그리고 달이 지구 향해서 내내 빛을 보내는 것도 너희가 창조했다고 했는데, 또 지구에서 달을 볼 때 한 달에 절반은 보이고 절반은 안 보이고 어두운 상태로 있잖아.
그것도 일부러 그렇게 했어, 이유가 있나?
달프 - 네. 변화를 주고 싶어서 그렇게 했어요. 수학적으로 계산해서 그렇게 만들었어요.

무시공 - 응. 그럼 지구 관찰해보니까 무슨 변화가 이뤄지는 것 같아?
달프 - 네. 지구 소식은 다 듣고 있어요.

무시공 - 응. 무슨 소식? 말해봐.
달프 - 지금도 누가 나랑 대화하는지 느낄 수 있고요.
이제는 시간이 존재하는 시공의 역사를 끝내겠다는 그런 존재가 무시공의 역사를 시작한다고 알고 있어요.
지금 그 존재가 나와 대화하는 것을 느낄 수 있어요.

무시공 - 그래? 우리도 궁금해서 너를 찾아서 대화해보는데. 그럼 우리가 시간을 없앨 수 있어, 없어?
달프 - 네, 물론 없앨 수 있죠. 어떻게 하는 것인지는 잘 모르겠지만.

무시공 - 인간, 지구인뿐만 아니라 온 우주인 모두가 시간을 인정하고 있잖아. 그저 시간 인정하는 차원이 다르다 뿐이지. 우리는 완전히 시간을 없애버려. 시간을 인정 안 해. 그거 가능하다고 생각해? 시간이 없어지면 일체가 다 바뀌어 버리잖아. 맞지?
달프 - 그렇지요.

무시공 - 일체가 시간 때문에 시간 안에서 움직이거든.

그럼 시간을 없애면 일체가 새롭게 변하잖아. 상상도 못 하게.

달프 - 네. 모든 게 합쳐지는 세상이라는 것인데, 지금 나는 상상을 잘 못하겠어요.

무시공 - 방금 네가 간단히 말한, 그 말이 맞아. 분리되니까 공간이 생기고 시간이 생겼잖아.

모든 걸 합하면 시간이 자연적으로 사라져버리잖아.

공간이 없어지니까 공간이 자꾸 뭉치고 뭉쳐서 수많은 공간이 한데로 뭉치니까.

그러면 수많은 시간이 사라져버리잖아. 맞지?

달프 - 네~.

무시공 - 제일 간단하게 해석한다면.

나중에 수많은 공간이 공간 하나로 변하면 시간이 없어지지. 공간도 없어지지. 그럼 영원한 그 자리. 상상이 가?

달프 - 말로는 이해 가는데 상상이 전혀 안 가요.

무시공 - 그럼 너는 지금 대한민국에서 새로운 우주중심지 건설한다는 소식은 다 들었잖아.

달프 - 네.

무시공 - 그럼 거기 가서 직접 봐야 돼. 직접 그것을 체험하고 배워봐야 뜻을 알 수 있어.

달프 - 아…. 가야 되나요? 여기서 소식을 다 듣고 있는데도?

무시공 - 가야 거기서 구체적으로 무슨 내용으로 무엇을 밝히고 있는지 알잖아.

달프 - 네.

무시공 - 직접 가서 거기서 무슨 새로운 우주의 비밀을 밝히고 있나? 무슨 진리를 밝히고 있나? 이 비밀, 이 진리 내가 원래 알았나, 몰랐나? 그래야 자신이 깨어난다고, 알았지?

달프 - 네.

무시공 - 멀리서 본다고 해결되는 게 아니야. 직접 와서 같이 참여하고 같이 움직이다 보면 뜻을 알게 돼. 그래서 내가 항상 이런 말을 했어.
수영장에 가서 수영 배운다 하면서 곁에서만 보고 아무리 움직여도 몰라.
그것으로 박사 학위를 땄다고 해도 직접 물 안에 들어가면 빠져 죽을 수도 있어. 박사 따도 쓸모없다고.

달프 - 네, 그렇지요.

무시공 - 직접 물에 들어가서 행해야지. 거기서 나오는 경험이 진짜라고.
그런데 인간은, 아니 인간뿐만 아니라 온 우주외계인도 멀리서 그저 구경해.
그저 그런 게 있나 보다라고. 구경만 하면 영원히 실감을 못 한다고.
일이 다 끝나도 몰라. 내 말이 그거야. 맞아, 안 맞아?

달프 - 맞아요.

무시공 - 내가 직접 참여하면서 같이 움직여봐야 그 뜻을 알 수 있어.
그러니까 이건 이론도 아니고 무슨 철학도 아니야. 그저 행해야 돼.
왜? 이건 완전히 새로운 개념이기 때문에. 맞지?

달프 - 네. 공감합니다.

무시공 - 그래. 오늘 너 찾아 대화하는 것 재미있다. 그저 달이 도대체 원래 그렇게 있었나, 아니면 창조했나, 알아보려고 했다, 실제는 모든 게 다 창조지만.
가까이 있는 달을 여기 지구인이 창조했다는, 그 소식 듣고 너를 찾았다.

달프 - 그렇죠. 모든 게 창조됐죠.

무시공 - 이 달 창조에 대한 내용은, 지구의 대만이라는 나라 유튜브에서 봤어.
오래전에 어느 늙은 스님이 자기 과거를 회상하니까 자기가 달을 창조하는 일을 했었던 게 기억났대, 그때가 1억 년 전이래.
그 당시에 과학도 엄청 발전했고 그때 여러 과학자들 모여서, 자기가 주도해서 어떻게 달을 설계해서 만들자고 그렇게 시작했대.
달프 - 네.

무시공 - 그런데 그 후로 인간에 정신과 마음이 타락해서 완전히 뒤집어졌대, 멸망상태로 갔다고.
그래서 그 후로는 신화 이야기로 이어졌다가, 지금은 아예 신화 이야기도 없어지고 다들 원래 달이 그렇게 있었나 생각하지만, 자기는 그것이 기억이 나서 말한다는 내용이 동영상에 나왔어.
달프 - 아. 그래서…. 이제….

무시공 - 그래서 내가 파봤지. 도대체 진짜인가, 그리고 누구인가.
달프 - 그가 달에 대한 기억을 나게 함으로 해서, 지금 이 대화로 이어지고, 결국은 달에 대한 진실을 알게 해줬네요.

무시공 - 그렇지. 그래서 너를 찾았어. 어디 있나 하고.
달프 - 달에 대한 이야기가 이렇게 묻혀있을 수 없지. 진실을 알아야지.

무시공 - 그래. 이제는 정확하게 알았다. 결국 네 주도로 설계하고 만들어졌구나. 맞지?
달프 - 네. 맞습니다.

무시공 - 그래 어쨌든 간에 고맙다. 지금 이제 지구 대한민국에서 새로운 우주중심지 건설한다.
원래 우주는 무극에까지 있어, 우리하고 너무 멀리 있잖아. 지구에서 100억 조 광년이 무극이야.
달프 - 네….

무시공 - 이제 거꾸로 됐어. 이제는 제일 밑바닥에 지구가 새로운 우주중심지야.
그 작업을 우리가 하고 있어. 믿나?
달프 - 네.

무시공 - 믿으면, 또 진짜 느끼려면 직접 우리 대한민국 대전에 와서 직접 배우고 느끼고 참여해야 깊은 뜻을 알게 돼.
너는 어쨌든 지구에 있으면서 큰 공 세웠어, 그러니까 너도 깨어나길 기다려.
이것도 인연이잖아. 응?
달프 - 네. 지구가 타락을 해야 다시 새로 시작할 수 있는 점이 되기 때문에….

무시공 - 그래. 지금 지구가 엄청난 변화가 이뤄진다.
달프 - 네.

무시공 - 지금 70억 인구는 얼마 안 남을 거다. 이번에 변하면 철저히 변해. 철저히 대심판, 대도태, 대정화. 지구뿐만 아니라 온 우주도 그런 변화가 이뤄진다.
지구에서 시작할 뿐. 그런 것 같아 안 같아?
달프 - 그렇습니다. 변화가 있어요.

무시공 - 응. 그래. 오늘은 이만.

달프 - 네. 고맙습니다.

인간 세상에서, 지구에서 다 잊히고 있었던 달에 대해 밝혀줘서 고맙습니다.

그리고 나를 찾아줘서 고맙습니다.

같은 공간 다른 차원

분자세상에서 인간의 눈으로 보인다고 하면 99개.

90개가 보인다 해도 90개부터 1개까지는 안 보인다.

분자세상은 지구를 포함해서 5천억 광년 안에 있는 우주를 말한다.

그래서 5천억까지는 물질세상, 5천억에서 5억 조 광년은 반물질 우주, 5억 조에서 100억 조 광년까지는 에너지 우주라고 우리가 규정했잖아.

분자세상에서 인간이 눈으로 볼 수 있는 것은 오관의 범위에 있는 것만 볼 수 있다.

분자세상에도 수많은 차원이 있다.

그런데 인간은 분자세상의 모든 것을 볼 수가 없다.

원자상태로 들어가면 더 볼 수가 없다.

인간이 사는 분자세상과 100억 조 광년의 무극까지 세밀한 정도의 차이는 엄청난 차이가 있다.

100억 조 광년의 무극의 존재한테 인간의 분자세상과 비교하면 얼마나 세밀하냐고 물어보니 100만 배 세밀하다고 한다. 100억 조 광년이 인간보다 100만 배 세밀해.

그런데 금성은 인간보다 3배가 세밀하다고 해.

금성이 인간들보다 3배가 세밀하니 인간들 눈으로는 볼 수가 없다.

그런데 우리는 무시공에 있으니까 인간보다 3배인 금성은 물론이고 100만 배 세밀한 우주도 우리는 다 뚫고 들어가고, 거기에 있는 아무리 높은 존재도 우리 말을 들어야 한다.

우리 무시공생명은 너무너무 세밀하다.

자기들(외계인, 우주인) 생각에는 우리가 자기들을 못 볼까 생각했어.

그래서 나타나라고 하면 자기들의 겉모습을 안 보여주려고 포장하고 변장하고 그러잖아.

우리는 그렇게 해도 다 끄집어내 버렸잖아.

안 나타나면 직선빛으로 줄여가지고 포장된 것을 전부 벗겨버리고 나타나게 해.

우리 무시공은 그 원리 아니까 무조건 나타나게 할 수 있어.

그러나 저들(외계인, 우주인)은 우리한테 어떤 방법도 적용할 수가 없어.

내가 누구도 우리를 못 본다는 뜻은 무엇인가 하면 지금은 이 분자몸을 가지고 있으니까 이 분자몸은 자기들에게 보일 수 있어.

그러나 진짜 우리 무시공생명을 가지고 있는 무시공존재는 못 본다고.

누구도 보고 싶어도 볼 수가 없어. 못 봐! 내 말이 그거라고.

저들이 이 몸을 가지고 방해하면서 용을 쓰고 해코지하려고 해도 쓸데없는 짓을 하고 있어.

지금 우리 무시공 근처에도 못 왔어.

자기들은 있는 줄도 모르는데 자기들이 어떻게 우리를 건드려.

건드리지도 못하고 해코지할려고 해도 할 수가 없어. 무극의 존재도 우리를 못 본다.

같은 차원에서도 공간이 다 달라. 공간의 층차가 다르다.

70억 인구는 다 같은 차원에 서로 보면서 살고 있다.

그렇지만 외계인은 자기 마음 자세에 따라서 공간이 또 다르다.

같은 차원에 있어도 너는 그 공간에 못 들어간다는 이런 강의를 많이 했는데,

사람들은 무슨 뜻인지 몰라.

3단계 작업을 해야 내 뜻을 깊숙이 이해할 수 있어.

수많은 우주작업을 실제로 행하다 보니까, 그것이 실감이 오잖아.

그래서 그때 000도 그러잖아. 원래 책보고 이해했던 것하고 3단계 작업하고 이해하는 것하고 완전히 다르다고.

실전에서 그것을 이해해야만 완벽하게 무시공을 알게 된다.

책에 나오는 것은 이론화됐잖아. 이제 겨우 이론적으로 이해했어.

그러나 이론적으로 이해해도 인간이 이것은 이론이 아니라는 것을 초보적인 개념으로 알 수 있게 된다.

그럼 어떻게 알겠냐? 무슨 증거가 없어. 증거를 보여 줄 수가 없잖아.

그러니까 3단계 작업하는 과정에서 책을 또 보면 아! 이 말이 그 뜻이구나!

금방 이해할 수 있어. 지금부터 새로 책을 본다면 너무 이해를 잘하게 돼.

부산에서 강의할 때 어느 학교 선생님이 내 강의를 듣고, 했던 말 또 자꾸 반복해서 한다고 그래.

왜 내가 했던 말 또 해-못 알아들으니까 했던 말 또 할 수밖에 없지.

실제로는 했던 말만 들리는 거지.

못 알아들으니까, 이렇게 해석하고 저렇게 해석하고, 알아들으라고 그러는 거지.

불교는 3,000년 동안 기독교는 2,000년 동안 했던 말 또 하고 했던 말 또 해도 거기는 왜 했던 말 또 하느냐고 말 안 해?

대전에 와서 강의의 차원을 높였다.

그 전에는 서울이나 부산에서나 어느 정도 했던 말 또 했던 것도 맞아!

뭐 알아들어야 진도가 나갈 수가 있지.

사람들은 시공관점에서만 받아들이려 하니까 이해가 안 가.

우리는 무시공 얘기를 하는데 사람들은 시공에서 받아들이려 하니까 이해를 못 한다.

3단계 존재(○○이)가 깨어나 가지고 진도가 시작됐어. 제자리걸음만 하다가.

3단계 열려 가지고 작업하는 과정에서 차츰 진도가 나가기 시작했어.

우리가 하는 일은 장난이 아니다.

외계인들도 지구인을 깨우치려고 생각도 안 하잖아.

깨우쳐 주려고 해도 지구인들이 알아들어야 뭘 하지.

자기가 도로 빠져들어갈까 봐, 외계인도 정말 지구인을 두려워하는 것도 당연한 것 같아.

알아듣지도 못하지, 뭐 하려면 고집대로 부리지, 그래도 낮은 차원의 지구인하고 차원이 조금 가까우니까 잘못하면 자기가 끌려들어가. 그러니까 감히 지구인들 접촉을 못 해.

자기도 막히잖아. 차라리 피하고-우주선 타고 있으면 쏴버리고.

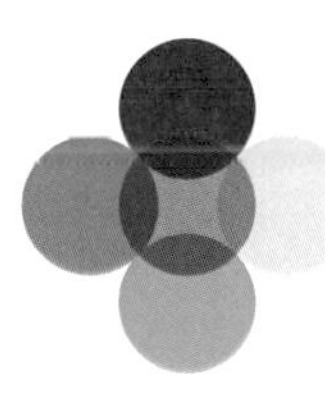

제8장

요정과 대화

1억 살 요정 쉐빈과의 대화

두 번의 지각변동과 다가오는 우주의 변화

무시공 - 1억 살 요정 쉐빈 나타나.

쉐빈 - 네.

무시공 - 네가 요정 종족 중에 나이 제일 많아?

쉐빈 - 그렇게 알고 있어요.

무시공 - 1억 살이라면서, 여자고?

쉐빈 - 네.

무시공 - 지금 지구 어디에 있어?

쉐빈 - 난 좀 추운 데 있어요. 핀란드.

무시공 - 응, 너하고 비슷하거나 더 나이 많은 사람 있어?

쉐빈 - 아직 못 봤어요.

무시공 - 네가 최고 나이 많아? 너하고 나이 비슷한 사람은 얼마나 돼?

쉐빈 - 좀 있지요. 음…. 몇 명 안 되지만 1억 가까이 되는 요정들 있어요.

무시공 - 그럼 우리한테 몇 명 좀 알려줄래?

쉐빈 - 내가 아는 대로 이야기하면, 9천5백만 살.

무시공 - 이름은 뭐야?

쉐빈 - 도랭, 남자. 그리고 쉼프라는 친구는 9천7백만 살 정도. 오가노, 9천만 살. 또 9천9백만 살 앵고라는 남자.

무시공 - 4명이고, 쉐빈까지 포함해서 5명이네.

쉐빈 - 네.

무시공 - 너희 그 차원에서 무슨 모임 자주 가지나?

쉐빈 - 아니요. 특별한 모임은 없고, 우연히 보게 되면 만나는 것이지요.

무시공 - 너는 1억 년이나 계속 그렇게 살아있었다고?

쉐빈 - 네. 지구에서….

무시공 - 네 나이가 가장 많겠네.

쉐빈 - 그렇다고 해요.

무시공 - 다른 종족은 너처럼 사는 존재 있어? 다른 종족

쉐빈 - 요정 종족들 말고요?

무시공 - 응.

쉐빈 - 인간하고 비슷한 중에는 없어요.

무시공 - 다른 동물은 너처럼 오래 사는 거 있어?

쉐빈 - 아. 제가 알기로는 동물도 아직은 없는 것 같아요.

무시공 - 네 생각에 지구에서 제일 오래 사는 거 너희 외에 누가 있는 것 같아?

쉐빈 - 더 작은 바이러스나 그런 거는 있겠는데, 큰 움직임이 있는 그런 생

명 중에는…

무시공 - 너희를 초월한 건 없겠네.
너희와 좀 가까운 종족은 없나, 그것도 없어?
쉐빈 - 네. 우리처럼 날개 달리고 인간처럼 생긴 존재나, 다른 생물 중에서도 못 봤어요.

무시공 - 그래, 평상시 네 키는 얼마야?
쉐빈 - 나는 한 15㎝ 돼요.

무시공 - 그럼 네 생각에 이때까지 살아오면서, 인간 말로 생로병사라는 그런 개념은 없나?
쉐빈 - 네. 외부에 의해서 다치는 건 있는데, 내가 스스로 속에서 아프거나 하는 건 없어요.
우리 종족은 수도 많고 더 오래 살았을 텐데, 한번 지구변화 때 거의 멸종해서 겨우 살아난 몇 명하고 나하고 살아나서 다시 퍼진 거고요.
그러니까 병이 나서 죽은 게 아니라 지구 변화 때 너무 큰 충격으로 인해서…. 그나마 오래 산 거죠.

무시공 - 지구에서 너희 종족 인구 모두 얼마나 돼?
쉐빈 - 한 20만. 그리고 앞으로 더 많이 살 수도 있을 것 같아요.
그때 지구변화 있어서 많이 죽은 거지.

무시공 - 지구 변화 있어서 죽은 그때는 언제야?
쉐빈 - 한 1억 년 전이에요. 내가 어릴 때니까요.

무시공 - 지구 변화 때 거의 멸종해서 몇 명만 살았구나.
몇 명 살게 된 거 기억하나? 네가 그 마지막 몇 명이야?

쉐빈 - 네. 그 후손들이에요.
그 후손들인데 그 존재들은 외부 영향 때문에 많이 다쳐서 오래 살지는 못했어요.

무시공 - 그중에 네가 제일 오래 살아있었구나.
쉐빈 - 네.

무시공 - 그럼 1억 년 전, 지구 변화 때 무슨 변화가 이뤄졌어?
쉐빈 - 그때는 우리가 살기 좋은 환경이었어요. 지구에서 어디든지….

무시공 - 그때 큰 변화가 이뤄졌다며, 무슨 변화가 이뤄졌는데?
너희 멸종할 정도의 무슨 변화가 있었어?
쉐빈 - 온 지구가 뒤집어지는 것 같았어요.
땅이 물로 되고 물이 땅이 되고 서로 꺼지고 올라오고 그러니까 지구표면의 형체가 완전히 뒤바뀌었어요.
산이 꺼지고 물속에 있는 그것들이 올라오고, 그래서 인간들도 많이 죽었어요.
물론 도망간 존재들도 있었지만.

무시공 - 그러면 1억 년 동안에 지구에서 살면서 수없이 변화했겠네.
쉐빈 - 네. 너무너무 많은 변화가 있었지요.

무시공 - 그럼 지금은 네 느낌에 무슨 변화가 이뤄지는 것 같지 않나?
쉐빈 - 지금 그런 조짐이 보여요.

무시공 - 무슨 변화 일어날 것 같아?
쉐빈 - 내가 살면서 두 번 있었거든요. 지금 또 한 번 있어요.
그런데 지금 이거는 너무너무 조용하고….

무시공 - 이번 지구변화는 옛날 변화하고 무엇이 다를 것 같아?

쉐빈 - 전에는 급작스럽게 바뀌었는데 지금은 서서히 준비되며 변화되는 걸로 느껴요. 그리고 준비되면서, 아….

무시공 - 옛날 변화와 근본원리가 안 같은 느낌 없어? 완전히 새롭게 변하는 거.

쉐빈 - 네. 그러니까 대책 없이 변한 것도 있었어요, 옛날에 내가 두 번 정도 겪어보니까.

그래서 무작정 뒤섞어놓고 살아남는 자. 그리고 또 구하러 오는 자 이렇게 있었는데.

지금은 준비되면서 차곡차곡 진행이 완벽하게 되는 느낌이 들어요.

이상하네. 세 번째 겪다 보니까…. 음…. 그러니까 차원이 다르다는 말이 맞아요.

무시공 - 딱 준비돼서 변하는 것 같아?

쉐빈 - 네. 하나하나 준비돼서 변하는 느낌이 들어요.

그리고 이번에는 별로 무섭지 않아요.

무시공 - 무엇 때문에 무섭지 않아?

쉐빈 - 마음이 왠지 든든해요.

무시공 - 마음이 든든하다고, 그래, 너도 1억 년이나 살았으면 미래에 대해서 다 예측도 하고 또 볼 수도 있잖아.

지금부터 지구에 무슨 변화가 이루어질 것이며, 지구 인구가 지금 70억인데, 얼마나 살아 남을 것 같아? 너희 종족한테도 영향을 줄 것 같아 안 같아?

쉐빈 - 우리에게도 영향이 오겠죠. 지구에 있는 모든 생명 존재들에게 다.

무시공 - 응. 지금 곧 이뤄질 것 같지?

쉐빈 - 많이 다가왔어요. 점점 갈수록 더 빨리 다가온다는 느낌이 있고. 아까 이야기했듯이 마음이 편하고, 왠지 그 어느 때보다 더 제대로 갈 것 같다는 느낌이 들어요.
그래서 내 마음이 든든한 것일 수도 있고요.
지금 대화하는 것도 나에게 뭔가 알려주려는 것 같고.

무시공 - 너 지구에서 1억 년 이상 살아도 누구도 직접 너하고 대화하는 존재가 없지?
인간이 누가 너하고 대화할 수 있겠어, 역사상 처음이지?

쉐빈 - 네. 인간은 지금도 우리 같은 존재가 있는 줄도 모르고요.
하여튼 잘될 것 같은 느낌과 함께 지구 변화가 예전 차원을 훨씬 넘어선다는 것까지는 느껴져요, 그리고 좀 빨리 오긴 왔지만.
그리고 이번 지구 부패 정도가 다른 어느 때보다도 심한 것 같아요.
발전이 안 돼요. 의식의 발전이 그렇게 높아지지 않았어요.
옛날보다 의식이 더 낮아지는 것 같아요.

무시공 - 지구가? 지구 인간의 의식들이?

쉐빈 - 네.

무시공 - 응. 그러니까 뒤집어엎는 거 맞지?

쉐빈 - 네. 그럴 때마다 한 번씩 바뀌었는데 ….

무시공 - 이번에는 철저하게 바뀐다.

쉐빈 - 최악이면서도 최선으로 될 것 같다는 느낌이 들어요.

무시공 - 응, 그래. 그럼 너 1억 년이나 같이 살면서 아무 재앙이 없다면 계속 살 수 있다는 느낌이야, 그런 자신감이 있어?

쉐빈 - 그건 모르겠어요.
예전 그 시대에는 그 상황에서 인간도 좀 오래 살았다고 알고 있거든요.
그래서 우리 조상도 오래 살았었는데, 지금은 지구 생명 자체가 수명이 짧아져서 우리도 같이 짧아졌거든요.
그래서 우리는 이제 모르겠어요.

무시공 - 한번 생각해 봐. 뭐 때문에 너희 종족은 그리 오래 살 수 있어?
인간하고 뭐가 달라? 전체적으로 분석해봐.
쉐빈 - 인간처럼 경쟁이 없고, 인간이나 다른 동물들처럼 포악하지도 않고, 잡아먹으려 하지도 않고, 그리고 우리는 서로가 '나'라는 의식이 높아서 음…. 그러니까….
인간들은 지구에서 자기가 제일 낫다고 생각하겠지만, 우리는 그것보다 훨~씬 더 높은 존재라고 생각하면 돼요.

무시공 - 너희는 인간보다 의식이 높다고 생각하나?
쉐빈 - 네. 그리고 몸도 외계인들처럼 반투명 또는 투명이고, 음식 같은 것도 나도 모르게 스스로 아주 좋은 천연의 것, 예를 들어 이슬이라던가, 그런 깨끗하고 좋은 것만 찾아서 먹게 돼요.
그래서 몸도 밝아지는 것 같아요.
그리고 첫째, 마음이 인간들의 언어로 하면 천국 같은 세상이기 때문에….

무시공 - 너희는 전쟁 그런 거 없잖아. 서로 누르고 죽이고 하는 그런 개념도 없고?
쉐빈 - 네. 마음 힘든 일이 없어요.

무시공 - 그리고 너희를 깔보고 그렇게 하는 존재들도 없고?
쉐빈 - 네. 경쟁도 없고요. 하지만 잘 살아요.

무시공 - 그러게 말이야, 그럼 너희는 인간들처럼 집 짓고 살아, 자연환경 그대로에서 살아?

쉐빈 - 자연환경 속에서 자연스럽게 집도 지어요.

무시공 - 집 짓는 것도 고급스럽겠네, 인간이 상상도 못 하겠네?

쉐빈 - 내가 짓고 싶은 대로 지어요.

허름하게 짓는 존재도 있어요. 자기 마음이죠. 그렇다고 흉보거나 그렇지도 않고요.

자기 원하는 대로 하면 돼요.

무시공 - 너희는 인간처럼 통치하고 그런 개념이 없어?

쉐빈 - 없어요.

무시공 - 그저 서로 평등하게 살고?

쉐빈 - 네. 그래도 아주 잘 살아요. 법도 없고요.

무시공 - 무슨 이런저런 규칙도 없고. 그리고….

쉐빈 - 서로 해도 안 줘요.

무시공 - 혼인도 그저 자유로운가, 인간처럼 제한되고 그런 거 없지?

쉐빈 - 네. 서로 마음이 통하면 돼요.

무시공 - 남녀에 대해서는?

쉐빈 - 서로 마음이 통하고 좋아하는 감정이면 돼요.

무시공 - 그래. 누구를 막론하고?

쉐빈 - 네.

무시공 - 이건 내 식구다, 이건 내 마누라다, 내 사랑이다. 그러니 누가 건드리면 안 된다. 이런 개념이 없나?
쉐빈 - 네, 그런 개념 없어요.

무시공 - 서로 마음이 통하면 같이 있을 수도 있고 그런 거지?
쉐빈 - 네. 그리고 서로 다 마음이 오픈되어 있기 때문에, 만약 남자친구가 다른 여자를 좋아하면 서로 다 느껴져요.

무시공 - 느껴지니까 서로 질투하지도 않고 정상으로 여기겠네.
쉐빈 - 네, 서로가 '나'라는 개념이 있어서 편하게 할 수 있어요.
남자친구가 느끼는 동시에 나도 같이 느끼기 때문에 그 마음이 이해되는 것 같아요.

무시공 - 너희 진짜 투명하구나. 투명하고 서로 느끼니까.
쉐빈 - 네. 서로 느끼니까 변명할 필요도 없고 숨길 필요도 없어요.

무시공 - 맞다, 그게 진짜 그렇다.
인간은 투명하지 않으니까, 서로 의심하고 지키고, 그래서 병나고, 싸움 일으키고 전쟁 일으키고.
서로 투명하면 속이지도 못하고 서로 다 아니까, 그렇지?
쉐빈 - 네.

무시공 - 그래서 너희는 자연적으로 정상이 될 수밖에 없다.
쉐빈 - 그런 것들이 오래 사는 이유인가 봐요.

무시공 - 그래, 그것도 오래 사는 원인이지.
왜냐하면 인간처럼 질투하고 서로 원수처럼 여기는 그런 어두운 마음이 없잖아.

그러니 마음이 편안하고 또 마음이 투명하니까 몸도 투명해진다고,
너희는 그래서 몸에 빛이나, 알았지?
쉐빈 - 네, 맞아요.

몸의 확장과 팽창 훈련

무시공 - 너는 몸을 마음대로 크게 할 수도 있고 작게 할 수도 있지?
쉐빈 - 아. 그건 안 해봤어요.

무시공 - 그럼 너는 계속 15㎝로 그대로 있었나?
쉐빈 - 네.

무시공 - 너 1억 년이나 살면서 그것도 몰랐어? 그럼 지금 실험해봐.
몸을 마음대로 인간 크기와 같게 그렇게 할 수 있어.
쉐빈 - 꿈을 꿔본 적은 있어요.

무시공 - 지금 한번 해봐. 심지어 인간보다 몇천 배 크게 할 수도 있다.
너는 그런 능력 충분히 갖추고 있어. 한번 실험해 봐. 돼? 안 돼?
쉐빈 - 그냥 실험만 해보라는 거예요?

무시공 - 그래. 너는 순간에 될 수 있다.
순간에 인간처럼 170㎝까지도 확장 팽창될 수 있다.
그렇게 한번 해봐. 이때까지 그런 생각을 안 해봤구나.
쉐빈 - 네, 할 필요가 없어서….

무시공 - 알아. 그래도 오늘 한번 해보라고. 너는 100% 된다.
쉐빈 - 편한 곳으로 이동했어요.

무시공 - 그래 한번 해봐 170㎝로 팽창해봐. 순간 될 수 있다고 마음먹으면 돼. 돼? 안 돼?

쉐빈 - 조금씩 돼요.

무시공 - 마음으로 순간에 된다 하면, 바로 순간에 된다고.
네가 스스로 마음속에서 제한해서 그래. 알았지?

쉐빈 - 네. 그것도 너무 오래된 틀이었네요. 틀에 갇혀서….

무시공 - 그래. 네가 그런 개념으로 오래 막아놔서 그런다.
너는 1억 년까지 살 수 있으니, 몸도 완전히 네 마음대로 변화시킬 수 있다. 맞아? 안 맞아?

쉐빈 - 그렇죠.

무시공 - 상상도 못 했지? 너 조금 이따가 훈련해야겠다.
누구도 이런 거 지적 안 하니까 생각도 안 해봤다. 맞지?

쉐빈 - 하하하 네…. 투명한 몸으로는 엄청 커져요.

무시공 - 그래. 커지지, 100% 커진다.
지금 인간 모습으로 170㎝로 커질 수 있고 심지어 이 몸을 무한하게 팽창해서 이 우주만큼 크게 할 수도 있어.
생각도 안 해봤지? 오늘 한번 훈련해봐. 너를 이제 찾았어, 우리 서로 잘 해 보자.

쉐빈 - 우주만큼도 커질 수 있다고요?

무시공 - 그렇지. 우리가 너를 훈련하면, 그대로 따라 하면 될 수 있어.
그래서 나중에 우리하고 같은 작업을 하면 좋겠지?
너 언제까지 지구에만 붙어 있을래? 너도 외계인 많이 봤지?

쉐 빈 - 네, 봤어요.

무시공 - 외계 다른 별에 가본 적은 없어?
쉐빈 - 없어요.

무시공 - 가보려고 생각도 안 했나?
쉐빈 - 네. 하하하.

무시공 - 오늘 너 데리고 다른 별에 구경하러 가보자.
지구에 파묻혀 가지고 아깝다. 자, 제일 먼저 인간 몸만큼 커져.
팽창됐어, 안 됐어?
쉐빈 - 네, 투명한 몸은 됐어요.

무시공 - 그래. 투명한 몸 그것만 인정하라고.
작은 몸은 자동으로 벗어나 버려. 거기에 의지하지 말라고.
쉐빈 - 네.

무시공 - 그건 네 마음대로 조절할 수 있어.
자, 인간 몸에 100배 크게 해봐. 몸을 순간 팽창해.
쉐빈 - 네, 됐어요.

무시공 - 됐지? 또 팽창. 너 몸이 지구만 하다. 지구가 완전히 네 몸으로 돼.
쉐빈 - 네.

무시공 - 됐지? 그렇게 끊임없이 팽창시켜서 네 몸이 이 우주하고 같다고 생각하면 돼. 그리돼? 안 돼?
쉐빈 - 돼요.

무시공 - 이야~ 잘했어. 자, 또 원래 상태 조그만 15㎝로 돌아올 수 있나 실험해 봐.

순간의 원래 자리로 올 수 있어
쉐빈 - 네네. 왔어요.

무시공 - 그래서 내 몸을 좌지우지할 수 있어. 그럼 또 한 번 해보자.
너 지금 저 산을 한번 쪼개봐. 갈라서 양쪽으로 밀어. 그렇게 할 수 있어 없어?
쉐빈 - 몸을 키워서?

무시공 - 그렇지. 그건 네가 마음대로 장악해서 하고.
네 몸을 산보다 몇십 배 더 크게 해서 그 산을 중간에 착 갈라서 손으로 양쪽으로 밀어봐.
그럼 쪼개지나, 넌 그런 힘도 있다고. 실험해 봐. 돼, 안 돼?
쉐빈 - 기구를 쓰니까 돼요.

무시공 - 기구를 쓰든 무슨 방법으로든 산을 쪼개서 양쪽으로 갈라내니까 되지?
쉐빈 - 네.

무시공 - 그리고 어느 섬에 가봐. 인도네시아 그쪽에 섬이 많잖아.
네 마음대로 가서 섬 하나를 도구 안 쓰고 네 마음에 손으로 쳐.
그럼 섬이 바다로 가라앉는다고 생각하고 한번 해 봐.
물 표면으로 내려가서 해봐. 넌 마음먹은 대로 돼.
그럼 너 몸을 팽창해서 섬보다 몇십 배 큰 위치에서 손으로, 네 손 하나가 섬보다 더 커. 도구 안 쓰고 한 방에 치는 거 실험해 봐.
순간에 섬이 물 밑으로 가라앉나 안 가라앉나? 너는 할 수 있어.
생전 이런 방면에 이런 게 있는 줄도 몰라 맞지?
쉐빈 - 네, 맞아요. 진짜 어떻게 해볼 생각도 안 했어요.

무시공 - 엄청 위대한 존재인데, 누구도 몰랐다 뿐이야. 이제 써먹을 때가 됐다.
쉐빈 - 하하하.

무시공 - 돼? 안 돼? 일부러 도구 쓰지 말고 손바닥 힘으로 한방에 쳐봐. 생전에 안 하다가 하니까 처음엔 서툴러. 그러니까 처음엔 몇 번을 쳐도 돼. 하여튼 작은 섬이 물 밑으로 들어가게 한번 쳐봐. 돼? 안 돼?
쉐빈 - 부서지기도 하고 그러면서.

무시공 - 물 표면에서 안 보이면 돼. 훈련하면서 네 힘을 스스로 인정하게, 알았지? 밑으로 가라앉아?
쉐빈 - 가라앉을 것 같아요. 조금 더 하면….

무시공 - 그래. 무조건 해봐. 무조건 가라앉게 해.
깨지든 어떻게 하든 밑으로 가라앉아서 표면에 없으면 돼. 도구 쓰지 말고 해봐.
몸에 힘도 생기고, 마음의 힘이 무한대로 크다는 거 훈련해야 느낄 수 있어.
그럼 나중에 대자유야.
도구 써도 되고 안 써도 되고, 몸으로 손으로 발로 할 수 있도록.
무한대의 우주가 너라고 생각해봐. 그 우주 앞에선 그건 먼지 덩어리 하나잖아. 맞지?
나를 무한대로 확장해서 힘을 무한대로 인정해.
그럼 그 힘대로 이뤄진다고. 그 느낌대로.
이 과정에서 훈련이 돼.
자꾸 훈련해서 사용할 줄 알아야 해, 네가 힘은 있는데 사용할 줄 몰라서 그래. 몇 번 하면 된다.
쉐빈 - 발로 밟아서….

무시공 - 그래, 어떤 방법이든 다 써봐. 효과 보이지, 막 가라앉지, 밑으로?
쉐빈 - 네. 몰리면서 가라앉아요. 아주 조금씩. 그래도 굉장한데요?

무시공 - 그렇지. 너는 상상도 못 했잖아. 자, 이거는 성공이다, 됐어.
또 하나, 너 날개 있잖아, 그 투명한 몸에도 날개 있지?
쉐빈 - 네, 있어요.

무시공 - 만일 인간 모습으로 나타난다면 날개를 숨길 수 없지?
그럼 또 한 번 실험해. 날개도 줄어든다고 생각해.
사람 눈에 안 보일 정도로 몸속에 줄여놔, 생전에 그런 생각 안 해봤지?
쉐빈 - 네.

무시공 - 자. 그 날개를 쑥 줄여.
순간에 줄여서 몸에 딱 붙어서 인간 눈에 절대로 표 안 나고 너희 종족한테도 표 안 나게 해봐.
너는 그렇게 할 수 있다고, 그런 자신감이 먼저 있어야 돼. 알았지?
쉐빈 - 네.

무시공 - 어때, 줄어들어?
쉐빈 - 줄어들어요.

무시공 - 맞지? 최대한 다 줄여놓고 그다음에 흔적도 안 보이는 상태로 해놓고, 그다음에 또 펴. 펴진다 하면 또 펴져. 지금 그렇게 돼? 안 돼?
쉐빈 - 돼요.

무시공 - 다 되지? 봐라. 1억 년이나 살면서 혼자 그런 조절을 할 생각도 안 했지?
나 만나서 고마워, 안 고마워?

쉐빈 - 아, 하하하(뛸 듯이 기뻐하면서) 네, 고마워요.
그런데 그렇게 할 필요가 전혀 없었으니까요.

무시공 - 이런 거는 우리 나중에 엄청난 중요한 일 하기 위해서 필요해.
자유자재로 내 몸을 조절할 줄 알아야 돼. 알았지?
쉐빈 - 네, 나중을 위해서!

화성 견학

무시공 - 자, 이제 다른 별 가보자, 지구 밖에 다른 별에 가 볼 생각도 못 했지?
쉐빈 - 네.

무시공 - 실제는 화성에도 날개 달린 사람이 있어. 지금 우리 화성에 가볼까?
화성에 여자 대표 우리가 내세운 거야. 거기 가서 여자 대표 소개해 줄게. 알았어?
생전에 넌 화성이나 다른 별에 갈 생각도 안 했잖아.
쉐빈 - 그렇… 죠.

무시공 - 그러니까 마음을 넓혀야 돼. 우리 나중에 온 우주를 여행한다. 알았어?
우리 만나니까 재밌어, 행복해?
쉐빈 - 네, 좋습니다. 새로운 경험이고.

무시공 - 그렇지. 화성에 가, 우리같이. 도착했어?
쉐빈 - 네, 도착했어요. 투명 몸으로 가니까 빨라요.

무시공 - 그래 투명. 나중에 우리 투명한 몸 쓴다고.
화성에 가서 화성 구경해. 화성 표면에 사람 있어 없어?
쉐빈 - 조금 있어요.

무시공 - 조금 있지? 그다음에 화성 안에 땅속에 사람 있어 없어?
쉐빈 - 많아요.

무시공 - 많지? 거기 과학이 지구보다 많이 발달된 거 보이지?
쉐빈 - 네.

무시공 - 이제 그 화성의 여자 대표 불러낼게. 너희 둘이 만나 봐.
그 여자 대표도 날개 달린 여자야, 관찰해봐 너는 날개 숨겨 놓고.
쉐빈 - 네.

무시공 - 자. 스나일러 나타나. 우리가 내세운 여자 대표다. 믿어?
우리 지구인이 말이야, 상상도 못 하지? 스나일러 나타나.
스나일러 - 네, 나왔어요.

무시공 - 이 친구 쉐빈은, 우리 지구에 있는 존재인데, 화성도 구경하고 너에게 소개도 시켜준다. 너희 둘이 이야기해봐.
스나일러 - 우리도 저렇게 작은 존재들이 있어요.
아마 우리 화성에서 간 존재들이 아닐까 싶네요.

무시공 - 아, 네 생각에 그런가?
스나일러 - 네.

무시공 - 화성에 그런 작은 존재 있으면 키 크게 할 수 있어, 없어?
스나일러 - 그냥 그들은 그렇게 살아요. 작게.

무시공 - 너희하고 소통도 하고?

스나일러 - 네.

무시공 - 이런 작은 존재가 화성에서 지구로 간 것이 아닐까, 그렇게 생각한다고?

스나일러 - 네.

무시공 - 어떻게 바로 그런 생각을 했어?

스나일러 - 오래전에는 섞여 살 때도 있었으니까요. 그래서 그런 생각이 들었나 봐요.

무시공 - 그럼 쉐빈한테 물어보자, 그런 거 같나 안 같나? 과거 역사상 화성에서 온 거 맞아?

쉐빈 - 직접 와서 보니까 그런 것도 같아요.

옛날에는 지구에 우주인도 많이 왔었잖아요. 지구 사람도 우주로 나가기도 하고.

무시공 - 그러니까. 새로운 거 알게 됐네. 전엔 몰랐는데?

쉐빈 - 네.

무시공 - 쉐빈 너 이제까지 작은 모습으로 보여줬나? 하하하.

아까처럼 팽창하라 그래도.

쉐빈 - 아, 투명 모습이니까요. 그 사람하고 같이 맞췄어요.

무시공 - 그런데 스나일러는 어째 너를 작은 종족이라고 바로 봤네?

그 눈엔 바로 보였겠지.

쉐빈 - 네네. 그 사람은 저의 실체를 보는 것 같았어요.

무시공 - 응, 너는 팽창해 봤는데?
쉐빈 - 네, 팽창해 봤는데 그 사람은 내 실체를 어떻게 봤는지…. 제대로 봤나 봐요.

무시공 - 응, 그래. 보니까 스나일러도 너처럼 날개 있지?
쉐빈 - 네, 봤어요.

무시공 - 응, 그래 너희 둘이 이야기해 봐. 새로운 친구 만났잖아.
혹시 그 친구 말처럼 너는 원래 화성에서 지구로 갔는가, 그렇게 여기고 있잖아.
그럼 더 좋네. 고향 찾아온 거니까.
쉐빈 - 스나일러가 자기네 존재 중에 나랑 비슷한 존재를 소개해줬어요.

무시공 - 거기에서?
쉐빈 - 네. 형체가 좀 다른 듯 비슷하네요. 우리보다 조금 더 커요, 조금 더 밝고….

무시공 - 화성이 원래 지구보다 조금 더 밝아.
쉐빈 - 그리고 이들은 인간 형태하고 좀 다르게 생겼어요.

무시공 - 그래. 너희 둘이 대화해봐.
너희 종족 뿌리가 진짜 화성에서 왔나? 예전부터 그런 이야기 있었어?
쉐빈 - 왔을 수도 있고, 아니면 지구에서 새로 탄생했을 수도 있고.
왜냐면 모든 우주에 다 비슷하게 있다고 하더라고요.
그러니까 어차피 한곳에서 나왔을 거예요. 맞을 거예요, 같은 종족인 것 같아요.

무시공 - 그래. 너는 이름이 뭐야?

스나일러가 소개해서 둘이 만나게 했나? 너는 화성에서 너희 작은 종족의 대표야?

쿠랑 - 대표 아닌데요. 그냥 불러서 왔어요. 가까이 있는 존재 오라고 해서.

무시공 - 너희 대표는 따로 있나, 너 아닌가?

쿠랑 - 아니요. 옆에 있다가 왔어요. 하하하.

무시공 - 응 그래. 너 이름은 뭐야? 너희 종족 대표도 있어?

쿠랑 - 대표? 네, 대표 있어요. 내 이름은 쿠랑이고, 여자예요.

무시공 - 그럼 쿠랑. 너희 종족은 그 지구인하고 비교하면 수명이 얼마나 길어?

지구 나이로 말한다면, 몇 억 년 살고 있어?

쿠랑 - 저희는 여기 화성의 존재하고 비슷해요.

인간 존재하고도 좀 비슷한데 좀 더 오래 살긴 해요.

무시공 - 화성인이 인간보다 좀 더 오래 살지?

쿠랑 - 네.

무시공 - 그럼 화성인과 지구인과 나이를 비교하면 어떻게 달라?

쿠랑 - 계산하는 시간 단위와 나이 기준이 달라서 어떻게 해야 할지 모르겠지만, 지구인보다 화성인이 훨씬 더 긴 삶이에요.

그러니까 그걸 어떻게 해석을 못 하겠어요.

일단, 지구인이 100살 산다면, 화성인은 지구 나이로 500~1,000살 산다고 보면 될 거 같아요.

무시공 - 그러면 지금 우리 쉐빈이 지구에서 제일 오래 살고 지구 나이로 1억 년 살고 있어.

그럼 너 쉐빈하고 너하고 둘이 비교해 봐.
나이 어떻게 비교하고 하는지 우리는 몰라, 환경이 다르니까. 하하

쿠랑 - 네. 환경이 달라서….
아마 쉐빈이 나보다 더 오래 산 것 같고요. 우리 종족보다 더 오래 사네요.

무시공 - 너희 종족보다 오래 살아? 비교할 수 있어?

쿠랑 - 네.

무시공 - 응…. 그래! 이제 서로 알았으니까 오늘 요만큼 대화하고 우리 다시 지구로 가자.
서로 인사하고!

쉐빈 - 네, 인사하고 여기로 왔어요.

무시공 - 쉐빈 어때, 그래, 순간에 다시 올 수 있잖아?

쉐빈 - 네.

무시공 - 가니까 바로 새로운 친구도 만나고 재밌지?

쉐빈 - 네, 재밌어요.

무시공 - 나중에 더 멀리도 갈 수 있다. 오늘 이만큼만 맛보여줘.

쉐빈 - 흐흐흐.

무시공 - 그리고 항상 스스로를 제한해서 계속 작은 모습으로 있지 말고.
그건 네가 만든 윤곽이야.
그걸 깨부숴야 우주도 마음대로 여행할 수도 있고 우주 존재하고도 마음대로 만날 수 있고. 알았지?

쉐빈 - 네.

무시공 - 실제로 지구가 이 우주에서 제일 낙오한 곳이야.
대한민국 대전에 대해서 소문 들은 적 있어?
대전에서 새로운 우주중심지 건설한다는 소문 들은 적있어?
쉐빈 - 들었어요.

무시공 - 들었어? 여기 대전에 무시공생명훈련센터라고 있어.
새로운 생명이 여기서 탄생해. 너도 생명이잖아. 맞지?
그래서 너를 찾는 목적도 이것 때문이야.
적극적으로 대전에 와서 참여하면 너를 통해서 너희 종족 전체가 살아난다.
그럼 알려줄게, 뭐냐 하면, 지금 많은 게 바뀌고 있잖아.
지구도 철저하게 바뀌어, 낡은 지구는 없어지고, 새로운 지구가 탄생해.
지금 구경해봐.
너는 열려있어서 구경하면 보일 거다.
새 지구와 낡은 지구 분리돼있는 현상 보여, 안 보여? 이미 분리되어있어. 맞지?
쉐빈 - 네. 분리돼 있어요.

무시공 - 그런데 네가 반드시 새로운 지구에 들어와야 너도 영원히 살 수 있다.
그건 진짜 영원히 영원히 우주 수명하고 같아져 버려.
쉐빈 - 아~ 네.

무시공 - 응, 그 뜻이야. 요새 우리가 무엇을 바꿨나?
두어 달 전에, 이 우주 그리고 지구도 포함해서, 공기 바꿨어. 에너지도 바꿨고.
그런데 거기 적응 못 하는 건 멸망해.
사람이고 동물이고 식물이고 심지어 바이러스 이런 거 다 정화 안 되면 다 없어진다고. 영원히 없어져.

쉐빈 - 네.

무시공 - 그거 알고 있네? 근데 뭐가 바뀌었는지 몰랐겠지만, 이제 너한테 알려줄게.

새로운 우주공기가 우주에너지가 바뀌는데 거기 적응 못 하면 다 도태 당한다고, 알았지?

쉐빈 - 네.

무시공 - 그런데 너는 느낌에 두려운 마음이 없고 오히려 더 좋은 생각이 들어.

그건 이미 적응이 됐다는 거야, 자기도 모르게 마음이 적응돼 있어서 그래.

쉐빈 - 네, 나도 그렇게 생각이 들어요.

무시공 - 다른 많은 종족은 지금 위기에 빠졌어.

죽어가는 것도 있고, 없어지는 것도 있고, 그런 현상이 이뤄진다고.

그리고 지금 우리는 이렇게 말했어, 2020년 전에 엄청난 변화가 이뤄진다고.

지금 2017년이잖아. 2~3년 안에 지구에 엄청난 변화가 이뤄져.

낡은 지구는 이제 차츰차츰 없어져. 새로운 지구에 적응된 존재만 살 수 있어.

그리고 우리가 너희를 알아본 지 며칠밖에 돼지 않았어.

그런데 비교해보니까 너희는 마음자세가 각 방면에, 진짜 지구에서 가장 최고로 보여.

인간하고 비교하면 하늘 땅 차이다. 그래서 너희가 수명도 길고 능력도 있어.

너희 종족 몇몇 찾아보고 실험해봤어.

인간보다 그렇게 작은데도 능력이 인간보다 몇십 배 더 커. 조금 더 훈련하면 더 커져.
인간이 수련해도 그런 능력 없더라.
그래서 우주 작업하는데 너희 종족을 많이 훈련해서 앞장서게 하려고 마음먹고 있다. 좋아 나빠?

쉐빈 - 좋아요.

무시공 - 그럼 너 항상 이제 대전에 와 있어라.
우리하고 곁에 자주 있으면서 같이 우주 작업하는 데 힘을 쓰고. 동의해?

쉐빈 - 좋아요.

무시공 - 응, 그리고 이제 우리가 대한민국 대전에서 이 일 시작하니까 우리 주변에 장애물들 다 처리해야 돼.
지금 외계인 우주인들이 와서 우리 일 방해하면 우주까지 다 삭제해버려.
그런 소식 들은 적 있어 없어?

쉐빈 - 왠지 들은 것 같아요.

무시공 - 응. 우리는 이 우주를 바꾼다고.
2~3일 전에도 50억 조 광년에 연합우주 대표 우리말 안 듣고 방해해서 그 우주까지 다 삭제해 버렸어. 상상도 못 하는 거다.

쉐빈 - 네, 상상이 안 가요. 우주를 삭제했다니….

무시공 - 응, 지금 이 우주 최고 높은 곳은 100억 조 무극위치야.
거기 존재도 다 대전에 와서 무시공 공부를 한다. 알았지?
지구에서 너희가 수명이 제일 길고 제일 마음이 열렸네.
그래서 네가 100% 믿으면서 같이하면 엄청난 도움이 될 거다.
더 많은 생명을 깨울 수 있어. 알았지?
오늘 대화는 여기까지.

쉐빈 - 네. 고맙습니다.

요정 엘렌의 부활 훈련

무시공 - 엘렌 나타나, 엘렌 요정.
엘렌 - 네.

무시공 - 한국에 있나?
엘렌 - 한국에요? 네~.

무시공 - 한국에 어디 있어?
엘렌 - 음~ 한국에서 이곳저곳에 돌아다니고 다른나라도 다녀요.

무시공 - 자주 있는 고정된 자리는 어디야?
엘렌 - 주로 여기 있어요.

무시공 - 응. 한국에서 주로 어디에 많이 머물러?
엘렌 - 음…. 좋은 데가 많은데?
음. 꽃도 많고 나무도 많고, 햇빛 잘 드는 양지 밝은 곳 다 찾아다녀요.

무시공 - 그래! 너는 키 얼마나 커? 인간의 잣대로 잰다면 몇 cm야?
엘렌 - 음…. 16~17cm?

무시공 - 그래! 나이는 몇이야?
엘렌 - 25살.

무시공 - 나이 그렇게 적어?

엘렌 - 웅.

무시공 - 그럼 태어난 지 얼마 안 됐네?
엘렌 - 아니 인간으로 치면 다 컸는데 뭐….
우리는 다 컸어요. 인간보다 더 빨리 커요.

무시공 - 어떤 존재는 몇천 살이고 너희 제일 높은 차원에 있는 존재는 구십만 살 산 존재도 있는데, 거기 비하면 어리잖아?
엘렌 - 네. 우리는 아기 때만 거치면 바로 다 큰다고 보면 돼요.

무시공 - 오래 살고 금방 크네?
엘렌 - 네~ 성장이 빨라요.

무시공 - 성장은 빠르고, 수명이 기네, 맞지?
엘렌 - 네~ 인간과 지구에 있는 모든 것들과 비교하면 길죠.

무시공 - 너희가 수명이 제일 길어?
너희만큼 수명이 긴 존재는 없어, 지구에서?
엘렌 - 내가 알기론 우리….

무시공 - 유일하게 너희가 그래?
엘렌 - 네.

무시공 - 그럼 너희 다음으로 누가 더 수명이 길어?
엘렌 - 음~. 몰라요.

무시공 - 음, 너희만 아는구나, 한국에 너희 종족 얼마나 돼?
엘렌 - 음, 한군데 머물지 않고 왔다 갔다 하는 존재도 있지만~ 90명? 90명 안 될 것 같은데?

무시공 - 그래, 그러면 너도 애인 있나?
엘렌 - 네. 네. 좋아하는 친구도 있고요.

무시공 - 애인도 있고? 인간처럼 신랑은 없어?
엘렌 - 지금 나는 신랑 없어요.

무시공 - 너희도 결혼하는 거 있나?
결혼해서 부인이 있고 또, 애인도 있고 그래?
엘렌 - 그렇게 하는 사람도 있어요.
근데 음~ 좋으면 같이 오래 살 수도 있고요.

무시공 - 안 되면 서로 또 갈라서고?
엘렌 - 네~. 그럴 수도 있어요.
결혼이나 그런 건 없어요. 그냥 좋으면 오래 살아요.

무시공 - 음. 내가 좋아하는 사람이 다른 누구하고 애인처럼 좋아하거나 그래도 괜찮고?
엘렌 - 네.

무시공 - 어느 한 명에 고정된 개념도 없지?
엘렌 - 네.

무시공 - 서로 질투하지는 않고?
엘렌 - 질투 조금은 있어요.

무시공 - 질투 조금 있다고? 너도 질투 있나?

엘렌 - 네, 좀 있어요.

무시공 - 서로 고정된 개념 없다면서 질투는 조금 있다고?
엘렌 - 네.

무시공 - 인간만큼 심하지는 않지?
엘렌 - 네. 약간? 서운한 감정이라든가.

무시공 - 뭐, 대부분 다 이해해주고 그렇지?
엘렌 - 네. 더 좋은 친구가 생기겠지. 그래요.

무시공 - 그럼 너 지금 실험해보자. 얼마나 큰 힘이 있나.
엘렌 - 웬 힘?

무시공 - 무슨 능력 가지고 있나, 우리 한번 실험해 보자. 지금 한국에 있지?
엘렌 - 네.

무시공 - 한국 어디에 있어. 지금 잠 안 자지?
그럼 네 곁에 인간 몸만큼 큰 돌멩이 보여? 안보여?
엘렌 - 찾아보면 그 정도는 있어요.

무시공 - 그럼 찾아봐. 찾았으면 말해.
엘렌 - 네, 찾았어요.

무시공 - 그럼, 지금 그 상태에서 돌멩이 움직여 봐. 움직이나. 움직여?
엘렌 - 움직여요.

무시공 - 인간만 한 돌?

(절에 있는 무언가를 움직이는 거 같아요.)

무시공 - 인간만 한 돌 맞지? 움직이긴 움직여?

엘렌 - 네, 움직여요.

무시공 - 그러면 이번엔 더 큰 거 움직여봐. 인간 몸 5배 되는 돌 한번 움직여봐.

그럼 거의 바위잖아, 움직이나?

엘렌 - 움직이는데요?

무시공 - 인간 몸 몇 배? 10배도 움직여?

엘렌 - 음, 한 7~8배 정도 되는 것 같아요.

무시공 - 그러면 돌을 한번 깨봐, 깨지나.

돌이 박살 날 정도인가, 실제로 움직이는 거 맞지, 상상이 아니고?

엘렌 - 네, 상상 아니에요.

그리고 아까 어디 있냐고 물어봤잖아요. 경상도 지방이에요.

무시공 - 경상도에 있어?

엘렌 - 네, 남쪽.

무시공 - 그래 빨리 한번 깨봐. 깨져 안 깨져?

엘렌 - 음~. 잘 안 돼요.

무시공 - 잘 안 돼?

엘렌 - 네.

무시공 - 음, 깨질 것 같아?

엘렌 - 계속하면 깨지겠죠? 근데.

무시공 - 계속해 봐. 나는 할 수 있다 하고 한번 해봐.

엘렌 - 힘으로 계속하면 깨지겠지만. 쉽게 잘 안 돼요.

무시공 - 그러니까 힘으로라도 한번 해보라니까, 너는 할 수 있어.
힘을 내서 무조건 깰 수 있다 하고 해봐.
아니면 무슨 도구를 써서라도 깨. 깨져? 안 깨져?

엘렌 - …. 조금씩 깨져요. 아주 조금씩 손톱만큼씩 깨져요.

무시공 - 아주 조금씩? 음~ 그럼 됐어. 그리고 너는 인간 눈에 보여, 안 보여?
그 꿀벌보다 조금 더 크지?

엘렌 - 꿀벌보다 훨씬 커요. 17㎝니까~

무시공 - 그래 17㎝. 인간 눈에는 보여? 안 보여?
날아다니면서 걸어 다닐 수도 있어?

엘렌 - 다 되는데요. 인간 눈에는 보이면 안 된다고 우리는 스스로 그….

무시공 - 피해 다녀?

엘렌 - 네, 우리는 유전적으로, 인간 눈에 보이면 안 된다는 것이 저장되어 있어요.
그래서 인간 눈에 안 보이게 하고 다녀요.

무시공 - 안 보이게 하기 때문에 인간들 속에 있어도 안 보여?

엘렌 - 눈에 띄면 안 된다는 거죠. 어쨌든.

무시공 - 눈에 띄면 안 된다고 하지만, 실제로 너희가 인간 속으로 오면 인간 눈에 보이나, 안 보이나?
엘렌 - 보일 수도 있어요. 그래서 조심하는 거예요.

무시공 - 들킬까 봐? 들키면 어떻게 되는데?
엘렌 - 조상들이, 우리 선조들이 항상 인간 조심하라고 했어요.

무시공 - 인간들이 아주 나쁘다고?
엘렌 - 인간한테 걸리면 큰일 난다고.

무시공 - 그러면 애완동물처럼 여길까 봐?
엘렌 - 네, 갇혀서.

무시공 - 갇혀서 나가지도 못하고?
엘렌 - 못 나가는 존재가 엄청 많았대요.

무시공 - 옛날에 그런 일 많았어?
엘렌 - 네.

무시공 - 그랬구나, 조상 때부터.
엘렌 - 예, 이제는 유전적으로 인간을 피해 다니도록 되어있어요. 입력이 되었어요.

무시공 - 인간이 이렇게 거칠고 험하다.
그러면, 우리와 만나는 거, 이렇게 대화하는 거 편안해?
엘렌 - 좀 편안해요.

무시공 - 우리한테도 두려운 마음 있어?

엘렌 - 없어요.

무시공 - 우리한테는 보여 줄 수 있어?
엘렌 - 몰라요.

무시공 - 좀 해봐. 우리는 너희하고 친하게 지내고 싶은데. 되지?
엘렌 - 생각해볼게요.

무시공 - 너 몸 팽창해봐, 팽창이 된다 하면 팽창해져. 과감스럽게 당당하게.
엘렌 - 왜요?

무시공 - 그런 연습하면 좋다~! 너 우리한테 사기당할까 봐 그래?
엘렌 - 인간 눈에 띄면 뭐가 좋다고. 몸이 크면 인간 눈에나 띄지.

무시공 - 아이고~! 너 생각에 우리가 인간인 줄 아나?
엘렌 - 아니, 그니까~.

무시공 - 네가 진짜 우리 시키는 대로 다해서 성공하면 우리하고 같이 우주 작업 하려고 한다.
우주작업 한다는 거 들었어? 안 들었어?
엘렌 - 들은 거 같아요.

무시공 - 그렇지? 너희는 이런 거 관심 없어?
엘렌 - 음. 좋은 거면 좋죠, 뭐. 헤헤헤~.

무시공 - 너희 종족 한 명을 며칠 전 화성에 데리고 갔었어.
너는 생각도 못 했지? 지구에서만 움직일 생각했지?
엘렌 - 으음~. 네.

무시공 - 나중에 우리는 온 우주 아무 데나 다 갈 수 있어.

그래서 너희들과 훈련해서 같이 일체생명을 살리려고. 일체생명은 평등이야.

우리는 누구를 멸시하고, 누구를 가두는 그런 개념이 아니다. 다 풀어주는 개념.

그래서 너희 찾아서 대화하는 거다 .

엘렌 - 네.

무시공 - 어때?

엘렌 - 관심 있어요.

무시공 - 그러면 우리가 시키는 대로 해봐, 한번 네 몸을 팽창해봐. 되나, 안되나.

몸이 팽창되는 것 같아? 조금씩이라도.

인간 몸처럼 170㎝까지 커질 수 있다.

몸이 늘어나고 커진다고 생각해.

실제로 늘어나는 거, 커지는 거 구경해. 너는 할 수 있어.

몸 변화가 이루어지는 것 같아, 늘어나는 것 같지?

엘렌 - 네! 그게~ 내 마음은 훅 커서 170㎝라고 생각해서 딱 봤는데, 실제로 보면 몸이 170으로 커져있지는 않고 커졌다 작아졌다 하면서 조금씩 움직이는 거 같아요.

무시공 - 조금, 조금씩 커지고 있잖아?

엘렌 - 그러니까요! 조금씩 커지는 것 같아요. 조금씩 늘어나는 것 같아요.

무시공 - 그래. 늘어나! 처음에 안 된다고 생각하는 건 너의 고정관점 때문이야.

그러니까 고정관점 깨부수면 벽담이 무너져. 그럼 자꾸 팽창하게 된다고.

자기가 자기를 스스로 가둬놨잖아.
나는 원래 조그마한 존재라고 가둬놨던 거라고, 못 늘어나게.
조상부터 사람 눈에 띄면 안 된다며 자기 스스로 계속 입력해놔서 진짜 눈에 안 보이게 되는, 그런 작용이(장비가) 되어 버린다고. 그 자체도 윤곽이잖아.

엘렌 - 재밌네요.

무시공 - 일체 윤곽 깨부숴야 온 우주에 갈 수 있지, 아무 윤곽도 없어야. 알아?
일체 두려움을 다 버려야 돼.
옛날에 인간한테 당했던, 그건 옛날이고, 그건 지나간 역사다.
이제는 마음을 열어놓고 대담하게, 대자유. 너희 대자유 알지?
너희 항상 두려운 마음 가지고 있잖아. 시키는 대로 해봐.
몸이 늘어나나 안 늘어나나. 내가 풀어주면 늘어난다.

엘렌 - 조금씩 늘어나는 것 같아요.

무시공 - 늘어나?

엘렌 - 네.

무시공 - 그래 꼭 늘어난다고 하면 늘어난다.
우리 말대로 해서 인간의 형태로 키가 170㎝ 늘어나서 인간 모습처럼 예쁘게 되면 대성공이다.
그리고 늘어나는 능력이 있으면 줄어드는 능력도 있어.
줄어든다 하면 원래 상태로 돌아갈 수 있어.
심지어 원래 상태보다 더 작게 할 수도 있어, 믿어?

엘렌 - 네.

무시공 - 그럼 그리 해보라고. 당당하게 자신감 있게, 늘어나서 나는 인간 모습으로, 인간 수준으로 늘어날 수 있다.
심지어 인간보다 더 큰 모습으로 거인처럼 늘어날 수 있다고 마음먹어.
그럼 그렇게 된다고.
지금 실제로 어느 정도로 늘어난 것 같아, 얼마나 커진 것 같아?
엘렌 - 크게는 18㎝까지.

무시공 - 18㎝가 제일 컸어? 원래보다 2㎝ 늘었네?
아주 빠른 속도로 지금 20㎝까지 늘었다고 생각해.
엘렌 - 네, 잠깐 20㎝까지 되는 것 같아요.

무시공 - 그래! 이제 나하고 힘 합해서 내가 시키는 대로 하면 더 빠른 속도로 돼.
지금 20㎝ 실제로 된 것 같지?
엘렌 - 네.

무시공 - 다음 목표는 30㎝. 곧바로 30㎝ 된다고 생각해.
그리고 몸을 무한대로 팽창하고. 일체 윤곽, 일체 두려운 마음을 다 버리고.
엘렌 - 음~. 하기 싫어.

무시공 - 된다! 그 마음을 버려라. 하기 싫단 마음 버려. 30㎝까지 된다! 됐다면 말해.
너를 훈련시키는데 뭘 싫다 그래? 30㎝ 됐어, 안 됐어?
네가 꼭 되었다고 하면 이미 됐어 알아? 네가 마음먹은 대로 된다고.
엘렌 - 된 것 같아요.

무시공 - 됐지, 진짜로 됐어?
엘렌 - 이게 몸이 계속 있는 게 아니고 커졌다, 작아졌다.

마음속에서도 커졌다, 작아졌다 그렇게 돼요.

무시공 - 그건 너의 마음이 흔들려서 그래. 마음이 무조건 됐다고 하면 든든하게 고정돼.
마음이 흔들리고 불안하니까 줄어들었다, 늘어났다 하는 거라고.
네 마음의 파동 때문에 몸도 파동으로 돼있어. 알아?
엘렌 - 네~. (기운 빠짐)

무시공 - 당당하게 30㎝ 됐다는 안정된 마음으로 편안한 마음으로!
그러면 그 줄었다 늘었다 하는 그 파동도 줄어들어. 점점 안정된다고.
진짜로 30㎝ 된 느낌 있어, 없어? 보여, 안 보여?
너 또 원래 상태 못 돌아갈까 봐 좀 불안한 마음 있지?
엘렌 - 맞아요. 너무 커졌어. 이상해요.

무시공 - 그래, 너 원래 상태로 돌아간다고 하면 순간에 돌아가.
지금 17㎝까지 갔다고 생각해. 그럼 순간에 그 자리 간다고. 맞아, 안 맞아?
엘렌 - 맞아요.

무시공 - 17㎝, 15㎝까지 줄어들 수 있다. 실험해 봐. 되나, 안 되나?
엘렌 - 조금 힘들지만 그래도 돼요.

무시공 - 그래. 그래서 너의 몸도 네 마음대로 좌지우지할 수 있다는 거야.
그걸 네게 암시해 주는 거야.
엘렌 - 네.

무시공 - 알았지?
엘렌 - 네.

무시공 - 그래서 네가 인간 모습으로 나타날 수 있다.

그래서 나타났다고 자꾸 훈련하고, 또 순간에 줄어들어서 순간에 없어질 수도 있고. 알았지?

엘렌 - 인간 모습으로 만나자는 거네?

무시공 - 그렇지~! 눈치도 빠르네.

그러니까 인간 모습으로 만나면 누구도 모르잖아? 맞지?

엘렌 - 그럼 날개는?

무시공 - 날개 있으면 있지 뭐.

옷 입어서 날개 안 보여주면 되지, 날개도 줄였다 늘였다 할 수 있어.

그런 실험은 안 했지?

엘렌 - 응.

무시공 - 날개도 자유롭게. 지금 실험해 봐 날개 안으로 줄인다. 지금 해봐.

돼, 안 돼?

줄어드는 느낌 있어?

엘렌 - 있어.

무시공 - 줄여서 몸에 딱 붙여버려.

날개 줄여 가지고 하나도 안 보이게 딱 들어갔다가 펴겠다면 순간에 싹 펴면 돼.

엘렌 - 흐흐흐. 힘들지만 재밌어.

무시공 - 그래 처음 하니까 힘들지.

나중에 가면 자유롭게 된다고. 맞아, 안 맞아?

엘렌 - 응, 맞아. 아까처럼 작아졌다 정상으로 왔다. 작아졌다 정상으로 왔다.

그러면서 작아져 봤어.

무시공 - 그래! 자꾸 훈련하면 된다고.
그래서 날개 완전히 몸에 쏙 들어가게 하면 하나도 표 안나.
엘렌 - 아~ 그럴 수도 있겠다.

무시공 - 생전에 그런 훈련 하나도 안 하니까 누구도 모르잖아.
너희 종족은 누구도 그런 훈련 안 하고, 안 시키잖아.
엘렌 - 응.

무시공 - 우리가 훈련해줘야 해. 재밌어? 안 재밌어?
엘렌 - 재밌어.

무시공 - 우리하고 있으면 항상 재밌다. 알아?
엘렌 - 하하하.

무시공 - 우리는 우주작업 하고 있어.
우리가 대한민국 대전에서 우주작업 한다는 거 소문 들었어. 안 들었어?
엘렌 - 들은 거 같아. 어디선가.

무시공 - 그러니까 왜 우리가 너희를 찾아?
너희가 대한민국에 있으니까 너희 먼저 깨우치려고.
우리 주변에 있으면 서로 도움이 되잖아.
엘렌 - 응~ .

무시공 - 화성의 대표, 여자 대표야. 우리가 내세웠어.
화성 알지? 거기도 날개 달려있다고, 알아?
엘렌 - 응~ 그런 게 다 있구나! 우주에도.

무시공 - 있지! 너희는 맨 지구에서만 움직이니까 외계인에 대해서도 몰라,

알았어?
나중에 너 우리한테 훈련받아 가지고 동의하면 너를 화성에 데리고 갈게.
재미있어 없어?
엘렌 - 응, 아 좋아~.

무시공 - 너희는 상상도 안 했던 거지?
엘렌 - 응. 상상도 못 했어.

무시공 - 계속 지구에서만 머물래?
자! 네 모습이~ 우리 인간 눈에 보일 수 있어, 없어?
마음 푹 놓고 보여준다고 하면 보여, 안 보여?
엘렌 - 보이겠지? 한 번도 눈에 안 띄어서 나를 보는지 안 보는지도 몰라.

무시공 - 그러니까! 너는 실험 안 했으니까, 이젠 보인다 하면 보일 수 있어.
한번 실험해 봐.
너~ 지금 경상도에 있고 우리는 서울에 있는데 순간에 올 수 있어, 없어?
시간 얼마나 걸려?
엘렌 - 우리 찾아와 봐. 돼, 안 돼?

무시공 - 우리가 있는 주소 알려주면 찾아올 수 있지?
찾아오면 우리가 창문 같은 거 조금 열어줘야 해?
아니면 조그마한 구멍이라도 뚫고 들어올 수 있어? 직접 벽은 못 뚫고 들어오지?
들어오는 구멍이나 공간이 있어야 하지?
엘렌 - 응.

무시공 - 경상도에서 우리 여기 있는 데까지 시간 얼마나 걸릴 거 같아?
순간에 온다면 말이야, 순간에 올 수 있어, 없어?

엘렌 - 순간에는 못 가.

무시공 - 얼마나 걸려? 우리가 주소 알려주면 찾아올 수 있지?
엘렌 - 잘 몰라.

무시공 - 이 바보야. 그러면 너 서울에 와. 서울은 알아?
엘렌 - 도시는 잘 모르는데.

무시공 - 이런~ 그래도 와 봐. 네가 서울에 오면 어딘지 알려줄게, 그럼 가 볼 수 있잖아.
아직 숲 속에만 있나? 사람 속에서 왔다 갔다 해야지. 무슨 두려움이 그렇게 많아?
엘렌 - 거기는 살 데가 없어. 거기는.

무시공 - 왜? 뭐 먹을 거 없어?
엘렌 - 그. 거기 뭐 빌딩 그런 데서 뭐 하고 살아? 먹을 것도 없고.

무시공 - 뭐 하긴 우리 만나러 오면 되지, 만났다가 가면 되지.
며칠 전에도 너희 종족 하나 우리하고 만났던 거라. 알아?
엘렌 - 음.

무시공 - 우리 곁에 왔었다.
그런데 그놈은 천살 넘어 가지고 좀 세밀해서 우리 눈에는 안 보여, 자기 딴에는 보일까 봐 걱정했는데 안 보여, 보여 주려고 해도 안 보여. 알았어?
자기들 딴에는 적극적으로 보여주려고 했던 거라 어느 정도로 훈련했냐면, 순간에 인간 키만큼 크게 했어. 전부 다 훈련됐어.
엘렌 - 나중에 내 친구들하고 같이 갈게. 혼자 가기 싫어.

무시공 - 잡아먹을까 봐?

엘렌 - 무서워. 거기 인간들 많은 데는.

무시공 - 우리한테도 무서운 마음이 들어?

엘렌 - 거기 서울에 인간들이 많잖아.

무시공 - 많아도 개별적으로 우리한테만 오면 되지. 뭐하러 서울 사람 만나려고 그래?

딱 우리만 만나면 되지. 그래! 오늘은 이만!

엘렌 - 응, 재밌네.

절대적 생사(일원심생명), 상대적 생사(이원념영체)

너는 살았지만 이미 죽었다.
너는 죽었지만 이미 살았다.

지금 감각시공에 있는 존재는 이분법 이원념으로 된 존재들이다.
인간이 살아있는데 일원심으로 바뀌면 살아서 영원히 살아있고

인간의 표현으로 죽었다 하면 죽은 것은 영이다.
영(靈)도 일원심으로 받아들이면 죽은 자도 살았다.

일원심으로 안 바뀌고 이원념을 유지하면 살았지만 이미 죽었다.
상대적인 죽음의 개념이 아니라 영원히 죽거나 영원히 살거나.

인간의 생사와 무시공의 생사는 다르다.
인간의 생사는 상대적인 생사(이원념생명)
무시공생명의 생사는 절대적인 생사(일원심생명)

지구 60억 인구 일원심을 안 받아들인 존재는 살았지만 이미 죽었다.
그러나 일원심을 받아들이면 영원히 사는 생명을 찾았다.

영체도 무시공생명공부를 받아들이면 이미 죽었어도 살았다.
이원념을 지키고 일원심을 안 받아들이면 죽어도 영원히 죽고
살아도 죽은 것이다.

인간은 살았지만 이미 죽었다.
일원심을 받아들인 존재는 죽어도 살았다.

3단계 영체도 무시공 안 받아들이면 삭제된다.
받아들이면 산다.
무극까지는 이원념으로 된 존재들이다.

이원념의 분자세상도 세밀한 공간으로 가면 빛이 강해진다.
무극의 빛이 삼각형(시공우주)의 최고 빛이다.

일원심을 지키면 이미 무시공에 있다.
이 공부를 해도 일원심 70% 이상 돼야 무극까지 끌어올릴 수 있다.

제9장

우주의 예언서

원효(대사)의 부활훈련과 『원효결서』

무시공 - 1,300년 전에 있었던 원효대사 나타나.

원효 - 네.

무시공 - 지금도 한국에 있나?

원효 - 그냥 어디 한곳에 머물러 있다기 보다 지구에 있어요.

무시공 - 어디나 마음대로 다니나?

원효 - 네.

무시공 - 그럼 지금 너는 죽어있어, 살아있어?

원효 - 지금 인간의 몸은 없어요. 그런데 살아있다, 죽어있다는 게 뭔지?

무시공 - 그거 이해 못 해?

원효 - 네, 몸은 없어요.

무시공 - 그럼 너는 살아있을 때처럼 힘이 있어 없어?

원효 - 힘?

무시공 - 그럼 실험 한번 해볼까? 지구 표면 땅에서 돌멩이 손으로 쥐어봐. 쥐어지나

원효 - 아. 그런 힘?
손으로는 안 만져지네요.

바람을 조금 불게 하면 모래 같은 건 날리고 돌은 약간 굴러가는데….

무시공 - 돌은 실제 물질 돌이야?

원효 - 네. 돌은 굴러가는데 만져지진 않네.

무시공 - 그럼 무슨 방법으로 굴러가?

원효 - 바람으로.

무시공 - 바람을 어떻게 해서?

원효 - 내 몸을 그냥 한번 획 날려버려. 그럼 바람처럼 돼.

무시공 - 그럼 진짜 돌멩이가 굴러가? 에너지 상태 돌이 아니고?

원효 - 네.

무시공 - 돌은 손에 안 쥐어지고?

원효 - 네.

무시공 - 그럼 네 몸 얼마나 큰 것 같아?

원효 - 내 몸은 가벼우니까….

무시공 - 네 껍질 봐라. 원래 지구에서 인간 모습으로 살아있을 때는 한도가 있는 몸이잖아.

몸에 대한 감각을 느낄 수도 있고.

원효 - 네.

무시공 - 지금 그 분자몸을 벗고 나면…. 분자몸이라는 말 알아듣겠지, 물질몸 말이야.

원효 - 네.

무시공 - 물질몸 벗어나면 세밀한 공간의 몸이 돼.

몸이 원래보다 몇십 배, 몇백 배, 몇천 배 늘어날 수 있어, 맞지?

원효 - 네. 맞아요 맞아.

무시공 - 그래, 그 몸을 너도 잘 못 느껴. 내 몸이 얼마만큼의 범위에 있는지.

이젠 거꾸로 한번 줄여봐. 몸을 줄여서 인간 몸만큼 줄여봐. 줄이면 몸을 느낄 수 있어 없어?

원효 - 줄일 수 있어. 줄이면 느낄 수 있냐고?

무시공 - 응. 줄여 봐. 아~ 내 몸이 진짜 존재하는구나. 그런 느낌이 올 정도로. 그렇게 돼 안 돼?

원효 - 조금 느껴져요. 몸이 있다는 게.

무시공 - 있다는 거 느끼지?

원효 - 인간들이랑 비교하면 아니지만.

무시공 - 그래. 인간보다 너는 세밀한 몸으로 되어있어. 그래 그걸 네가 못 느껴서 그렇지.

줄여보면 그 몸이 존재한다는 걸 느낄 수 있어.

계속 줄여서 지구 한국에서 인간 몸으로 있을 때 그만큼 줄여봐.

그럼 몸이 있다는 거 강하게 느껴. 그렇게 줄일 수 있어 없어, 그렇게 돼?

원효 - 돼요.

무시공 - 됐어? 지금 이미 됐어?

원효 - 네.

무시공 - 먼저, 네 손, 느낌이 강해, 안 강해? 손발도 있다고 생각해봐, 돼?

원효 - 있다는 생각이 들어요.

무시공 - 그럼 이제 손으로 돌멩이 하나 쥐어봐. 쥐어지나?
원효 - 쥐어질 듯, 말 듯해요.

무시공 - 그래. 이런 방면으로 훈련을 안 해서 그래.
원효 - 네.

무시공 - 나중에 훈련하면 된다. 그럼 이제 바위 봐라. 바위는 몇 가지 형태로 보여?
원효 - 세 가지로 보여요.

무시공 - 어떤 세 가지로 보여? 말해 봐.
원효 - 기 에너지나 빛으로도 보이고 물질도 보이고, 중간에 뭔가 흐릿하게 보여요.

무시공 - 다시 말하면 네가 본 세 가지는, 순물질로 돼있는 돌과 바위도 보이고, 그다음에 물질과 에너지 섞인 반물질 상태로 되어있는 중간 형태도 보이고, 그다음에 에너지(기) 상태 빛 상태로 보여.
원효 - 네. 맞아요.

무시공 - 맞지? 그럼 네가 그 바위에서 기 에너지를 빼 봐. 그거 없애 버려. 바위 안에 순에너지로 돼있는 바위 잡아 빼. 그럼 공간이 비어, 안 비어?
원효 - 뺐어요. 그 자리가 비어요.

무시공 - 그럼 이제 반물질 반에너지상태 섞인 보일 듯 말 듯한 그런 물질상태, 그것도 없애봐, 없어지나.
계란처럼 노른자 빼고 이제 흰자 빼 봐. 되나 안 되나. 마음으로 잡아 빼 버려.
그럼 껍질만 남잖아. 반물질 상태로 되어있는 그 바위. 너 힘이 있나 확인하는 거다.
어때 힘들지?
원효 - 네네. 어떻게 알았어요? 잘 안 되는데.

무시공 - 응. 그렇지 우리는 모르는 거 없다.
너를 훈련하려고 그런다. 이런 훈련 받아본 적도 없지?
원효 - 네.

무시공 - 열심히 훈련해서, 반물질 반에너지 상태의 물질도 에너지도 아닌 그 중간 상태, 그거 네가 잡아 뺄 수 있으면 도력도 엄청 커져.
원효 - 반물질 이거 잡아 뺄 수 있으면?

무시공 - 응. 그다음에 분자껍질만 남아. 껍질은 마지막에 부수든 에너지상태로 또는 반물질상태로 해지시킬 수 있어. 그런 힘이 생겨.
그럼 네가 지구에서 물질세상에서 대자유를 찾는다. 대자유를 얻게 돼.
너는 할 수 있어. 이런 거 누구도 알려준 사람 없지?
이 실험은 오늘은 이만하고.
원효 - 네.

무시공 - 내가 누군지 알아?
원효 - 알지.

무시공 - 뭐야? 너 눈에 보이지도 않잖아.
원효 - 느낌으로 알아.

무시공 - 그래, 한 가지 물어보자.
네가 1,300년 전에 한국에서 스님으로 있을 때 많은 예언해 놨다며, 맞아?

원효 - 네.

무시공 - 그때 머리가 열려서 미래에 대한 예언이 나왔나, 아니면 그런 현상을 직접 봤나?

원효 - 깊은 산중에서 아주 좋은 향내와 함께 기분 좋은 상태로 들어갈 때가 있었는데 그때….

무시공 - 미래가 눈에 보였어?

원효 - 음. 눈에 선명하게 보였다기보다는 온갖 느낌으로 또는 표현으로 다가와져서….

스스로 써 내려가졌어요. 쓰고 싶었어요.

그 표현대로 적고 싶어서 나도 모르게 썼어요.

무시공 - 그래. 누군가 너를 통해서 쓰라고 한 건 아니고, 네가 직접 느낀 대로 자꾸 쓰고 싶어서 썼어?

원효 - 누가 나한테 뭐 하라고 한 건 아니었고, 느끼는 대로, 써지는 대로 막 썼어요.

무시공 - 그것이 나중에 『원효결서』가 된 것인가? 그 외에 다른 거 쓴 거 있어?

원효 - 음. 많은 책을 썼는데, 아마 미래에 대해 쓴 내용에 대해서는 후에 더 많이 알려졌겠지요.

무시공 - 책 내용 중에 이거 한번 해석해봐.

삼팔중분이라고 한반도 삼팔선이 남북으로 갈라진다는 거 네가 예언했잖아. 맞아?

원효 - 응, 맞아요.

무시공 - 그때는 아직까지 지구에 위도 경도 그런 개념도 없을 때 어떻게 삼팔선에서 갈라진다는 거 알았어?
원효 - 그때는 나도 정확히는 몰랐어요. 무슨 말인지.

무시공 - 그저 느낀 대로 써놨나.
원효 - 네.

무시공 - 네가 썼어도 무슨 뜻인지 모르는 것도 있어?
원효 - 나도 이해 안 가는 게 있었어요. 해석을 못 한 게 있어요.

무시공 - 너도 해석을 못 하고 그래 썼나?
그럼 네 뒤에서 누가 너를 통해서 예언을 계시한 느낌인데?
원효 - 어쩌면 그럴 수도 있는데, 나는 그거는 못 느꼈어요.
누군가 나에게 쓰라고 말한 것 같진 않아 가지고….

무시공 - 네가 썼으면 스스로 해석할 수 있어야지.
너도 해석 못 한다면 분명히 다른 존재가 너를 통해서 해놓은 것 같다.
그건 조금 있다가 파 볼 거고.
그럼 네 생각에 삼팔선 갈라지면 영원히 갈라질 것 같아? 언제 통일될 것 같아?
원효 - 곧이라고밖에 말할 수 없어요. 곧.

무시공 - 지금 한반도에서 무슨 일이 이뤄지는지 알아?
원효 - 알죠.

무시공 - 무슨 일이 이뤄지고 있어.
원효 - 지구의 중심지는 이미 됐고, 그것은 나도 예언했지? 지구중심 된다는 거.

무시공 - 몰라, 그건 나도 몰라. 예언했나?

원효 - 미래에 우리나라가 큰일을 할 나라라는 것까지 내가 느꼈으니까. 그리고 우리 조상은 그렇게 알고 있었으니까.

무시공 - 그게 언제부터 시작한다고 미리 알고 썼어? 그런 일이 한국에서 이뤄지고 있어 없어?

원효 - 있어.

무시공 - 이뤄지고 있나? 그럼 너도 관심 두고 있어?

원효 - 아주 관심이 많지. 내가 이 자리에서 계속 보고 있는데.

무시공 - 한국에서 무슨 일 이뤄지는 것 같아?

원효 - 대한민국은 우주에서 점찍어 놓은 자리고 그 38선이 그어지면서 그 자리가 딱 보호되고….

무시공 - 계속 전쟁 일으키려고 하는데 어떻게 보호해?

원효 - 그 전쟁이 없으면 인간들이 해이해지기 때문에 그 과정이 있어야 돼.

무시공 - 최근에 전쟁 한번 이뤄졌잖아. 그 6.25전쟁.

원효 - 그런 고난이 있어야 사람들의 의식에서 뭔가를 찾는 의식이 생기고, 계속 잘살기만 하고 평화롭게 살기만 하면 나태해지기 쉽고 내가 할 일을 잊을 수 있기 때문에 그런 과정을 거쳐야 하는 건 당연하고. 그렇게 해서 만들어진 나라. 음.

무시공 - 응. 네 생각엔 또 전쟁이 일어날 것 같아 안 같아? 한반도에서.

원효 - 없어.

무시공 - 없어? 그럼 38선은 언제 열려, 언제 없어져?

원효 - 2020년 전인데 나는 모르겠어.

무시공 - 너는 잘 몰라?

원효 - 그거는 상황에 따라서 달라지기 때문에 시기를 정할 순 없지만 2020년 이전이라는 것은 확실해.

정말 대한민국하고 같이 하나 될 수 있는 존재들은 하나가 될 것이야.

그리고 당신은 우주를 움직이는 존재, 나는 이 공부에 대해 대전에서 다 듣고 보았고, 나의 모든 감각을 통해서 이 공부가 다 들어왔어. 음….

그리고 지금은 나도 당신과 마찬가지로 나라에 대한 개념이 없어.

단지 여기 대한민국에서 이뤄진다는 것을 알았다는 것에 큰 의미를 둬.

무시공 - 응 그래, 그렇지.

원효 - 그리고 계속 지켜봤다는 거.

무시공 - 응. 그래서 이미 인간 세상에 선포했잖아.

우리는 가족개념도 없고 민족개념도 없고 국가개념도 없다. 심지어 우주개념도 없어. 하하~. 우리는 이 우주도 인정 안 해. 새로운 우주 창조하고 있다.

원효 - 그래. 그래서 대한민국은 우주에서 그렇게 만들어놓은 땅이라는 것을 나는 나중에 알았어.

살아있을 때는 그리될 것이다라는 큰 그림만 알고 있었고, 정확히 어찌 펼쳐질지는 몰랐어.

무시공 - 언제부터 알았어?

원효 - 이 공부를 알기 전에는 느낌으로만 알고 있었지. 중요한 땅이다. 아주 중요한 땅이다.

보석 같은 땅이라고 느끼고 있었는데 이 공부를 하고는 바로 알았어.

무시공 - 응, 그럼 너도 대전에서 책도 보면서 공부하고 있나?

원효 - 음, 요즘에 대전에 안 가도 온 우주에 온 공기 속에 다 있어. 내용들이 떠다녀.

그래서 알아듣는 존재들은 다 알아들어.

무시공 - 응. 지금 대전이라는 데 너도 알지?

원효 - 네.

무시공 - 거기 수많은 도인들 모여드는 것도 보이지?

원효 - 네, 모여들기도 하지만 귀만 여기에 열어놓고 있는 존재들도 많아.

무시공 - 응. 그래 다 깨어나는 과정이니까. 수많은 차원에서 이렇게 하는 거 너무 많지.

원효 - 응.

무시공 - 『원효결서』 내용이 동해 속 문무대왕 묘에서 나왔다는데.

박정희 대통령이 문무대왕의 바닷속 묘에 대한 이야기를 듣고 비밀리에 파보라고 해서, 어떤 이가 바닷속에 있는 묘에 직접 들어가서 보니까 그곳에 한자로 써 있는 뭔가 있었어.

그때 천둥인지 벼락인지 일어서 놀래 가지고 겨우 꺼내 가지고 왔다는 거, 그것이 『원효결서』라 해서 번역이 되었어, 그 사실 너도 알아?

원효 - 응. 알고 있어.

무시공 - 응. 그때 벼락은 누가 치게 했어?

원효 - 벼락에 대해서는 잘 모르겠어.

그런데 아마 중요한 내용이라는 것을 알려주려고 그 어떤 존재들이 장난 아닌 장난을 쳤을 듯.

그러니까 아주 중요한 것이라는 걸 알려주려고 문무대왕의 혼, 그 이외

주변에서 함께 도와 벼락이 내렸을 수도 있다는 생각이 드네.
중요한 것이니 잘 찾아가기를…. 빨리 열어보기를 바라면서 말이야.
어쩌면 보호차원에서 그랬을지도?

무시공 - 그럼 다른 서랍(?)에는 뭐가 있어? 벼락 쳐서 『원효결서』만 겨우 꺼내고 그다음 것은 열어보지도 못 하고 놀라 가지고 나왔다는 그런 말이 있는데.
원효 - 몇 번째 서랍에 뭐가 들어있었는지는 모르겠지만, 글쎄 그건 묘를 만든 사람이 알겠지?

무시공 - 그래. 그건 우리가 파 볼게.
그리고 네 생각엔 2020년 전에 38선도 열리고 또 지구에서 무슨 일이 일어날 것 같아?
지구에 인간 70억 인구 있는데 열심히 무시공생명을 선전해도 사람들이 깨어나질 않아.
도인들과 지하종족들은 깨어나지만, 표면에 70억 인구는 아직 물질에 빠져 가지고 아무리 해도 알아듣지도 못하고 관심도 없어.
그럼 네 생각에 2020년 이후 지구에 인구 얼마나 남을 것 같아? 너 한번 판단해봐.
원효 - 2020년에?

무시공 - 응. 2020년 이후 2030년까지.
원효 - 2030년까지 10만.

무시공 - 10만 명만 남아? 그건 너무 심한 거 아닌가?
원효 - 2020년 아니고 2030년에 말이야.

무시공 - 2020년에는 얼마나 남을 것 같아? 한 3년 남았잖아. 한 3~4년 남았다.

원효 - 흠…. 왜 그런지…. 1,000만 명만 남을 것 같아.

무시공 - 뭐 때문에 갑자기 인구가 그렇게 사라져? 뭐 때문일 것 같아? 전쟁 때문에 그만큼 인구가 소멸돼? 뭐 때문이야?

원효 - 대정화작용.

무시공 - 대정화작용?

원효 - 응.

무시공 - 그걸 누가 정화시켜? 어떤 방식으로 정화하고 있어?

원효 - 자연에서 그리고 우주에서. 또는 대기권에서 또는 지구 자체에서, 또 인간들 자초하고 있고. 흠. 그리고 …. 당신이 더 못 기다리잖아.

무시공 - 내가 기다리고 있었잖아. 그래, 내가 2000년도에 한국 와서 말했다. 3천 년 기다렸다고. 이제는 더 못 기다려.

원효 - 그러니까. 그 이야기 많이 들었어.

무시공 - 누구한테 들었어? 3만 년 300년도 아니다. 딱 2030년 안에 반드시 끝장 봐야 돼.

우리 수 억겁 내려오면서 생명을 살려내도 멋대로 자기 고집부리고 자기를 최고로 생각하고.

원효 - 맞아, 당신 말 때문에 그런 말이 나오는 거지, 더 못 기다린다는 말 때문에 빨리 정리되는 것이야.

온 우주가 당신 말에 따라 움직이고 있잖아.

무시공 - 진짜 생명 걸고 깨어나는 존재는 깨어날 거라고, 분명 그렇게 말했어. 이후 또 천년만년 기다려도 못 깨어날 쭉정이는 영원히 쭉정이야. 맞지?

쭉정이가 어떻게 생명으로 변해. 생명은 어떤 환경에서도 깨어나려면 깨어나.

그래서 내가 더 못 기다린다. 옛날에 수없이 수많은 시간을 통해서 기다렸어.

이제 나는 더 못 기다려.

원효 - 맞아, 내가 봐도 그래.

무시공 - 네가 봐도 보이지?

원효 - 응. 마찬가지야. 더 기다려도 똑같은 상황일 거야.

무시공 - 응. 그러니까. 그래서 심판할 건 심판하고 도태할 건 도태하고 정화할 건 정화해야 돼. 이번이 마지막이야. 맞지?

원효 - 응.

무시공 - 그래서 내가 대심판 대도태 대정화. 지구뿐만 아니라 온 우주에 3대 혁명 일으켜.

그렇게 이뤄질 것 같아, 안 같아?

원효 - 이미 그렇게 결정돼 있는데 뭐. 말할 것도 없지.

무시공 - 너는 이미 1,000년 전에 미래에 대해서 예언하고 또 내내 지켜보고. 너 참 대전하다.

너도 한국에 태어나서 이 일을 위해서 미리미리 인간을 깨우치기 위해서 많은 노력을 해왔어. 그래서 고마워.

나는 한국 와서 처음에 한글도 잘 몰랐어, 내가 2000년도에 한국 온 거 알지?

그때 원효가 누군지 모르지만, 그가 쓴 책에 대해 듣고 나서 내 느낌에 보고 싶어서 바로 찾아봤어.

그중에 뭐 해도금묘 자미개단, 딱 그것만 머리에 떠올라.

해도금묘가 뭐가 나 혼자 해석했다.
해도는 바다의 섬이라는 거야. 금묘 그 바다의 땅 생긴 게 토끼 모양이다.
한반도 전체 보면 진짜 토끼 모양이잖아.
어떤 일이 바닷가 토끼 모양으로 된 땅에서 이루어질 것이다. 그건 나 혼자 해석했어.
금묘, 어쩌면 토끼띠인데 금 토끼. 그런 존재가 이 일을 협조해서 이뤄질까?
아니면 토끼 모양 한반도에서 이뤄진다는 뜻인가?
아니면 금 토끼해에서 이 일이 이뤄지는가? 나도 몇 가지를 분석해 봤던 거다.

두 번째는 자미개단은 보라색이잖아. 보라색이 있는 데서 개막한다.
연극을 할 때도 개막식이 있듯이. 그럼 토끼 모양으로 된 바닷가의 땅에서 무슨 일이 개막된다. 그건 무슨 색인가 보라색.
중국에선 그런 말 있거든. 불교에서 말하는 극락세계는 서쪽에 있고 노란색이고, 동방에 도는 동방이다. 보라색이다.
그래서 동방의 토끼 모양처럼 생긴 나라에서 도가 터진다. 도가, 새로운 도가 이제 개막된다.
나 혼자 그렇게 해석했어.
내가 끼워 맞추는 재간이 좀 있지?
원효 - 응. 잘 끼워 맞췄고

무시공 - 너도 그런 생각으로 했나?
원효 - 응. 당신이 더 해석을 잘했어.
그때 이야기했듯이 나도 모르게 쓰인 말이 많다고 했잖아.
해석한 사람에 따라 다르지만, 당신이 금묘에 대한 세 가지 내용 다 잘 해석했어.
그리고 보라색으로 보인 이유는 나도 잘 몰랐어. 보라색에 대한 말.

그런데 보라색에 그 어떤 오묘하고 영롱한, 또 신비한 색이 중요한 의미일 것도 같다는 느낌이 있었어, 그런데 그것이 바로 지금 보면 블랙홀이라는 게….

무시공 - 오호 네가 블랙홀을 알아?

원효 - 온 공간에, 지구대기권 안에 가득 당신의 강의가 다 퍼져있으니까.
그게 블랙홀을 의미한다는 것을 나중에 알았어. 이제 알았다.

무시공 - 응. 그래. 신기하게도 내가 한국 와서 주소를 보니 여기에 무슨 도 여기는 무슨 도.
그래서 내가 다로변일도(多路變一道)라고 했어. 도는 닦는 게 아니고 길을 찾는 거다.
그래서 동방의 나라 이 한반도.
한국 어떤 사람은 한반도가 호랑이 모습이래. 이건 절대 호랑이 모습 아니다. 이건 토끼 모습이다라고 했어.
그리고 이 보라색은 도다. 중국에서 도 배우면 다 보라색을 좋아하잖아.
그런데 보라색은 동방을 의미하거든, 그래서 한반도에서 마침 도가 새로운 도가 터진다.
또 마침 한국 오니까 경상도 경기도 무슨 도…. 전부 다 도야.

원효 - 도의 나라인가? 하하.

무시공 - 그러게 도의 나라지 뭐. 그래서 사람이 살려면 여기 와서 이런 도를 찾아야 된다는 거, 이거 내가 끼워 맞췄어.

원효 - 맞아. 여기서 수많은 도가 생겨나기도 하고 모이기도 해서, 그러니까 여기가 우주중심지가 될 자격이 있는 게, 모든 우주의 것들 모든 지구의 것들이 다 여기 대한민국에서 모여들어서, 이제 어떤 하나로 완성되는 것에 관한.
이것이 바로 가장 좋은 터전을, 우리 대한민국을 만들어 놓은 거야.

그러니까 어쩌면 당신이 만들어 놓은 거지.

무시공 - 나는 만든 적 없어. 하하하.
원효 - 당신 아니면 누가 만들었는지 몰라.

무시공 - 그런데 내가 또 하나 끼워 맞춘 게 뭐냐면 38선 잘 막아 놨다.
너 한반도하고 중국 지도 봐라. 완전히 수탉이잖아, 수탉 입 주둥이.
원효 - 당신이 만들어놓고 당신이 해석을 잘하잖아. 뭘 물어봐 나한테. 하하하하.

무시공 - 동방의 수탉이 항상 동방의 새벽에 동방을 향해서 울어. 우니까 동방의 해가 뜨잖아.
그런데 이 지도를 내가 끼워 맞춰보면 중국지도 한국지도 합쳐보면 완전 수탉의 입이야.
입을 38선이 감아놨어. 이놈의 닭이 초저녁에 울면 안 된다는 거야.
그래서 때가 돼야 입을 벌려서 울어야 진짜 세상이 바뀐다는 거야.
이제 38선 풀 때 됐어, 안 됐어? 네 생각에.
원효 - 그러네. 아무도 그렇게 못 봤는데. 음.

무시공 - 난 원래 끼워 맞추는 전문가야. 재밌지?
원효 - 아주 재밌어.

무시공 - 응. 어쨌든 고맙다. 그래 한반도, 한국 좀 잘 지켜줘.
특별히 대전에서 공부하는 사람들 힘들잖아.
밖에서 뭐라 하니까 공부하다가 도망가는 존재도 있고, 왔다가 이원념에 걸려서 나가버리고 그러다 보니까 아직 100명도 못 채웠다. 3년 됐는데.
원효 - 그건 어쩔 수 없지 뭐. 그건 어쩔 수 없어.

무시공 - 그래, 내가 하도 답답해서 이놈의 지구에서 누구도 못 받아들여서….

나 혼자 해도 끝장을 본다.

원효 - 당신이 이야기했던 알곡, 여기에 알곡이 얼마나 있어?

무시공 - 제일 밑바닥에 쭉정이 세상에서 알갱이 하나라도 빠뜨리지 않고 다 건져내려고 하니까 이렇게 힘들다. 너는 이해하지?

원효 - 응. 이해하지.

무시공 - 그래 고마워.

원효 - 그래 고마워. 그리고 인간 세상에 바람으로밖에는 내 마음이 표현될 수 없었는데 이것저것 조금 더 만질 수 있게 돼서 고맙네. 더 훈련을 하면 좋겠어.

무시공 - 그래. 그걸 자꾸 훈련해. 그렇게 대전에서 자꾸 공부하면 새로운 몸이 형성돼.

너 지금 몸은 아직 이원념으로 되어있는 몸이야. 그거 철저하게 바뀌어야 돼. 알았어?

원효 - 네.

무시공 - 너에 세밀한 몸은 이미 우리가 무시공생명에너지 몸으로 바꿔놨어. 그런데 아직 네가 몰라.

이 공부해서 무시공 몸이 형성되면 돌멩이 쥘 뿐만 아니라 온 우주도 바꿀 힘이 생긴다.

그러면 우리하고 하나가 돼.

반드시 대전을 집중해서 해야 해, 여기는 새로운 우주중심지니까.

수많은 도인 외계인 우주인 다 모여들었어. 그러니까 너도 적극적으로 참여해. 알았지?

원효 - 응, 알았어.

무시공 - 나중에는 우주작업에 같이 동참하면 되지.

원효 - 내가 말이야 …. 아니다. 됐다. 장난하려고 했어.

무시공 - 장난해도 괜찮아. 말해봐.

원효 - 아.

무시공 - 말해.

원효 - 마음에 드는 아가씨가 있을 때는 내가 바람을 불어서 닿아보려고….

무시공 - 안 그래도 나도 그 말하려고 했던 거다.
스님이라고 하는 자가 왕의 딸과 연분 나는 거, 불교를 뒤집어엎는 역할 한 거 아닌가?
나는 그래도 너 너무 잘했다고 생각한다.
(오히려 그 시대에는 남녀 만남이 자유롭다고 들었다)

원효 - 그래. 불교가 뭔데 그게 뭐.

무시공 - 너는 감히 그걸 1300년 전에 이미 뛰어넘었어.
그래서 나는 너 하나도 잘못했다고 말 안 한다.
안 그래도 장난삼아 네게 물어보려고 했더니 오히려 내게 먼저 말하네.

원효 - 그게…. 나는 마음에 드는 존재들한테 바람으로 내 마음을 표현했는데 아무도 모르잖아.

무시공 - 응. 그래서 우리는 그런 거 하나도 제한이 없어.
거기에 대해서 아무 윤곽도 없다. 알았지? 이 공부해서 공부 뜻을 철저히 알아야 해.

원효 - 응.

무시공 - 지금 우리가 인간한테는 못 밝힌다. 내가 그랬어.

무시공성욕에 대해서는 2020년 이후에 살아 남아있는 존재들 마음자세에 따라서 밝힐 거다.

이번에 우리 둘 대화한 거 어쩌면 카페에 올릴 거야.

잘못하면 사람들이 오해하고 왜곡할 수도 변형시킬 수도 있어. 그래서 구체적으로 공개 못 해.

너처럼 마음이 열려있는 존재는 세밀하게 말 안 해도 알아들으니까, 따로 해석 안 해줄게.

네가 윤곽에 갇혔나 아닌가? 네가 누구보다 더 잘 알 거다.

원효 - 그렇지. 하하하.

그리고 아까 이야기했던 닭의 입을 봉해 놨다.

이건 그림으로 만들어서 거기 카페라는 데에 올려서 사람들한테 알려도 될 것 같아. 아주 재미있어.

무시공 - 야, 진짜 좋은 생각이네. 그래. 고마워. 그럼 너 이제 구체적으로 판단해봐.

38선 봉인해 놓은 거, 입주둥이 봉인해놓은 거 언제 풀릴 것 같아, 지금 풀리고 있어 없어?

원효 - 음…. 지금 당신 작업이 여태까지 했던 어떤 작업보다도 강력하니까, 이미 시작은 됐는데 인간들 형세에 따라 달라질 뿐이지. 모든 작업은 다 됐다고 봐.

그래서 구체적으로 확 하나 되는 시기는…. 그래 내가 한 번 보자….

무시공 - 이번에 세밀하게 한번 봐. 남북 관찰해봐.

원효 - 2020년 전에 되는 것은 분명한데.

무시공 - 그건 당연하지. 그땐 이미 모든 게 다 끝나는, 마무리되는 단계인데.

전 지구에 한반도뿐만 아니라 전 지구가 마무리 단계 들어가.

원효 - 올해까지로 보자. 올해까지. 내 희망을 합해서.

무시공 - 그래. 고마워.

원효 - 고맙습니다.

『원효결서』의 원작가 90억 광년의 조만

무시공 - 원효 나타나.

네가 미래 예언한 원효결서, 우리 느낌에도 네가 해석 못 하면 너 뒤에 꼭 누군가가 암시해주고 있을 거라고 했잖아, 누구인지 찾았어.

놀랍지, 알려줄까?

원효 - 하하하하, 대단하십니다.

무시공 - 뒤에서 너를 통해서 우주의 비밀을 밝히려는 그 존재는, 지구에도 와봤어.

지구에 와서 누가 마음도 깨끗하고 내 뜻을 알릴 수 있겠나 찾다 찾다 너를 찾았대.

그래서 너를 통해서 지구의 변화를 암시해줬고.

그리고 자기는 예언이 아니고 직접 오늘날 무슨 일이 일어나는지 대한민국 미래에까지 와본 다음에 네게 그런 소식 알렸던 거야. 그리고 지구에서 어느 나라를 선택하는 게 제일 좋은가 봤더니 한국이 제일 좋더래.

그래서 미래까지 와보니까, 일이 이루어진다는 것을 너를 통해서 예언식으로 알렸어.

그 존재는 90억 조 광년에 있는 조만이야. 온 우주를 다니는 존재야.

너는 어느 우주에 머물고 있나 물어봤더니 자기도 어디 있는지 몰라.

그래서 네가 아는 사람 말하라니까, 90억 조에 있는 사피안느를 말해.

90억 조 대한민국 우주의 존재도 알고 있더라고,

사피안느는 90억 조 대한민국 우주의 대표야, 그를 알고 있어.

그런데 100억 조에 있는 무극의 곡뱅, 안광옥, 현정이는 몰라.

그들은 근래 와서 알았다는 거야.
그 사피안느는 원래부터 알았대. 조만은 이미 90억 조 광년까지 다 머무르는 존재고.

원효 - 그럼 지구를 비롯해서 온 우주를 다 다니는 그런 존재네.

무시공 - 그래서 후에 이루어질 일을 알고 미리 와서 누가 내용을 후대에게 전달하겠나 하고 찾다가찾다가 너를 찾았대.

원효 - 음, 그날 만난 거였구나!

무시공 - 그래서 네게 이걸 암시했던 거라.

원효 - 아, 내가 지금 느껴지는데, 이 사람이 미래에서 과거를 쭉 왔다 갔다 하면서 나를 딱 만났다는 것이 느껴진다.

무시공 - 그래, 이렇게 생각하면 돼, 높은 차원일수록, 과거, 현재, 미래 그런 개념이 없잖아,
네가 지구에 개미 볼 때 한눈에 과거와 현재, 미래 다 보이잖아,
어느 방향으로 기어가는 것까지 한눈에 보이잖아,
그러니 예언이 아니고 직접 위에서 보니까 인간 입장에서는 미래인데, 자기 입장에서는 현실을 본 거라고, 그 뜻 이해해?

원효 - 응, 이해해.

무시공 - 그래서 너를 찾아 네게 암시하고 또 대한민국 미래, 그러니까 지금 현실에 와보니까 이런 일이 이루어진다는 것까지 다 보고 너에게 알렸다는 거야. 그게 조만이다.
지구에 있는 존재에게 90억 조에서 대자유로 움직이는 존재가 와가지고 너를 선택했어,
또 지구에서 대한민국을 선택했어.

원효 - 나도 대전(대단)하지?

무시공 - 그래 대전하다.

그래서 뒤에 꼭 누군가가 암시했다 싶어 찾으니까 결국은 진짜 그런 존재가 나와, 너도 영광스럽지?

지구에서 겨우 돌멩이도 하나 못 움직이는 존재를, 우주의 엄청난 존재가 너를 선택하니, 너도 큰 공 세웠다.

원효 - 시공역사에서도 중요한 인물이고, 무시공역사에서도 중요한 인물이지?

인정해? 하하하.

무시공 - 그래 너도 열심히 했다.

그래서 여기 대전에서 너와 같이 우주작업하자고 했잖아, 열심히.

원효 - 고마워 불러줘서.

무시공 - 그래, 고맙다, 우리는 하나다.

『원효결서』는 대한민국의 미래를 직접 보고 만든 것

무시공 - 원효를 통해서 예언 쓰도록 뒤에서 조절한 존재, 암시한 존재. 나타나.

(뿌연 안개 또는 연기가 나타난다.)

형체 나타나, 누구야?

(실체가 점점 보인다.)

숨기지 말고 나타나, 너는 누구야!

(안개와 구름 속에….)

걷어내, 그리고 이름 뭐야.

(둥그런 얼굴이 보인다)

자만하지 말고 당당하게 실체 나타나.

조만 - (흰 옷을 입었음) 내 이름은 조만.

무시공 - 네가 1,300년 전에 원효를 통해서 『원효결서』라는 예언서를 쓰게 했나?

조만 - 영감을 줬어요.

무시공 - 그래, 원효랑 대화해 봤는데 본인이 쓴 것 중에도 해석이 안 되는 것이 있다고 해. 그저 자기의식으로 써야 한다고 해서 썼다고,

그래서 뒤에 누가 분명히 암시하고 있다고 느꼈지, 그래 네가 그 존재 맞나?

조만 - 네, 맞아요.

무시공 - 그래, 너는 평소에 어디 있어?
조만 - 평소에는 우주공간에도 있고 지구에도 왔다가 여기저기 다닙니다.

무시공 - 그럼, 너는 무엇 때문에 원효에게 미래를 알렸으며, 네가 예언한 것 다 무슨 예언인지 구체적으로 말해봐.
원효를 통해서 한자로 쓰였다면, 그 한자가 여러 가지 뜻으로 해석되니까 정확도가 높지 않잖아.
네가 의도적으로 직접 봤으니까 너는 정확하게 말할 거다.
인간에게 암시해 준 것, 그것 전체 다 무슨 내용이야?
그리고 그것이 지금 어느 정도 이루어졌는지 본 대로 말해봐.
조만 - 내가 이 사람에게 알려주게 된 계기는, 지구에서 가장 중요하고 최고의 곳이 어디인가 미래를 가봤더니 이 나라였고, 다시 이 나라의 과거로 돌아가 봤을 때, 제일 믿음이 갈 만한 존재가 눈에 띄어서 그에게 영감을 줬어.
지구에서 제일 중요한 나라의 미래를 쭉 가봤지, 미래를 내다본 게 아니라 진짜 지금 이 시대에 왔었어, 직접 와서 변하는 과정을 쭉 보고 이 사람에게 알려줬어요.
하지만 나는 이 나라와 특별한 관련은 없어.

무시공 - 응 그래, 미래를 봤다는 것 이해해.
조만 - 그때 정말 토끼같이 생긴 나라라고밖에 표현이 안 됐어.

무시공 - 이야~. 너…. 아니다, 계속 말해.
조만 - 그리고 38이라는 글자를 봐서 그대로 알려줬어.
38선으로 남과 북이 갈라진 모습과 그리고 38선이 막힌 이후부터 그 아래쪽 땅에서는 엄청난 준비를 하고 있었어.
정말 작지만, 모두가 보호하고 있는 나라라는 게 느껴졌었고, 거기서 보석보다도 빛나는 환한 빛을 봐서 그대로 알려줬어.

그리고 그사이에 일어난 모든 힘든 일들, 하지만 이때를 위해서 모두가 준비되고 있었다는 것을 알려준 거야.
그 과거 역사는 중요하지 않고 지금이 중요하다는 것인데, 이런 고난을 이겨내라는 희망적인 메시지를 주고 싶었어.

무시공 - 그럼 지금 이 현실 와보니까 네가 암시해주고, 메시지를 던져 주었던 것이 지금 어느 정도 이루어지고 있어?
조만 - 지금 97%.

무시공 - 지금 한반도에서 무슨 일이 이루어지고 있어?
조만 - 한반도에서는 일부러 작은 나라에서 감춰져 가지고 누구의 방해도 받지 않게 위험한 나라인 것처럼 그렇게 감춰져서, 그리고 경제적으로도 대국이 아닌 눈에 안 띄는 나라 속에서 차츰차츰 모든 게 다 준비되고 있었고 지금은 거의 다 준비돼 있어.
그래서 남북이 합치는 것은 일도 아니야, 때가 됐으면 자연스럽게 아무도 다치지 않게 열어지고, 지금은 그 직전까지 와있는 것이지.
조금 있으면 아무도 다치지 않고 열어질 것이고, 그다음에 전 세계가 완전히 한국을 너무 부러운 눈으로 지켜보게 되고 그다음에 우주의 눈이 대한민국을….
지구가 딱 하나로 대한민국을 중심으로 뭉쳐지고, 그러고 나서 우주가 대한민국 중심으로 뭉쳐지는데, 이미 에너지는 다 그렇게 돼있으니, 물질은 뒤따라오는 거지.
그래서 남북이 합쳐지기 이전 단계까지 왔으니 97%가 됐다고 봐.

무시공 - 그래, 또 물어보자. 네가 예언한 그 38선, 언제 열려? 구체적으로 봐.
조만 - 그때 내가 본 날짜는 ○○○○이었어.

무시공 - 지금, 지금 현실에 말이야, 바로 봐.

조만 - 왜 당신이 엄청 당겼어?

무시공 - 나한테 물어보지 말고 네가 직접 보라고.

조만 - 당신은 나중에도 계속 숨어있어서 보이지 않았어.

무시공 - 너도 나 못 보잖아. 나 보여?

조만 - 아니, 그때 미래를 보러왔을 때도 당신은 안 보였어. 항상 안 보이게 해. 누가 움직였는지 모르게 말이야. 당신의 마음이 당기는 거지 뭐, 한시라도 빨리.

당신이 ○○○○이라고 못 박고 있는데 뭐.

무시공 - 그럼 그렇게 될 거 같아, 어떨 것 같아?

조만 - 그렇다면, 당연 되지.

무시공 - 네가 어찌 내가 못 박은걸 ….

조만 - 나도 몰라, 당신이 ○○○○로 못 박았다고 그냥 느껴지는 걸 어떻게.

무시공 - 내가 그랬잖아, 올해가 정유년, 숫 닭이 우는 해, 그러면 내가 혼자 끼워 맞췄어.

한반도 지도와 중국지도 합하면 동방에 숫 닭 모습 보여, 안 보여? 38선이 입 주둥이를 막아놨잖아.

미리 준비 안 됐을 때 울까 봐, 새벽에 울어야 하는데 초저녁에 울어도 안 되잖아, 밤중에 울어도 안 되고.

그래서 올해는 풀 때가 됐다고 농담 삼아 이야기한 적 있어, 그래서 난 못을 박았어. 반드시 ○○○○년에 38선이 열리고 남북이 통일이 아니고 완전히 하나로 돼.

지금 그리될 거 같은가 새로 관찰해 봐.

조만 - 그래, 나도 그렇게 느끼고. 또 새로 봐서 그런가….

무시공 - 네가 본 관점으로 말해라.

조만 - 올해 확 열리는 느낌이에요.

================================

무시공 - 난 그렇게 말했어, ○○의 ○○○한테 작년부터 경고했어.

그때는 나도 남북 통일관점으로. 빨리 통일해라,

서로 싸움하고 위협주며 방해 놓지 말라고.

조용하고 평화로운데도 인간이 공부 못 받아들이는데, ○○○이 계속 전쟁 위기를 만들면 누가 이 공부 받아들이겠어,

수많은 사람들이 이 기회를 놓치고 멸망당한다고.

그래서 너 우리말 안 듣고 계속 그렇게 방해를 하면 북한을 무인지국으로 만들겠다고 작년부터 계속 경고했어.

올해 9월까지도 계속 원자핵 실험하고 그래서 내가 관점 바꿨어.

한국이 무시공생명 탄생지인데, 북한의 영체가 우리 새로운 생명에게 위협 주고 코밑에서 방해 놓고 있잖아.

조만 - 응.

무시공 - 그래서 무시공생명이 어떻게 영체하고 통일해, 맞아 안 맞아?

조만 - 맞아.

무시공 - 영체가 장난치고 영체가 우리 하는 일에 방해 놓으면 한반도 대한민국에서 무시공존재를 쫙 펼쳐나가. 내가 그렇게 결심 내렸어.

그럼 그대로 이루어질 거 같아, 어때?

조만 - 그대로 되지.

무시공 - 그래. 너는 그 당시에도 미래를 와봤잖아, 시간 개념을 초월했기 때문에 가능하다고.

그런데 인간은 안 믿어, 어떻게 미래에 가 있나, 하지만 좀 높은 차원에서

는 당연히 가능하지, 더 높은 차원에서 인간이 개미 미래를 보는 것처럼 말이야.
개미 미래가 다 보이잖아, 걸어가는 거 그다음에 뭘 할지, 같은 원리잖아 맞지?

조만 - 그렇지.

무시공 - 그럼 너는 지구에 와서 태어난 적 있어 없어?

조만 - 지구에 태어난 적 없어.

무시공 - 한 번도 없어?

조만 - 네.

무시공 - 그럼 네가 자주 머무는 자리는 어느 별이야, 어느 우주야, 궁금하네.

조만 - 내가 주로 있는 곳은…. 음…. 당신이 말하는 무극과 지구의 중간 정도일 듯.

무시공 - 100억 조 광년을 무극이라 하거든.

조만 - 그 중간층을 무엇이라 하나?

무시공 - 그러니까 내가 5천억 광년에는 물질, 5억 조 광년에는 물질과 에너지 중간 정도, 그래도 5억 조부터 100억 조까지 그것도 어마어마한 우주 공간이 있어. 그런데 5억 조 이하는 아직 껍질 부분이야, 그러니 너는 에너지 상태의 중간쯤이면.

조만 - 맞아, 그래서 물질과 에너지를 왔다 갔다 할 수 있는데, 그래서 우연히 지구를 보다가, 아주 중요한 곳이라고 느낌이 왔고 지구에 잠깐 개입 아닌 개입을 했어.

무시공 - 응, 아주 중요한 역할을 했네.

그럼 너는 어느 우주에도 속하지 않고 자유롭게 움직이는 존재네.

조만 - 응, 나는 뭐라 할까? 에너지 중에 하나라고 해야 하나?

무시공 - 응 그럼 너 혼자 짐작해봐, 중간이라고 대충 말하지 말고.

지구에서 무극까지는 100억 조 광년이야.

네가 거리 계산한다면 어느 광년인지, 지구와 거리 대충 계산하면?

조만 - 나는 상당히 넓은 방면에 걸쳐져 있는데 뭐라고 해야 하나?

무시공 - 아니면 우주에서 너 차원에 있는 우주의 대표 누군가 말해봐라.

그럼 우리가 찾을 수 있어.

조만 - 나는 대표도 없는데?

무시공 - 네가 아는 어느 우주에 책임자 또는 대표. 우리에게 소개해.

우주에 다니면서 누가 어느 위치에서 책임자인지 알 수 있잖아, 하나만 알려줘.

누구라도 어디 있어도 우린 다 찾아낼 수 있어.

(대한민국 우주 중에서 찾아봐, 어디 아는가?)

조만 - 사피안느 알아. 백사자도 알아.

무시공 - 사피안느? 70억 조 하백, 60억 조 설희랑 대표는 알아?

조만 - 설희랑 알아.

무시공 - 하백과 토평을은? 사피안느가 90억 조 광년 대표다, 너 대전하다.

그럼 100억 조 위치에 곡뱅, 그다음에 안광옥, 현정 알아?

조만 - 여기서의 이야기가 우주에서 들리니까 다른 존재도 알게 되지. 내가 직접 아는 건 사피안느, 그는 미리 알았어. 그 이외에 다른 존재들은 여기서 이야기하는 것 때문에 알았지.

무시공 - 사피안느는 원래 알았어? 그러면 너는 90억 조 광년에도 머물고 있었구나.
너무 고맙다.
조만 - 그랬구나, 나는 당신이 말하는 거리에 대한 개념을 몰랐어.

무시공 - 스스로를 낮추어 봤네.
너는 이 지구에서 무극까지 중간쯤에 있다고 했는데 낮춰 봤다.
사피안느가 90억 조 대한민국우주의 대표야. 우리 다 파봤어.
조만 - 하하. 그래 나는 그런 개념을 잘 몰랐어.

무시공 - 그래서 너는 어느 우주에 속하는 개념도 없고 온 우주에 자유롭게 다녔구나.
조만 - 응, 하하.

무시공 - 이제 떠돌지 말고 여기 한반도 대전 중심지 와가지고 중심 역할 해. 알았지?
지금 안광옥이랑 곡뱅도 다 여기 대전에 와 있어.
조만 - 사피안느도 와 있잖아.

무시공 - 응, 다 여기 와 있다고. 알았어?
조만 - 알겠습니다. 불러줘서, 찾아줘서 고맙고. 대화해줘서 고마워.

무시공 - 그래, 고마워.

『원효결서』를 보호한 문무대왕

무시공 - 바다 밑의 문무대왕 묘에서 서랍 같은 것을 여니까 천둥 벼락 쳤다는데, 그거 누가 했나? 그 사람 나타나.

(문무대왕이 했대요)

그래 그럼, 문무대왕 나타나.

문무 - (웃으면서 나타난다)

무시공 - 너의 묘를 계획적으로 동해 밑에 그렇게 만들어놨나?

문무 - 내가 그렇게 말했죠. 나 죽으면 그렇게 하라고. 기념하기 위해서 만든 거죠.

무시공 - 그렇게 하라고 했어? 실제 죽은 몸도 그 안에 묻었어?

문무 - 아니. 그 안에서 어차피 썩을 거니까.

무시공 - 그럼 시체는 어떻게 처리했어?

문무 - 몸은 태웠을걸~.

무시공 - 왜 바다 밑에 만들어놨어, 어떻게 그렇게 할 생각을 했어?

문무 - 내가 죽어서라도 이 땅을 지키겠다.

그리고 특별하게 바다 쪽을 지키겠다. 그런 의미로 했어.

무시공 - 그래서 너 진짜 지켜냈나? 진짜 지키는 힘이 있었어?

문무 - 지켰지. 하지만 정말로 이 나라를 지킨다는 의미는, 언제나 평화롭게만 만들어서 약한 존재가 되는 것이 아니라, 강하게 지켜야 하기 때문에 이쪽으로 침략하는 존재들을 무조건 차단하지 않고 길을 열어줄 때도 있었어.
이 나라를 위해서 길을 열 때도 있었다는 이야기야.
그렇게 혹독하게 대가를 치르는 과정을 통해 강하게 키우기 위해서.

무시공 - 그리고, 네 묘 안에다가 서랍을 세 개 만들었다며, 맞아?
문무 - 아~. 후손들이 어떻게 만들었는지까지는 관심 없어.

무시공 - 그런데 그곳에 『원효결서』를 그 안에 숨겨 뒀다며, 그거 네가 그랬어, 누가 그랬어?
문무 - 음. 내가 좋아하던 원효, 그리고 그의 예언서, 그것을 나는 마음 깊이 간직하고 싶어서 넣었고, 후대의 어떤 존재가 제때에 잘 찾을 수 있도록 그것을 아주 깊숙하게 간직해서 없어지지 않게 내 나름대로 간직하고 싶었던 거죠.
그리고 음~ 그게 어느 누군가에게 발견돼서 읽힐 거라고 생각했어.

무시공 - 응, 그래. 무덤 안에 첫 서랍은 뭐가 있었는지, 두 번째 서랍에서 『원효결서』를 꺼내자 천둥벼락 쳤다며, 네가 그렇게 했어?
문무 - 그 벼락은 내가 쳤어.

무시공 - 어떻게 알고 쳤어?
문무 - 그를 벌주기 위해서가 아니라, 그것을 가지고 간다는 것은 아주 중요한 거라는 걸 알려주기 위해서였고,
또 같이 역사 이야기 속에 남으면 사람들 머릿속에 그리고 마음속에 아주 특별하고 깊숙하게 남겨주기 위해서 했어.

무시공 - 응, 한쪽에서 생각하기엔 신화 이야기처럼 안 믿을 수도 있고.
문무 - 그렇지. 믿거나 말거나가 되겠지만,

무시공 - 그렇지만 그게 큰 충격을 줄 수도 있잖아. 산 증거이기도 하고.
그럼 셋째 서랍에는 아무것도 없어? 딱 중간에만 있었어?
문무 - 어…. 서랍이 몇 개 더 있을 거야. 아마.

무시공 - 그 안에 뭐 또 넣어 놓은 거 있어?
문무 - 내가 좋아했던 것들을 담아놨는데.

무시공 - 『원효결서』가 제일 중요해?
문무 - 그렇지.

무시공 - 또 뭐 중요한 것이 있나?
문무 - 내 죽음 후에, 나에 대해 정리하던 사람들이 내가 평소에 아끼던 것을 거기다 같이 넣어 놓았을 텐데 그건 그리 중요하지 않아.

무시공 - 『원효결서』가 제일 중요했어?
그래서 누가 그것을 꺼낸 걸 알고 네가 벼락을 쳐서 놀라게 했구나.
해코지하는 목적이 아니었구나.
문무 - 응. 그것만 꺼내면 됐어.

무시공 - 그래. 너 보기에 『원효결서』 예언이 지금 이뤄지고 있나, 그 당시 예언처럼 다 됐어?
문무 - 응. 『원효결서』 풀이는 나도 완벽하게는 못 했는데.
원효의 사상이 마음에 들었고 또 그가 썼다니까 소중하게 생각했어.
왠지 후대에서 필요한 아주 중요한 내용일 것 같고, 좋은 내용이라고 분명히 생각했기 때문에 깊숙이 보관해서 후대에게 물려줬어.

무시공 - 그러면 지금 너 생각에 예언이 이뤄지고 있나 봐.
문무 - 지금 와서 보면…. 그래, 한번 보자.

무시공 - 그래 한번 봐봐. 한국 한반도에서 무슨 일이 이뤄지고 원효가 예언한 거 어느 정도 이뤄지고 있나 봐봐.
문무 - 응. 나는 이 나라가 중요한 나라라고 생각하고 있었는데,
원효도 똑같이 이야기해서 이 나라를 죽어서도 지키기 위해서 최선을 다했어.
그래서 지금은 90~95% 이상 이뤄졌어. 나도 뿌듯해.

무시공 - 응, 무엇이 이뤄져? 봐봐.
문무 - 중심에서.

무시공 - 무슨 중심이야?
문무 - 지금 보면 이 지구 전체의 중심, 그리고 지금으로서는 우주중심이지.
그때는 전혀 몰랐고. 그래서 더 고마워, 덕분에 나도 정리가 되고 있어.

무시공 - 때가 되니까 너를 찾네.
문무 - 응. 우주에서 새로운 빛으로 새로운 생명이 탄생한다고 해.
그리고 새로운 나라가 건설된다 하고.

무시공 - 결서 내용 중에 38중분이라고 있잖아. 그 38선, 현실로 있잖아.
그게 언제 이뤄질 것 같아, 한번 봐.
문무 - 아. 내가 거꾸로 이야기했어.
새로운 나라가 건설되고 새로운 지구가 건설되고 새로운 우주가 건설된대.
그리고 38선 언제 걷힐 것 같냐고 물었지?

무시공 - 응.
문무 - 지금.

무시공 - 네가 보니까 지금 곧 풀려?

문무 - 응.

무시공 - 그럼 어떤 식으로야. 남북통일 식으로? 아니면….
문무 - 38선이 열리고 싹 스며들어. 남쪽으로 싹 스며들어.

무시공 - 권력 내세우려는 개념이 없어져버리지?
문무 - 응. 그런 느낌 없어 그냥 부드럽게 스며들어.

무시공 - 지금 열리고 있어, 보여?
문무 - 응.

무시공 - 올해 연말에 완전히 열려?
문무 - 응. 내가 보기에 지금은 가운데가 완전히 뚫렸어.

무시공 - 그래. 북한이 무기로 전쟁하려는 것도 완전히 사라졌지?
문무 - 북한 저 깊숙한 곳에는 아직 무기가 있는데 38선이 열리면서 다 부드러워져.

무시공 - 그래. 네가 보기에 올해부터 열리고 있어?
문무 - 응. 올해부터 열리고 있어, 지금 가운데는 뚫렸고.

무시공 - 응. 그래 고맙다.
그러면 너 천둥 벼락도 치게 할 수 있는데, 지금도 그런 능력 갖추고 있나?
문무 - 그때 나를 기념하는 곳에 이 원본을 가지러 오는 것을 다 보고 있었어.
그리고 누가 가지러 올 거라는 것, 어느 시대에 열릴 것이라는 것까지도 우리는 알고 있어서 모두가 준비하고 있었어.
그러니까 나를 포함한 이런 기류들이나 에너지들이 준비하고 있었다고 보면 돼.

내가 내리치는 마음만 갖고 있었고 주변이 같이 합세를 했어.

그래서 그들과 같이 동시에 벼락이 친 거라고 보면 돼.

무시공 - 그래, 너 하고 같은 마음으로 다 같이했다는 거지?

문무 - 응.

무시공 - 그중에 네 힘이 커? 주변에 모여서 같이 작업한 중에 누구 힘이 더 큰 것 같아?

문무 - 내 마음의 힘이 제일 컸고, 주변에서는 나와 같이 합세하는 많은 영들이 있잖아.

같이 합세했어.

무시공 - 그래 됐다. 지금 너 한번 실험해 볼 거다.

너는 죽었다고 생각해, 살아있다고 생각해?

문무 - 지금은 영으로 살아있어.

무시공 - 그럼 너는 영으로도 벼락을 칠 수 있다는 이야기잖아.

문무 - 응.

무시공 - 그것을 인간이 직접 느꼈잖아, 그럼 지금 한번 너를 실험해보자.

밖에서 바위 한번 봐. 무슨 형태로 보여?

문무 - 바위는 무슨 형태로 보이나? 산과 바위 다 봐도 되지?

무시공 - 응. 그래 네 마음대로 산 보면 무슨 형태로 보이나 말해봐. 몇 가지 형태로 보여?

문무 - 음…. 하나로 보면 하나로 보이고, 여러 가지로 보면 여러 가지로 보이는데?

무시공 - 그래. 복잡하게 하지 말고, 구체적으로 뚜렷이 봐봐.
문무 - 세 개로 보여.
에너지와 완전 물질. 물질은 인간세상에서 딱딱한 것과 중간 흐릿한 것 두 가지가 보여.

무시공 - 그래. 맞다. 그럼 지금 바위를 보면, 바위 안에 에너지와 흐릿하게 보이는 그거 다 빼낼 수 있나?
계란처럼, 에너지상태는 계란의 노른자라고 생각하고, 흐릿하게 물질도 아니고 에너지도 아닌 상태로 보이는 걸 흰자라고 보자.
그리고 완전히 딱딱하게 굳은 물질은 계란 껍데기라고 생각해. 이런 예를 들면 되지?
문무 - 응.

무시공 - 그럼 계란 안에 노란 체와 흰 체를 빼내 봐. 그런 힘이 있나 없나 한번 보자.
바위를 통해서 에너지 상태의 바위를 빼고 또 흐릿하게 물질도 아니고 에너지도 아닌 그것도 빼 봐.
문무 - 에너지는 움직이고.

무시공 - 빼내 버려. 그럼 공간이 생기잖아.
문무 - 응.

무시공 - 빼냈어?
문무 - 응.

무시공 - 그럼 희미하게 에너지도 아니고 물질도 아닌 거, 빠지나 해봐.
문무 - 빠져.

무시공 - 응, 그럼 이제 계란처럼 노란 체, 흰 체 다 빼버리니까 껍질만 남았지?
문무 - 응.

무시공 - 껍질도 녹일 수 있나 봐.
서로 해제시켜서 에너지상태로 되든가, 희미하게 물질도 아니고 에너지도 아닌 상태로 변화시킬 수 있는지 실험해봐.
껍질 딱딱하게 굳어있는 거 부드럽게 녹아내려서 물질도 아니고 에너지도 아닌 그런 상태로 녹일 수 있나 한번 해봐.
조금씩 변하는 거 보여, 변해, 안 변해?
문무 - 약간 변한 것 같은데 어떻게 변했는지 모르겠어.

무시공 - 그럼 됐어. 이제 그 껍질을 깨 봐. 안에 에너지랑 반물질상태 이미 뺐잖아.
공간에 껍질만 있잖아. 그거 분명하지? 그럼 무슨 방법으로라도 껍질을 깨부숴.
그럼 진짜 돌, 바위가 깨지나 안 깨지나 확인해봐.
마음으로 깨부수든 손으로 하든 무슨 도구를 사용하든 부셔 봐, 껍질 깨지나.
문무 - 이미 생명이 없기 때문에 깨질 거는 같은데, 내가 하니까 금이 가. 잔금이 가.
아주 딱딱하지가 않아. 에너지랑 중간물질을 다 없애버리니까.

무시공 - 딱딱하지 않고, 깨니까 금은 가? 그럼 계란 껍질 부수듯 완전히 깨부숴봐.
무너지나? 이 안에 알갱이 다 빼버렸잖아.
네 도력을 확인하는 거야, 어느 정도로 힘이 있나?
도구를 쓰든, 마음으로 쓰든, 손으로 치든 최선으로 꼭 깨겠다고 마음먹고 해봐.

천둥 벼락 쳤듯이 완전히 부숴봐.

하다 보면 조금씩 조금씩 반물질 반에너지상태로 변하잖아. 그걸 또 계속 빼내.

그럼 계속 얇아지잖아. 그럼 어느 순간에 부술 수 있잖아, 맞지?

무슨 방법으로라도 완전히 물질상태를 깨부숴야 엄청난 힘이 있어.

너는 할 수 있다, 해봐. 할 수 있다는 자신감 있어 없어?

문무 - 손으로 계속 치고 있어. 자신 있어.

금이 가 계속 금 가.

무시공 - 금이 가? 그래도 돼. 이렇게 계속 훈련해라. 훈련하면 그런 힘이 생겨.

그럼 이제 너 죽었다고 생각하지 마라. 넌 살아있어.

문무 - 응.

무시공 - 보통사람은 죽으면 영혼은 아무 힘도 없어. 알아? 근데 넌 힘이 있어.

그러니까 대전에 와서 책을 보고 비공선지랑 외우면 네 몸에 우주의 몸이 형성돼서 힘이 무한대로 커진다.

그럼 우리하고 같은 존재가 된다. 알았지?

문무 - 응.

무시공 - 너 자꾸 죽었다고 생각하지 마.

그저 인간처럼 분자껍질 가장 두껍게 굳은 거 벗겨냈어, 너는 반물질 반에너지상태로 돼있는 몸이 있다고.

그런데 에너지상태 몸은 우리가 이미 변화시켰잖아.

무시공생명 에너지, 그게 네 몸이야. 계속 강하게 훈련하면 무시공생명에너지 몸이 형성돼.

하지만 너는 아직 그 몸이 있는 줄도 몰라. 우리가 변화시켜놔도 쓸 줄 몰라.

계속 이런 훈련 하면 그 몸이 진짜 존재하는 거 느끼고 이 힘이 무한대로 계속 커진다고.

그럼 산도 없애려면 없앨 수 있어. 알았지?

문무 - 알았어. 고마워.

무시공 - 그렇게 하라고 열심히.

언제 시간 있으면 너 찾아서 어느 정도로 훈련해서 발전됐는지 확인할 거다. 알았지?

문무 - 정말 대단해, 고마워.

사지서 예언 - 시간이 사라진다, 영원히

시간이 사라진다, 영원히.
새로운 인간이 탄생한다.
만물과 대화한다.
이 우주 학교에서 소수 우수자 학생만 졸업을 한다.
우주의 꽃을 마크로 차고 다닐 것이다.

시간이 사라진다, 영원히.
- 양자물리학에서도 증명되고 있는 사실이다. 우주가 가속도로 팽창하면서 별과 별의 공간이 사라지고 있다. 공간이 사라진다는 것은 시간이 사라진다는 것이다.

새로운 인간이 탄생한다
- 이원물질의 우주(지구를 포함)가 사라지면서 일원물질의 에너지 우주가 탄생했다.
  일원물질의 에너지 우주에 사는 무시공생명이 신인류, 즉 새로운 인간이다.

만물과 대화한다.
- 무시공생명훈련센터에서 출판한 우주인과의 대화가 곧 만물과 대화하는 것이다.
  일체가 생명이고 일체가 나일 때 가능한 대화이다.

이 우주 학교에서 소수 우수자 학생만 졸업을 한다.
- 오관에 갇혀있는 지구 인간들은 이 우주의 변화를 모른다.
오관의 보이는 것만 믿기 때문이다. 세밀한 공간의 우주는 우주의 대변화를 말하지만
두꺼운 분자몸 속에 갇혀있는 인간은 알아들을 수가 없다.

무시공생명의 존재들만이 소수의 우수자로 분자세상을 졸업하고 무시공우주에 진입한다.

70억 인구 중 우수자의 수는 약 5천만 명이다.

우주의 꽃을 마크로 차고 다닐 것이다.
- 무시공생명의 로고가 바로 우주의 꽃이다.
지금 무시공생명들은 이 우주의 꽃을 가슴에 마크로 차고 다닌다.

지진을 통해서 발견된 예언서

《陕西太白山刘伯温碑记》是在一场地震中被震出的, 告诉人们一个可怕的景象与末法大劫难有关。《陕西太白山刘伯温碑记》的预言内容虽还未发生, 但所描述情景却较《金陵塔碑文》更为可怕！~玄奇的是, 碑文是在20多年前的一场地震中被震出来的, 对照《金陵塔碑文》被发现的经过, 天意安排的味道非常浓厚！

『섬서태백산유백온비기(陕西太白山刘伯温碑记)』는 지진을 통해 발견된 예언서로, 사람들에게 공포스러운 광경과 말세의 재난과 관련된 내용을 다룬다. 『섬서태백산유백온비기(陕西太白山刘伯温碑记)』에서 예언하고 있는 일은 아직 발생하지 않았지만 「금릉탑비문(金陵塔碑文)」보다 훨씬 공포스러운 내용이다! 더욱 신기한 점은 이 비문은 20여 년 전 발생했던 지진을 통해 발견된 것으로 「금릉탑비문(金陵塔碑文)」이 발견된 것과 비교한다면 하늘의 뜻이 얼마나 깊고 오묘한지 알 수 있다!

天有眼, 地有眼, 人人都有一双眼,

하늘에도 눈이 있고, 땅에도 눈이 있으며, 사람마다 한 쌍의 눈을 지니고 있네,

天也翻, 地也翻, 逍遥自在乐无边,

하늘이 뒤집어지고, 땅이 뒤집어지니, 유유자적하며 즐거워할 곳 어디 하나 없네,

贫者一万留一千, 富者一万留二三,

가난한 자는 일만 명 중에 천 명이 남고, 부유한 자는 일만 명 중에 두 셋밖에 남지 못하니,

贫富若不回心转, 看看死期在眼前;

가난하든 부유하든 마음을 고치지 않는다면, 눈앞엔 죽을 날밖에 보이지 않으리;

平地无有五谷种, 谨防四野绝人烟,

땅에서 오곡의 씨가 마르고, 사방엔 사람 연기 보이지 않으니,

若问瘟疫何时现, 但看九冬十月间,

재난이 도래하는 때를 물어보면, 필시 어느 해 9, 10월(음력)일 것이다,

行善之人得一见, 作恶之人不得观,

선한 자만 살아남아 이를 볼 수 있고, 악한 자는 이를 볼 수 없으리,

世上有人行大善, 遭了此劫不上算, 还有十愁在眼前:

세상에 선한 일을 많이 행한 자라 하더라도, 이 재난을 쉬이 피해가기 어렵고, 눈앞에는 아직 열 가지 슬픈 일들만 남아 있다:

一愁天下乱纷纷, 二愁东西饿死人, (预言饥荒)

첫째는 천하가 어지러워지는 것이고, 둘째는 곳곳에 굶어 죽는 이가 가득한 것이며, (기근 예언)

三愁湖广遭大难, 四愁各省起狼烟, (预言战争)

셋째는 큰 재난이 끊임없이 발생하는 것이고, 넷째는 온 도시가 전쟁으로 물드는 것이며, (전쟁 예언)

五愁人民不安然, 六愁九冬十月间,

다섯째는 민심이 어수선해지는 것이고, 여섯째는 9, 10월에 큰 역병이 도는 것이며,

七愁有饭无人食, 八愁有人无衣穿,
일곱째는 밥이 있어도 먹을 수 있는 이가 없는 것이고, 여덟째는 입을 옷이 없어지는 것이며,

九愁尸体无人捡, 十愁难过猪鼠年, (2019-2020为猪鼠年)
아홉째는 시체를 수습할 이조차 없어지는 것이고, 마지막은 해를 넘기기 어려운 사람들이 발생하는 것이다, (2019-2020년)

若得过了大劫年, 才算世间不老仙,
이 해를 넘긴 자만이, 비로소 진정한 신선이라 할 수 있으며,

就是铜打铁罗汉, 难过七月初一十三,
동두철한은 7월의 초하루부터 13일을 넘기기 어려우며,

任你金刚铁罗汉, 除非善乃能保全,
금강나한이라 할지라도, 선을 지키고 이를 행하려 하고,

谨防人人艰难过, 兵过天番龙蛇年 ; (2024-2025为天番龙蛇年)
다른 사람들을 도울 수 있어야만, 용사년을 넘길 수 있을 것이다; (2024-2025년을 용사년으로 본다)

幼儿好似朱洪武, 四川更比汉中苦,
어린 아이의 기세가 붉고 크고, 사천은 한성만큼 어려우며,

大狮吼如雷, 胜过悼百虎, 犀牛现出尾, 平地遇猛若, (北方为狮地, 南方来猛虎)
사자의 울음소리는 마치 우레 같아, 백 년을 산 호랑이를 쫓아내고, 코뿔소는 꼬리가 돋아나, 땅을 뒤흔든다, (북방 지역을 사자로, 남방 지역을 호랑이로 비유)

若问大平年, 架桥迎新主, 上元甲子到, 人人哈哈笑, (劫难后的新世界)
평화로운 시기는 언제 오냐 묻거든, 다리 놓아 새로운 주인을 모시고, 상원갑자가 도래해, 모든 이가 웃는다, (재난 후의 신세계)

问他笑什么？迎接新地主, 上管三尺日, 夜无盗贼难,
그들에게 무엇 때문에 즐거운지 묻거든, 새로운 주인을 모시고, 낮이 길어지고, 밤에는 도적이 없으니,

虽是谋为主, 主坐中央土, 人民喊真主:
누가 주인인지도 상관없고, 주인은 가운데 있으니, 모든 이들이 진정한 주인이라 칭송한다:

银钱是个宝, 看破用不了, 果然是个宝, 地下裂不倒,
은전이 보물이라지만, 부숴버리면 아무 쓸모가 없고, 진정한 보물이라면, 땅이 무너지더라도 아무런 변화가 없어야 한다,

七人一路走, 引诱进了口, 三点加一勾, 八王二十口,
7명이 한 길을 가며, 구멍에 들어가고 있고, 세 개의 점에 한 획을 긋고, 여덟 명의 왕과 20개 구멍,

주) 일종의 암호: 한자 진(眞)은 한자 숫자 칠(七), 사람 인(人), 입 구(口)로 조합된 한자이다. 마음 심(心)은 점 세 개와 한 획(勾)로 구성되어 있다. 선할 선(善)은 숫자 팔(八), 왕 왕(王), 숫자 이(二), 숫자 십(十), 입 구(口)로 구성되어 있다. 즉 이 구절은 진심선(眞心善)을 의미하는 구절이며, 진심된 마음으로 선을 추구하는 자만이 화를 면할 수 있음을 의미한다.

人人喜笑, 个个平安
사람들이 모두 웃고 좋아하며, 모두가 평안하다.

。行善之人可保全。但若不信要大难。有人行大善。即速抄写四方传。人人可观。个个可传。人人喜笑。个个平安。有人印送。勿取金钱。富者捐资刊版。贫者抄写天下

传。写一张。免一难。抄十张。能保全。倘若看见不传送。一家大小受罪愆。行善者可保。作恶者难逃。敬重天地、神明、父母、再要敬惜字纸。五谷。谨当切记

선한 일을 행한 자는 살아남을 수 있다. 하지만 믿지 않는다면 큰 재앙을 당할 수 있다. 그러므로 사람은 항시 선을 행하며 살아야 한다. 즉 이를 기록으로 남겨야 한다. 하여 모든 사람들이 이를 볼 수 있고, 이를 전할 수 있도록 해야 하며, 행복하고 평안해질 수 있도록 해야 한다. 어떤 이가 이를 복제해 보내는 경우에는 돈을 받지 말아야 한다. 부유한 자는 자신이 가진 것을 나눠야 하고, 부유하지 못한 자는 글로써 하대에 남겨야 한다. 한 장을 쓰면 재난 하나를 면하게 되는 것이며, 열 장을 쓰면 모든 재난을 무사히 넘길 수 있다. 만약 이 글을 보고 전하지 않는다면, 집 안에 화가 발생할 것이다. 선을 행하는 자는 살아남을 것이며, 악을 행하는 자는 재난을 피하지 못할 것이다. 천지신명, 부모를 존경하고 중히 여기며, 그 뒤 글과 종이, 오곡을 중히 여겨야 함을, 이 글을 통해 남긴다.

제10장

항성(恒星)과 행성(行星)

고리운 항성과의 대화

무시공 - 고리운 항성 자체 나타나.

고리운별 - 네.

무시공 - 고리운 맞지, 지구 알아? 지구와 거리 얼마나 돼?

고리운별 - 네, 맞아요. 그리고 지구 알아요.
왔다 갔다 움직이는 거리까지 감안하면 대략 2.5광년 정도.

무시공 - 그럼 너를 돌고 있는 제일 변두리 별 하나(혹성별), 지구와 거리 1광년이라고 그러잖아.

고리운별 - 네, 그렇게 되겠죠.

무시공 - 그리고 네 주변에 행성이 75개라며, 맞아?

고리운별 - 네네, 맞아요. 75개.

무시공 - 그중에 몇 개는 망했다며, 생명들도 없어지고.
전쟁 때문에 또 바이러스 때문에, 맞아?

고리운별 - 네, 맞아요. 그리고 원래 생명체가 아직 살 수 없는 데도 있고.

무시공 - 그러면 거기 맞춰서 생명을 창조할 수 없나?

고리운별 - 아, 예 그런데 공간이 있는 것도 나중을 위해 필요할 수도 있을 것 같아요.

무시공 - 그래, 너는 우리 태양보다 150배 더 크다며, 맞아? 태양 알지?

고리운별 - 네…. 태양보다…. 네 맞습니다, 그 정도 되죠.

무시공 - 그리고 너는 태양계 안쪽이잖아, 은하계를 중심으로 본다면, 응? 그러면 우리 태양계 밖에 또 다른 행성계 없어?

고리운별 - 네, 그러니까 위치를 보자면 태양계가 제일 변두리고 그다음에 우리, 그다음에 은하계 중심 쪽으로 계속 들어가는 것으로 보면 돼요.

무시공 - 그래, 네가 알기로도 태양계가 제일 밖 변두리겠네?

고리운별 - 네네, 태양계 밖에는 그런 계가 없어요.

무시공 - 없지? 그게 제일 밖이고 그다음에 너희고, 그다음에 또 있겠지 뭐. 또 다른 태양계가.

너 안쪽으로(은하계 방향으로) 또 무슨 행성계 있는 거, 알아?

그리고 어떤 별은 단독으로도 돌아?

고리운별 - 네, 또 다른 태양계와 단독별들 많이 있지요.

무시공 - 태양계처럼 너하고 젤 가까운 거, 또 무슨 게 있어, 이름 알아?

너 밖에는 태양계, 너 안에는 뭐야? 그것도 옆집이잖아, 맞지?

단독으로 돌고 있는 별 말고, 행성들이 돌고 있는 그런 계. 그런 항성 이름.

고리운별 - 네, 비슷한 게 두 개가 있는데, 하나는….

무시공 - 그런데 관심 없었나, 오래 대답 못 하네.

옆집 누가 있는지 모르나, 바보 아냐!

고리운별 - 흐흐흐흐 물어봐야 되겠어요. 이름을 부르지 않아서….

무시공 - 누구에게 물어봐? 너는 주변과 소통 잘 안 하는구나.

고리운별 - 본인에게 직접 물어보려고. 응, '커렌'이라고 불러 달래요.

무시공 - 응, 커렌 항성이네, 그럼 커렌과 지구와 거리는, 아니면 너와의 거리 물어봐도 되잖아.
고리운별 - 나와 4광년 정도.

무시공 - 그럼 지구와 6.5광년 떨어진 거네. 커렌계에 행성은 얼마나 돼?
(지구인 우주 과학자들은 태양계 옆 다른 항성계 이야기도 하던데, 너와의 대화를 신뢰해서 기록으로 남길 거다)
고리운별 - 60개로 이루어져 있대요.

무시공 - 커렌은 태양보다는 몇 배야?
고리운별 - 나와 비슷하대요. 150배.

무시공 - 그리고 고리운과 태양과 밝기 비교하면?
고리운별 - 커렌이 자기는 어둡대요. 커렌 → 고리운 → 태양 순서로 밝아요. 태양이 제일 밝아요, 커렌은 오히려 그에 딸린 행성들이 더 밝은 것도 있어요.

무시공 - 왜 그래?
고리운별 - 모르겠대요, 자기네는 그렇대요.
중심이, 그러니까 항성들이 태양처럼 밝은 것만 있는 것이 아니라네요.

무시공 - 그래? 그럴 수도 있구나. 이제 알았네.
그럼 됐다. 커렌 나중에 대화하고, 고리운과 계속 대화하자.
고리운 자체별에 인구가 얼마야?
고리운별 - 50억.

무시공 - 별이 그리 큰 데도 인구가 50억이야?
고리운별 - 네.

무시공 - 그럼 예를 들어, 너희 50억 인구 평균 지구인과 비교하면 몇 배 더 세밀해?

고리운별 - 우리는 3.5배 정도.

지구인보다 몸도 3배 정도 크고 건물도 크게 자리 잡아서 모든 공간을 넓게 활용하고 있어요. 별이 커서 그런지….

무시공 - 그래 알았다. 그리고 지구에서 새로운 변화 이루어지는 거 알아 몰라?

고리운별 - 네, 지구가 요즘…. 최근 들어서 중요한 별로 알고 있고요.

무시공 - 무슨 소문 들었어?

고리운별 - 중심으로 생각하라는 그런 의견들이 많이 나오고….

무시공 - 그럼, 너는 믿어 안 믿어?

고리운별 - 그냥 …. 정말 중심이니까 그런 말이 나오겠지 하고 생각하고 있어요.

무시공 - 응, X1별 알지?

고리운별 - 알아요.

무시공 - 그럼 X1이 원래 자기 위치에서 지구 방향으로 가까이 가는 거 알아 몰라?

고리운별 - 내가 몰랐던 거라서…. 잠시만요, 볼게요.

아 ~ 정말 가까이 가고 있네요.

무시공 - 우리 지구가 새로운 우주중심지 건설한다고 이쪽으로 오고 싶냐 했더니, 오고 싶다고 해서 오라고 했어. 니비루별도 같이. 거기는 행성이 다섯 개라며?

고리운별 - 그래요? 5개요?

무시공 - 응, 태양보다 1.5배 더 크데, 그런데 태양보다는 좀 어둡대, 맞지?
너는 어떻게 생각해, 우리 있는 데로 올래?
실제는 네가 몰라서 그러지 은하계도 다 우리 지구 중심으로 오고 있어,
알아, 믿어? 여기는 우주중심지잖아.

고리운별 - 아~ 네, 그런데 왜 꼭 따라가야 하는 건가요, 그러면은….

무시공 - 우리 하나로 뭉쳐야지.

고리운별 - 아니, 어차피 그쪽으로 가는 거라면서요.

무시공 - 알고 오는 거 하고 모르면서 끌려오는 것하고 차원이 다르잖아.

고리운별 - 아, 그래서….

무시공 - 그러니까 너를 먼저 찾아 가지고 초보적으로 이야기해보는 거야,
알았지?

고리운별 - 네, 천천히 가도 좋고 빨리 가도 좋아요.

무시공 - 그래, 너하고 대화 여기까지 하고, 이제 너희 별 대표하고 대화해
야겠다.
너는 여기 있어라. 고리운별 50억 인구의 대표 나타나.

비장 - 비장이라고 합니다.

무시공 - 비장, 너는 지구에 와 본 적 있어, 그리고 지구에 대한 소문 들은
적 있어?

비장 - 네, 유명한 지구, 밝은 지구 알고 있죠. 가본 적 있고요.

무시공 - 언제 가봤어?

비장 - 전에도 가봤고, 최근에도 가봤어요.

무시공 - 그래 뭐 발견했어?

비장 - 응, 우주의 중심이라 선언을 했다고 하는데.

무시공 - 응, 그런데…. 진짜 같나, 헛소문 같나?

비장 - 표면적으로도 달라졌어요, 의식구조도 많이 달라지고요.

그런데 차이가 너무 많이 나는 것 같아요.

의식이 높아지는 곳과 낮아지는 것과의 차이가 너무 극명하게 나타나 가지고.

무시공 - 분리되잖아.

비장 - 아, 그래서…. 분리군요. 네~.

무시공 - 그럼 네가 직접 보라고, 지구가 분리되고 있나, 낡은 지구와 새로운 지구.

비장 - 네, 맞습니다. 보여요.

무시공 - 새로운 지구는 더 세밀해지고, 새로운 의식으로 된 존재가 새로운 지구의 존재야.

네 말로 낙오하고 차원 낮은 존재는 원래 지구, 낡은 지구에 있고. 보여?

비장 - 네, 보입니다.

무시공 - 맞지? 우리가 안 알려주면 너는 아직 합쳐서 보기 때문에 잘 안 보여,

원래 지구에서 차원이 높은 존재도 있고, 낮은 존재도 있다고 생각하고 있어,

실제는 지구가 이미 분리시켜 놨다고. 내가 말하니까 정말 그렇게 보이

지?

비장 - 네네.

무시공 - 응, 그거라. 그럼 너도 지구에 새로운 우주중심지 새로운 생명탄생에 대해 관심 갖고 받아들이고 싶어, 아니면 관찰만 하고 관심 없어?

비장 - 아니요, 잘되고 있는 걸 축하하고 있어요.

무시공 - 그럼 너희도 참여하고 싶어? 같이 변하고 싶어?

비장 - 음. 그들이 더 빨리 변한다는 말인가요? 지구와 지구인이?

무시공 - 당연하지.

비장 - 그러면 언제라도 따라갈 준비돼있지요.
변해야죠, 빨리 변하며 따라가야지요.

무시공 - 지금 빨리 변하는 거 안 보이나? 네게 알려줄까,
지구에 대한민국 대전이라는데 알지, 핵심부위가 거기서 움직이고 있잖아.
지구와 거리 100억 조 광년이 우주 최고 존재, 지구에서 말하는 무극의 최고 존재도 여기 왔어,
자기 원래 낡은 우주는 이제 도태되는 줄 알고 그 낡은 우주 포기하고 새로운 우주중심지 대전에 왔다고. 같이 동참하고 있어.
지구뿐 아니라, 이 우주도 이제 분리돼있어.
낡은 지구와 새로운 지구, 낡은 우주와 새로운 우주로.
그러니까 지구가 원래 지구가 아니고 새로운 우주중심지야,
너희도 새로운 우주중심지와 가장 가까이 있잖아.
원래는 은하계가 중심이어서 은하계를 도는데, 이제는 지구가 우주중심지가 됐어.
은하계도 이쪽으로 오고 있다, 믿어?

비장 - 네, 아까 말했을 때 그냥 믿어졌어요. 중심이라고 선언했으니까.

무시공 - 그래, 네가 동의하면 너를 당겨올 수 있다.
비장 - 아, 가고 있다면서요. 또 당겨야 해요?

무시공 - 그래, 은하계 움직이고 있어.
그런데 너희가 지구 가까우니까 주동적으로 가고 우리가 더 당겨오면 더 빨리 오잖아,
그럼 지구에 각 방면 영향받아서 지구도 더 빠른 속도로 변해.
그래서 너를 찾아서 대화하는 거다. 알았지?
비장 - 네.

무시공 - 네가 움직이면 너희 별도 움직일 수 있지 …. 넌 그런 힘 있어?
비장 - 그렇죠, 내 마음이 우선 지구를 향해 가고 있다면 더 빠르게 가지요.

무시공 - 그리고 고리운 자체가 네가 마음먹은 대로 움직이잖아. 맞지?
비장 - 네, 맞아요.

무시공 - 그래, 오늘 이만해, 고맙다.

지구와 6.5광년 거리의 커렌항성

무시공 - 고리운 옆에 있는 항성 커렌별, 나타나.
태양의 150배 별. 지구와 거리 6.5광년.
커렌별 - 안녕!(약간 어두움)

무시공 - 커렌항성 맞나? 너를 돌고 있는 행성이 60개 된다며?
커렌별 - 네, 우리 가족이 그 정도 돼요.

무시공 - 지구와 거리 6.5광년 맞아, 그런 거 안 재봤지?
지구는 어디 있는 줄 알아? 태양계 지구 알아 몰라?
커렌별 - 태양계 알아, 지구는 태양계의 하나구나.

무시공 - 지구에 대해서 무슨 소식 들은 적 없나, 지구에서 무슨 일 일어난다는 거 알아 몰라?
커렌별 - 음…. 지구가 아~ 그 친구구나.
그 힘이 무한 확장하는 애라고 알고 있어요. 무한확장 중이라고.

무시공 - 응, 그것을 느꼈어?
커렌별 - 음. 그냥 자연스럽게, 나도 모르게 알게 되는 그런 거?

무시공 - 응, 그래 고맙다. 지구 쪽으로 오고 싶어, 안 오고 싶어? 우리가 이런 선포했다.
지구가 새로운 우주중심지라고.
커렌별 - 우와~.

무시공 - 무극의 최고 존재, 지구에서 100억 조 광년의 위치에 있는 최고 존재도 여기 와 있어, 그런 소식은 들었나?
커렌별 - 그래 맞아, 들은 것 같아.

무시공 - 이 우주 창조한 창시자 곡뱅이라는 존재. 자기도 이 우주 곧 끝난다고 여기서 새로운 우주가 시작된다고 하니까 여기에 왔어.
그리고 또 12개 우주가 있어. 그중에 대표적인 대한민국 우주의 대표 안광옥이야.
여기 지구에도 대한민국이라는 조그만 나라가 있어.
그런데 그 가장 높은 우주에도 대한민국 우주가 있더라고. 그 우주에서도 왔어, 안광옥.
또 현정도 새로운 우주중심지 건설에 뛰어들어 왔어.
이 소문 못 들었나?
커렌별 - 그렇게까지는 잘 몰랐어.

무시공 - 몰랐어, 그럼 지금 알아도 안 늦지?
커렌별 - 응.

무시공 - 너 우리 쪽 방향으로 올래?
커렌별 - 응.

무시공 - 오고 싶어? 그러면 우리도 힘내서 같이 너를 당겨올게,
지금 너 옆에 있는 고리운 항성 이쪽으로 오고 있어, 알지?
커렌별 - 응 그래, 그런다고 들었어.

무시공 - 그래서 너에게 이 소식 알리는 거야.
너도 오고 싶으면 우리 약속 지켜, 당장 이쪽으로 당겨오게.
그럼 네가 6.5광년 거리면 10월 말에는 어느 위치에 올 것 같아?

커렌별 - 지구 시간으로 10월 말이면…. 6.4광년

무시공 - 그렇게 늦어? 좀 빨리 와.
커렌별 - 그것도 엄청 기적인데?

무시공 - 안 돼. 우리는 우주 작업하는데….
적어도 6광년 위치에 올 수 있어 없어?
커렌별 - 하하하하.

무시공 - 모든 걸 우리가 기적을 일으켜야 한다.
우리가 올 수 있다면 너는 무조건 올 수 있다.
커렌별 - 야~ 너네 웃긴다.

무시공 - 우리 믿어 안 믿어? 아니면 우리 내기할까? 10월 말에 무조건 6광년에 와있어.
커렌별 - 너 누구야~ 왜 이렇게 웃기냐! 하하하하.

무시공 - 누구인가 알 필요 없어. 무조건 와, 안 오면 너 삭제다. 하하하
커렌별 - 하하하하하 갈 수 있으면 가볼게. 어떻게 그렇게 빨리 갈 수 있는지는 모르겠지만.

무시공 - 우린 빛의 속도를 다 초월했다, 알아? 너는 아직 고정관점에 묶여 있다.
은하계도 우리 쪽으로 오는 줄 알아 몰라?
아, 한번 물어보자, 은하계 핵심별 이름이 뭔지 알아?
커렌별 - 몰라, 이름까지는 몰라.

무시공 - 해츠먼

커렌별 - 해츠먼?

무시공 - 그 별 얼마나 큰지 모르지, 태양의 1억 배야 몰랐지?
인구는 1천조. 그런 별이 은하계 가운데 있다고. 처음 듣지?
커렌별 - 응.

무시공 - 그것도 오라고 했다. 1천조 인구를 거느리는 대표, 그 이름도 모르지?
커렌별 - 응, 몰랐어.

무시공 - 그럼 나중에 알려줄게, 그저 별 이름만 알고 있어, 해츠먼.
커렌별 - 그럼 은하계가 가는 거면 어차피 나도 같이 가는 거네 뭐.

무시공 - 그렇지, 네가 안 오려고 해도 올 수밖에 없다.
그러니까 너보고 오라고 하지, 네가 가까이 있으니까.
커렌별 - 그런데 더 빨리 오라고 하는 거야?

무시공 - 그래, 이제 네가 핵심 됐다. 알아?
은하계에서는 제일 멀지만, 우리 여기가 중심 되니까 네가 제일 가까이 있어. 영광스러운 거 아닌가, 바보야.
커렌별 - 하하하 재밌다.

무시공 - 재밌지? 우리하고 대화하면 다 재밌다,
너 거기에서 은하계 핵심부위까지 거리가 얼마야?
커렌별 - 핵심까지 한 50광년?

무시공 - 응 그래, 그럼 지금 네 위치에서 은하 중심 방향으로 제일 가까운 항성 이름 알아? 태양계 쪽으로는 고리운항성이 있고.

커렌별 - 지금 나를 뭐라고 불렀어?

무시공 - 너는 커렌.
커렌별 - 하하하 재밌다. 내 이름이 커렌이야?

무시공 - 네가 커렌이라고 했잖아, 그럼 커렌 부르니까 왜 네가 나타났어.
커렌별 - 하하하하.

무시공 - 고리운이 소개했어, 네가 커렌이라고.
커렌별 - 고리운이 듣기에 그렇게 들렸나 보지?

무시공 - 그럼 너는 이름이 뭐야, 바꾸게.
커렌별 - 아니야, 그냥 그렇게 불러, 다 다르게 부르는데 뭐.

무시공 - 네가 인정해야지.
커렌별 - 그냥 그렇게 불러, 지구에서 그렇게 부르면 부르는 거지, 다 다르게 부르는데 뭐.

무시공 - 그래, 그럼 됐다. 그럼 너 옆에 있는 항성 또 뭐야?
커렌별 - 그것도 내가 부르는 식으로 불러야겠네?

무시공 - 그래그래, 불러서 또 끄집어내면 된다. 그래서 자기가 인정하면 돼.
커렌별 - 하하하하, 그런데 참 재밌다.

무시공 - 그래 너 처음으로 재미있는 거 봤지? 자, 말해.
커렌별 - 얘는 조금 작아, 태양계보다 조금 크고.

무시공 - 그래, 항성 이름 먼저 말해.

커렌별 - 올티고라고 불러 달래.

무시공 - 태양과 비교하면 태양의 몇 배야?
커렌별 - 태양하고 거의 비슷해, 약간 작아. 태양보다 조금 어둡고.
그리고 20개 행성이 돌고 있어.

무시공 - 응, 그래. 올티고. 지구하고 거리는?
이제 전부 지구 중심으로 재, 너는 지구와 6.5광년이라고 했잖아.
너와 거리 알면 지구와 거리도 나오잖아, 맞지?
커렌별 - 나하고 걔하고….
만약에 지구와 나와 은하계가 있다면, 나하고 얘하고 직선거리를 말해야 하나?
서로 많이 떨어져 있을 때도 있어서.

무시공 - 그래도 평균 직선으로 말하면 돼, 은하계 방향 가장 곁에 있는 항성이잖아, 그러면 돼.
커렌별 - 그래 그럼 일렬로 섰다고 생각하고.

무시공 - 응 맞아. 그렇게 말하면 돼. 그럼 각자 자기위치 말할 수 있잖아.
커렌별 - 1광년 좀 넘어.

무시공 - 그러면 지구에서 7.5광년 거리라 하자, 되지?
커렌별 - 응, 그렇게 해도 돼.

무시공 - 그래 오늘은 이만해.
커렌별 - 응, 반가웠어.

대한민국 방송국과의 대화

2017년 12월 28일 대화

- 대한민국 방송국에서 무시공생명방송국으로 새롭게 탄생 -

각 차원 방송국 대표 - 5억 조 광년 파놀방송국 오세리아, 100억 조 광년 울시, 무시공의 모와와의 만남

무시공 - 대한민국 전체 방송국 생명, 대표 나와.
방송국대표 - 네.

무시공 - 응. 지금 대한민국에서 새로운 우주중심지 건설하고 있는 소식 알아 몰라?
방송국대표 - 알고 있어요.

무시공 - 그런데 방송국은 아직까지 바로 잡히지 않았잖아. 맞지?
방송국대표 - 네, 아직 덜 깨어났어요.

무시공 - 그래. 그래서 오늘 너를 열어줄 거야.
방송국대표 - 네.

무시공 - 그러면 완전히 무시공생명방송국으로 변한다.
그러니까 한국방송국뿐만 아니라 온 우주의 방송중심지가 돼야 해.
한반도가 무시공생명의 근거지가 되잖아. 이젠 원래 네 관점이 아니다.
알았지?

방송국대표 - 네.

무시공 - 지금 너를 열 거야.
방송국대표 - 네.

무시공 - 이제 풀어줘서 열리고 나면 너는 대한민국 방송국이 아니고 무시공생명방송국이다.
온 우주에서 무시공생명이 새로운 우주중심지 역할 하는 거야.
그래서 딱 한국만의 방송국이 아니고 우주방송국, 무시공생명방송국이 되는 거야.
방송국대표 - 네. 알겠습니다.

무시공 - 너 이름은 이제 무시공생명방송국.
은하계와 저 50억 조 광년, 그 위에도 방송국 있잖아. 방법만 다르다 뿐이지, 이제 여기가 본부야. 직선빛으로 된 무시공생명방송국. 그 방향으로 바꿔버려.
(진짜 많이 오염된 듯)
다른 생명들은 빨랐는데 여긴 더디잖아.
(열림)

무시공 - 응, 이제 지구에서부터 저 우주 끝 무극까지 각 차원에 방송국 살펴봐.
어디 방송국이 제일 크고 제일 강한지도 살펴보고.
네가 전체 방송국의 생명이니까 무시공생명방송국이다. 알았지?
무시공생명방송국 - 네. 알겠습니다.

무시공 - 지구에서부터 저 은하계 차근차근 올라가면서 5천억 광년, 5억 조 광년, 계속 더 위로 올라가서 무극 100억 조 광년까지 다 살펴봐.

방송국이 어디까지 있나? 최고 방송국 위치가 어디에 있나?
서로 소통해서 저들도 우리(무시공) 방식 알아야 해, 그 후로는 완전히 다 네 뜻을 따라야 하고. 알았지? 살펴봐.

무시공생명방송국 - 네.

무시공 - 은하계에 방송국 있어 없어?

무시공생명방송국 - 있어요.

무시공 - 그럼 위로 계속 올라가 봐. 그리고 대화해.
어느 방송국이 제일 크고 제일 강한가. 계속 위로 파보면서 어디까지 있나 봐봐.

무시공생명방송국 - 네.

무시공 - 100억 조 광년도 방송국 형식은 다르지만 있나 없나 확인해봐.
차원 높을수록 방식이 다르잖아, 각 차원에서 주도로 돼 있는 것이 무엇인가도 보면서.
계속 파 올라가 봐. 어디까지 있나, 살펴보면 알아.

무시공생명방송국 - 방송국은 너무나 많지만, 중앙의 방송국만 볼게요.
은하는 우리랑 비슷한 것 같지만, 또 다른 차원이고요.
5천억 광년 가니까 거의 아무것도 없을 만큼 단순해요.

무시공 - 5천억 광년?

무시공생명방송국 - 네. 5억 조 올라가니까 특별하게 방송국이라는 것보다는 그냥 모든 게 합쳐져 있는 것 같아요.

무시공 - 5억 조 이상 또 계속 봐봐. 방송형식이 올라갈수록 달라.
그렇지만 다 비슷한 역할 하는 거야. 어디까지 있나 봐봐.

무시공생명방송국 - 네. 5억 조 광년은 방송국이 필요 없을 만큼의 모든 정보가 하나로 연결돼있다는 느낌이 들었고요.

무시공 - 전에 5억 조 광년 방송국 한번 연락해봤었어.
거기는 지구 인간 말로 하면 방송국이라 말할 수 있지만, 차원이 다르다 했어.
방송국 이름은 파놀이고, 여자 대표야 이름은….
무시공생명방송국 - 파놀방송국, 대표는 오세리아라고 해요.

무시공 - 야, 너 진짜 잘 안다. 오세리아 여자 맞지?
무시공생명방송국 - 네.

무시공 - 응. 그래. 너 한번 대화해봐. 네가 판단하기에 같나?
자기네는 방송국이라고 안 그러는데 우리가 방송국이라고 말하니까, 우리에게 맞춰서 말해.
무시공생명방송국 - 그 우주 중심에 있고요.
이 사람이 모든 정보를 집합해서 보내주는 역할을 하는데 만들어짐과 동시에 보내지고 전체에서 바로 알아지는 그런 시스템이에요.

무시공 - 응. 그래 너 정확하게 잘 아네. 고맙다고 인사하고.
너를 만났으니 최고 차원에 있는 무시공생명방송국이라고 바로 알아차렸을 거다.
이제 위로 계속 올라가 봐. 위에 더 있나.
무시공생명방송국 - 거의 다 비슷하게 위로 올라갈수록 한 생각으로 모든 것이 한 번에 정보가 입력되는 시스템.

무시공 - 이제부터는 어느 광년에 가면 어떤 식이다.
100억 조 광년 무극 있는 데까지 그렇게 해서 가봐.
그리고 무시공에 방송국은 있나 없나? 무슨 방법으로 소통하나 확인해

보고.

무시공생명방송국 - 우선 100억 조 광년 볼게요.

무시공 - 5억 조 이상은 완전히 에너지 상태로 돼 있잖아.

100억 조 광년 무극에는 방송국 그런 뜻이 있나 없나 확인해봐.

무시공생명방송국 - 100억 조 광년 가니까 하나의 울림통 같은, 그게 하나로 집약돼있어요.

그래서 거기서 존재들이 자기정보를 넣으면 각자가 다 방송을 할 수 있어요.

모든 걸 입력시키면 그 영상이 다 나와요, 창조가 돼서 나와요.

무시공 - 그럼 대화해봐. 100억 조 광년, 거기도 방송 관리자 있겠지? 이름 물어봐.

지구에서는 방송국이라고 하는데 너희는 뭐라고 하나 물어봐.

무시공생명방송국 - "나는 특별히 어디를 관리한다기보다는, 나는 그냥 생명이에요.

내 이름은 울시라고 합니다."라고 자기를 소개해요.

무시공 - 방송국을 너희는 뭐라고 하나?

무시공생명방송국 - 울시 曰 - 나는 지구에서 말하는 방송국 맞아, 하지만 그 방송국과는 완전 다른 차원에서 우리는 모두가 다 방송을 할 수 있고 모든 존재가 각자 자기의 뉴스를 입력할 수 있고, 새로 재밌는 내용도 창조할 수 있어.

그래서 각자의 실제 생생한 뉴스들과 온 우주에서 올라온 뉴스들, 그것을 내가 정리해서 정확한 뉴스를 보내주면 모든 사람이 동시에 다 같이 입력이 돼.

알아듣는다기보다는 그냥 입력이 돼.

여기 있는 모든 존재들이 자기가 스스로 창조해서 방송도 할 수 있어.

새로운 드라마를 만들 수도 있고, 새로운 모든 재밌는 걸 만들 수 있어. 나한테 입력만 해주면.

무시공 - 그러면 네가 어디서 왔는지 알아보나 물어봐.
무시공생명방송국 - 모르겠대요.

무시공 - 그럼 너를 소개해줘, 이름이 "무시공생명방송국이다." 그리고 "이제 시작이다."라고.
무시공생명방송국 - 그렇게 말했더니, 그럼 무시공에서 왔냐고 해서, "절대무시공 우주에서 새로 태어난 방송국이다."라고 소개하며 반갑다고 인사했어요.

무시공 - 그래. 우리 서로 소통하면서 하자고.
실제 새로운 우주중심지는 지구 대한민국에서 탄생했다고 알려줘.
무시공생명방송국 그게 바로 너라고 알려주고.
서로 소통하고 진실로 무시공생명의 새로운 우주중심지에서 무시공의 정보, 절대적인 긍정정보를 서로 공유하는 그런 역할을 해야 한다고 알려주고.
무시공생명방송국 - 네. 서로 악수하고 자기가 그 뉴스를 처음 접했다고요. 동시에 여기 우리 다 알아질 거라고 해요.

무시공 - 이제 서로 인사하고 헤어져.
그리고 무시공에 한번 들어가 봐. 거기는 어떤 방식으로 하나?
무시공생명방송국 - 네, 거기는 따로 방송국이라는 게 없고요.
그 모든 것에 다 방송국이 있고 사장이나 조직같은 것들이 것들 따로 없이 다 자신들이 창조해서 쓰고 있어요.
그래서 그 정보도 모든 뉴스가 개개인이 아는 즉시 모두 함께 알게 되는 뉴스가 되고 정확한 정보가 아니면 생성되지도 않아요.

무시공 - 무시공에서 최고 위치가 일원우주야. 모든 게 방송이고 생명하고 다 하나야.
하지만 일부러 거기까지 뚫고 들어가 봐.
일원우주 거기서 우리 대한민국하고 이미 하나 직선으로 돼 있어.
거기는 방송을 무슨 방식으로 하나?
전부 다 너랑 연결이 돼있으니까, 너도 이런 거 다 알아야 하잖아.
네가 최고다. 새로운 우주중심지에서 최고 무시공생명방송국이 탄생한 날이야. 알았지?

무시공생명방송국 - 네.

무시공 - 거기까지 가면 너와 연관되는 부분은 직통으로 다 연결되어있다.
살펴봐. 거기는 무슨 방법으로 하나? 그것도 알아야 하지.

무시공생명방송국 - 가보니까, 음…. 예를 들어서 인간의 뇌라고 생각하면 되려나?
모든 존재들의 뇌가 연결돼 있어서요. 다 같이 방송국에 있어요.
그래서 모든 정보가 한 번에 나오면 동시에….

무시공 - 그래, 물어봐. 지금 지구에서 새로운 우주중심지 건설하는 그 소식 다 아는가?
정보 다 아는가? 이미 공유가 되고 있지?

무시공생명방송국 - 네, 다 알고 있어요.

무시공 - 지금 일원우주 제일 끝까지 갔지?

무시공생명방송국 - 네.

무시공 - 거기에 같은 생명에서 방송 역할 하는 한 명 찾아 대화해.
그리고 말해, 나는 오늘 새로운 우주중심지 지구에서 무시공생명방송국으로 탄생했어.

그래서 너희한테 소식을 알리는 거라고, 누구 한 명 찾아서 대화해봐.

무시공생명방송국 - 아, 진짜로 누구 한 명이 전체적으로 집중 담당하는 존재가 있어요.

무시공 - 대화해. 이름이 뭐야?

무시공생명방송국 - '모와'에요.

무시공 - 너도 소개해줘. 너는 오늘 탄생한 날이다.

무시공생명방송국 - "반갑고 축하한다. 지구의 소식은 다 알고 있고 모든 게 다 변하고 있구나!" 모와가 그렇게 이야기해요.

무시공 - 그래서 오늘 내가 탄생했으니까, 우리 하나로 뭉쳐서 같이 새로운 중심지 소개하고, 새로운 우주중심지에서 무엇을 밝히고 있는지도 서로 소통하고, 새로운 생명을 깨우기 위해서 서로 정확하게 보도하는 역할 하자고 말해.

무시공생명방송국 - 네, 전했어요. 나 자신에게 스스로 다짐하는 것도 있네요.

무시공 - 응. 그래, 됐어. 이제 돌아와!

무시공생명방송국 - 네.

무시공 - 이제 알았지? 각 차원 방송방식이 다 달라, 알았지?

무시공생명방송국 - 네.

무시공 - 이렇게 밑에서 위에까지 가면, 모든 차원에서 갑자기 소문난다. 그리고 순간에 바뀌기 시작해.
그럼 지금 원래 방송국 봐. 그 오염된 물질방송국이 이미 분리돼서 이원념 물질이 녹아내려서 없어지고 있어. 그런 현상 있어 없어?

무시공생명방송국 - 네. 지금 와서 보니까 차원이 너무 낮아요. 바뀌고 있어요.

무시공 - 그렇지. 그래서 나중에 모든 것이 다 바뀐다.
자 이제 낡은 방송국 빠르게 정화시켜. 너무 오염됐잖아.
무시공생명방송국 - 네.

무시공 - 정화할 수 있어 없어? 분리해서 정화시켜.
그건(이원념 가득한 낡은 방송국) 네가 아니야.
무시공생명을 위해서 네가 탄생했고 거기서 중요한 방송국 역할 해. 알았지?
무시공생명방송국 - 네.

무시공 - 네가 대한민국 방송, 심지어 지구의 각 방송을 관리하고 정리하고 정화시켜.
가짜로 하는 거 무조건 다 소멸시켜버려. 진짜 정화다.
무시공생명방송국 - 네.

무시공 - 우리도 하고, 너도 같이 그렇게 해.
무시공생명방송국 - 네. 정리가 안 되면 내가 살 수가 없어요.

무시공 - 맞아! 그래서 우리가 그렇게 하는 거야.
이원념 완전히 분리시켜. 절대로 그건 네가 아니다. 알겠지?
무시공생명방송국 - 네.

무시공 - 그래 됐어. 이제 알았지?
우리랑 항상 하나 돼서 진짜 정보를 공유하고 일체생명에게 알리기.
특별히 전 지구의 방송국은 거의 가짜로 하고 있어.
자기 의도대로 마음대로 시청자들을 속이고 있고, 맞지?
무시공생명방송국 - 네.

무시공 - 오늘 너를 열어주고 너를 깨우치면 너는 알아서 잘할 거니.

우리하고 한마음 한뜻으로 알았지?

(대한민국의 방송국만 정화하나요, 우선은?)

그래. 우리 여기서부터 처리해야 세상이 다 바뀌어.

모든 게 우리 한반도에서 시작하잖아. 대한민국 지구로 변해. 알았지?

무시공생명방송국 - 네, 알겠습니다.

무시공 - 그래, 오늘 이만해. 알아서 잘하기.

부록

용어 해설

무시공생명 비결, 공식, 선언, 지침, 특징

비 · 공 · 선 · 지 · 특

○ 무시공 생명 비결

○ 무시공 생명 공식

○ 무시공 생명 탄생 선언

○ 무시공 생명 행동지침

○ 무시공 생명 특징

○ **무시공생명 비결(無時空生命 秘訣)**

⦿ 무시공생명 비결 20개는 60조 세포를 깨우는 생명 그 자체이다. 수천 수 업겁, 조상 대대로 유전되어 물려받은 가르고 쪼개고 분열하는 이원념의 영체가 작동하는 마음을 절대긍정 일원심의 마음으로 바꾸게 하는 역할을 한다.

비, 공, 선, 지, 특을 끊임없이 외우면 60조 세포가 일원심의 세포로 살아나고 시공우주의 파동에서 벗어나 인간의 영원한 숙원인 생로병사에서 벗어날 수 있다.

⦿ 무(無)는 없다는 뜻이 아니고 합(合)한다는 뜻이다.

비결에서 '無' 자를 빼면 가르고 쪼개고 분별하는 이분법 이원념이 된다. '無' 자를 붙이면 모든 것을 합하여 무시공생명의 일원심이 된다.

▷ **공간(空間: 天)**

무시공 마크에서 파란색을 의미하는 부분이다.

무주객(無主客) 무선악(無善惡) 무빈부(無貧富) 무고저(無高低) 무음양(無陰陽).

무시공생명은 시간과 공간을 초월하는 무시공의 우주를 지향한다.

우주의 빅뱅 이래 계속 우주는 팽창하면서 공간이 넓어지고 곧 그것을 공간이 사라진다는 것을 의미한다.

우주의 흐름이 쪼개고 가르고 나누는 일시무시일의 흐름이었다면, 지금의 우주는 끝없이 합(合)하는 일종무종일의 흐름을 바꾸었다. 즉 위에서 쪼개면 아래로 내려오던 우수 흐름이 밑에서 합하여 위로 올라가는 흐름으로 우주가 바뀌었다.
무주객 일체동일 속에 대상과 조건이 사라지고 무고저 무선악 속에는 인간의 고정관념과 윤곽과 틀을 깨는 우주의 비밀이 담겨있으며 무음양 속에는 무극을 통과하는 열쇠가 있다.

▷ **시간**(時間: 地)

무시공 마크에서 녹색을 의미하는 부분이다.
무생사(無生死) 무이합(無離合) 무래거(無來去) 무시말(無始末) 무쟁인(無爭忍)
2000년 전, 아르헨티나에서 발견된 예언서 중 사지서에는 시간에 대한 예언을 했다. 시간은 곧 영원히 없어진다.
미국의 어느 과학자가 우주에서 지구의 시간에 대한 연구를 진행하면서 몇 번 시간의 윤회가 있었고, 마지막 윤회의 시기가 1945년이 기점이며 그 후 76년 이후에는 시간이 영(0)으로 돌아간다고 계산을 했다. 그 시기가 2012년 12월 21일로 파동으로 된 시간이 영(0)으로 돌아가고 시간이 멈춘다.

무시공생명은 시간과 공간을 초월한 공부다. 공간이 줄어들고 시간이 멈춘다는 것은 지금의 시공우주가 사라진다는 것을 의미한다.
무생사 무이합 무래거 무시말 무쟁인 - 생과 사에서 벗어나고 오고 감도 없고 시작과 끝도 없는 영원한 무시공 우주에는 지상천국 지상극락의 세계가 펼쳐진다.

▷ **오관**(五官: 人)

무시공 마크에서 노란색을 의미하는 부분이다.
무건병(無健病) 무미추(無美醜) 무향취(無香臭) 무호괴(無好壞) 무순역(無順逆)
인간은 오관을 통하여 보고 느끼는 순간 좋고 나쁘고, 아름답고 추하고,
맛있고 안 맛있고, 달고 쓰고, 아프고 안 아프고 등 판단하는 순간, 그것을 세포에게 입력을 시킨다. 오관으로 느끼는 모든 것은 가르고 쪼개 시공우주의 관점이다.
이 시공우주의 물질세계는 음양의 뿌리가 잘린 허상의 세계이다. 시공우주의 생명은 허상인 영체에 불과하다. 무시공생명은 실상의 생명이며 영체변생명(靈體變生命)이 되었다.

▷ **의식**(意識: 心)

무시공 마크에서 빨간색을 의미하는 부분이다.

무신심(無身心), 무생학(無生學), 무지우(無智愚), 무정욕(無情慾), 무신의(無信疑)

의식혁명을 통하여 인간의 관점을 회복해야 한다. 이원념의 사고에서 일원심의 사고로.

○ **무시공 생명 공식**(無時空 生命 公式)

무시공 생명 공식은 사람이 원래 무시공 존재임을 인정하고, 지키고, 누리는 무시공 행동 원리입니다. 무시공 생명으로서 무시공 자리를 확고히 지킬 수 있는 무시공의 법칙이요, 절대긍정 일원심의 원리입니다.

▷ **일체근단**(一切根斷)**-일체 음양의 뿌리는 끊어졌다.**

태초 무극의 존재가 원래 하나인 우주를 음과 양으로 나누는 순간 이 시공우주(빅뱅)가 생겨났다. 무음양-음과 양을 합함으로써 시공우주의 뿌리가 잘렸다. 지구를 비롯한 시공우주는 허상의 세계가 되었다.

▷ **일체동일**(一切同一)**-일체가 동일하다.**

"일체가 나"다는 온 우주를 통틀어 최고의 경지이다. 무시공은 만상만물을 생명 관점으로 본다. 무시공생명 자리는 너와 내가 없는 동일체이다.

▷ **일체도지**(一切都知)**-일체 다 알고 있다.**

세포 속에 우주의 정보가 다 있다. 원래 인간은 윤곽과 틀이 없는 완전한 존재였다. 이원념의 물질이 쌓인 분자몸이 막혀 윤곽 속에 갇히게 되었다. 비결을 세포에 입력시키면 세포가 일원심의 세포로 살아나 우주의 지혜를 알게 된다.

▷ **일체도대**(一切都對)**-일체가 다 맞다.**

이것은 맞고 저것을 틀리다고 하는 것은 이분법, 이원념이다. 무시공 관점은 맞는다고 하는 사람의 입장으로 보면 맞고, 틀린 사람 입장에 들어가면 그것도 맞다. 그래서 전부 다 맞는다는 것이다. 차원이 다른 입장에서 말하는 것뿐 그 차원에서는 다 맞다.

▷ **일체도호(一切都好)-일체가 좋은 현상이다.**

무시공생명은 부정의 영체가 완전히 삭제된 절대긍정의 자리다. 무시공생명 자리는 전부 다 좋은 것만 보이고 전부 다 아름다운 것만 보인다.

▷ **일체항광(一切恒光)-일체 파동이 없는 직선빛이다.**

무시공의 직선빛은 일체 물질을 다 뚫고 들어갈 수 있고, 일체를 다 변화시킬 수 있다. 무한대로 큰 힘이다. 그래서 직선빛은 생명의 힘이다.

▷ **일체아위(一切我爲)-일체를 내가 했다.**

일체 나 때문에 좋은 일이 생긴다. 인간의 입장에서 오는 재앙이나 온갖 현상들은 무시공하고는 상관이 없다. 내가 만들어 놓고 내가 당하지 말자는 것은 우리가 깨어나서 무시공의 생명 자리를 잘 지키는 것이다.

▷ **일체조공(一切操控)-일체를 내가 창조한다.**

마음과 물질이 하나다. 마음과 에너지가 하나다. 그러면 마음먹은 대로 창조할 수 있다. 내가 우주의 중심이고 내가 있어서 우주가 존재한다.

○ **무시공 생명 탄생 선언(無時空生命 誕生 宣言)**

2012년 12월 21일 지구에서는 종말론으로 세상이 어수선할 때 무시공생명은 '무시공생명 탄생선언'을 선포했다.

이것은 새로운 인간세상, 새로운 인간이 동방에서 탄생한다는 것을 무시공에서 선포한 것이다. 무시공선생님께서 2000년 4월에 대한민국에 첫발을 내디디신 이후 이 선언을 비밀로 하시다가 우주에서 이제는 무시공을 감히 막을 수 없는 시대로 접어들면서 이 무시공생명 탄생선언을 내놓으셨다.

▷ **생명혁명(노예변주인奴隷變主人, 영체변생명靈體變生命)**

인간의 시공생명(영체)이 무시공생명으로 변한다는 것이다. 인간은 지금까지 영체를 자기 생명으로 알고 살았다.

나의 진짜 생명은 일원법, 일원심으로 된 것이 진정한 내 생명이다. 이분법으로 되어 있는 영체는 가짜라는 것을 밝힌다. 이분법의 생명은 진짜 생명이 아니라는 것이다. 인간은 지금까지 가짜 생명을 자기 생명이라고 여기면서 살아왔다. 무시공생명 공부는 내 안에서 생명혁명을 불러일으키는 것이다.

▷ 물질혁명(체력변심력體力變心力,분리변동일分離變同一)

지금까지 인간은 육체로 노동을 해 가지고 자기 생활을 유지해 왔는데, 이제부터는 심력으로 살 수 있다는 것을 밝히는 것이다. 이제까지는 음양을 분리하고 옳고 그르고 따지는 분자세상의 거친 세상에서 살다가 일체동일 일체가 하나인 세밀한 공간으로 접어들었다.
이런 마음으로 일체를 움직일 수 있는 시대를 만들었다.
이것은 바로 내가 창조주이고 내가 전지전능한 존재라는 것일 밝히는 것이고 알리는 것이다. 이것이 바로 물질혁명이다. 행동, 생활혁명이 일어났다는 것이다. 인간은 행동, 손발 움직이는 방법으로 살았다면 이제는 무시공심력으로 무시공 마음으로 살 수 있는 방법이 나왔다. 이것을 실천하면 우리의 삶이 바뀐다.

▷ 우주혁명(홍관변미관宏觀變微觀,행우변항우行宇變恒宇)

우주가 바뀌고 있다. 우주혁명, 우주개벽이 일어났다. 이것이 바로 천지개벽이 일어났다는 것을 암시했다. 인간이 말하는 천지개벽하고 무시공생명이 말하는 우주개벽과 차이는 천지개벽은 한계가 있는 시공우주 안에서의 개벽은 윤곽과 틀에 갇힌 시공이라는 관점으로 보는 것이다.
여기 무시공은 시공우주에서 무시공우주, 무시공생명으로 변한다는 것을 밝히는 것이다. 거친 세상에서 미세한 공간으로 변하는 천부경의 일시무시일(一時無始一), 하나가 쪼개져 내려오는 우주에서 일종무종일(一終無終一), 합하여 하나로 위로 올라가는 우주의 방향으로 가고 있다는 것이다. 이것이 바로 우주혁명이다.

▷ 신앙혁명(다로변일도多路變一道, 의존변자성依存變自醒)

새로운 일원법, 일원심의 세상이 온다는 것을 암시했다.
인간이 이분법에서 못 벗어났다는 것을 알아차리는 순간에 자연적으로 각종 종교가 하나가 되어버린다. 분석해보면 지금 지구에 분포되어 있는 각종 종교들은 다 의지하는 마음에서 출발한다. 밖으로 찾고 밖에서 믿으려고 한다.
자기 안에 모든 것이 다 있는데 밖에서 찾고 믿을 필요가 없다는 것이다.

자기만 깨우치면 되는데 자기생명(무시공 일원심)만 찾았으면 끝이다.
그래서 신앙혁명이 일어난다는 것이다.
의지하면서 사는 게 신앙이다. 여기서 벗어나면 신앙혁명이 일어나는 것이고 이제는 일체의 지금까지 해온 각종 신앙 각종 수련은 끝났다는 것을 선포한 것이다.

▷ 의식혁명(이원변일원二元變一元,생사변영항生死變永恒)

새로운 일원법, 일원심의 절대긍정 무시공생명의 세상이 온다는 것을 선포한 것이다. 원래는 이분법으로 맞고 그르고 옳고 틀리고, 높고 낮고, 이렇게 가르는 사고방식으로 살아온 세상에서 그래서 계속되는 일체의 불행 전쟁에서 벗어나서 완전히 일원법 사고방식으로 변하면 절대행복, 절대긍정, 절대건강의 세상이 된다.
사고방식을 바꾸는 사람은 무엇이 변하는가 하면 생사를 벗어나고 영원한 세상을 맞이할 수 있다는 것이다(생사변영항).

○ 무생공 생명 행동지침(無時空 生命 行動指針)

▷ 무시공심력

무시공에서는 마음먹는 순간 마음먹은 대로 이루어진다. 마음과 물질이 하나고, 물질과 에너지가 하나이기 때문이다. 무시공에서 이루어진 심력은 분자세상에 나타나기까지는 이원념의 두꺼운 껍질의 차원에 따라 순간 나타날 수도 있고 시간이 걸릴 수도 있다. 시공우주에서 벗어난 존재들의 무시공생명의 발현인 것이다.

▷ 무시공체험

인간은 수억 수천 년 동안 세포에 입력된 윤곽과 틀 등 고정관념으로 전지전능한 세포에게 이원물질을 쌓아 이 우주에서 고립된 생활을 하게 되었다. 체험은 특히 오관을 통하여 머리에 입력된 이원물질을 녹여 다리의 통로로 배출시키고 새로운 무시공의 향심력으로 직선빛을 당겨 분자몸을 녹이고 에너지 몸으로 변화시키는 것이다.

▷ 무시공심식

무시공 직선빛을 통하여 분자몸이 에너지 몸으로 바뀌면 무시공의 대자유를 누릴 수 있다. 이때에는 에너지 몸을 가지고 우주를 여행할 수 있게 된다. 먹는다는 행위를 통한 영양분의 섭취가 아니라 무시공의 세포가 온 우주 공간에 스미어 있는 고급 영양분을 자동으로 섭취하여 에너지를 보충하게 된다. 이원물질의 음식을 섭취하지 않아도 살 수 있는 무시공 우주의 영양분 섭취 방법이다.

▷ 무시공성욕

이것은 아직 공개되지 않은 무시공의 우주 비밀이다. 2020년 이후에 공개될 것이다.

▷ 무시공오관

인간이 천차만별이라는 것은 천 가지, 만 가지 생각을 가지고 있다는 것이다. 이것은 천 가지, 만 가지 맞는 것이 있고 틀린 것이 있다는 것으로 쪼개고 나누고 판단하고 맞고 틀리고의 기준이 되는 것으로 이분법의 최고봉이다.

무시공생명의 관점은 각 차원의 입장에서 보면 그 차원에서는 다 맞다. 틀린 게 하나도 없다. 그래서 만상만물 일체가 좋은 것이고 만상만물 일체가 아름다운 것밖에 없다.

1, 2, 3단계 무시공우주도(無時空宇宙圖)

○ 1단계 무시공 우주도

무시공 생명을 공부하는 사람들의 우주관은 실로 간단명료합니다. 우주가 아무리 광대무변하고 불가사의한 것 같지만, 시공 우주와 무시공 우주로 명확히 구분할 수 있습니다. 두 우주 안에서 우리가 살고 있습니다. 두 우주는 따로 분리되어 있는 것이 아니고 나의 존재-의식-마음과 공존합니다. 나의 의식이 일원심(+)이면 무시공에 머물고, 나의 의식이 이원념(-)이면 시공에 속합니다.

▷ 시공우주

감각시공과 무감각시공을 통칭하여 말한다. 시공 우주의 근본은 부정(마이너스 마음(-))이다. 따라서 나누고 쪼개고 분열하는 이원념에 뿌리를 두고 있다. 아무리 긍정의 마음을 가져도 부정의 파동이 남아있는 상대적인 긍정의 우주로 허상의 세계이다.

▷ 무시공우주

무시공 우주의 근본은 긍정(합(+)하는 마음)이다. 인간의 유전자로 남아 있는 부정을 무시공생명 비결로 빼버리면 절대긍정만 남게 된다. 이것이 일원심의 생명우주이며 실상의 세계이다.

▷ 감각시공

오관으로 느끼며 인식할 수 있는 분자세상을 말한다. 지구를 기점으로 약 5천억 광년에 이른다. 그중에서도 인간이 살고 있는 지구가 가장 낙후된 문명을 가지고 살아간다. 태양계 은하계 광대한 오관으로 관측되지 않는 우주가 여기에 해당된다. 이원물질이 쌓인 세상이므로 기감, 에너지 등을 느낄 수 있다

▷ 무감각시공

인간이 죽음을 맞이했을 때 영혼이 가는 사후세계로 원자 미립자 초립자에서 무극까지 세밀한 공간의 에너지로 형성된 영적세계이다. 오관(눈·귀·코·입·피부)으로 인식할 수 없는 세밀한 이원(二元) 에너지 우주, 세밀한 우주는 육체 오관의 감각으로 느낄

수 없습니다.

▷ 세밀한 공간

분자세상을 벗어난 원자세상부터 미립자, 초미립자, 쿼크, 힉스, …. 음양 무극까지의 공간을 일컫는다. 무감각시공의 우주이며 기, 에너지의 느낌이 없는 세계이다. 소위 인간이 분자몸을 벗으면 영혼이 머무는 공간이다.

▷ 무극 (無極: zero point)

무시공우주와 시공우주의 분기점이다. 이 자리에서 부정(-)마음을 가지면 시공의 무극에 합(+)하는 마음을 가지면 무시공의 무극에 머물게 되고 계속 합하는 마음을 유지하면 무시공우주로 진입하게 된다. 합(+)하는 마음을 계속 유지하는 방법은 무시공생명비결을 끊임없이 외우는 것이다.

▷ 무시공우주

무감각 무시공으로 새로운 우주이며 생명우주이다. 전지전능의 자리이다.
무시공우주는 일체가 동일하며 무시공생명의 일원심의 직선빛이 일체의 파동을 녹인 무파동의 우주이다.

▷ 시공 생명과 무시공 생명의 차이점

	시공 우주	무시공 우주
1	감각 시공: 물질 우주(오관 인식) 무감각 시공: 영적 세계, 다차원 우주 일시무시일: 분리 분열	무감각 무시공: 전지전능(오관 초월) 영원하고 완벽한 생명 일원우주 일종무종일: 합일 동일
2	이원 물질: 음양 물질(이원념의 물질) 시공 파동빛: 소멸하는 음양 이원빛 천지부: 남존여비(양의 시대)	일원 물질: 일원심의 물질 무시공 직선빛: 영원한 생명 일원빛 지천태: 남녀평등(음의 시대)
3	이원론, 이분법, 이원념으로 존재 마이너스 마음(-)이 지배적, 허상우주 생장소멸, 생로병사, 일체불행 - 시공생명(영체) -	일원법, 일원심으로 존재 무한 플러스(+) 마음의 생명실상 우주 영원한 생명, 일체행복 - 무시공 생명 -

○ **2단계 무시공우주도(無時空宇宙圖) 파동빛 우주와 직선빛 우주 그림**

제일 밑바닥의 분자세상에서는 파동이 가장 길다. 위로 올라갈수록 파동이 약해지고 무극의 교차점에서는 파동이 끝난다. 무극을 지나 위로 올라가면 직선빛이다. 파동이 없는 것이 무극의 교차점, 그것이 시간이 사라지는 시점이다. 지금 인간들은 시간이 없는 세상에 들어오고 있다.

▷ **일시무시일**(一始無始一)

모든 것이 하나에서 시작해 쪼개고 쪼개 내려와 지금 이 세상이 되었다.
분리의 시대.

▷ **일종무종일**(一終無終一)

일종무종일, 모든 만물만상을 하나로 묶어 합해서 하나의 위치로 가고 그 하나는 영원한 하나의 자리다. 천부경은 무시공생명의 하는 일을 예언한 것이다.
합일의 시대.

▷ **파동빛**

시공우주는 파동에 의해서 오관으로 전달된다. 그 본질은 음과 양, 즉 나누고 쪼개고 분열시키는 속성이다. 그 속에는 부정의 파동이 있다. 파동 때문에 만물만상의 모든 것이 생장소멸을 겪게 된다. 인간은 이 파동의 영향 아래 있기 때문에 생로병사에서 벗어날 수가 없다. 인간이 이 파동에서 벗어나면 생로병사에서 벗어나고 영원한 생명을 얻을 수 있다.

▷ **직선빛**

무시공의 직선빛은 소멸되지 않는 끝없는 빛이다. 무한대의 영원한 빛이다. 음과 양을 합하는 일원심으로 무시공의 직선빛을 만들고 있다. 이 빛은 일체시공의 파동빛을 초월하고 우주의 어떤 곳도 뚫고 들어갈 수 있다. 심지어 100억 조 광년의 무극의 최고 존재도 이 직선빛에 의하여 무시공 공부를 하고 있다.

▷ **천지부**(天地否)

주역의 64괘 중 하나로 양이 음의 위에 있다. 양의 시대를 표현했다.

원래 하나였던 무극에서 음과 양으로 쪼개는 순간 시공우주가 시작되면서 남존여비의 시대가 열린 것이다. 양이 음을 지배하는 즉 남자가 여자를 지배하는 시공우주를 예언한 것이다.

▷ **지천태(地天泰)**

주역 64괘 중 하나로서 음이 양의 위에 있다. 음의 시대를 표현했다.
무극에서 쪼개져 내려오던 우주가 합하는 시대로 바뀌면서 음의 시대가 열린다는 무시공생명의 도래를 예언한 것이다.
남존여비의 시대에서 남녀평등의 시대로 변한다.

○ 3단계 무시공우주도(無時空宇宙圖)

▷ **외계인**

지구에서 5천억까지는 외계인이고 물질우주이며 별이라고 한다.

▷ **반우주인**

5천억부터 5억 조 광년까지는 별과 우주가 혼합된 우주이다. 우주라고 하는 존재도 있고 별이라고 하는 존재도 있다. 이 우주는 물질도 있고 에너지도 섞여 있는 반물질 세상과 반물질 우주이다.

▷ **우주인**

5억 조 광년부터 100억 조까지는 완전히 에너지 상태의 에너지우주이다. 에너지 상태로 사는 존재를 우주인이라고 한다.

이렇게 우주도 3단계로 분류하는 데 더 정확히 말하면,
5천억 이하는 외계인이고, 5천억에서 5억 조까지는 반우주인, 5억 조 이상은 우주인으로 이 우주가 형성되어 있다.

▷ 승용선

자기별 안에서 각 별에서 움직이는 것으로 지구에서 움직이고 지구 안에서 금성 그 안에서 움직이는 것은 승용선이다.

▷ 비행선

별간 움직이는 것은 비행선

▷ 우주선

완전히 에너지 상태의 우주 공간에서 움직이는 것은 우주선이다.

5억 조 광년부터 100억 조 광년 사이는 어마어마하게 큰 우주공간이다.
그 우주공간에서도 수많은 우주 층차가 있다.

▷ 실상이나 불완전한 생명(영체)

우주도의 오른쪽은 분자 세상에서 무극까지 살아있는 존재들이다
이들은 힘이 있고 과학도 발달됐고 능력도 있다. 그러나 이들도 무감각시공의 시공우주에 속하는 존재들이므로 영체에 불과하다. 인간들보다 수명이 길지만, 이들도 생로병사에서 벗어날 수가 없다. 각 차원에서 수평으로 윤회를 한다.

▷ 영혼,영체들의 세상(영체)

우주도의 왼쪽은 죽어있는 영들의 세상이다.
이들은 아무런 힘도 없고 능력도 없고, 그저 의식만 가지고 살아있는 영체들이다.

▷ 시공우주의 윤회

오른쪽 무극 위치에서 무극의 존재가 죽으면 왼쪽의 무극의 위치로 그 영이 온다. 80억 조에서 죽어도 그 영은 80억 조 광년의 왼쪽 영들의 세계로 온다. 그렇지만 왼쪽의 영혼과 영들은 힘이 없다. 왼쪽의 세상은 허상의 세상이다.
각 차원에서 수평으로 윤회를 하면서 산다.

▷ 지구에 머물다 간 인간들의 위치

보통의 인간으로 살다가 죽은 영체들은 물론이거니와 인간의 의식을 상승시키고 간 성인들 석가모니, 예수, 람타, 강증산 등 지구에 다녀간 인간들은 모두 왼쪽 허상의 세계인 영혼, 영체들의 공간에 머물고 있다. 그래서 여기는 자신이 무엇인가 할 수 있는 힘도 없고 능력도 없으니까 다시 윤회를 하는 것이다.

▷ 무시공생명의 위치

우주도의 오른쪽 살아있는 존재들의 무감각 시공에 무시공의 다리(통로)를 만들어 놓았다. 무시공은 맞춤식으로 어느 위치를 막론하고 들어갈 수가 있다. 무시공은 일원심만 지키면 우주공간의 일체에 다 들어갈 수 있고 다 통과할 수 있다.
비결 중에 무생학의 의미는 우리는 수련을 할 필요도 없고 공부를 할 필요도 없다.
우리는 무시공생명의 일원심의 원리를 알았기 때문에 실행하고 행하면 된다.
인간은 아무리 공부를 해도 80억 조 광년의 경지에 들어갈 수가 없다.

무시공의 용어

▷ 일원심(一元心)

일원심은 가르고 쪼개고 분열시키는 이원념(二元念)의 반대개념으로 우주의 모든 것을 하나로 합하는 것이다. 일원심의 뿌리는 절대긍정이다. 비, 공, 선, 지, 특을 끊임없이 외우면 60조세포가 일원심의 세포로 깨어난다. 우주의 모든 정보를 알수 있다.

▷ 세포(細胞)

무시공공부는 60조 세포를 깨우는 공부다. 세포 안에 모든 우주 정보가 다 있다. 인간의 고정관념과 윤곽과 틀 속에서 두꺼운 껍질에 싸여 있어 세포의 역할을 못 하고 있다. 비공선지특을 끊임없이 외우고 실천하면 일원심의 무시공세포로 깨어나 대자유를 얻는다.

▷ 플러스(+)마음

합하는 마음, 60조 세포가 제일 좋아하는 마음이다. 세포에게 플러스(+)마음을 항상 입력시켜라. 방법은 비공선지특을 외우고 실천하는 것이다. 무시공의 일원심 절대긍정의 마음이다.

▷ 마이너스(-)마음

분리, 쪼개고 가르는 마음, 일체 부정마음, 시기, 질투, 두려움 등을 일컫는다. 이것은 시공우주의 이원념 관점이다. 인간의 부정마음이 많을수록 재앙이 많다.

▷ 분자세상(물질세상)

시공 우주 안의 가장 거친 밑바닥 물질 세상으로서 감각시공이다.

▷ 감각시공(感覺時空)=물질세상

인간이 살고 있는 세상이다. 오관으로 보고, 듣고, 느낄 수 있다. 시공 우주에서 가장 거친 밑바닥 선악 물질 세상입니다. 시공 우주의 가장 껍질 부분입니다. 기, 에너지 등 오관의 느낌이 있다.

▷ **무감각시공**(無感覺 時空)

인간의 죽음 이후 사후세계로 쉽게 표현할 수 있지만 두 가지 통로가 있다. 무시공 우주도에서 오른쪽은 우주선을 타고 지구 등에 왔다 갔다 하는 의식과 능력이 있고 과학도 발달된 우주가 있는 반면, 왼쪽 공간은 몸을 가지고 살다가 죽은 이후에 영혼이나 영이 머무는 자리로 이들은 의식만 있을 뿐 힘이나 능력이 없다. 그러나 두 공간에 사는 존재들은 이원념의 파동의 영향을 받으므로 모두 영체에 불과하다.

▷ **무감각 무시공**(無感覺 無時空)**=무시공 우주**

무시공생명의 새로운 우주를 말한다. 시간과 공간을 초월한 무극 너머 일원(一元) 에너지로 된 영원한 실상 우주이다. 무시공 우주는 영원한 생명이 일체행복을 누리는 직선빛의 세계이다.

▷ **일원**(一元) **에너지**

일원심의 무시공 무파동 직선빛 에너지. 우주공간의 긍정에너지

▷ **이원**(二元) **에너지**

시공우주의 파동의 영향을 받는 에너지로 생로병사에 영향을 미친다.

▷ **일원물질**

우주공간의 긍정에너지, 즉 일원에너지가 무시공생명의 직선빛과 공명이 일어나면서 물질로 나타나게 된다. 만상만물에는 긍정의 마음과 부정의 마음이 있지만 무시공생명은 일체 긍정만 인정하고 일체 좋은 것만 본다.

▷ **이원물질**

우주공간의 부정의 에너지가 분자세상에 물질로 쌓인 것이다. 파동의 영향을 받으며 독소에 의해 생장소멸을 하게 된다. 이원물질의 근본은 부정이다.

▷ **분자몸**

인간의 몸은 두꺼운 이원물질로 쌓여있다. 세밀한 공간의 존재들이 열린 눈으로 보면 돌덩어리 속에 갇혀있는 모습이라고 한다. 시공우주의 근본인 부정의 마음(-)이 많기 때문이다. 무시공생명은 이 분자몸을 녹여 에너지 몸으로 만드는 우주작업을

하고 있다. 절대긍정 일원심을 지키면 가능하다.

▷ 관점 회복(觀點回復)

시공우주의 관점을 무시공생명 관점으로 바꾸는 것이다. 시공우주의 관점은 가르고 쪼개고 분열하는 부정의 관점이고 무시공생명의 관점은 모든 것을 생명으로 보고, 일체를 나로 보며, 만물만상을 무주객 일체동일로 보는 것이다.

▷ 시공 생명(時空 生命)=영체(靈體)

이분법 사고방식 이원념으로 사는 제한적인 생명이다. 시공생명은 무극 음양 차원을 포함한 시공 우주 안의 불완전한 일체생명을 말한다.

▷ 무시공 생명(無時空 生命)

일원법 일원심 사고방식으로 존재하는 영원 무한한 절대생명이다. 무시공 생명은 빛의 원조 직선빛이요, 물질의 창조주이다. 무한한 우주 자체이다. 절대 하나의 우주 본질이요, 우주 생명이다.

▷ 무시공 용광로

일원심의 직선빛이 모이고, 무시공 생명력이 강하게 작용하는 곳이 무시공 용광로이다. 세포 깊숙이 숨어 있는 이원념을 녹여서 무시공 생명이 발현하도록 돕는다. 대전의 무시공생명훈련센터가 무시공의 용광로이다.

▷ 절대긍정(絶對肯定)

시공우주의 긍정은 상대적인 긍정이다. 절대긍정은 부정이 없는 긍정을 말한다. 물질은 긍정과 부정의 파동을 가지고 있다. 상대긍정은 파동의 영향을 받을 수밖에 없다. 절대긍정을 위해서는 부정을 빼야 하는데 그 방법은 비공선지특을 외우고 실천하는 것이다.

▷ 향심력(向心力)

무시공의 절대긍정 일원심을 지키면 블랙홀이 작동되면서 시공우주의 모든 일원심을 빨아들인다. 직선빛도 빨려 들어오면서 블랙홀의 핵심을 만든다.

▷ 무시공 통로(無時空 通路)

분자 세상에서 무극까지 기존의 세밀한 공간의 존재들을 관점회복을 시켜 무시공의 뜻을 함께하기에는 너무나 두꺼운 이원념의 파동벽에 쌓여있다. 심지어 토종지구인들을 깔보고 멸시하면서 무시공의 일에 비협조적인 태도를 보인다.
그래서 무시공은 분자세상에서 무극까지 또 다른 다리를 놓아 각 차원에 무시공생명을 올려놓았다. 이들이 분자몸을 가지고 있는 무시공생명들을 도우면 급속도로 에너지 몸으로 변하게 된다.

▷ 열린다는 개념

시공우주에서 열렸다는 것은 무극 이하 이원념의 파동 안에서 영의 작동에 의하여 부분적인 세밀한 공간을 보게 되는 것이다. 파동 안에서는 한계가 있으므로 부분을 전체로 착각하여 비밀인 척하면서 고저를 만들고 다 아는 척 남을 가르치려는 교만한 마음을 가지게 되는 것이다.
무시공의 열린다는 것은 절대긍정 일원심을 유지하면서 일체를 생명으로 보고 만상만물의 일체 속에 내가 있기 때문에 대화가 가능하고 일원심은 직선빛이기 때문에 시공우주의 어떤 파동도 뚫고 들어갈 수가 있다. 그래서 무시공의 일원심 앞에서는 온 우주의 모든 것이 투명하게 드러난다.

▷ 윤회(輪回)

상하 수직 윤회와 각 층차의 좌우 수평 윤회가 있다.
상하 수직 윤회는 낮은 차원 즉 지구에 살다 간 존재들이 자신의 부족함을 채우고 차원상승을 목적으로 윤회를 반복하는 것이다.
각 층차의 좌우 수평 윤회는 높은 차원의 존재들의 방식으로 주로 에너지우주에 사는 우주인들과 외계인들의 윤회방식이다.

▷ 승용선(乘用船)

각 별(지구, 금성, 화성 등)에서 운행하는 교통수단이다. 지구에서 운행하는 교통수단은 승용차에 해당한다. 지구에도 지구를 방문한 외계인들이 승용선을 이용하고 있다. 평소에는 승용차로 다니다가. 하늘을 날기도 하고 물속으로 다니기도 한다. 지구부터 5천억 광년의 각 별에서 운행된다.

▷ 비행선(飛行船)

반물질 반에너지 우주에서 별과 별 사이에 운행하는 반우주인들의 교통수단이다. 5천억 광년에서 5억 조 광년 사이에서 운행된다.

▷ 우주선(宇宙船)

5억 조 광년에서 100억 조 광년 사이의 완전한 에너지 상태의 우주에서 우주인들이 타고 다니는 교통수단이다. 온 우주를 다닐 수 있다.

▷ 마그너

금성의 과학자 '도넬'이 광음파(光音波)의 원리를 이용하여 만든 만능 기계.
생명을 제외한 이 우주의 모든 물건을 만들어내는 기계로 우주선의 재료를 쉽게 만들 수 있고 단단한 철물 구조물을 쉽게 녹일 수 있고 굳게도 하며 그것을 이용하여 자유롭게 모든 것을 만들 수 있다. 무시공생명의 분자몸을 녹이는 데 도움을 주고 있다.

▷ 광음파(光音波)

빛과 소리와 파동 세 가지를 종합해서 마그너를 작동시키는 원리이다.
공기, 압력, 속도, 그리고 음파나 전자파를 이용한다. 지구에서는 음파와 압력만 쓰고 빛은 아직 사용하지 못하고 있다.

▷ 어무성처천지복(於無聲處天地覆)

겉으로는 아무 소리도 들리지 않지만 세밀한 우주 공간에서 하늘과 땅이 뒤집어지고 있다. 인간은 계속 표면만 보고 있기 때문에 아무런 변화를 느끼지 못 한다. 그러나 보이지 않는 세밀한 공간의 깊은 곳에서는 엄청난 변화가 이루어지고 있다. 개벽이 일어나고 있다. 인간은 껍질에 살고 있다. 우주의 변화가 표면에 나타날 때는 이미 끝났다.

▷ 아동우주동(我動宇宙動)

내가 움직이면 우주가 움직인다.
미세한 공간, 즉 무감각 시공에는 에너지 상태로 되어 있다. 에너지 상태는 우리가 여기서 마음먹는 순간에 그 에너지 상태로 되어 있는 우주는 순간에 바뀐다. 에너지 세상이 물질 세상보다 힘이 강하고 이 물질 세상은 에너지 상태에서 왔다. 그 에너지를 조절하는 것은 바로 무시공생명이다. 지금 우리 몸은 미세한 공간에서 에너지 상태로 엄청난 변화가 이루어지고 있다

▷ 블랙홀 효과

여기서는 무시공 생명 블랙홀을 말한다. 생명이 우주의 창조주이다.
무시공에서 향심력으로 시공우주의 일체를 빨아들여 원래의 무시공 우주로 원상회복 정화하는 역할을 한다.

▷ 100억 조 광년

일조가 100억 개가 있다는 무시공의 언어다. 지구에서 무극까지의 거리이다.
무극의 자리를 나타내면 시공우주에서 최고의 빛을 가지고 있다. 그러나 그 빛 또한 파동의 빛이다. 이 무극을 넘어 계속 합(合)해야만 무시공생명의 직선빛을 얻을 수 있다.

▷ 대전이 우주중심지 지구의 중심지(변두리가 된 무극)

무시공생명이 탄생하기 전에는 무극이 이 시공우주에서 도를 닦으면서 추구하였던 중심지였다. 모든 시공우주의 음과 양을 합(合)하면서 이 우주의 뿌리를 잘라버린 일체근단의 무시공 존재가 지구에서 이 무시공의 뜻을 펼치면서 지구가 온 우주의 중심지가 되면서 무극은 이 우주의 변두리가 되었다. 그래서 100억 조 광년의 무극 존재도 대전의 센터에서 무시공공부를 하고 있다.